叢書・ウニベルシタス　695

ベルリン文化戦争

1945-1948／鉄のカーテンが閉じるまで

ヴォルフガング・シヴェルブシュ
福本義憲 訳

法政大学出版局

Wolfgang Schivelbusch
VOR DEM VORHANG
Das geistige Berlin 1945-1948

This book is published by arrangement
with Carl Hanser Verlag, München/Wien
through The Sakai Agency, Tokyo

目次

1 ベルリン 1

瓦礫のメトロポリスと破壊への熱情――アルベルト・シュペーアの廃墟理論――「驚くほどまっすぐに」――二〇年代のベルリン　ヨーゼフ・ゲッベルスとフランツ・ビーバーコプフ――都市占領の先例　イエルサレム、パリ、上海――ベルリンと世界革命――英米軍の占領計画――占領地帯境界線の画定とバランス・オヴ・パワー――六〇日のロシア軍独占支配――回顧　モデルネの工房、一九三三年以前の文化人たちの冷戦、内部への撤退――破壊の利得者　現代建築――爆撃火口《クレーター》、王冠都市、庭園

「夢の国」 27

一九一八年と一九四五年の現実のシュルレアリスム――「本物でない芝居の舞台装置」――奈落の底の〈ホテル・奈落〉――二〇年代の亡霊――小さな芸術、大きな状況

文化特務隊《コマンドー》 39

連合軍の苦労――豪奢な暮らし――知識人将校――余談　パリ一九四〇年―

一九四四年のドイツ軍の文化政策──フランスのコンプレックス──英軍のモデル　ブーア人の再教育──米軍のモデル　南部州の再教育──ドイツ人亡命者──ロシア軍の「文化的生活様式《クリトゥールノスチ》」──ソ連軍政府のネップ・ダンディーたち

2　芸術協会《クンストカマー》　55
シュリューター通りの建物──帝国文化協会──エルンスト・グループ──最初の登場人物たち　エリーザベート・ディルタイ、カール・ヘルツベルク、アレックス・フォーゲル──オットー・ヴィンツァーとパウル・ヴェーゲナー──冒険者、党幹部、名士──恋愛事件──組合と紳士クラブとアカデミーの間で──解体

3　演劇闘争　81
第三帝国の美的孤島　国立演劇館《シャウシュピールハウス》とドイツ劇場──ユルゲン・フェーリング──ロシアの挽き臼の中で　グスタフ・フォン・ヴァンゲンハイムのケース──グスタフ・グリュントゲンスの影──ヴォルフガング・ラングホフと機関の支配

4　文化同盟《クルトゥーアブント》　105

ダーレムでの始まり——ネオ人民戦線——主導者　ヨハネス・R・ベッヒャー——市民階層のパートナー　フェルディナント・フリーデンスベルク——外的亡命と内的亡命——メディア、催し、クラブ——船首の飾り像——左派の反対—右派の反対——ヴィルマースドルフの平手打ち——米軍の禁止令——フリーデンスベルクの最後の試み——フリーデンスベルクの除名——ロシア軍地区への引っ越し——SED知識人の没後に

5　ラジオ放送　159

「熊が吠える」——昔の声で再スタート——英軍地区のロシア軍飛び地——西側の回答　DIASとRIAS——フランツ・ヴァルナー゠パステ——ルート・ノルデン——ニューディール・リベラル派——反共主義者——ミスター・ブラウン——ウィリアム・ハイムリヒの登場——音楽政策——文化放送から娯楽放送へ——ラジオ・ベルリン　ハインツ・シュミットと非教条的SEDの最後の動員

6　映　画　189

UFI遺産のカオス——個人のイニシアチヴ——芸術家協会の映画構想——ヴォルフ・フォン・ゴルドンとテオドール・ベンシュ——人民教育中央局——フィルム・アクチヴの創設——ヘルベルト・フォルクマン——アルフレ

ート・リンデマン、共産主義の冒険者、そして組織家——リンデマンのDEFA——全ドイツ構想——リンデマンの失墜

ハリウッド——ベルリン　204

米国映画産業の戦争目的と軍政府の政策——エーリヒ・ポマーの招請——ベルリンへの帰還——「貧困と発想の豊かな伝統」——ハリウッドの攻撃——ヴァイニング文書——ワシントンがハリウッドに秩序を求める

7　出版人たち　231

一九四五年夏の新聞街——ペーター・デ・メンデルスゾーンとハンス・ハーベ——エーリク・レーガー——「最高級紙」ターゲスシュピーゲルの創刊——ベルリンの『フランクフルト展望』紙？——シュヴァイニヒェン事件と第三の道の閉鎖——珍品『夜間急行』——ミュンツェンベルクのモデル——ルドルフ・クルツとパウル・ヴィーグラー——ミステリアスなフェルトマン少佐

『世界舞台《ヴェルトビューネ》』誌　255

発端　ヴァルター・カルシュ——有限会社モード・フォン・オシエツキーとハンス・レオナルト——党の融資——創設の障害——出版初年の執筆者と協力者——ヴォルフガング・ハーリヒ、フリードリヒ・ルフト、および『ブリ

1　ベルリン

どのようにして新たな結末が生じるというのか？　それは明らかに二つのうちのどちらかが破壊されることによるしかない。ベルリンか、それともフランツ・ビーバーコプフかだ。

（アルフレート・デーブリーン、『ベルリン　アレクサンダー広場』の後書き、一九五五年）

二〇世紀の二つの大戦で絨毯爆撃を蒙って壊滅した都市のうち、いくつかが〈消滅〉の隠喩《メタファー》となった。その都市名は時代の破壊技術を表現すると同時に、市民を標的とした壊滅作戦の代名詞となった。第二次大戦前夜、ヨーロッパの周縁にあったゲルニカはその前奏曲だった。一九三七年四月の爆撃は、それまで未知だったスペインの地方都市を恐怖の象徴《シンボル》へと変え、世界中にその名を知らしめたのである。ヨーロッパの大都市の中で最初に破壊によって名が知れわたったのは、一九四〇年五月のロッテルダムだった。この新しい巨大破壊技術は、英国の工業都市コヴェントリーへの爆撃と、その名から造られた「空爆で壊滅させる《コヴェントリーレン》」という動詞によって広く浸透していった。おかげで、その後壊滅させられた多くの都市は無名に終わることになった。大戦末期になって芸術の都ドレースデンが破壊され、再びシンボル性を担う都市名が登場した。後に語られたように、ドレースデンは〈通常兵器による〉破壊技術の頂点を表すメタファーとなったのである。そしてヒロシマ、原子爆弾の最初の犠牲となった都市、ゲルニカと同じように破壊前にはほとんど未知だったこの都市が、その破壊によって世界中に名が知られたのは必然だったといえよう。

では、ベルリンはどうだったのか？　このドイツ帝国の首都は、第二次大戦中どの国の首都よりも多くの爆弾と砲弾を呑み込んだ。破壊の規模、つまりその際に生じた瓦礫の量については、おおざっぱな推定値しか存在しないが、五五〇〇万立方メートルから一億立方メートルの間といわれる。中間の値をとって八〇〇〇万立方メートルとして、戦後のベルリンの人口を三〇〇万と見積もれば、住民一人当たりの瓦礫の量は二六立方メートルになる。戦後一〇年たってベルリン自由大学から発表された研究書のタイトル『瓦礫の堆積による都市像の人為的な変容(1)』を見れば、このことが都市ベルリンの相貌にどれほどの影響を及ぼしたかが分かる。

ベルリンがヨーロッパの地獄《インフェルノ》の時代に犠牲となった都市のトップの座にあったのに、一度として空爆都市と見なされたことがなかったのは、一九四三年から四五年にわたって続いた広域爆撃のうちに生じた慣れと鈍化によるところが大きいのだろう。ほかにも、戦争を遂行している国家の首都は、芸術、工業、商業の都市とは違った眼で見られたという、太古的、かつ心理的な事実が関わっていただろう。首都というのは、市民の造形物ではなくて、その国家の権力のシンボルだった。この点では、二〇世紀の前半期の人々は敵にしても味方にしても見解が一致していた。それればかりか、かつては首都を占領してやっと敗北させた敵を、近代的な軍事技術の発達のおかげで、今や首都を破壊することで屈服させるのは当然でもあった。ツェッペリン型飛行船による爆撃でロンドンもしくはベルリンを破壊するというのは、第一次大戦の緒戦期にドイツでも英国でも大いにもてはやされた図式である。一九四〇年と四一年のドイツ軍のロンドン空爆の際にロンドン市民が見せた反応がよく示しているが、こうした捉え方は直接の被害者にも及んでいた。彼らは自らを無防備な犠牲者だとは考えなかった。戦闘の要塞と見なしたのだ。刻印を穿つために、敵国の首都を破壊する。ブレヒトが日誌に書きつけた〈エッチング〉の警句(「ベルリン、ヒトラーの理念に基づくチャーチルによるエッチング」)は、そう解釈できるだろう。あるいは、英軍の〈空爆司令官〉の言葉でいえば、こうなる。「ベルリンのような巨大都市の中心部を完全に壊滅させれば、現代の爆撃部隊の威力を全世界に見せつけることになるだろう。……連合軍がベルリンを占領することができれば、そして、中立国の代表者がベルリンを訪問することになれば、この戦争において戦略的爆撃のもたらした成果を誇示する永遠の記念碑を彼らに見せてやれるだろう。そして、それはこれからも繰りかえし起こりうることだと彼らに教えてやれるだろう。(2)」

この成果の見学は、戦後数年間にわたって連合国の政治家やジャーナリストたちのドイツ・グランドツアーのメインコースとなった。だが、連合軍の空爆司令官が期待した効果は必ずしも現れなかった。ツアー参加者が心を打たれたのは、この結果をもたらした破壊力ではなかった。破壊の光景そのものが訪問者の心を強く揺さぶったのだった。被害の少なかった郊外から、ティーアガルテン公園とアレクサンダー広場の間を、かつて栄華を極めた中心街に向かっていくと、そこはチャーチルの姪のクラリッサが一九四六年に描いたように、「あたかも山岳の頂上に足を踏み入れたかのようだった。近づくにつれ植生はまばらになり、ついには生命の根絶した地帯に至るのだった。(3)」この一帯に巨大な建築物を計画し、一部はすでに建造に着手していたアルベルト・シュペーアは、一九四七年にニュルンベルクからの飛行機で上空を飛んだとき、自ら手がけた総統新官邸を眼下にした。「総統官邸はまだあった。何発かの直撃弾を浴びてはいたが」と、シュペーアはシュパンダウ刑務所に収監された後に書き記している。(4)人が違えば、見方もまた違った。その前年に官庁街の残骸を見物した英国の詩人スチーヴン・スペンダーは、こう書いている。「帝国国会議事堂と総統官邸はもう観光客のお目当ての名所になっているし、きっと五〇〇年後でもそうだろう。歴史に残る多くの大崩壊に優るとも劣らず、崩壊は完璧だ。劇的であると同時に、この世のものとも思えぬ光景だ。……ベルリン最後の日々については推測するほかないが、それはどこかの遠い昔の帝国の最後の日々を想像するに似ている。廃墟を前にして、人はローマのコロッシアムに対して抱くのと同じ畏敬の念にとらわれるのだ。[5]」

スチーヴン・スペンダーや他のベルリン訪問者が抱いた思いは、奇しくもシュペーアが建築家としてのキャリアの頂点にあったとき追い求めていた理想そのものだった。シュペーアの『廃墟価値の理論』は、少なくとも彼が回想記に書き残したところにしたがえば、まさしく崩壊の中での存続を意図した建築術だったからだ。シュペーアによれば、現代の工業資材と最新の技術をもってしては、かつての古典古代の建造物のように崩壊しつつも威厳を保ち、強烈な印象を放つ廃墟となって残るような建築物は建造できないという。「特殊な資材と特別な静力学的考察を用いれば、崩壊の状態で何百年後、あるいは(われわれの計算によれば)何千年後においても、ローマ時代の模範に比する建造物が可能になる。この考えを明示するために、私は一枚のロマンチックなデッサンを描かせた。そこには、ツェッペリン広場の演壇プラットフォームが何世紀にもわたる放棄によって、キヅタに覆われ、柱は損壊し、壁はあちこち崩壊しながらも、おおよその輪郭がまだ明瞭に見てとれる様子が描かれていた。[6]」

一九四五年の総統新官邸の状態や、シュペーア自身の目撃証言から分かるように、彼の廃墟理論は時間を崩壊の原因と規定している点で、まだ伝統的すぎた。爆撃と砲撃による崩壊という新たな事態を予測していなかったのだ。それでも、先のスペンダーらの発言は、戦争による廃墟という現代的な形式を古典的流儀で捉えることが可能なことを示している。ヘロドトスからギボンに至る歴史家たちを魅了したもの、つまり、失墜した権力、砕かれた偉大さ、凌辱された高慢、といった図式である。もっとも、誰もがスペンダーのように歴史の知識に裏打ちされた見方をしたわけではなかった。ナチスの権力が頂点にあったベルリンを肌身で体験していた米国人ジャーナリスト、ウィリアム・シャイラーにいわせれば、瓦礫の山と化したベルリンには偉大さも悲劇性もなかった。あるのは、「敗北した権力の下品さ」

が最後に造形した「みだらな廃墟」のみだった。「見分けがつかないほどに破壊されたメトロポリスの光景を前にして、表現する言葉を見つけるのは困難だった。かつてあれほどに権力を誇った国家が瓦礫に埋もれている。私が五年前にこの地を去ったとき、あれほど高慢で、勝利を確信していた国民が、いまや、空腹を抱え、消沈し、打ちひしがれ、寒さに凍え、飢えにあえぎながら、行くあてもなく、さまよい歩いているのだ……[7]」

ベルリンの焼け跡は、外観からいえばドイツ西部の同じ程度に破壊された都市とは違った様相を呈していた。アイザック・ドイッチャーの眼に奇妙に映ったのは、「ベルリンが〈ローラーにかけられた〉のではなく、見る人の前に異様なまでの重量感をもって聳えている[8]」ことだった。帝都のイメージが破壊された後も見る人を威圧するがごとくに迫ってくるのは、そのイメージのもつ放射力のなせるわざと考えることもできる。だが、ベルリンの垂直状態は建築資材と工法でもって即物的に説明できるのだ。ドイツ西部および南部の都市の中心をなす旧市街は、中世的な町並み、言い換えれば、ほとんどが木造建築（木組み家屋《ファッハヴェルク》）を基本としていたので、容易に焼け落ちて灰塵の大塊と化し、焼け野が原と化した。それに対して、ベルリンは一九世紀と二〇世紀の産物だった。大部分が鉄筋工法で建築されていた。伝統工法で建造されたバロック時代からヴィルヘルム時代の建物にしても、たいてい大規模な建造物であったので、丸焼けになっても焼け落ちることはなかったのだ。ベルリンは、ドレースデン、ミュンヒェン、ケルン、ニュルンベルクとは違って、その近代的工法のゆえに、一度たりとも〈古都〉とか、〈保存に値する〉とか、あるいは〈美しい都市〉といった賛辞を頂戴したことがなかった。伝統的な都市美を求める美術史・建築史の専門家にとって、ベルリンは都市ですらなかった。せいぜいのところ、都会マシーンだった。ヴィルヘルム・ハウゼンシュタインはベルリンを「基盤をもたない」、「根無し草的」、

「真空」などと呼んだ。基盤となる建築物がないからではない（「ベルリンの古い地区、王城一帯のベルリンにはバロック都市ドレースデンと同じように緑青のふく屋根がある」）。そうではなくて、その本質が、そのアイデンティティそのものが違っていたからだ。ベルリンは新しいタイプの都市だった。ここでは、技術が古い基盤を覆う第二の層とはならなかった。技術がそのまま本質と基盤をなしたのだ。二〇年代の新即物主義の代弁者たちなら、ベルリンを「本質にまで高められた無存在」と呼び、「ベルリンの自動車、循環道路、電燈が異様な、もうほとんど浪漫的ともいえる付加価値を生み出しているのは、ベルリンという真空がそれだけ大きいからだ[9]」と語った伝統主義者ハウゼンシュタインに同意しただろう。もっとも技術的にして、もっとも現代的な都市ベルリン、二〇年代のヨーロッパのもっとも米国的なメトロポリスであったベルリンはその崩壊においても、ドイツの西部・南部の都市よりも〈現代的〉だった。ドレースデンのようにその崩壊が〈犠牲〉とは見られなかったのは、ある意味でもっとも近代的な生産技術と破壊技術がここで衝突したためであろう。その意味で技術の自己破壊、技術が己自身と闘った決闘の一種といえないか？　とすれば、自らのベルリン小説の中で都会マシーンと対決するフランツ・ビーバーコプフの闘いを描いたアルフレート・デーブリーンが、破壊されたベルリンを初めて訪れたとき、廃墟と化したベルリンを、都市ベルリンと空爆部隊との間で繰り返された死闘の結果と捉えたのは理にかなっていた。「凄まじい荒廃、途方もない壊滅の形象」と彼は記している。「現実味のある特性はなにひとつない。信じがたい悪夢が白日のもとに晒されている。この街は暗闇での恐ろしい闘いに引き込まれたにちがいない[10]」

　ベルリンに対する闘い、ベルリンの中での闘い、ベルリンをめぐる闘い。小説の主人公ビーバーコプフとほぼ同時期に行動を開始して、この戦場で実際に闘った戦士、ヨーゼフ・ゲッベルスを登場させないわけにはいかないだろう。『ベルリンをめぐる闘争』というのが、NSDAP（ナチドイツ労働者党）の首都での組織作りを描いた著書のタイトルだった。彼が最後まで個人的な関わりを保ち、いやそれ以上に溺愛したベルリンは、ドイツの都市の中でもっとも非ナチ的な都市だった。ベルリンは彼の憎悪愛《ハスリーベ》そのものであり、彼の偉大なる教師だった。「都市ベルリンは私にとってそれまで、政治の面でも住民の面でも、不可解極まる所だった」と、『ベルリンをめぐる闘争』に記している。「私は時折の訪問の機会にしか、その都市を知らなかった。そのときでも、ベルリンはいつでも暗鬱な、秘密に満ちた謎のように私には思われた。石とアスファルトからできた怪物のような都会だった。足を踏み入れたとたん、すぐにも立ち去りたくなった。何年か住んで初めて、ベルリンが分かるようになる。そうして初めて、このスフィンクスのような都会のもつ仄暗い、秘密めいた何かを突然会得するのだ。……私は地方から出てきて、地方の思考法にまだ完全にとらわれていた。大衆は私にとって仄暗い怪物でしかなかった。私自身もまだ大衆を占領し、支配しようという意志を抱いてはいなかった。だが、これなしにはベルリンで長期的な成功を収めることはできない。……ここで一角《ひとかど》の者になろうとするなら、大衆の理解できる言葉を語らねばならない。（……）この突然の認識から私の場合もやはり政治演説のまったく新しいスタイルが必然的に展開してきた。……そして、ベルリン運動のすべての政治運動家《アジテーター》が私と同じような経験をした。……ここでは、民族的と呼ばれる古ぼけた表現形式とはもはや何の関わりもない、新しい大衆運動の言葉が話された。ナチスの大衆宣伝活動《アジテーション》は大衆に合致するよう仕立てられた。党のもつ現代的な生活観はここベルリンにおいて、現代的、かつ刺激的なスタイルを探し求め、そして見出したのである。[11]」歴史の皮肉とはこの場合、こうだ。もっとも現代的で、もっとも技術的、しかももっともナチスの影響の少なかったドイツのこの都市、その筋肉組織のいたるところに、NSDAPが殲滅の目標に掲げた〈アスファルト文明〉を体現していた都市、こともあろうにその都市が党を現代化し、その成功と勝利を可能にしたのではなかったか？　ゲッベルスの著書は『ベルリンをめぐる闘争』と称したが、これはヒトラーの『我が闘争』のもじりだけではなかった。ベルリンという「怪物都市」を（ゲッベルスの用語では）屈伏させ、党に管理された支配マシーンに組み入れるための闘争の謂《い》いでもある。ベルリンはＮＳＤＡＰにとって、闘争の場でもあり、敵でもあり、賞品、すなわち戦利品でもあった。これはもちろん、どこであれ内戦を戦う国の首都の運命だ。しかし、ベルリンは二〇世紀にあって、もはや内戦状態にある国の首都というだけではすまされなかった。ドイツが始めた二つの大戦は、単一の世界内戦だったという最近の見解にしたがえば、ベルリンはまさにその首都だったわけである。敵であり、賞品すなわち戦利品であることは、もはや一国内の問題ではなく、世界的枠組みの問題になるだろう。そして、帝都ベルリンが連合国をいかに悩ませたかは、その制圧・占領政策がよく示している。

勝利のトロフィー

戦争が敗戦国の首都への勝利者の入城でもって終了するのは、過去において必ずしも定則ではなかったが、それでもつねに本来の意味での勝利の完結と見なされてきた。ことが面倒になるのは、戦勝国が一つではなくて、連合国である場合だ。連合が崩壊するのは敵国が崩壊するまでよりも早いことが多いので、連合参加国はまだ最後の戦闘が戦われている間に、最新の状況に呼応しつつ、新たな同盟に加わるなり、独立独歩でいくなり、ともかく己の戦利品を確保しようと努める。過去二〇〇年の間のよく知られた戦争同盟国は敵国の首都を共同で占領したり、統治したことはなかった。一八一四・一五年に英国軍、プロイセン軍、オーストリア軍、ロシア軍に占領されたパリも例外ではなかった。短期間の純粋に軍事的占領はあったが、行政機能も、むろんのこと統治機能の移行もなかった。都市を連合国ごとに異なる地区に分割するといった考えは誰も思いつかなかった。

もうひとつの、はるか過去に遡る分割統治の例としては、一二世紀のイエルサレムをあげることができるだろう。第一次十字軍の連合軍によって共同で征服され、ラテン王国の首府とされたイエルサレムは、間違いなく〈国際的に〉占領され、かつ統治された都市だった。だが、それは決して国ごと、地区ごとにきれいに分割された近代的な行政ではなく、かの地で隣り合って、あるいは混ざり合って暮らしていた新支配者層からなる中世的主従関係のごたまぜだった。

国際的占領の第三の例としては、一九世紀にフランス、英国、米国の三国によって共同管理された上海の国際居留地区（租界）をあげることができよう。実際また、一九四五年以後のベルリンの状況は上海とよく比較された。だが、これは適切ではない。この国際地区は上海のごく一部にすぎなかったからだ。それに、この地区はヨーロッパ列強の飛び領地《エンクラーヴ》というだけであって、しかも軍事的制圧によって生じたものでもなかった。

連合国によるベルリンの征服、占領、分割、分離共同統治という事態はこれらの先例のどれとも比べることのできない、一回限りの歴史的事実だったが、それでも先例それぞれの本質的な要素を合わせ持っていた。一八一四・一五年のパリと同じく、ベルリンは敗北した世界の敵国の首都だった。上海の共同租界と同じく、かなり長い期間にわたって国際管理された。そして中世盛期のイエルサレムがそうだったように、ベルリンもまた、世界革命が追求され、世界大戦が現実となった時代にあって、ほとんど神話的な意味を担った場所だった。ベルリンを手中にするものは、一〇月革命によって拓かれた期待の地平にしたがってドイツを手中にする。そしてドイツを手中にするものは、ヨーロッパを手中にするのだ。世界革命の規範《カノン》にしたがえば、ロシアの革命は単なる起爆剤にすぎない。ベルリンを起点とする、ベルリンなしでは考えられない、本当の意味の世界革命の前哨戦である。この固定観念は一九一七年から二三年に至るヨーロッパ内戦の時代に革命世代の脳裏に刻まれ、その後も完全に消え去ることはなかった。一九二三年のＫＰＤ（ドイツ共産党）に向けられたスターリンの祝辞（「ドイツ労働階級の勝利は間違いなく世界革命の中心をモスクワからベルリンへと移行させることになるだろう」[12]）はもちろんプロパガンダだったが、効果的なプロパガンダがつねにそうであるように、現実の生々しい想念に訴えていた。一九四五年以後の、新しい世界両極ワシントンとモスクワへの二極化とともに、ベルリンはその地位とオーラを失った。この状況が戦後の三年間の連合国によるベルリン占領によって生じたことは、偉大な古典劇のもつ完結性と自己回帰性をいくぶん連想させる。ベルリンはまさに場所、時間、行為、そして意味の一致を達成したのだった。

ベルリンを共同で管理・統治することを決定したのは、一九四四年秋にロンドンで開催された、戦後処理を担当する〈ヨーロッパ諮問委員会〉だった。それと同時に、地区に分割されたベルリンが、ちょうど英国占領地帯《ゾーン》内にあった米国飛び占領地《エンクラーヴ》ブレーメンのように、ソ連によって将来占領される地帯の真ん中にくることが決議された。一見して不必要に複雑に見えるこの構成は、全ドイツの経済学的、人口統計学的、地理学的な資源の根本的な考察の結果だった。人口凋密地域と経済力は西部ドイツにあったので、ソ連の占領地帯は不均衡に大きな面積を占めることになったのだ。だからといって、それだけでベルリンが東部地帯の真ん中にくることにはならない。帝国首都を占領地帯の境界都市とする線引きもありえただろう。実際にルーズヴェルトは、この解決法を携えて一九四三年のテヘラン会議に赴いたのだった。彼はシュテッティンからベルリンを越えてライプツィヒに至る線を、米国とソ連を分ける境界線と考えていた。そして、ベルリンはどうしてもこの境界線の西側になければならなかった。「われわれはベルリンを獲得しなければならない。ソヴィエトはそれより東の地域を取ればいい。合衆国はベルリンを必要としている。[13]」〈ヨーロッパ諮問委員会〉での協議でも、似たような案が検討されていた。米国外務省の政策立案者ジェイムス・リドルバーガーの提案である。この計画によれば、ベルリンは連合国三国（このときはまだフランスは入っていなかった）の占領地帯の交点に位置することになっていた。いってみれば、三つに分けられたドイツというトルテ・ケーキの真ん中である。ポツダム広場から出発して、米国、ソ連、英国のベルリン占領地帯がジョウロ形、もしくは楔形に分割され、さらにその後背地に向かって広がっていた。この案は地図学的に見て明快だし、幾何学的にも端正だったが、実現の可能性はなかった。伝統的な行政区分、経済域、交通域の観点から見て、この計画はユートピアでしかなかった。

個々の分割案がどんなものであったにせよ、多くの困難な事情にもかかわらず、連合国はベルリンを一貫して共同の事項と見なしていた。この事実は、連合国にとって帝都ベルリンが他の誰にも単独では譲れない場所だったことを示している。明らかにベルリンは第二次大戦の戦利品であり、その分割共同統治の計画は、共同の敵を壊滅させたことから生じる戦勝国相互の均衡を固定化しようとするものだった。物故者の家に集まった遺産相続人たちが財産の分配に際して互いに監視し合うように、戦勝国はかつては権力の中枢、今や権力の真空地帯となったドイツの首都ベルリンに集い合うことを計画したのである。

この決定が下された一九四四年の秋には、すでに戦争の行方は決まっていたが、正確に「いつ、どのように」までは決まっていなかった。ドイツを囲む輪が狭まっていく間、連合国は終結戦の損得勘定に余念がなかった。西側の米軍と英軍、東側のソ連軍にとって、選択肢は二つあった。一つは、損失をかえりみず自軍によってドイツ全土もしくは大部分を征服する。それとも、もう一方の連合軍に先行を許す。この場合、損失は少ないが利益も少なくなる。〈ヨーロッパ諮問委員会〉の分割計画は折衷的な妥協案だった。これによって、もしソ連軍がライン河まで進撃した場合でも——これを米国防省は戦争終結の半年前と予想していたが——西側連合諸国にもドイツとベルリンの分割の際の分け前が保証された。そして、西側連合軍が予想以上に東方まで侵攻した場合には——実際、一九四五年の春にはそうなったのだが——ソ連軍に同じ内容の保証が与えられたのである。線引きは、予想不可能な戦局の展開によって極端な不均衡が生じるのを避けるための相互保障だった。ちょうど冷戦の時代に二つの世界大国が、現実政治に即応する利害の予測と不測の事態の回避のために相互に保障し合い、コントロールし合った、あの保守的な世界政策そのものだった。ベルリンは一九四四年秋、後の四五年間この大国のバランスを測定する秤の針となったのだ。だがそうなる前に、いま一度ベルリンが均衡ではなく、不均衡を狙う策略の中心となった。これは英米軍が予想以上に速く東方へ進撃したこと、今日までなお未解明なのだが、赤軍の進軍が二ヵ月にわたってオーダー河畔で停滞したことによって生じた。ルーズヴェルトが二年前に抱いた願望が実現しそうになった。オーダー河までのドイツを占領し、同時に西側連合国がベルリンを手中に収めることである。チャーチルはこのチャンスを逃さないようルーズヴェルトに迫った。一九四五年三月三一日と四月一日にチャーチルがワシントンに送った二通の電文の決定的な文言は、こうだった。「われわれはオーダー河を越えてできる限り東方へ進軍すべきだ。このことは政治的に重要だ。なぜなら、ロシア軍は必ずウィーンを落とし、オーストリアを占領するだろう。もしわれわれが今手中にできるベルリンを彼らに譲ってしまったら、この二つの占領によって彼らは自分だけで勝利を得たと思い込むだろう」（一九四五年三月三一日付）。さらに翌日には、この論理を一歩進めている。「ロシア軍がベルリンを陥落させれば、彼らは自分たちがこの共通の勝利にもっとも大きく貢献したと思うようになるだろう。だが、それはわれわれの将来の関係を阻害することになろう。こうした政治的な理由からして、われわれはドイツ東部のできる限り遠くまで進撃すべきであり、もし可能性があるなら、必ずベルリンを陥落させるべきである。[14]」だが、ルーズヴェルトにとってベルリンはもはや政治的目標ではなく、単なる軍事的目標にすぎなくなっていた。彼はアイゼンハワー将軍に決定を委ねた。そして、アイゼンハワーは帝国首府を占領することを放棄したのだった。この放棄を、後にベルリンで活動することになる米外交官ロバート・マーフィーは次のように表現したが、あながち不当とはいえまい。「これは国際的に大きな射程をもつ決定だった。一軍司令官に委ねられるべき決定ではなかった。[15]」

アイゼンハワーの決定が世界政治に及ぼした影響は、どんなに想像力を働かせてみても完全に把握することは困難だ。だが、ベルリンに関しては極めて明瞭である。ベルリン陥落後の決定的な二ヵ月間、征服者・統治者としてすべてのことを決めたのはロシア人だった。行政の構築、政党や労働組合の認可、学校教育、司法制度の設置、産業の稼動化もしくは解体、交通システムの整備、要するに都会マシーンを再び回転させるのに必要なすべてに関して、ロシア人が人事的・政治的決定を下した。西側連合国がこの二ヵ月がたった後に、担当地区を占領するためにベルリンに到着したときの状況は、主人に迎えられる客だった。西側連合軍もむろん法的な権利を有していたし、条約には宿営地も定められていた。それが実際にはさほどの意味をもたなかったことを、一九四五年七月一日にベルリンに入った米軍先遣隊は思い知らされることになった。後になって先遣隊長は彼らの進駐をこう描いている。「われわれには宿営地が割り振られなかったので、結局ベルリン南西部の森林地帯、グルーネヴァルトまで行軍するはめになった。激しい雨の中、泥まみれの土地にテントを設営し、第一夜を過ごした。戦争中、私は幸い露営を免れてきた。ところが、栄光ある勝利の後に露営とは！　これは間違いなく敗戦国の首都に進駐する戦勝軍の、もっとも不愉快で、もっとも惨めな例だ。[16]」後続の西側連合軍の部隊はこれほどひどい扱いを受けないですんだが、やがて彼らももっと広い意味で、他人まかせで仕上げられた家に入ることが何を意味するかを肌身で知ることになる。

ロシア人によって仕上げられたこの家には、芸術と文化生活の階も設けられていた。他の階の部屋と同様、この階の設備も既存のもの、戦争と瓦解の後に残されたもの、さらに遡ってナチスの文化統制の後に残されたものからなっていた。では、一九三三年以前のベルリンの芸術と文化が一九四五年の春にはまだどれだけ生き残っていたのかという疑問が生じてくる。

転換の年——一九三〇年

一九四五年のベルリンの物理的崩壊の形象は、一二年前の文化的崩壊のそれとよく比較される。当時、焚書、禁止、追放、投獄、殺人で始まったことが、この都市の全面的な大廃墟化によって破滅の終止符を打たれたのである。このイメージにしたがえば、満開期にあったベルリンの芸術・文化生活が一九三三年一月三〇日の突然の寒気の到来によって壊滅したことになる。実際また、劇場ではブレヒト、ピスカートル、イェスナー、フェーリング、グリュントゲンスが中心になって活躍していた。コンサートホールでは、シェーンベルク、ヒンデミット、アルバン・ベルク、クルト・ヴァイル、ハンス・アイスラーらがアヴァンギャルドを、ブルーノ・ヴァルター、フルトヴェングラーがクラシックを代表していた。新聞の文芸欄では、ヴァルター・ベンヤミン、ジークフリート・クラカウアー、ヘルベルト・イェーリングなどの批評家が文化全般に対して舌鋒鋭い論陣を張っていた。政治の世界に対してはカール・フォン・オシエツキー、レオポルト・シュヴァルツシルト、テオドール・ヴォルフが分析を展開していた。赤いウェディングを身にまとったエルンスト・ブッシュが詩的なプロレタリアート闘争歌を街路に撒き散らしていた。ダーレムではアルベルト・アインシュタインが物理学の限界を拡張しつつあった。また、ヴァルター・グロピウス、ミース・ファン・デア・ローエ、エーリヒ・メンデルゾーン、タウト兄弟たちが、やがて現代建築と都市計画のハンドブックに収められることになる家屋や居住区の設計に携わっていた。現代の実験室ベルリンは、知識人が石油タンクを称える賛歌を歌い、同時にまた石油タンクを崇拝する知識人を皮肉るソネットを書いた都市だった。

このまさに満開の文化が突然、一気に洪水に押し流されるように瓦解した、もしくはナチスによって壊滅させられたというイメージに対しては近年、何人かの歴史家が疑問を提出している。ワイマール期の文化の統制化が暴力的、かつ突然だったことは多言を要しない。だが、一九三三年に突如閉じられた文化状況は、二〇年代の末期のそれとは同じではなかった。本来の現代的な、実験志向の、芸術と文化においてあれほどラジカルで知的だったベルリンは、一九三三年より前からすでに変化していた。一九三〇年の危機の年から顕著になっていた「実験の国際的退潮」（H・D・シェーファー）[17]はベルリンにとって一九一八・一九年の〈覚醒〉の軌道修正を意味した。ヘルベルト・イェーリングは同じ一九三〇年にすでにこの変化を既成の事実と見なして回顧調で書いている。「変化はゆっくりと進行した。兆しが気付かないうちに変わった。知らないうちに概念が転移していった。それは緩慢な、目立たない気候変動というほかなかった。あらゆる誘惑的な過渡期を経て、今や別の季節の到来を告げていた。すべての毛穴から季節は快く浸透してきた。抵抗はしだいにしだいに弱まっていった。ぬるま湯の気候。精神のカプアだ。」(18)もちろん、誰もがこの一九三〇年の傾向転換をやったわけではなかった。半世紀後に起こったポストモダンの転換のように、「新たな無気力《レタルジー》、新たな感傷主義、新たな反動」(イェーリング)はそれまで暗黙の了解が支配していたところに、分極化、敵対化、派閥化を持ち込んだ。知識人の再編成が起こった。そしてそれは、一九三三年以降に形成された現実の陣営に継承されていった。

この展開はドイツではもちろんベルリンに限られたものではなかったが、この地がもっとも鮮明な形をとることになった。例えば、〈ドイツ作家保護連盟(SDS)〉がそうだった。そのベルリン地区支部は帝国最大の下部組織だった。すでに一九三〇年より前から、職業を代表する団体とは捉えずに、政治的に――政党政治的ではないにしても――関与し、発言し、実践すべきだと考える人々が多数派を形成していた。彼らはやはりベルリンにあったSDS本部の厳格な政治的禁欲と対立した。論争があり、衝突があり、何人かの会員が本部によって除名された。ベルリン支部の会員がこの除名された者たちと連帯すると、本部は一九三一年にベルリン地区支部を解体した。この急襲は、政治の舞台で一九三二年にパーペンの帝国政府がプロイセン政府を解任した事件に対応している。リベラルな同僚作家たちから支援を言明されたベルリン支部派は解体を無視して、何もなかったかのように振る舞いつづけた。連盟本部は対立支部をベルリンに創設した。一九三三年に全面的な統制が始まるまで、ベルリンには二つの作家連盟支部が存在した。かくして、文化の第一回分裂が完了したのだった。二回目の文化分裂はほぼ同じ頃、プロイセン芸術アカデミーの〈詩文芸〉部門に属するリベラル・民主派会員と保守・民族派会員との間で起こった。この場合には、多数派であった保守派が退却した。つまり、アカデミーを脱会したのだ。ハインリヒ・マンとアルフレート・デーブリーンの率いる市民階層の左派グループはアカデミーに留まったが、よく知られているように、それも長くはもたなかった。

　組織や団体に比べて、芸術作品の分極化はさほど目立たなかった。連合やアカデミーの政治化に主観的に賛成していた作家たちも、著書の中ではイェーリングのいうところの気候変動に参加していたからだ。二〇年代に大都会、アスファルト、石油タンク、人々の魂を技術的操作の時代の中に描いた作家たちは、今や現代よりも過去、技術よりも神話の方にずっと関心を寄せていた。「作家たちの自己理解にはかつての〈学者〉、〈技術者〉、〈大衆運動家《アジテーター》〉に代わって〈預言者〉、〈神官〉、〈指導者〉あるいは〈警告者〉が登場してきた。」（H・D・シェーファー[19]）

　一九三三年にナチスの手中に落ちた知的ベルリンは、すでに現代の実験室ではなくなっていたのか？一般にそう思われていただけで、実際には一九一八年から二九年までの時期の燃え尽きた外皮にすぎなかったのか？　ワイマール期のベルリンがナチスによって暴力的な断絶を蒙ったのでなかったとしたら、どのように文化史に記されることになったかを考えてみよう[20]。大都市に栄えた文化の満開期はその力が尽きれば、ふつう平和な終焉を迎える。そのとき、一九世紀のパリやペテルブルグ、あるいは一九四五年以降のパリ、ニューヨーク、ロンドンのように、いつのまにかまた普通の都市に戻るのだ。一九三三年の大騒動がなければ、もうずいぶん衰退していたベルリンの文化は同じようにおとなしく消滅していったであろう。あの事件のせいで、その文化のイメージは知的ポンペイの劇的な滅亡の絵画と化した。

米国の美術史研究者たちが生み出したワイマール・ベルリンという概念は、反動と野蛮のダモクレスの剣の下に晒されたモデルネの文化を表す常套のメタファーとなったである。シュペーアの廃墟理論を、この文化のロマン化と神話化に応用して表現すれば、こうなるだろう。一九三三年に「廃墟化された」(破門され、禁止され、追放され、殺害された)ベルリンの知的文化は知識人たちの頭の中で、精神と権力との闘争、そして敗北という知識人の夢が一度は現実となったものとして、ロマン的・神話的に格上げされたということだ。この神話は、ベルリン文化が元の地から追放された後に各地に広がり、国際的になった。アインシュタイン、グロス、ヒンデミット、グローピウス、シェーンベルク、ラングらはドイツの名前、ベルリンの名前であることをやめ、世界の名前となった。そして彼らとともに、ベルリンは野蛮の前庭に立つ現代の高級文化を表す世界的なメタファーとなったのである。

だが、これは後での展開である。一九四五年当時のベルリンにはこのような考えをめぐらす人は誰もいなかった。ベルリン市民は自分たちの破壊された都市を古代風の廃墟と見立てて愉しむ余裕はなかったし、第三帝国の直前の時代に対して歴史的な距離をとることもできなかった。一九三三年以前の時代は間違いなく過ぎ去った世界に属していたが、同時にまたこの時代は野蛮に転落する前の最後の中継点であり、戦後の復興にとって唯一の方向付けでもあった。ニューヨークなど、ファシズムとスターリニズムの洗礼を免れた都市は発展し続け、三〇年代初頭に現代的であったものはすっかり緑青を帯びて、すでに新しいものに代わっていたが、一九四五年のベルリンにあっては一九三三年以前の時代に遡ることは、この間の歳月誰も触れなかったタイムカプセルを開くことを意味した。それがもっとも明瞭だったのは都市復興そのものだった。一九三三年に現代的なベルリンの都市構想を抽斗に仕舞い込まねばならなかった建築家と都市計画者には、今こそ時来れりと思われたのだ。

「シュプレー川が流れる土地」

破壊されたベルリンは見るものに二つの顔を差し出した。一つはアイザック・ドイッチャーがいった垂直性、すなわち、高く聳える廃墟である。それとならんで、水平の顔もあった。破壊によって生じた広い平面、あるいは一九四五年以降しばしば用いられた表現、草原《ステップ》である。「ベルリンの真ん中にある、あの草原《ステップ》」(マヌエル・ガッサー)(21)とはベルリンの中心部、戦前には建物と交通がもっとも密だったポツダム広場一帯のことである。そこが今は雑草に覆われ、野生のウサギが棲みついていた。「人の背ほどもあるイラクサが歩道に生い茂っている。かつて流線型の自動車がさっそうと走ったこの場所に、夜こっそり草を刈りにやってくる。自分たちの小部屋に隠して飼っている家畜のためだ。」こう書き記したゴットフリート・ベンは、この土地を「仮にベルリンという名をもつ、モンゴルの国境の町」と呼んだ。

都市計画者たちは別の見方をした。彼らにとって、大都市が平原に戻ったことは野蛮への回帰ではなく、かつて建物が立ち並んでいた頃には手に入れたくてもできなかった広大な建設現場がやっと調達できたことを意味した。二〇年代のモデルネの代表者たちにとってベルリンの建築、都市計画の現代化の道に横たわる最大の障害は、既存のベルリンそのものだったからだ。彼らの目から見れば、無秩序、不健全、非合理の巨大な塊りベルリンは、彼らの明晰で秩序ある計画のネックとなり、計画そのものを破綻させてきたのだった。だから、第二次大戦の破壊は王城やシンケル設計のいくつかの建築物など、建築史の孤高の廃墟に対しては義務的な涙をそそられたが、それ以外では、一九四五年の〈解放〉という言葉こそ、モデルネを標榜する建築家や都市計画者の気持ちを正直に表す表現だった。亡命したにせよ、ドイツに留まったにせよ、この点については彼らの思いは一致していた。「ベルリンは過去のものになった！　崩れていく屍体だ！[22]」と、ヴァルター・グローピウスは一九四七年の夏、敗戦後初めてベルリンを訪れたとき書き記している。そして、フランクフルト・アム・マインに新首都を建設することを米進駐軍政府に進言している。マルチン・ヴァーグナーは五〇年代になってからかつての彼の仕事場と再会することになるのだが、彼は一九四六年にハーヴァードから、瓦礫の山ベルリンを再建せずに、できれば別の場所にこの名をもつ、まったく新しい都市を建設することを提案している。「一目見ただけで、このドイツ人の瓦礫の原野に、そもそもこの地を瓦礫の原野に至らしめたもの、つまり、その古臭さ、使い古しの目標、見せかけの尊敬をまたぞろ建てることなど、とんでもないこと、いやそれどころか、もう野蛮としか〔思われない[23]〕。」

マルチン・ヴァーグナーは二〇年代から一九三三年の追放に至るまで、ベルリンの市建設局参事であり、都市計画の最高責任者だった。アレクサンダー広場改造の草案者であり、現代的居住区建設の開拓者だった。技術ユートピアを体現する男だった。彼の人生の目標は、家屋・都市の建設をヘンリー・フォードが自動車製造でやったように組織化することだった。家屋はもはや石で造るのではなく、また立方体に建築するのでもなく、何百万台と製造されるT型フォードのように、軽くて安価な、寿命の短い資材で製造されるべきだった。ヴァーグナーが目標とした都市は、歴史と文化の中から成長してくるものではなく、古くなればスクラップにされるマシーンであり、そのコンセプトには最初からスクラップ化が予定されていた。ヴァーグナーの設計した家屋は二五年の寿命と計算された。製造に要した原価資本の償却期間に一致していた。こうした技術的・経済的な計算と一体化して、建築学と都市計画の構想が進められた。その目指すところは、彼の居住区のコンセプトを発展させる形で、「田園《ラント》近くの市民と都市《シュタット》近くの農民が互いに手をたずさえてより高度な生活に到達するための都市・田園文化《シュタットラントクルトゥーア》だった。」(24)

田園《ラント》に近い、自然の中に埋め込まれた、緑に覆われた都市《シュタット》という理想は、もちろんヴァーグナー一人の夢ではなく、すべての現代都市建築の運動が追い求めていたものだ。だが、二〇年代のベルリンほど、この理想に近づいたと思われた場所はほかにはなかった。中心部ではなかったけれど、郊外の周縁部では国際的に模範と見なされる居住区ができていた。ブリッツ、ツェーレンドルフ、リンデンホーフ、アイヒカンプ、フローナウなどである。ブルーノ・タウトはそれゆえ、一九二九年にベルリンの〈田園的性格〉といっている。これはベルリンがパリ、ロンドン、ニューヨークとは対照的にもっている性格であり、これを振り捨てることはできず、パリの大通りやニューヨークの摩天楼と同じくこの都市に属するものだという。(25) ベルリン市参事会のヴァーグナーの同僚であった交通局参事エルンスト・ロイター(一九四七年から市長になった)は同じ一九二九年に、彼の部局の目標をこう告示している。「私たちは……大都市と田園とを融合させ、世界都市を広大な緑の都市、湖と森の中にある都市へと発展させることに全力を尽くそうではないか。(26)」

グロースピウスとヴァーグナーの同僚のうち、ベルリンに留まったものにとって一九四五年の市の状況は、この構想の予期せぬ実現だった。彼らが婉曲に「機械的緩和」(ハンス・シャルーン)と呼んだ破壊は、かつて都市であったものを〈自然〉へ、あるいはアルフレート・デーブリーンの言葉を借りれば、「シュプレー川が流れる土地」へと戻してくれたのではないのか? そしてこの「土地」に、かつての障害から解き放たれて、今や思い通りに未来の理想的な庭園首都《ガルテンメトロポーレ》を建設することができるのではないか？　旧中心部の芯抜きのほかにも、現代都市の設計家を喜ばせたものがあった。彼らがその建設に参画し、現代都市計画の最初の実現として誇りにし、満足を抱いていたベルリン郊外の周縁地区がほとんど破壊されずに残っていたのだ。「死火山を取り巻く周縁都市の輪」（テオドール・プリヴィエ）のように、この市地区は壊滅した中心部を取り囲んでいた。生き残ったという単純な事実によって、この地区が歴史的な中心街よりも二〇世紀の現代性によりマッチしていることを教えていた。

だから、ベルリンの再建――あるいは新たな構築というべきか――がこれらの周辺部から始まったのは当然といえた。三つの最重要の都市計画構想のうち、二つがこの郊外地区の名を冠していた。〈ツェーレンドルフ計画〉と〈ヘムスドルフ計画〉である。そして第三の、ハンス・シャルーンの指揮するベルリン市参事会都市計画グループによって構想された、いわゆる〈集合計画〉は他の二つがやろうとしたことをもっとも首尾一貫して行った。一九三三年に開催された現代建築の国際会議において〈アテネ憲章〉として記録された現代都市計画の原理にしたがって、大ベルリンをゆるやかに広がる、緑に覆われた庭園都市に変貌させることである。シャルーンは一九四六年にこう書いている。「爆撃と終結戦が機械的な解体を遂行した後に残されたものから、ひとつの〈都市風景〉を形成する可能性が生まれてきた。……これによって、見通しのきかないもの、規準を越えたものを見通しのきく、規準に収まる部分に分割し、森、草地、山、湖がひとつの美しい都市風景の中で調和するように部分を配列することが可能になる。[27]」都市風景ベルリンはこの集合計画によれば、幅広の帯のように東西の方向に、しかも、何らかの歴史的規準ではなく、自然の地形のままに――とりわけシュプレー川とハーヴェル川の原初の流れのままに――延びることになっていた。

周知のごとく、この集合計画はごくわずかしか実現されなかった。ツェーレンドルフ計画もヘルムスドルフ計画も同様だった。結局のところ、再び歴史的構造が勝利を得たのだった。そこには東西分割の影響も影を落とした。ともかく、集合計画は現代都市計画の一つの記念碑としては――実際に実現されそうになったのだから――二〇世紀にヨーロッパのメトロポリスに構想された、他のどんなユートピア的都市計画よりも重みをもっている。それらの都市計画では、新築の前提としての首都の取り壊し、あるいは破壊までは――パリ改造計画を構想したコルビュジエですら――真剣には考えなかったのだから。

だが、一九四五年当時のベルリンは都市計画の対象としてだけモデルネの理想の実現の一歩手前にあったのではなかった。いくぶん無気味な流儀ではあったが、現実に存在する都市としてもそうだった。周縁部の緑地におかれた住居地区は、単なる住居地区であることをやめ、独立した都市単位になったのである。一九四五年の夏にはこれらの都市単位は〈独立共和国〉と呼ばれ、かつての統一大ベルリンは今やこうした独立共和国群から成り立っていた。旧地区役所はもはや中央行政機関に従属した下部行政単位ではなく、中世の自由都市のごとく、あるいはユートピアを追う都市計画者がつねに理想的な自治体として想像するような、分権化され自立した構成体だった。かつて中心部で繰り広げられた文化生活が庭園都市＝共和国に移ってきた。爆撃を受けた劇場、オペラハウス、コンサートホールのアンサンブルが急造のホールや、天候さえ許せば、庭園や公園などで公演をうった。展覧会が開かれ、講演会が催された。かつて首都の文化生活を形成していたすべてがここにはあった。〈ツェーレンドルフ文化局〉など以前には存在しなかったが、一九四五年の夏に一旦生まれるや、もっとも重要な文化制度の一つとなった。ベルリンの新たな主人である連合軍が、ダーレム、カールスホルスト、グルーネヴァルト、フローナウのそれぞれの進駐軍本部からこの市を統治したことがこの構図を完結させていた。ペストに襲われて住民が疎開した一四世紀のフローレンスのような印象を一九四五年夏の壊れた中心部は与えた。

そして田舎に疎開した〈デカメロン〉の一行のように、周縁部住民の一部はその快適な日常性と、数キロばかり市に入ったところから始まる世界との鮮烈な対照を感じ取っていた。一九四五年七月、ドイツ人亡命者であり英軍報道将校であったペーター・デ・メンデルスゾーンは、当時ツェーレンドルフの連合軍将校クラブの視点から見たベルリンがどうだったかを描いている。

「ベルリンには熱帯の灼熱が支配してる。屍体が溢れた川の支流や市内の運河からは腐敗臭が立ちこめ、嘔吐を誘う。さらに瓦礫に埋まった死者の臭気が加わる。数日のうちに市は一大コンポストと化すだろう。……ところがこの郊外の愛すべきツェーレンドルフでは空気は清浄で新鮮だし、暮らしは快適である。書卓から眺める裏庭には夏の午後の黄金色の光が暮れなずんでいる。大きな栗の樹と細身の白樺の枝葉が時折穏やかな風にそよいで、素敵な別荘ののどかで快い生活の印象を強める。肘掛け椅子とソファーはとても快適に配置されている。開いたフランス窓からベランダが眺められる。コニャック、コーヒー、米国産のシガレットは好きなだけある。蓄音機からはトスカニーニ指揮のメンデルスゾーンのヴァイオリン協奏曲が響いてくる。将校たちは肘掛け椅子に深く座ってタバコを吸っている。静かな会話。ゆっくりと日が暮れる。夕暮れ時の蚊が現れ始める。誰かが明かりを点す。別の誰かがレコードを替える。背後にはこの家の立派な蔵書が書架に並んでいる。一言で言えば——完璧な夏の夕暮れ。平穏で、怠惰で、いくぶん非現実的である。」(28)

「夢の国」

そのような夢はほんのわずかしか続かない。あの瞬間の夢のように。米軍とロシア軍がエルベ河で手を差し伸べ合い、「そう、こうなのだ」と救済の深呼吸が人々の心を巡ったときのように。

（エルンスト・フォン・ザロモン『質問票』）

一九四五年以降の破壊されたベルリンとその廃墟については、二つの相異なる、いや対立するイメージがあった。歴史的・ロマン派的な眼には、古典古代の偉大さを備えた瓦礫の荒野はフォロ・ロマーノのように映った。現代的・シュルレアリスティックな目には別のイメージがあった。破壊された家屋と通りは時代を越えた無常さの証人ではなく、打ち倒された生き物のように、いわばまだ湯気をあげている生の状態の破壊である。「屠殺され、臓腑をくり抜かれた」とヨハネス・R・ベッヒャーは一九四五年夏、破壊された部屋が自然主義演劇の舞台装置のように見える家屋を表現していった。無気味な生気を湛える廃墟だった。目眩のするような高さの所に、半分になった部屋が瓦礫の埋まった中庭の奈落の上に浮かんでいる。壊滅した市街区の瓦礫の中で絶望的に孤立して、テーブル、ピアノ、ソファー、そして額縁の掛かった二面の壁がある。わずかな突風でも吹けば、目の廻る高みから虚無の奈落に吹き飛ばされる。焼けただれ死に絶えた背景から眼に見えない扉を通って、亡霊のように一人の女が現れ、手にポットをもって手探りでテーブルに近寄っていく。バルコニーが瓦礫の王国の虚空に一瞬迫《せ》り出すかのように、今にも落下するかのように宙に浮いている。(29)」このような光景は戦後文学のトポスとなった。〈悪夢の詩《ポエジドコシュマル》〉――サルトルの雑誌『タン・モデルン』のある寄稿者はこう名付けて、パリの読者にベルリンのシュルレアリスティックな現実を次のようなイメージを用いて伝えようとした。「ウンター・デン・リンデンのフリードリヒ大王の台座にシュールレアリストのミシンが乗っかっていても、ここでは誰も驚かないだろう。(30)」

廃墟の中に生き、廃墟とともに暮らし、一九四三年から四五年の市の壊滅を身をもって体験した人々は、部外者の目には心の廃墟のような印象を与えた。「打ちひしがれ、狼狽し、身を震わせ、飢え、意志もなく、目標も目的もない存在」と、米国人ジャーナリスト、ウィリアム・シャイラーは観察している。「降伏から二ヵ月たってもベルリン市民は依然として狼狽していた」と、米国特命大使ロバート・マーフィーは書き記している。(31)一つ身で観察者と当事者を兼ねていたヨハネス・R・ベッヒャーは、モスクワから帰国して何週間か後に、一人称複数で状況を描写している。「私たち自身が亡霊のような存在になったのではないか？　さまよい歩いている私たちは、みんな影か幻ではないのか？(32)」エルンスト・ユンガーは崩壊後のドイツ人の状態を「頭にガツンと一発食らって、ふらついているとき」のチャップリンの姿に見立てている。(33)第一次大戦の前線兵士だったユンガーは事情に通じていた。チャップリンのふらつき、狼狽、動転、混乱、非現実は第一次大戦の何千という兵士の陥った症状だったからだ。トラウマ性精神病理学での病名は〈戦争ノイローゼ〉、あるいは〈トラウマ性ノイローゼ〉といった。トラウマ性ノイローゼと診断されたのは、身体の損傷は特にないが、戦場での強烈な体験（砲弾の炸裂、生き埋め、突撃）によって心に傷を負った兵士たちである。第一次大戦では前線兵士に限られたが、第二次大戦の全面戦争では前線と後方地の区別はなくなり、この病気は万人共通のものとなった。一九一八年には前線兵士がトラウマを負ったが、一九四五年には全市民がトラウマを負うことになったのである。

ドイツの二度の破局の主舞台となったベルリン。この事実は、一九一八年のベルリンと一九四五年のベルリンの比較へと挑発する。一九一九年一月のスパルタクス団の反乱がドイツ内戦の序章であり、結果的にはドイツとヨーロッパの東西分割の前哨戦だったように、ベルリンの中心部を走って西側の市民階級と東側の労働者階級を分割した戦闘線は、後に西側地区と東側地区を分断した境界線と比べてなんとごくわずかのずれしかなく、そのまま東西の境界線を先取りしていたのだ。ハリー・ケスラー伯は一九一九年一月六日の日記に次のように記しているが、これはバルミーの戦いでのゲーテの感知能力に比肩するものだ。「全ベルリンがぐつぐつ煮える魔女の鍋である。そこでは暴力と思想がごった煮になっている。……実際、今や世界史的事件が起こりつつある。……西と東、戦争と平和、陶酔するユートピアと灰色の日常、その決断が下されるのだ。フランス革命の偉大な日々以降、都市での市街戦が人類にとってこれほど大きな意味をもつことはなかった。[34]」

一九一八・一九年冬の戦闘は無傷のベルリンで行われた。ケスラーや他の人たちが驚きをもって記したように、この都会マシーンはその戦闘中も何も特別なことは起きていないかのように稼動しつづけた。「大都会の生活には革命はほとんど影響しなかった」と、ケスラーは一九一九年一月一七日に書きつけている。「この市の生活は極めて根源的であり、今度のような世界史的な革命でさえも重大な障害を惹き起こさないのだ。今回の怪物めいた運動が、さらにもっと怪物めいてのたうつベルリンの身体の中では、ささいな局地的な障害しかもたらさなかったとき、私にはベルリンのもつバビロニア的なるもの、測りがたい深み、カオス、力強さがはっきりと分かったのだった。(35)」ささいな局地的な障害でさえも、ケスラーがある市街戦の場面で観察したように、奇妙に非現実的だった。「銃撃戦の最中、その上の鉄道橋を高架鉄道が走っている。(36)」シュルレアリスティックな同時性のもう一つの例は、哲学者エルンスト・トレルチがあげている。「劇場は公演を続けていて、銃弾を潜り抜けてくる観客をいつもどおり集めていたし、何にもまして、可能なところならば、ダンスの会が開かれている。」(強調はトレルチによる)(37)

一九一八年と一九四五年の舞台状況の相違というか、ちょうど逆転した状況は誰の目にも明らかだ。一九四五年の都会マシーンの破壊は、一九一八年の革命のあらゆる混乱にもかかわらず、都会マシーンが機能しつづけたのと同じく根源的だった。一九一八年の無傷の市街での暴力と破壊の場面が非現実でシュールだったように、一九四五年の壊れた市街に無傷で残された部屋や壁龕《がん》は非現実でシュールだった。瓦礫の風景の中に破壊を免れた家や市街区が突然目に入ってくると、ベルリンの批評家カーラ・ヘッカーのいうように、「まったく別の大道具が入り込んできた舞台のように、ほとんど滑稽(38)」に感じられた。あるいは、ヨハネス・R・ベッヒャーのいうように「すべてが残っていた。すべてが元の同じ場所にある。すべてが当時と同じに見える。だが、大規模な破壊の只中におかれた、この無傷さは何か人工的な感じがする。展示会用に造られたもののようだ。(39)」

一九一八年と一九四五年のベルリンのシュールな相貌は、根本的に異なる、いや対立する現実から生じたものではあったが、その非現実な、夢幻のような、亡霊めいた性質においても、敗戦と旧支配体制の崩壊という前提においても互いに似通っていた。もっとも、比較できるのもここまでのように思われる。一九一八年が革命による能動的な自己解放であったのに対して、一九四五年は受動的に経験された外部の敵による敗北ではなかったか？　この根本的に異なる状況から、その後のすべてのことは説明できるのではないか？　例えば、一九一八年の後のベルリンは知的・芸術的繁栄期を迎えたが、一九四五年の後には荒涼たる日々が続いたではないか？　頭に一発食らったチャップリンの喩えが、ここで再び役に立つ。彼を呆然とさせ、ふらつかせた場面は一つのヴァージョンにすぎない。もう一つのバージョンは、やはりチャップリンの映画によく出てくるが、頭の一発はチャップリンを催眠状態に陥らせ、その状態で彼はとても優雅なダンスを踊り、そしてもう一発を食らって現実に引き戻されるというものだ。エルンスト・トレルチは一九一八年のベルリンで「何にもまして、ダンスの会が開かれた」ことを特に強調したが、一九一八年一一月に調印された停戦協定に続く数週間、数ヵ月を「停戦協定時代の夢の国」と名付けた[40]。それは敗戦の全体像とその結果を把握できないでいるドイツ人の精神と心情を指していた。集合的「私」は夢遊状態にあって、夢に見たすべてが可能に思われ、現実のすべてが夢想・非現実に思われた。革命や社会主義といった概念が階級と利害団体を越えて心情を揺り動かしたのだ。「あの陶酔状態の数ヵ月は、保守主義者さえが革命家になった」と、保守主義の研究者クレメンス・フォン・クレンペラーはトレルチの死から三六年後にその「夢の国」のメタファーを注釈している[41]。

そのような夢遊状態は第二次大戦の末期にも支配的だった。戦勝国のメトロポリス、ニューヨーク、モスクワ、ロンドン、パリではその状態はストレートで、熱狂的で、カーニバル的だった。ベルリンは打ちひしがれた、無気力な、呆然自失の、悪夢に苛まれる「夢の国」だったが、すべての歴史的変動の後がそうであるように、それでも夢の国には違いなかった。〈解放〉という言葉が一九四五年のドイツでは、一九一八年の〈革命〉という言葉から放射されたほどの誘惑的な響きをもたなかったとしても、この言葉はそれでも連合軍のプロパガンダ以上のものではあった。全国民ではなかったにしても、おそらくドイツの知識人の大部分は崩壊の中の解放を救済として体験したであろう。一九一八年と一九四五年の違いは、あるとき老ジェルジュ・ルカーチが別の関連で用いた比喩が、おそらくいちばん的確に明示してくれるだろう。ベルリンの知識人は一九一八・一九年の崩壊を無傷だった〈ホテル・奈落〉の快適な部屋から距離をおいて眺め、考察し、組織することができた。だが今度はホテル自体が比喩的な意味でも、現実の生活状況の意味でも、破壊されていた。知識人は距離もおけず、身を護るすべもなく、奈落の淵に、いやむしろ奈落の底にいた。その奈落の現実を彼らは直《じか》に肌身に感じ、その現実に圧倒されていたので、言葉を見失っていた。あるいはカール・クラウスにいわせれば、彼らにはなにひとつ思いつかなかった。

いずれにしても、回顧して見ればそのような状況だった。その一方で、一九四五年夏のベルリンを体験したものは、この無残に打ち砕かれた都市の文化が、これほど迅速にその言葉を取り戻したのに驚かざるをえなかった。降伏から数週間後、いや数日後には劇場とオペラ座はリハーサル興行を再開していたし、交響楽団は公演をやっていた。数百の映画館とカバレットが一夜にして店開きし、四五年後の崩壊したDDR（旧ドイツ民主共和国）でポルノショップやバナナ売りの屋台が満たしたのと同じ大衆の根源的な欲求を満たしていた。芸術協会や芸術倶楽部が創設され、多くの人を集めた。やがて新聞、雑誌が相次いで創刊され、映画製作会社が設立され、ラジオ放送局が開設された。「ベルリンは死んではいない。いくつかの点ではパリよりも活気がある」と、米軍の進駐と時を同じくして帰国した文学者、ペーター・デ・メンデルスゾーンが一九四五年七月に書き記している。彼は「人工的な娯楽施設と慌ただしく快活な雰囲気はインフレ時代を想起させ」られた[42]。二〇年代初頭を思い出した人はほかにもいたが、それは文化の世界というよりは、闇市、売春、犯罪といった現象だった。こうしたことすべてを、一九四五年にベルリンに駐留していたある英国将校は回想録の中で「モラルのるつぼ」と表現している[43]。知識人、芸術家たちに関していえば、二〇年代はせいぜい招霊術の無益な呪文でしかなかった。「趣味と感性に関しては、まったく何の考えもなく《イデーエンロース》（〈イデーエンロース〉は英語の原文にある＝原著注）、希望もないまま、過去を振り向いている」と、ベルリンの知識人、芸術家を評したのは、ウィンストン・チャーチル卿の姪、クラリッサ・チャーチルである。彼女は一九四六年に文学雑誌『ホライゾン』にベルリン評論を書いたときに、彼らに出会ったのだ。さらに続けて、「ドイツの知識人の中で自意識をもち、独立独歩の人に出会うことはまれだ。わずかの例外はたいてい共産党員《コミュニスト》だ。この新しい精神《エスプリヌヴォー》の欠如は、演劇では演目の選択と演出に現れてくる。古ぼけた二〇年代の美学である[44]。」フリッツ・コルトナーは一九四七年の戦後初めてのベルリン演劇との再会を、こう書いている。「（クーアフュルステンダム劇場の）芝居を私は最後まで我慢して観たが、信じられないほどひどかった。礼儀から私は座りつづけた。本当なら幕が上がってすぐにも飛び出したかった。できるものなら、米国まで帰りたかった。毒にも薬にもならないお涙頂戴物、くだらない洒落、ばかげた、派手な舞台装置が目と耳と心と頭を侮辱した。この堕落した、だらしない、うらびれた、愁うべき喜劇のせいで、私はその後も数日は笑うことさえできなかった[45]。」本物の創造性ではなく、空疎な賑やかさ、実質ではなく泡沫――この公式に、一九四五年以降三年間にベルリンの文化生活についていわれた批判的な評言はまとめることができるだろう。もうすこし、この種の判決文を観察してみよう。一九四五年一一月、ペーター・ズーアカンプはヘルマン・ヘッセに宛てた手紙に、こう書いている。「この地の文化、芸術促進者たちは、たちまち慌ただしくも賑やかに穴蔵から表通りに溢れ出した。奴らの立てる騒音のいくらかはスイスにまで聞こえてくるだろう。このすべてが私を悲しませる。[46]」一九四六年一月のジークフリート・クラカウアーに宛てた手紙では、「この地の特徴は、すべてが真空の中で起きていることだ。何も支えるものがない。潮流とか、好意的な雰囲気とかが。自然な結果をもたらすものはなにひとつない。あなたの家では大切なことは何も起こらない、まったくなにひとつないと想像してみれば、私が言おうとしていることが理解してもらえるだろう。[47]」ヴィルヘルム・フルトヴェングラー、「今起きていることはすべてつまらない、意味のないことばかりだ。真実の意味での凡庸の支配だ。だが、これはいつまでも続きえないし、続かないだろう。[48]」エリザベート・ラングゲッサー、「ベルリンは新聞紙と雑誌と娯楽施設と文学的催しからなる真空地帯だ。ただもう寄せ集めただけの代物で、本物の文化の培養土になるものではない。（……）グロテスクに聞こえるかもしれないが、今日よりあの一二年間の方がまだ私は本物の作品を創造する時間がはるかに多くあった。」ラングゲッサーの一九四七年の作家会議についての評言、「全体は巨大な花火のように失敗だった。翌朝には干からびた褐色の芝生の上に燃えつきた炭だけが転がっていた。」「文化的にはベルリンそのものと同様、巨大な瓦礫の山である。一九二八年の亡霊の乱舞が〈文化生活〉を率いている。ブレヒト、トラー、トゥホルスキー、ツヴァイク、ベッヒャーたちである。[49]」エーリヒ・ケストナーがドイツの若者について述べたことは、特にベルリンを意識したものではないし、どちらかといえば地方に当てはまることだったが、それでもやはりベルリンの文化的雰囲気をも規定していた。「現代の芸術と文学についての非寛容な、愚かしい、悪意に満ちた見解の最たるものは、例外なく大学生や若い人たちから来ている。かつて青年はアヴァンギャルドのもっとも情熱的な信奉者だったが、今日では彼らは俗物主義の中枢を担っている。ドイツ人は婆さんの美的理想を抱いているのだ。[50]」イェーリング

は崩壊後の文化的水準を三〇年戦争後の時代と比較し、レッシングがそうしたようにまったく新たな開始を要請している。(51)

時代にマッチした、新しい文化がどのようなものであるべきかについて、批評家たちの意見が一致していたわけではなかった。彼らは対立する世界観をもつ陣営に属していたが、その陣営はもうすでに二〇年代から互いに無理解のまま対峙していたのだ。フルトヴェングラー、ラングゲッサー、ズーアカンプらは一九四五年以降、伝統的な高級文化の偉大な業績を追い求めたし、一方のイェーリング、コルトナー、ケストナーらは二〇年代から彼ら自身一体化していた実験的モデルネを思い描いていた。戦後の文化活動を軽蔑することだけは一致していた。この慌ただしい文化活動を〈取り戻し文化〉と理解すれば、これはさほど空疎でも、非生産的でもなかったことを、彼ら批評家たちは見逃していた。結局のところ、五〇年代までの戦後の時代の文化活動を規定し刻印したのは、二〇年代の再生の試みではなくて、ドイツの一二年間の文化的孤立期に世界に起きたこととの受容だったのだ。巨大なスポンジのように、ドイツの戦後文化はサルトル、アヌイ、クローデル、ヴェルコール、エリオット、ヘミングウェイ、ソーントン・ワイルダーの作品を吸収した。この新たな文化制度の座標はパリ、ロンドン、ニューヨークが形成したが、このシステムの中にベルリンが自らの場をもちえなかったことは、二〇年代を呪文で呼び出して、そうした地位を確保しようとした試みが、早々とみごとに失敗したことからも明らかだった。ベルリンが文化的にも芸術的にももはや何の意味ももたないことは、一九四五年には誰の目にも明白だったはずだ。だが、それでもなお何かが、芸術的、文化的生産以前の何かが、本来その前提となり、基盤を形成する何かがなお存在したのではないか？

ベルリンの知識人の中には、ベルリン崩壊後、この崩壊がベルリンにとってはたして何を意味したかを熟慮した人たちがいた。彼らの達した結論は、この都市にメタ文化的、あるいは実存的な意味で再び重要性を付与するということだった。この知識人たちは、ベルリンの文化活動をシャボン玉的はったりだとして軽蔑した人たちと部分的に重なっていた。ペーター・ズーアカンプは西部ドイツを訪問した際に、そこに支配的な意識状況を「一種の無知な無邪気さ」と捉えている。「彼らが最後の段で、ベルリン市民の誰もが体験した断末魔を体験しなくてすんだことが見てとれた。[52]」ゴットフリート・ベンにとって、ベルリンは破壊されたことによって従来この市を特徴付けていた一義性を喪失した。「その冷静さに緊張が入り込み、その明快さに足並みのずれと相互干渉が入ってきた。何やら両義的なものが居座っている。両面価値《アンビヴァレンス》——そこからケンタウロス、あるいは両生類が生まれたのだ。[53]」同じようなことをヘルベルト・イェーリングがいっている。「この明るい、覚醒した都市に従来欠けていたものがある。悲劇的な相貌だ。それが今や深く刻み込まれた。ベルリンをいつも特徴付けてきた理性、ごまかしを許さぬ判断力、これらの能力に、敵たちがこの都市にあるとは想像もしなかった苦悩と自制の能力が付け加わったのだ。[54]」この変身を象徴したのは、かつては派手で、残酷で、醜いと感じられた代表的な建築物が破壊された状態で同時代人に与えた印象だった。ある英国の観察者は書いている。「今日では多くの瓦礫の山を、例えば、王城、記念教会、航空省、クロル・オペラ座、ベンドラー通りの戦争省などの廃虚の残骸を、空しい努力と暴力的な変化の荘重なる表現、印象深い造形として捉えることができるようになった。[55]」ベルリンのヤヌスの顔は、その弁護人・告訴人の矛盾する発言に現れてきた。イェーリングは、この市の戦後文化を三〇年戦争後の荒廃に見立てたことなど一度もないかのように、ブレヒトに宛ててこう書いている。「ベルリンはいまなお真の演劇都市となる可能性を秘めている。まさにこれほどに破壊され、古きものの多くが片付けられたがゆえに。[56]」コルトナーは、ベルリン劇場で笑いが吹き飛んだことなどなかったかのように、こう書き記している。「廃墟の中から元のベルリンの偉大な才能が這い出してきた。(57)」フリードリヒ・ヴォルフはドイツ人を「自滅型、独善的、度しがたい」と評したが、その一方で「ベルリンが再び芸術・文化の第一級の中心地となりうる、大いなる可能性(58)」を信じてもいた。その場の気分や作戦的な配慮（どうすれば亡命者をベルリンに連れ戻すことができるか）が、こうした矛盾した発言に一役かっていたことは確かだろう。あとに残るのは、将来の創造のための培土としての都市の矛盾性である。これらの発言のすべてに通奏するものを、哲学者ゲルト・H・トイニッセンが一九四七年に次のように概念化した。彼が「ベルリンの精神・文化的状況として定義するのは、例えば、音楽家、詩人、画家、あるいはまた、映画監督、自然科学者、人文科学者、作家、政治家、企業家たちが成し遂げた業績、あるいは創造した作品ではない。〈状況〉という言葉は、そもそも作品や業績が生み出される諸条件を指し示しているにすぎない。（……）ベルリンの精神・文化的状況は、精神的経験と認識の可能性の点では、他のドイツのどの都市をも凌駕している。ただし、ほぼ確実なこの可能性が実際にこの地で認識されているかどうかは、あるいは別の言葉でいえば、自らの働きによってではなく、崩壊後の国際政治の展開によって転がり込んだ金を元手に儲けられるかどうかは、まったく別の問題である。(59)」

ベルリンの精神・文化的状況をこのように理解したとき、もっとも重要な要素となったのは、第三帝国の降伏によって国の首都ではなくなったが、違った形で首都でありつづけたこと、戦勝国連合軍の政府、すなわちドイツの新しい支配者の政府がおかれたということだった。ナチスの描いた幻想とは異なり、ベルリンはこの国際化によって今まで以上に一種の世界首都となった。永遠のウィーン会議、あるいは数年にわたる公会議のように、ベルリンは世界の注目を集めつづけた。戦後三年間でベルリンにはヨーロッパの他のどのメトロポリスよりも多くの外国人記者が派遣されていた。ニューヨーク・タイムズ社は、ロンドンに三名、パリに二名、ローマに一名の特派員をおいていたが、ベルリンには四名を張りつけていた。[60] 一九四五年から四八年の間は、ロンドン、パリ、ローマ、あるいはフランクフルトを発って、ベルリン＝テンペルホーフ空港に降り立つことは、国際政治のチェス盤に一手打ったと受け取られた。一九四八年以降になって、東西対決の完成と、世界の分裂、そしてヨーロッパ、ドイツ、ベルリンの分裂によってベルリンはこのオーラを失い、地方の飛び領地となった。そして、それは一九八九年まで続いたのだ。

ベルリンの担った国際首都の役割は、ちょうど植民大国の総督邸宅が植民化された国民にとってそうだったように、ベルリン市民の射程外、経験世界の外にあったと反論されるかもしれない。たしかにこの連合軍首都は、初めのうちは敗者のベルリンから完全に閉ざされた勝者の中央司令部だった。しかしながら、この中央司令部の内部に軋轢が生じ、解体現象が露になるにつれて、最初はただ眺めるだけだったベルリン市民もしだいに仲間に加わっていった。アイザック・ドイッチャーは一九四六年一〇月、ベルリンから次のように書き送っている。「ベルリンにおいてドイツの政治的恢復が始まった。これはかなり奇妙な恢復の仕方だ――ほとんど西と東の敵対関係の結果である。ベルリン市民は、この敵対関係にこそ彼らの最大のチャンスがあると本能的に感じ取っている。ナポレオン失墜後のフランスにはタレーランがいて、勝利した連合国側の相互の食い違いを利用してうまく立ち回り、敗戦国の代弁者から連合諸国の審判者にまでのし上がった。ナチス崩壊後のドイツにタレーランはいなかった。だが、どうもベルリンの民衆が集合的にタレーランの役割を演じているように見える。[61]」

タレーランの自立的な政治は、敗戦国ではあったが勝利者に分割されなかったフランスにおいてこそ可能だった。ベルリン市民の〈自立性〉も、市が戦勝国による分割の対象とならず、彼らの〈オープンな〉競争の目標である限りは、可能だった。一九四八年秋の分割の完了によって、政治と文化の場でタレーラン集合体を演じてきた人々はその活動の場を失った。彼らは自立的な演技者であることをやめた。そして彼らは結局は権力と一体化するほかなく、その幹部や代弁者になったのである。

文化特務隊《コマンドー》

一九四五年に始まるベルリンの征服、軍事的占領、統治情況は太古的だった。戦闘の続く間、またその直後には強姦、略奪が行われた。正常な生活が戻ると、ベルリンは太古からの勝者と敗者の規程にしたがった。市郊外の邸宅地区におかれた連合軍総司令部は、サイゴン、アルジェ、ニューデリー、レオポルドヴィルにあったヨーロッパ人地区が原住民の住む中心街から分離されていたように、ベルリンの他の部分から隔離されていた。交際禁止規程《ノンフラテニテ》が市民との交流を禁じていた。私的な交際は許されなかった。仕事上の不可避の接触の際には、ドイツ人と握手を交わしてはならなかった。同時にまた、勝利の果実が享受された。これには、日常的な意味でも象徴的な意味でも、さまざまな組み合わせがあった。米国情報管理局長の事務所では、ナチスの鉤《かぎ》十字旗がソファーのカバーに使われていたし、『我が闘争』の豪華本がゲスト帳に利用されていた（客は頁の端や空いている場所に名前を書き込んだ）[62]。ヒルデ・シュピールは別の種類の勝利の味に言及している。「連合国進駐軍将校の妻たちは、処刑され、あるいは勾留されたナチ・エリートの夫たちとともに、せりから消えていった〈奥方たち〉の特権を引き継いだ。彼女たちに仕えた同じ理髪師、マニキュア美容師、ペディキュア美容師、服飾屋、毛皮商人、男女の使用人たちである。移行はスムーズで、ご主人の交代に彼らは特に目立った動揺を見せなかった。」[63]四〇年以上たった今、ヒルデ・シュピールもそうしたサービスを受け入れたことに目立った動揺を見せなかった。彼女を担当した理髪師（「ジビュレ夫人」）から、「ヒトラー政権の指導層のいろんな秘話」を聞き出したという。戦勝国に属した人々にとって、占領時代は独特の〈夢の時代〉だった。特にドルをもっていれば、そうだった。「当時、小説にしかないような、すごいパーティーが開かれた。マンハッタンやマーチニのカクテル、クレーム・ド・メント、フランスの古いコニャック、スコッチ・ウイスキー、最高のフランス・シャンペンが恐ろしいほど大量にあった。最上のロシア・キャビアがあったし、牡蠣《かき》があったし、巨大なステーキがあった。しかも五〇人の客用で、特別に雇われた召し使い三人と、バーテンダーがいて――コック、家政婦はもともといた――全部でおよそ一〇ドル、つまり一〇ドル相当のタバコが費用だった。当時はドルさえあれば、ベルリンでの暮らしは、瓦礫の山でも、敗戦の市でもなく、パラダイスだった。」（クルト・リース）[64]この〈サトラップの市〉（H・シュピール）の優雅な暮らしは、決して誰もが同じように呑気に、動揺もなしに享受したわけではなかった。なかには、ジョージ・ケンナンの名付けた〈進駐軍支配層《オキユペーショナルエスタブリシユメント》〉の行動を道徳的に避難すべきと見なす人たちもいた。「この支配層たちに私はほとんど神経症的な嫌悪を覚えた。戦後二度、私はドイツを訪れたが、いずれのときも、困窮の只中で贅沢な生活を送っている同国人やその家族を恥ずかしく思った。彼らが滞在している国についてなにひとつ知らず、つい最近までゲシュタポや親衛隊《エスエス》の指導者たちが暮らしていた邸宅に平然と住みついている。ナチスの指導者たちが享受していた特権を、今度は彼らが賞味して、一瞬たりともそのことに思いを巡らすこともない。彼らとドイツの市民の対照は、封建的ドイツの王侯と臣民の差とほとんど変わらなかった。このような関係に終止符を打つために、彼らの国が二度にわたって世界大戦を戦ったという皮肉《イロニー》は、彼らの意識にはなかった。[65]」

軍行政部の文化担当部の知識人たちには、こうした物質的な贅沢とは別に、ベルリンの占領時代を「人生の中で、もっとも豊かで、多彩で、スリリングな時代」（シュピール）と見なすだけの理由があった。市民的な職業人生を始めてまもない、おそらく中以上のポストには就いたことのない若い男（女の数は少なかった）が、バルザックの若い登場人物たち（『人間喜劇』）が夢見るしかなかったような高位高官のポストに就いたのだ。編集部記者ではなく、新聞創刊者として彼らは活動した。本の原稿を審査するのではなく、出版の認可状を彼らは交付した。ヴィルヘルム・マイスターやフェリックス・クルル程度の演劇経験しかもたない二五歳前後の若い人々が、ユルゲン・フェーリングが劇場公演の認可を得るべきか否かを決定した。ベルリンの文化活動は、彼らには巨人の玩具のようなものでしかなかった。あるいは、古代ローマのサトゥルナス祭の新ヴァージョンだった。古い階層はもはや通用しなかったのだ。文化のゼロ時だったのだ。あらゆることが可能だった。例えば、フロリダ出身の若い音楽家が今や音楽担当の文化将校となってベルリン・フィルハーモニーを監督し、ヴィルヘルム・フルトヴェングラーが再び指揮棒を握っていいかの決定に参与したのである。

だが、ベルリンの文化占領の太古主義、より正確には、その太古的な現象はここまでである。古代的、あるいは植民地的な手法に倣っているように見えた敗戦者の扱いも、本当は新しいものだったからである。過去において、敗戦国の軍事的占領は物質的な領域に限られた。敗戦国・被占領地の思考と文化はそのまま残された。検閲措置が取られたのは、進駐軍の直接の軍事的、政治的利益を保護するためだった。第二次大戦後に連合軍の行った敗戦国の再教育政策《リエデュケーション》は、敵の外的な征服を内的な征服でもって完全なものにしようとした。大戦中に敵国の道徳解体のために開発された〈心理戦争作戦〉から、戦後に敗戦国を戦勝国の倫理的、政治的価値に合わせて〈再道徳化〉するための道具として〈再教育〉が生まれてきたのである。

新しいことにはすべからく先例があるが、もちろんこの政策も例外ではない。直接の先例は、一九四〇年から四四年まで占領したパリのドイツ文化政策である。この政策はまた、一九一四年から一八年のドイツ軍のベルギー占領の経験から教訓を得ていた。一九一五年にブリュッセルに設置された〈ベルギー総督府政治局報道センター〉は、現代の軍事史における最初の〈情報管理〉部局と呼ぶことができる。その任務の分野は一部は伝統的、つまり検閲だった。一部は現代的、つまりプロパガンダだった。一九四五年以後のドイツで起こったようなベルギーの文化制度とメディアへの介入は行われなかった。この部局が重要と見なされていたことは、その人事配置を見れば分かる。ブリュッセルにはヴィルヘルム・ハウゼンシュタイン、ルドルフ・アレクサンダー・シュレーダー、オットー・フラーケが文化将校として活動していた[66]。一九四〇年以後のパリでのドイツ文化政策は、この被占領国ベルギーの知識層をプロパガンダによって操作する最初の試みを引き継いだものだった。もっとも重要な手段は、この目的のために設立された〈ドイツ・インスティツート〉だった。その所長カール・エプティングが一九四〇年にこの施設の目標について述べたことは、プロパガンダと再教育の区別がしだいになくなりつつあるなか、まだなお維持されていたことを示している。「フランスの知識人はその普遍主義の理想を諦めなければならない。彼らは一般普遍的な原理の名のもとに語ってはならないし、この原理をフランスの国境を越えて流布させようと試みてはならない[67]。」この原則は深読みが可能である。ゲッベルスやローゼンベルクら、ベルリンのナチ・イデオローグたちはフランス知識層のナチ化再教育を狙っていた。穏健派にとっては、フランスの知識層が今後その世界観を輸出することができなくなれば、それで満足だった。事実、ドイツ占領下のパリではこれといったナチ化再教育の試みはなかった。再教育を実践しうる人々が配置されなかったからだ。ドイツ軍の文化将校たちは大多数がフランス崇拝者の教養市民層だったのだ。その一人(ゲルハルト・ヘラー)がいみじくも語ったように、彼らにとって「パリは第二の精神的祖国だった。」われわれが過去の文化から保存しようと努めてきたすべてのものの完璧な具現だった。[68]」ベルリンでは想像しがたかったが、一九四〇年から四四年のパリで文化が栄えたのは、空間的な隔たりによるだけではなかった。そこには文化将校たちの慎重な手練手管が関わっていた。ポール・レオタールに対する、あるドイツ人将校の言葉、「パリではわれわれは第三帝国に見出せない自由を許している[69]」は、スターリングラード攻防戦の年の一九四三年にサルトルの『蝿』が初演され、カミュの『異邦人』が出版されたのも、決して単なる偶然ではなかったことを示している。

フランス軍が一九四五年晩夏に割り当てられたベルリン地区に入ったとき、彼らは勝利者の役割を演じるのに困難を覚えた。一九四〇年の敗北のトラウマはまだ生きていたし、これから統治し、管理すべきドイツ人が一年足らず前までは自国の占領者だった記憶は、自意識の強化にはならなかった。フランスが戦勝国の中で重きをなさなかったことは、一九四四年秋の第一回占領地区決定の際に明白となった。仏軍地区のことなど誰も思いつかなかったのだ。西部ドイツの仏軍占領地帯とベルリンの仏軍地区が本来英国に割り当てられた地域から切り取られたという事実は、パリでは王侯の食卓からこぼれ落ちたパン屑と受け取られたのも無理はなかった。それに、なんといっても数百年にわたってヨーロッパ、そして世界の唯一の文化国家を自任してきた国にとって、よりにもよってベルリンの中でも文化的には無に等しい二つの市区を占領地区として割り当てられるというのは、屈辱以外のなにものでもなかった。ライニッケンドルフとヴェッディングには、劇場もなく、オペラ・ハウスもなく、美術館もなく、名の通った出版社も、大学もなかった。それに、いくつかの市民ライブラリーを除いては、名に値する図書館もなかったのだ。この状況を前にしては、フランス駐留軍の士気《エスプリ》も鈍り、ルサンチマンが募ったとしても、不思議はない。米特派員のデルバート・クラークは、親独家では決してなかったけれど、フランスの占領政策を神経症的、「病的プラグマティズムの症状」と見ていた。――「おもちゃの水車小屋のリスの振る舞いだった。ただ動いてさえいれば、前進すると思っている。[70]」シモーヌ・ド・ボーヴォワールはベルリンの自国人の振る舞いを見て、パリ占領時代のドイツ人を思い出している。(「私たち自身があのときのドイツ人と同じように憎むべき人間のように思われた。……そして自分が駐留軍側にいるとなれば、なおのこと不愉快だ。[71]」)

　仏軍駐留地区には文化的基盤構造《インフラ》が存在しなかったのだから、他の連合国が行ったような文化政策は不可能だった。フランスの文化意識にとって、映画館、学校、市民ライブラリーだけでは満足できず、駐留地区の枠を越える唯一の新聞『クーリエ』紙では不十分だとしたら、別の方法を考え出さねばならなかった。〈ミシオン・クルトゥレル〉はパリの外務省の創造物であり、もしかしたら一九四〇年―四四年の〈ドイツ・インスティツート〉の先例に発想を得ていたのかもしれない。いずれにしても、課題設定は同じだった。地区の知識層との交流であり、フランスの一流の有名人(例えば、サルトルやヴェルコール)の訪問や講演であり、他の連合軍文化行政との共同作業である。一九四六年秋に設立された〈ミシオン・クルトゥレル〉は、連合国のその種の施設の中でも、勝者としてではなく、文化の提供者としてドイツ人に供された最初のものだった。[72]その所長フェリックス・リュッセはソ連軍行政部(SM

AD）の文化局長アレクサンドル・ドゥイムジツとは、他の西側の同僚とよりもいい関係を保っていた。米国と英国が一九四七年末、彼らの見解では共産主義的な〈ドイツの民主的新生のための文化同盟〉を禁止したとき、フランスはそれに賛同しなかった。所長リュッセが外務省で前年に述べていたように、フランスは文化同盟のような制度に「われわれが文化の面でベルリンに影響を及ぼしうる[73]」最善のチャンスを見ていたからである。リュッセは回想録の中で、パリ・ベルリン・レニングラードの文化枢軸の可能性と見通しをドゥイムジツと語り合ったと報告している[74]。

これとはまったく異なる前提のもとに、英軍はそのベルリン地区に進駐した。彼らの勝利者としての意識は不屈だった。英国はテヘラン、カサブランカ、ヤルタ、ポツダムに至るまでの戦争会議を開いた〈三大国〉に属していた。それればかりか、四つの連合国のうちで外国の国民を管理することにかけてはもっとも経験豊富だった。二〇〇年に及ぶ〈大英帝国《エンパイアー》〉は外国統治のノウハウとよく訓練された行政官僚組織を造り上げていた。それは他の連合国の羨望の的であり、ドイツ人からは尊敬をもって眺められた。英国人にとって、〈再教育《リエデュケーション》〉は米国人とは異なる意味をもっていた。理想主義的・倫理的な伝道が目標ではなかった。彼らの行動規範は、「屈伏させた国民のエリートを文化的な――クリケットから司法に至るまで――影響下において、間接的に支配する方が、費用のかかる軍事・行政的な支配を追求するよりも効果的だ[75]」という、長い経験に基づく信念だった。これを書いた英国の歴史家ニコラス・プローニーにしてみれば、ブーア戦争後に英国人によって実践された南アフリカ人の再教育には、「ドイツ人の再教育として計画された基本的な理念や方法のすべてが実質的に含まれていた[76]」のは当然だった。英国の再教育プラグマチズムには、中欧の国の知識層の獲得にはアフリカやインドとは異なる方法と形式が必要だという見識が含まれていたので、ベルリンでの英国の文化政策は慎重かつ控え目に進められた。この政策は、芸術的・文化的生産という意味での文化にではなくて、英国の眼からすれば極端な志向に流されやすいこの国の文化エリートたちに、〈コモン・センス〉の文化を確立することに関心を寄せていた。

米国の再教育政策の伝道家的熱意と倫理的厳格さは、ベルリン占領の際に赤軍の犯した悪行とともに、ドイツ戦後史の常套句に数えられる。たしかに当たってはいるが、よく観察してみると、一般に考えられているのとはいささか様相が違っている。例えば、米国による戦後ドイツの扱い方は、八〇年前の南北戦争の勝者となった北部が敗者南部に対して行ったことの繰り返しであったことは、ヨーロッパでは気付かれることはなかった。無条件降伏から軍事的占領、軍政府の設置、敗者を再教育によって道徳的に改良する試みに至るまで、一九四五年以後の数年にわたってドイツで起こったことは、一八六五年以後の数年間にすでに一度米国で起こったことだったのだ(77)。奴隷制度と人種主義に代わって、軍国主義と国粋主義が根絶すべき想念となった。方法は似通っていた。どちらのキャンペーンでも、再教育される側には自浄力があるとは見なされず、救済が押し付けられたのである。

もっとも米軍政府の内部には批判的な声もあった。一例はハーヴァード大学の政治学者カール・J・フリードリヒだったが、彼はこう回想している。「ドイツにおける反ナチ運動に対する米国人の無関心と無知のために、米国の政策はナチスよりは間違いなく人間的ではあったが、同じほど全体主義的な政府を造ってしまった。ドイツ人の反全体主義的伝統とその努力は考慮されず、それに携わった女性や男性はほとんど無視された(78)。」軍政府の内部では、その長たるクレイ将軍が似たような見解を表明していた。彼は「この種の管理の目的で〈プロパガンダ省〉を設けるのは無意味だと思う」と、情報管理局長ロバート・マクルーア将軍に伝えているが、マクルーア将軍はドイツ人に関してまったく異なる見解を抱いていた。(「クレイ将軍は、数多くのよいドイツ人がその民主的な信念を立証したいと待ち望んでいると考えている。この点が彼と私の根本的な相違だ。[79]」) クレイが米南部、マクルーアが米北部の出身だったことは必ずしも偶然ではなかったかもしれない。

米軍政府のトップたちの見解の相違に鑑みて、〈情報管理局〉の専門家レベルでは米国人よりもドイツ人亡命者の方が多く活動していた事実は重要だった。情報管理局は〈心理作戦遂行部隊〉の残した遺産であり、その人員を引き継いで一九四五年の夏に創設されたが、マクルーアはこの遺産に決着をつけようとして、次のような論拠をあげている。「ドイツのような反ユダヤ的な国では、こうした人たちに対する反応はポジティヴなものではなかった。おまけにこのグループの中には、米国の宗教団体の中にもいるような狂信的な十字軍戦士《クルーセーダーズ》がいるが、彼らはこうした任務には適していない。[80]」マクルーア自身が心の奥底では〈クルーセーダーズ〉の一人であったから、この精神をもって勤務している仲間をやめさせたいと思ったとすれば、これはあまり論理的とはいえない。それとも、彼のいう「夢見る十字軍戦士」とは、まったく別の亡命者のグループを指していたのであろうか? クレイ将軍と同じような考えの、マクルーアの眼からすればドイツ人の自浄力に関して度しがたく〈夢見るオプティミスト〉であった人々のことを指していたのであろうか?

ベルリンの情報管理局では、このグループの亡命者は多数派を形成していた。彼らの多くはベルリン生まれのベルリン育ちだった。ドイツの反ナチ的な知識人との日常的な交流や、若い頃の友人やかつての同僚との接触を通して、彼らはナチ時代を生き延びた人々に対する理解をもち始めていた。彼らの判断と評価は慎重だった。マクルーア(および、カリフォルニアから判断を下した亡命者たち)の評価の厳格さとは大きく食い違っていたのだ。

ベルリン文化の復興を指揮した四ヵ国の駐留軍のうち、いかなる点から見ても一番だったのはロシア軍である。一九四五年の五月と六月の二ヵ月の独裁政治の間に、彼らは基礎を築き、後になされるべきすべてのことの軌道を敷いた。七月に進駐した他の連合軍はむろんこの既成事実を覆すことも、問い直すことも、受け入れることもできた。いずれにせよ、彼らは既成事実と角突き合わせなくてはならなかったのだ。

ロシア軍の文化政策が成功した第二の理由は、彼らが仕事に際して用いた自由主義と実用主義だった。彼らの取った作戦「規制の代わりに開放」が——米軍に勤務していたペーター・デ・メンデルスゾーンが嫉妬心混じりに書き記したように[81]——精神を揺り動かしたのである。

第三の要因は、共産党に近い知識層との緊密な協力関係だった。これは党機関のレベルでも、個々の知識人や芸術家との間でも行われた。ベルリン——また西ヨーロッパ全体——の知識層のもっとも活動的な部分は、一九四五年当時には共産主義に対して好意的だったので、他国の進駐軍とは違ってロシア軍は極めて質の高い〈協力者〉を自由に使うことができたのである。

第四の要因として、これは彼らと関わりをもった人々すべてに一致している評価だが、ロシア軍の文化将校自身が質の高い知識人だったことがある。彼らは流暢にドイツ語を操り、ドイツ文学史・美術史の知識においてはベルリンの話し相手よりもしばしば優れていた。ロシア軍の将校がハイネの『冬の旅』や『ニーベルンゲンの歌』から長い引用を引いてドイツ人の聞き手を恥じ入らせた、といったエピソードは、どんな戦後ベルリン回想記を開いてもいくらでも見つかる。[82]

西側連合国とドイツ人がすでに一九四五年に発し、今日に至るまで満足のいく答えが得られていない問いは、もちろん次のようなことだ。自国の精神（文化）と芸術をあれほど徹底的に、損失をまったく考慮せずに統制化した国家が、なぜ屈伏した敵にあれほどの寛容さを許したのだろうか？　一般に想定されたように、ロシア人は劣悪な補給状況を前にして、古い格言「パンの代わりにゲーム」にならって行動したのだろうか？　ブレヒトの〈インテリども（「テュイ」）のパン籠〉の手を使って芸術家や知識人をてなずけ、彼らの政策の追随者に仕立てあげるつもりだったのか？　それとも、ベルリンの――ソ連地区では少なかったが――文化多元主義のもとで展開したことは、軍服を着たロシア人知識人の疑似反乱的活動の結果だったのか？　彼らはスターリン、ジュダーノフ、ベリヤからは安全な距離にあって、モスクワでは不可能だったことをベルリンでならやれると思ったのだろうか？　ベルリンのロシア軍文化将校のこうした状況は、一九四〇年―四四年にパリに駐留したドイツ軍将校の状況と同列に比較できるものだったのだろうか？

米軍の〈情報管理局〉に対応するものだったソ連軍行政部（SMAD）情報局の局長の発言は、この方向を示唆している。セルゲイ・チュリパノフ[83]は彼の部局の仕事を回想して、こう書いている。「われわれが力を合わせて創出しようとしていた時代は、ソ連邦ではとっくに過ぎ去った時代だった。つまり、二〇年代のソ連邦の発展期に似た時期をこの時代のドイツは経験していたのだ。これは疾風怒濤の時代だった[84]。」ブレジネフのネオ・スターリニズム時代（一九六七年）に書かれたこの回想は、当時の公式の読みでは次のごとくになる。疾風怒濤の時代をとっくに克服したソ連邦の社会的・歴史的発展段階から見れば、一九四五年以降のドイツの展開は旧時代の遺物であり、これをできるだけ早く社会主義的な社会関係に発展させるためにのみ、考慮されるべきである。だが、チュリパノフの文章は、別な風にも読むことができる。かつて己のものだったが、過ぎ去ってしまって、もはや取り戻すことのできない、芸術と精神の自由の時代への密かなノスタルジーの表現としてである。この自由が異国の地でいま一度経験できるかもしれないのだ。

旧ＤＤＲ（ドイツ民主共和国）のリベラルな歴史家は、この解釈を好んだ（あるいは、好んでいる）が[85]、西ドイツの歴史家は水も漏らさぬ政治的コントロールに鑑みて、そうした〈自由裁量の余地〉はありえなかったと考えている[86]。実際また、チュリパノフが文化破壊者ジュダーノフを中心とする親密なグループに属していたという事実からして、彼をモスクワの公式の文化政策に反抗する文化リベラル派かつ地下活動家とは決めつけがたい。さらに、ジュダーノフについての最近の〈修正主義的〉評価を見れば、ことはまったく混沌としてくる。ソ連のもっとも有名な文化統制主義者ジュダーノフは、その実開放を求めて闘った人物であり、その文化闘争は「イデオロギー的な原理の表現というよりは政治的手段として説明できる。（……）事実、ジュダーノフは評判ほどは教条主義者でも狂信的愛国主義者でもなかった。彼は哲学と自然科学をあまりに狭量なイデオロギー的制約から護ろうとしたし、これらの学問分野の自由な発展を支援していた[87]」というのだ。この読みにしたがえば、スターリニズムの文化政策は文化政策ではなく政治であり、文化を手段の一つとして用いたが、その内容や形式にはまったく無関心だったことになる。〈フォルマリズム〉に対するジュダーノフのキャンペーンのように、特定の芸術的形式や思考方向に対する攻撃がなされたとしても、それはその通りの意味ではなくて、もっと別の、例えば、政治局のマレンコフを狙ったものだった。攻撃され、叩かれたのは文化だったが、本当の狙いは敵対する党派だった。隠れ蓑、あるいは変装の言葉が必要だった。スターリン体制下では生《なま》の関心を顕にすることは許されなかった。

この文化の役割の成立と論理を、近年になってシェイラ・フィッツパトリックが解明し、従来の残忍な統制化と警察化のソヴィエト文化の像を修正した。戦後ベルリンでのソ連軍のリベラルな文化政策と高い教養をもった文化将校の存在は、彼女の唱えるスターリニズム下での〈文化的なるもの《クリトゥールノスチ》〉文化の理論によって、かなりの部分が説明できるのである。

　ロシアの市民階級知識人がスターリン下で大農や司祭と同じ運命を蒙ったという見解に対してフィッツパトリックは、「旧知識層は自身予想した以上に、また西側の研究者が記述してきた以上に無事に文化革命を切り抜けた」[88]ことは間違いないと見ている。一九二八年から三二年のスターリン下の文化革命が破壊したのは、文化的市民階級そのものではなくて、革命の混乱が過ぎた後のネップ（新経済政策）時代に独自の高級官吏層としてあらかた復興していた彼らの自意識だった。文化革命は知識階級にとって凄まじい屈辱だった。それは彼らが無の存在であり、党と国家がすべてであることを教えたからだ。スターリンが鞭の後に差し出した飴、すなわち大幅な名誉回復は、知識層にかつての特権を下げ戻し、特に明確な政治的・イデオロギー的・革命的な信仰告白を要求しなかった。というのも、党は知識階級を去勢したその同じ手で、自ら市民階級的文化の価値と形式を引き継ぎ、かつての革命的イデオロギーとすり替えたからだ。そこから、（意訳して表せば）〈文化的生活様式《クリトゥールノスチ》〉が成立したのだ。そしてこれは、後期スターリニズム、またスターリニズム後のソ連とその衛星国の社会を規定することになった。建築におけるネオ・クラシック、舞台ではスタニスラフスキー、文学ではトルストイ、これらが新しい文化ドグマとなり、かつてのプロレタリア的・革命的ドグマに取って代わった。フィッツパトリックの解釈は、一九四五年以後のベルリンでロシア軍の文化将校によってなされたことが、決して体制に異質なものでも、反体制的なものでもなく、体制と同列のものだったことを示してくれる。奨励された文化、トーマス・マン、ゲルハルト・ハウプトマン、ヴィルヘルム・フルトヴェングラーたちは、トルストイ、スタニスラフスキーらのロシア著名人たちと同じように市民階級的・伝統的だった。実験的なもの、アヴァンギャルド的なものに対しては、理解も支援もありえなかった。

多くの観察者を驚かせた、ロシア文化将校たちのもつ高い文化的水準も、フィッツパトリックによるスターリニズム期文化史の新解釈によって説明が得られる。ベルリンに登場したのは、〈魂の技師〉に速成された農民・労働者の息子たちではなく、旧教養階級、大ブルジョワジーの二世たちだったのだ。ソ連軍行政部（SMAD）の文化将校の典型像とは、ユダヤ系家庭の出身、一九〇〇年から一九一〇年の間にペテルブルグに生まれ、子供の時に革命を、青年期にネップ時代を経験している。教育はルナチャルスキーに支援されたペテルブルグの名門校の一つで受けている。二〇年代の末期に知識階級の一員として文化的世界に入ろうとしていた矢先、文化革命がすべてに終止符を打った。例えば、SMAD文化局々長アレクサンドル・ドゥイムジツ、青年時代からの友人だったグリゴリー・ヴェイスパピエル――一九四五年に『日刊展望』紙の編集者になった――はこのタイプの純粋な血肉化であった。彼らの実家の室内調度には、文学・学術の蔵書はもとより、談話室のスタインウェイ・グランドピアノも含まれた。ドイツ語、フランス語、英語というように、日によって異なる言葉が話されていた。子息たちはペテルブルグの教養市民階級の伝統的エリート校だったドイツ改革派学校に通学した。真夏に白い手袋をつけるという、若い大学生たちのダンディな出立ちも、現代芸術への熱中も、自明のことだった。二〇年代後期にドゥイムジツとヴェイスパピエルが学んだ〈ペテルブルグ美術史研究所〉が「フォルマリズムの砦」という異名をとっていたことに、二人は誇りを抱いていた。(89)

一九四九年、ドゥイムジツは〈フォルマリズム〉に対するキャンペーンの最前線に立っていた。このような転換を外的に破綻なく、一見何の抵抗もなく完遂した知識人たちの心の中がどうだったのかは、秘密のままである。彼らの仕事でもあり、人生の一部でもあった文化を、政治局の仲間と同じように無関心に道具と見なしていたとはとても思えない。文化革命が彼らの倫理的支柱をすでにへし折っていたとしてもである。どこかに、政治的忠誠と文化的忠誠の境界線が走っていたにちがいない。

このジレンマに陥ったのは、ロシア軍の文化将校だけではなかった。他の連合国の文化将校にしても同じだった。彼ら全員が戦後三年間のベルリンの開かれた状況にあって、文化のもつ相対的な自立性と相対的な威力を経験し、かつ享受したのだった。開かれた舞台がしだいに閉じられ、ついには分断されたとき、彼らの裁量の余地は狭まった。彼ら自身が思い込んでいたように、チェス盤上の〈将校〉ではなくて、単に〈農夫《ポーン》〉にすぎなかったことに気付いた。一番に戦場に送られ、たちまち犠牲にされ、たやすく忘れられる〈農夫〉だったのだ。これが一面だった。他の面では、ベルリンの状況の狭まりと分断のプロセスは長い時間を費やして——一九四五年から一九四八年にかけて——進行したので、文化将校たちの力の意識と無力感が奇妙な結合を見せることになった。この年月の間、ワシントンではすでに反米活動委員会が魔女狩りをスタートさせ、モスクワはフォルマリズムと世界主義《コスモポリズム》に対抗する闘争に鼓笛を打ち鳴らしていたが、ベルリンだけはそうしたヒステリーから免れていたのではなかったか？　軍事的に見れば、ベルリンは互いに前進し合う前線の間に横たわる無人地帯ではなかったか？　ここでは、後方基地ではもはや不可能になったことがまだ可能ではなかったのか？　さらに軍事的な比喩を用いれば、この無人地帯で出会った敵対する列強の文化担当部局は、しだいに〈ロスト・パトロール〉化していったのではないか？　つまり、彼らは現実の情勢と利害に導かれて、自軍の参謀本部よりもお互いの方が近くなっていたのではないか？　事実、ベルリンが冷戦に転落していくなか、文化将校たちの間に前線兵士的な連帯感の兆しが生まれていた。米軍の演劇将校だったベンノ・フランクは米国ではすでに赤狩りのリストに挙げられた作家の芝居を舞台にのせるために闘った(90)。そしてまた、ドイツ劇場が一九四七年春に反米的なロシア・プロパガンダ劇の上演を行ったとき、劇場総監督のヴォルフガング・ラングホフは米軍文化将校ベンノ・フランクにこっそりと、彼およびロシア軍文化将校は上部の指示にしたがってやむなく行動したのであり、個人的には米国の公式の抗議を期待していると伝えている。(91) ヴォルフガング・ハーリヒは今日、ドゥイムジツとフランクの交流について、彼らが政治的・イデオロギー的な限界を越えて互いに仲が良かったと述べている。「彼らは階級憎悪の義務的ノルマを果たさなければならなかったが」、それ以外は「彼らは同じ言葉を語った。(92)」

2

芸術協会《クンストカマー》

ベルリンの占領にはおよそ一〇日かかった。郊外の最初の市地区がすでに赤軍に占領されていたときも、まだシャルロッテンブルク地区では市電が走っていたし、クーアフュルステンダムのレストランでは昼食をとることができた。スイス人のビジネスマンが回想しているように、カフェー・シリングでは「指の幅ほどの厚さの褐色のクリームがのった上等のケーキ」が出されていた。[93] もっとも、ときには砲弾が撃ち込まれたし、死者も出た。数日のうちにこの状況は逆転した。中心部、とりわけ官庁街では激しい戦闘になったが、逆に郊外の市地区ではすでに平和の状態にあった。ソ連軍の地区司令官によって投入されるか、あるいは少なくとも黙認されて、個々のドイツ人あるいはグループが活動し、物質的生活が継続するよう配慮していた。当時はいわゆる反《アンチ》ファシズム・グループの活躍したときだった。彼らは主人を失った行政の手助けをしたり、あるいは旧体制の残存者の手から行政を引き継いだりしていた。「(ここでは)独特の雰囲気が支配していた。それはかの一〇月革命やロシア内戦の時代の集会にあったと想像しうるようなもので、党集会にあってほしいとつねに願っていた雰囲気だった」と、ウルブリヒト・グループとともにベルリンに帰還したヴォルフガング・レオンハルトは回想している。「あらゆる方向から明快で、簡潔な提案が出されて、それが議論され、ときには対案で補完され、決議案にまとめられた。」[94]

名高い主要交通路・商業中心街であるクーアフュルステンダム通りを擁するシャルロッテンブルク地区は、戦争によって中規模の損傷を蒙ったベルリン市地区の一つであった。中規模とは、瓦礫に埋まった中心部とおおかたが無傷で残った郊外地区の中間に相当した。オリーヴァ広場あたりのクーアフュルステンダムとその横丁の通りはかなりの部分が無傷だった。ここでは市街戦は起こらず、ロシア軍はこの一帯をあらかた戦わずして占拠したからである。この横丁の通りの一つをシュリューター通りといった。ここに、クーアフュルステンダムとリーツェンブルク通りに挟まれた通りの四五番地に、その建物があった。一九〇〇年前後に建てられた上流市民層の多住居ビルだった。大理石の入り口階段、エレベーター、化粧漆喰仕上げの高い天井、広々とした部屋など、当時の技術で可能なあらゆる快適さを備えていた。

とはいっても、すでに数年前から建物は住居用には使われず、爆撃で破壊されるまでヴィルヘルム通りにあった帝国文化協会《ライヒスクルトゥーアカマー》が入っていた。この移転のために、部屋の配置などにいくつかの変更が加えられた。例えば、小さな部屋をいくつかつぶして、大きな所長室が設けられた。そして、総統新官邸の例をみならって、所長ハンス・ヒンケルの不釣り合いに大きな事務机が置かれた。一九四五年五月の初めに、もとの所有者たちはここを立ち去ったが、建物そのものは損傷を受けていなかった。事務用ビルとしての完全な設備のほかに、ここには関係書類のすべて、および帝国文化協会の全会員の完全な記録カード、すなわち、第三帝国において芸術・文学・出版の活動を許可されていたドイツ人のすべての記録が保存されていた。また地下室には、かつてのベルリン・ユダヤ教区会の絵画収集品の一部が保管されていた。シャガール、リーバーマン、レッサー・ウーリの作品があった。

主人を失ったこの帝国財産は、戦闘が終了して一週間後に、ソ連軍地区司令官によって新たに任命されたばかりの地区長キーリアンの名のもとに、シャルロッテンブルク地区役所の所有に移った。これはだが、正式の行政手続きをへて行われたのではなかった。当時はそれがふつうだったが、後で確認することもできないソ連軍の何かの権威に基づく、〈自由な〉占拠の形をとって行われた。このとき、行動を起こした人物は名をエリザベート・ディルタイといった。この四五歳になるプロイセン高級官僚の未亡人はヴィルヘルム・ディルタイの姪だと称していたが、何の親戚関係もなかった。[95]彼女が、続く数ヵ月にわたって得体の知れない人物たちが繰り広げた輪舞の始まりだった。この人物たちは、この建物を我が物とし、ここを本陣として、それぞれの活動を展開していったのである。

ナチスの諜報員が一九三三年、「社会的に高い地位にある婦人」と評しているように、[96]ディルタイは夫の死後もしばらくは、使用人や運転手などを備えた快適な環境で暮らし、高級官僚や貴族たちと付き合っていた。一九三二年五月に彼女はNSDAPに入党し、以後は交際をハンフシュテンゲル、ローゼンベルク、ディートリヒらの党の重要人物に切り替えた。特に個人的に親密な関係を結んだのは、経済理論家であり、NSDAPの経済計画の策定者であるゴットフリート・フェーダーであった。フェーダーは『利息奴隷制に対抗する宣言』の著者であり、NSDAPの反資本主義的党派に属し、権力奪取の後は党派と運命をともにした。彼は数ヵ月間帝国経済省の次官を務めた後、ベルリン工科大学の教授職に左遷された。これは一九三三年夏のことだったが、エリザベート・ディルタイとの親密な交際の時期でもあった。この夏の間に、すでに以前から緊迫していたディルタイとハンス・ヒンケル（当時プロイセン文部省の顧問官だった）の間が、公然たる個人的な敵対関係にまで発展していった。党に敵対する言動を互いに告発し合い、個人攻撃の応酬を繰り返した。ヒンケルが委託した、ディルタイに関する諜報員の報告、そして彼女の一時的な〈保護勾留〉がこの私闘の節目をなした。この確執の原因が何だったのかは、ベルリン記録センターにわずかに残された書簡からだけでは、推測の域をでないが、どうやらヒンケルはディルタイをNSDAPとは政治的に距離をおくグループのスパイだと考えていたようだ。ヒンケルが委託した諜報員の報告（今日では遺失）は、陳情書ほどの厚さがあったが、そのタイトルは『ドイツ人の脳をもつユダヤ精神』となっていた。エリザベート・ディルタイが実際にどのような政治的な志向や意図を抱いていたにせよ――NSDAPの〈左派〉の支持者だったのか、それともヒンケルが考えたように敵対する陣営のスパイだったのかはともかく――彼女が一九四五年五月にヒンケルの本陣を接収した事実は、遅まきながらの仕返しと見ることができる。

もっとも、彼女の満足感は長くは続かなかった。その一週間後にはもう、ソ連軍の市区司令官ベルサリンの全権委任状を携えて、一人の男が舞台に現れた。名をクレメンス・ヘルツベルクといった。一九三三年までマックス・ラインハルトのドイツ劇場の管理部で働いていたという点で、ディルタイと違って芸術・文化の世界に関してはずっと経験があった。戦争勃発までに亡命することができなかった彼は、ベルリンでユダヤ人移送が始まったとき、地下に潜った。マルチン・ゲーリケという名のメイクアップ・アーチストの支援を得て、彼は三年間、シュリューター通りから数区画しか離れていないクサンテン通りのとある住居に隠れて暮らした。ベルリン攻防戦が終了した後すぐ、彼はソ連軍の市区司令官と面談した。ロシア語を話した彼は、同じような試みをした他の人々よりも有利にことを運ぶことができた。ヘルツベルクの言葉でいえば、「私はベルサリン大将のところへ出かけていって、こう話した。ここには帝国文化協会の建物があり、これは再建のために役に立つ、と。ベルサリン大将はシャルロッテンブルク地区司令部のユセネフ大佐のもとに行くよう指示して、私にこういった。〈その建物を接収させなさい〉。一人のソ連軍少尉を私につけてくれた。その少尉が建物を接収した。ここで私はディルタイさんはじめ、多くのスタッフに出会った。私はこのスタッフを引き継ぎ、自らにこういい聞かせた。重要な人材が登用されているのだと。私はディルタイさんに留まるよう提案した。彼女はそれを拒否した。彼女はすべての提案を拒否した。それで、私がこの建物を我が物にしたとの誤解が生じた。[97]」ロシア軍の全権はヘルツベルクを〈ベルリンの文化関連事項についての市区司令官の全権委任者〉と宣言していた。だが、ヘルツベルクが自分の成功を喜んでいられたのは、前任者よりもほんの少し長かったにすぎない。彼の日々はおよそ一〇日続いた。しかも、この日々は真摯な仕事に満たされていたのではなく、かつての友人たちとの〈再会のお祭り〉(アイスマン)だった。そしてヘルツベルクは、総督に任命されたサンチョ・パンサよろしく、この旧友たちにとんでもない約束をばら撒いていた。ヘルツベルクの覚醒、あるいは後にディルタイが名づけた〈ケーペニック劇〉の終幕は、この騒動に気づいたロシア軍が彼を解任したときにやってきた。

かくして、ベルリン文化の再生劇の第一幕は閉じられた。二人の登場人物の必然性のなさ、彼らの関心や動機の曖昧さ、彼らの文化への貢献度の低さはあるにしても、ともかくこうしたことの結果は、シュリューター通りの建物がこの四週間の間に、ベルリンの芸術家や知識人にとって重要な、いや生活必需の集合場所、中心点になったことだった。というのも、ここで生活物資カード配布のための分類、ないし格付けが行われたからである。一九四五年五月一三日のロシア軍の通達によれば、生活物資カードには四種類あった。筆頭にあるのはクラスI(「重労働者および危険職労働者」)だった。一番下はクラスIII/IVで、これは俗にいう〈死に組〉(「子供、無職の家族構成員、およびその他の住民」)だった。〈その他の住民〉でないとすれば、この中間のどこかに彼らの日々のパンが位置付けられると知識人や芸術家たちは計算することができた。もし次のような例外規定がなかったとすればである。「功績のある学者、技師、芸術家、文化創造者はクラスⅠに相当する」つまりシュリューター通りでは、芸術家としての格付け、すなわち生活物資受け取りの格付けが決められたのだ。この目的のために、芸術家のすべての分野に規程表が定められていた。作家に対しては、次の規程があった。

「一流の作家および詩人：　クラスⅠ
自由業的な作家　作品の提示とその審査を要す：　クラスⅡ」

俳優はこうだった。

「主役・準主役：　クラスⅠ
脇役：　クラスⅡ
小劇場の脇役：　クラスⅢ
専任の脇役、その他：　クラスⅢ(98)」

これを要約していえば、指揮者、ソリスト、劇場総監督《インテンダント》、監督・演出家はクラスⅠを形成する。中級、上級の演奏家・俳優、知識人、造形美術家はクラスⅡである。残りがクラスⅢとなる。総監督でもなければ国際的に著名でもない、大多数の芸術家の実生活にとって、シュリューター通りへの道はクラスⅡを獲得する闘いであり、同時にクラスⅢの格付けを回避する闘いだった。第三帝国の崩壊直後にあって、この一二年間に公にされ、権力者からしばしば大仰に賞賛された芸術的業績が、サロモン王のごとき賢明なる判断を期待できないことは明白だった。言い換えれば、芸術家としての評価と同時に、政治的な審査も行われたということだ。このためにはシュリューター通りの建物は特に好都合だった。なにしろここには、完璧な個人記録と帝国協会のすべての通信文書が保管されていたからだ。誰がこの文書庫の記録に基づいて判事の役割を演じるかという問題は、占拠後の数日の内に占拠グループによって――ディルタイとヘルツベルクが建物を占拠したときと同じように――実用主義的に決定された。つまり、彼ら自身がその役割を引き受けたのだ。ディルタイやヘルツベルクとの違いは、このグループがここに長く居座ることができたことだ。初めは形もなく即席だったが、後にはベルリンの芸術家の非ナチ化のための審査機関として制度化されて、彼らは活動を展開していったのである。

　このグループを構成した人たちは、ベルリン抵抗運動の出身だった。西地区で活動していたエルンスト・グループがその中心だったが、これは市民階層リベラル派もいれば、共産主義者もいるといった、異なる世界観や政治信条をもつ雑多な人々からなる緩やかな組織だった。俳優のデ・コーヴァ夫妻もここに属した。ほかにも、指揮者レオ・ボルヒャルト（一九四五年の春と夏、一時的にベルリン・フィルハーモニーの指揮者を務めた）とその女友達ルート・フリードリヒ、何人かの医者、二人の大学生ペーター・アイスマン（潜伏）とヴォルフガング・ハーリヒ（脱走）がいた。この緩やかな集団をまとめていたのは、アレックス・フォーゲルという男だった。抵抗運動でエルンスト・グループが受け持っていた活動は、脱走兵を組織すること、身分証明書などの生き延びるために必要な書類を偽造することだった。最後の戦いの数日前にグループは彼らの精神にもっとも合致する行動を起こした。「いやだ《ナイン》」と一言書かれたビラを何百枚も家の壁、窓ガラス、電柱、木の幹に貼ったのだ。

　アレックス・フォーゲルは三七歳、職業は商業駐在員だった。一八歳で共産党に入党した彼は、「第一級の組織者であり、冷徹無比の男」（ヴォルフガング・ハーリヒ）だった。ナチスの権力奪取の後、一時拘留されていたが、その後国外に旅行、ないしは逃亡した。一九三五年にはドイツに戻ってきたが、これは党の指令だったのかもしれない。彼は国防軍の一兵士として（後には懲罰部隊で）戦争を体験するが、一九四四年に脱走してベルリンに潜伏した。フォーゲルに関する証言は、この記述も含めてすべて確実でなく、確証も得られないが、それはこの人物に特徴的といえる。ドイツ共産党（ＫＰＤ）党員であるということだけが、エルンスト・グループの仲間たちが彼について知る唯一のことだった。ソ連との結び付きが噂されていた。だが、アレックス・フォーゲルがゲシュタポの連絡員だったことを知る人はいなかった。そこでの彼の任務は、ソ連大使館に属する特定の人物について報告することだった(99)。もしかしたら、アレックス・フォーゲルは二重スパイだったのか？　そしてゲシュタポの方がまんまと騙されていたのか？　それとも、偏屈な独行型の反ファシスト活動家だったのか？　一種の戦闘者《ウォーロード》、ベルリンの反ファシスト地下運動には決して珍しくなかったタイプだ。いずれにしても、捉えどころのない人物だった。その意味で、彼とほぼ同じ頃、シュリューター通りの建物を占拠したエリザベート・ディルタイと似ていなくもない。

フォーゲルにとってはベルリンの芸術家の政治的審査はいくつもある活動のうちの一つにすぎなかったが、この仕事に全身全霊を捧げて取り組んだ男がいた。名をヴォルフガング・シュミットといい、やはり大戦中はエルンスト・グループの一員だった。ある英国将校の回想によれば、「シュミットとゲッベルスは無気味なほどよく似ていた。なんとも皮肉な話だが、この非ナチ化審査機関書記は、他界したかのナチ指導者の弟といわれたとしても不思議には思わなかったろう。どちらもきゃしゃな身体に不釣り合いに大きな頭をしていた。どちらも黒っぽい髪をオールバックにし、同じようにくぼんだ眼と薄い唇をもち、口元を軽蔑的に引き下げていた。そしてシュミットは興奮すると、ゲッベルスがそうだったように、どうしても前髪が額に落ちてくるのだった。[100]」

　シュリューター通りの建物が芸術家や知識人たちの中心的な溜り場、情報基地、職安となっていく間に、すでに五月一日にベルリンに帰還していたウルブリヒト・グループ、より正確にいえばこのグループの中の文化問題を担当する人たちは彼らなりの方法でベルリンの文化再建のために心を砕いていた。ルドルフ・ヘルンシュタットは戦後初の新聞（ベルリン新聞）を発行した。また、ハンス・マーレはマズーレン大通り《アレー》の旧帝国ラジオ放送局ビルに陣取って、ドイツの戦後初の放送局を組織していた。フリッツ・エルペンベックはかつてノレンドルフ広場のエルヴィーン・ピスカートル劇場の助手だったが、グループの中で唯一特定の任務を与えられていなかったので、新旧の人的交流の進展に心を配っていた。その中で、芸術家の審査委員会とのつながりが生まれた。「活発で、偏見がなく、積極的で、しかも教養があった彼はこの無拘束なポストが特に気に入っていた。[101]」（ヴォルフガング・レオンハルト）エルペンベックは、ウルブリヒト・グループのもっとも重要な文化担当幹部であり、ベルリン文化再建のキーパーソンの一人となったオットー・ヴィンツァーの個人的な相談役を常時務めていた。ヴィンツァーはモスクワ亡命から帰国したとき四三歳だった。もともとは植字工だった彼はそれまでの生涯のすべてをＫＰＤの組織に捧げてきた。亡命するずっと前から、彼は幹部会議や研修のために何度も秘密裡にモスクワを訪れていた。しかしながら、この人物が春から夏にかけて西側の話し相手に与えた印象は、彼とモスクワ亡命をともにし、後にＳＥＤ（旧東独・ドイツ社会主義統一党）と袂を分かったヴォルフガング・レオンハルトが彼について述べた人物像とは全然合致していない。「ウルブリヒト・グループの誰よりも、ヴィンツァーは〈スターリン主義の典型的党幹部を体現していた。つまり、鋭敏で冷徹、どんな指令も無条件で遂行するが、〈組織〉内での長い活動のために生きた労働運動や社会主義の理想や諸民族連帯とのつながりをまったく欠いていた。[102]」亡命から帰還した他の共産主義者たちもそうだったのだが、ヴィンツァーは西側将校の目には有能なマネージャーのように映った。「彼らはみんな高い知性を具えている」と英軍の文化将校E・M・リンゼイ（平時は古典文献学のオックスフォード大教授）は書き記している。「彼らはとても真面目で、ナチズムの原因に関しても、ナチを根絶する手段に関しても深い洞察をもっている。彼らは、この一二年間をドイツを一度も出たことのない普通のドイツ人より、はるかに広い展望をもっている。英国にも同じほど知的な亡命者がいたならば、まさに理想的なのだが。[103]」マイケル・ジョッスルソンは米国の文化将校で後に文化自由会議の事務総長を務めた人だが、彼はヴィンツァーを次のように特徴付けている。「高い知性をもち、つねにポイントを心得ているが、同時にある種の特別な謙虚さをも兼ね具えている。[104]」ヴォルフガング・ハーリヒは彼のことを「高い資質をもつ男」とか、「優秀な党幹部」として記憶している。他の指導的なKPD幹部とは違って「自らの限界を自覚して」いて、エルペンベックなどの有能なアドバイザーたちを周りにおいていたという。[105]ヴィンツァーはウルブリヒト・グループによって構築された戦後ベルリン市最初の中央行政局である市参事会において〈人民教育〉の部門を担当した。これには本来の学校・教育施設とならんで、狭義の文化、すなわち芸術、文学、音楽、演劇が含まれていた。これらはすべて、シュリューター通りに集められ、組織化されていたものにほかならなかった。

シュリューター通りの建物に群がっていた役人、政治家、党幹部、山師たちの多さを前にして、こういう措置が講じられた当の本人たちはいったいどこにいたのかという疑問が生じてくる。芸術家たちはもっぱら配布される生活物資カードのゆえに、この場所を尊重していたのだった。政治的な、世界観上の、ないしは組織上の事柄に関心を抱く者も、それに時間を費やす者もいなかった。中心にあったのは、あくまで己の生活、個人の生き残りであり、また自分の仕事を再び軌道に乗せようという努力であった。演劇人にとってはこのことは比較的簡単な問題だった。それまで彼らが演じてきた劇場がまだ残っていれば、そこで継続していくことができた。劇場が破壊されていれば、代替の場所を見つけねばならなかったが、これが成功するか失敗するかは、イニシアチヴ、知恵、コネに左右された。ジァンダルム市場《マルクト》にあったグスタフ・グリュントゲンスの国立演劇館《シャウシュピールハウス》は廃墟と化していたが、一九四四年の劇場の閉鎖後、活動が停止されていたなかで、戦後残った団員を集めて再開した最初の人々の一人がグリュントゲンスだった。ダーレムにあるカイザー・ヴィルヘルム研究所（現マックス・プランク研究所）のハルナック・ハウスの広間を借りて、シラーの『パラジット』の試演を始めた。ルドルフ・プラッテは仲間と一緒にシッフバウアーダムの無傷で残った劇場を整備した。ミヒャエル・ボーネンはそれまでビスマルク通りの今や瓦礫と化した市立オペラ座の歌手だったが、座員の投票によって座長に選ばれ、代替劇場としてカント通りの西劇場を引き継いだ。エルンスト・レーガルのシラー劇場は破壊されたが、団員の一部を率き連れてハルデンベルク通りの無傷だったルネッサンス劇場に入り、『サビニ人の女たちの略奪』の試演を行った。小舞台やカバレットは廃墟や半廃墟の地下室から雨後の筍のごとくに現れた。いたるところで、かつて演劇を志していた人々、あるいは輝かしいキャリアを夢見る人々によって計画が練られ、次々と創設された。ユルゲン・フェーリングは監督としての彼の名声を劇場総監督《インテンダント》の地位で飾ろうと、ドイツ劇場の新監督のポストを狙っていた。一九三八年までユダヤ文化同盟の理事長だったフリッツ・ヴィステンは、長く暖めていた『賢者ナータン』の演出を実現するために俳優を集めていた。そしてまだ世間に知られていなかった映画監督ヴォルフガング・シュタウテは長い間練ってきた現代映画のプロジェクト（仮題『殺人者』）を実行に移すために仲間と資金を捜していた。パウル・ヴェーゲナーは比較的わずかな活動しか展開しなかったが、これは七一歳という年齢を考えれば不思議ではない。フリーデナウのビンゲン通りにあったその住居は運良く爆撃と終結戦を生き延び、ロシア軍の進駐後は、軍によって認知され、評価され、保護され、奨励されるという幸運を得ていた。「ここに住む人は、世界の人々に愛され、尊敬される偉大なる芸術家、パウル・ヴェーゲナーである」と、ロシア語で書かれた看板がロシア軍地区司令官の命令によって彼の住居の垣根に掲げられたが、これは当時の混乱した日々においては神の恩寵のごとき保護措置であった。[106]

ヴェーゲナーは一九三三年以降文化世界から引退した人々に属してはいなかった。彼は何本かの映画の監督を務めたし、また何本かには俳優として出演していた。また、ハインツ・ヒルペルト率いるドイツ劇場の劇団の一員でありつづけた。要するに、彼はスターとしての存在を継続していたが、彼の仲間のエミール・ヤニングス、ヴェルナー・クラウス、ハインリヒ・ゲオルゲのように、世間に向かってナチ政権に対する特別な親近感を表すことはしなかった。米軍文化将校ヘンリー・C・オールターが一九四五年夏に彼について述べたことは、ヴェーゲナーの特徴付けとしては当たっていなくもない。「彼は、他に例を見ないほど妥協を許さぬドイツ人である。ナチズムと何らかの関わりのあるものすべてに対する彼の憎しみは信用できるが、芸術と演劇の重要性に対する、そして〈ゲームは続けなければならない〉というモットーに対する過度の信仰が、彼との付き合いをいささか困難にしている。彼は、ドイツの芸術と上質のドイツ人芸術家こそが再教育の然るべき手段であって、これによってドイツ国民は再教育されうるし、されねばならないし、またされるだろうと考えていた。[107]」

ヴェーゲナーの隣人エルンスト・レーガルはすでに代替の劇場を調達していたが、数多くの演劇仲間との交流を慌ただしく再開し、かつロシア軍の関連将校たちとのつながりを付けるのに余念がなかった。彼がヴェーゲナーをこの数週でできあがりつつあった名士リストに載せたのだった。このリストは、ベルリンの芸術・文化界の長老たちで、ナチ政権とあまり極端に一体化しなかった人たちからなっていたが、だいたいが含まれた。国立オペラ座の総監督ハインツ・ティーツェンも入っていた（数週間だけだが、ロシア軍によって〈オペラに関する全権委任者〉に任命されていた）。カール＝ハインツ・マルティン、エルンスト・レーガル、デ・コーヴァ、ミヒャエル・ボーネン、この時点でまだロシア軍に抑留されていなかったグスタフ・グリュントゲンスらの監督が含まれていた。このリストに含まれなかったのは、フルトヴェングラーやハインツ・ヒルペルトのように不在のためだったり、遺言であったり、ユルゲン・フェーリングのように一切の集団・団体形成に対する嫌悪のために拒んだ人たちがほとんどだった。

今日なら文化マフィアとでも呼びうるようなグループが、五月の後半に入った頃にロシア軍司令部と接触を開始していた。このイニシアチヴがドイツ側から出たのか、それともロシア側だったのかは今となっては確かめようもない。ロシア軍市区司令官ベルサリンがベルリン文化の全著名人をカールスホルストでの協議に招待したという、何度も噂として流布した話は、どちらかといえばベルリンの芸術家たちの自意識に呼応するものであって、現実ではなかったようだ。現実的には、ロシア軍市区司令官たるもの、たとえどんなに芸術好きであったとしても、芸術と芸術家に関わること以外にも他の優先項目があるはずだ。おそらく真実に近いのは、レーガルを中心とするグループがベルサリンに会見を申し込んで、ヘルツベルクが芸術・文化の全権委任者としてふさわしくないことを指摘して、彼の解任を迫ったのだろう。ヘルツベルクの後継者がこのグループによって決定され、ロシア軍に承認されたのは論理的に一貫している。そして、野心家ぞろいで、脛に傷をもつ連中からなるこのグループが、その年齢と政治的無害さのゆえにパウル・ヴェーゲナーを選んだのも同じように一貫している。一九四五年六月初旬、ヴェーゲナーはベルサリンによってヘルツベルクの後継者に任命され、ハンス・ヒンケルのかつての所長室を引き継いだ。これによって、この建物の占拠劇の荒っぽい略奪者的な第一期が終了し、いくぶん秩序だった第二期が始まった。以降は全権委任者だけではなく、五頭制の指導部が形成された。初めは〈五人評議会〉、後には〈幹部評議会〉と呼ばれ、ヴェーゲナーが議長を務めた。そしてさまざまな芸術分野に七つの部門が設置されたことで、数週来、シュリューター通りに陣取っていた八〇人から九〇人の個人、グループ、徒党たちの梁山泊に初めて秩序が打ち立てられた。

演劇
オペラ／オペレッタ
音楽
映画
造形美術
文学
ショーと演芸

組織運営の面、とりわけ予算の面で事態が整理され、シュリューター通りの建物は市参事会の人民教育部、つまりオットー・ヴィンツァーに配属された。一九四五年六月からは、建物で活動していた人々に市当局から固定給が支払われた。そして再編成の流れの中で、建物には新たな名前が与えられたが、新たなといってもそれほど新しいものでもなかった。四週間前には〈帝国文化協会〉と称したこの建物は、今や〈芸術家協会〉と呼ばれた。

新制度によって、ひとつにはそれまで自然発生的に発展してきたものが承認されることになった。所員はそのまま残された。ヘルツ＝ベルクさえもが今まで通り出入りしていた。そして従来の活動は変わることなく継続された。生活物資カードの配布、フォーゲル＝シュミット・グループによる政治的審査、ヒンケル文書の整理がそれだった。その一方で、ヴェーゲナーの任命とともに、四五年後ならば基点グループとか市民コミティーとか呼ばれたであろう人たちが好き勝手に振る舞っていたこのシュリューター通りに、旧文化支配層《エスタブリッシュメント》が進駐してきた。衝突は不可避だったし、また実際、芸術家協会のさほど遠くもない終焉に至るまで続いた。いやむしろその特性をなしていたとさえいえる。シュリューター通り四五番地を舞台として、旧文化支配層は元の地位を維持しようと、あるいは取り戻そうと努めたし、また一方で旧文化層に対抗する勢力がそれを阻止しようとし、己の理想や目標を実現しようと争ったのだった。同時に、外部からも他の利害関係が影響を及ぼした。ヴィンツァーの人民教育部、新たに形成されつつあった芸術家組合、ソ連軍、そしてまもなく最高司令者として現れる他の連合軍である。

最初に復権の要求を申し立てたのはエーリヒ・オットーだった。一九三三年までドイツ舞台人協同組合の委員長を務めていたオットーは、「無能のゆえに組合活動に逃避した役者」（ヴォルフガング・ハーリヒ）のタイプだった。彼は五月にはシュリューター通り四五番地の占拠グループに属し、ここからすぐさま組合活動を開始した。元の友人や仲間たちと、一九三三年に解体させられ、帝国文化協会に吸収された旧組織の新設を準備した。シュリューター通りの建物を彼は組合の資産と見なしていた。彼の主張によれば、「舞台人協同組合とドイツ人俳優から盗んだ金で購入された」からだった。[108] 物件資産のほかに、彼は一〇〇万から二〇〇万ライヒスマルクの額の現金資産を要求した。[109]この要求を貫徹するために、彼は市参事会から帝国文化協会資産の被信託者の指定を取り付けていた。[110]市参事会には彼自身が加わっていた。それも下級の地位ではなくて、人民教育部の代表参事として、専門的には演劇、ラジオ、音楽部門の責任者としてだった。さらには、芸術家協会の創設に至ったときには、五人評議会・幹事評議会の一員に加わった。こうしたことから分かるように、彼は組合の利益を精力的、かつ積極的に、しかも巧みに追求し、みごとに成し遂げた。ただ、かくも多くの役職と任務を一身に合わせ持ったことに、しばしば嫌悪感を抱く人がいたことも確かだった。そうした苦情を受け付けた人民教育部の担当者の報告は、遍在するオットーの印象を次のように伝えている。「ドイツ舞台人協同組合、およびその委員長オットー氏に関して苦情が持ち込まれたら、組合総連の議長、すなわちオットー氏のもとに赴くことになろう。そうしたら議長は、組合委員長オットー氏のとった行動が正しかったと決定するだろう。それでもまだ不満があるならば、市の担当部局長、すなわちオットー氏のもとに行くことができよう。そこでもどうにもならなかったら、今度はヴィンツァー局長のもとに行くだろう。だが、彼ら自身も認めるように、局長はもっとも重要な部門を率いているので、多忙を極めている。それでせいぜいできるのは、局長代理に会うことぐらいである。そしてここでまたもやオットー氏に出くわすことになる。[111]」すでにシュリューター通りの主人と自認するオットーは、〈芸術家協会《カマー》〉の名称を提案し、強い抵抗や懸念を抑えて主張を貫徹した。その主張とは、協会という、本来は組合的・民主的な概念をナチスが用いたのは全体主義的な倒錯であり、本来の意味でこの概念を復興し、復権しなければならない、というものだった。秘められた意図は、二匹の蝿を一打で捕らえることにあった。芸術家協会が名前からしてすでに帝国文化協会の後継機関と認められるならば、オットーの舞台人協同組合の復権要求は先決済みとなる。

しかも協会という概念の組合的定義でもって、権利・資産継承という組合側の要求が根拠付けられたのである。だが、芸術家協会がオットーの望んだ方向に進まなくなると、しだいに彼の協会概念への偏愛は冷めていった。パウル・ヴェーゲナーとその仲間たちは組合には全然友好的でなかったのだ。かくして、オットーが気付いたときには、シュリューター通りの建物は定評ある民主的・組合的組織形態の再生であることをやめ、オットーの眼からすれば第三帝国時代のものの単なる改訂版にすぎなくなった。「ヒトラー時代の一二年間に〈文化創造者〉たちが帝国文化協会に、つまりはシュリューター通りに通ったのと同じことが今日も起きている。相も変わらず協会に、このシュリューター通りに彼らは通っている。この人たちにとっては、一二年間の破局後もなにひとつ変わっていないのだ。以前と同じ建物の中に彼らの協会がある。多くの〈文化創造者〉たちは前と同様、文化協会という言葉を使っている。このようにして、ナチスの典型的な概念が保持され、根付いていく。[112]」言い換えれば、組合によって管理された協会は良い協会であり、それに対して非組合的なのは悪い協会である。「私が代表していたこの協会は、ヴェゲナーがこう宣言したとき、葬られた。〈私がこの協会のトップに居る限りは、この建物に協同組合も労働組合も入れさせない。[113]〉」

ヴェーゲナーは、昔からの知り合いだったオットーを世界観的な理由からも、また個人的な理由からも嫌っていた。組合幹部（「吐き気のする幹部タイプ」）とのほんのわずかな付き合いも、この偉大な演劇人には我慢ならなかった。とはいっても、オットーに対抗して芸術家協会の——ヴェーゲナーが理解していた意味での——自立性を擁護しなければならなかったので、この目的に適した人物を盾に使うことが望ましかった。ヴェーゲナーは適任の人物を、かのメイクアップ・アーチスト、マルティン・ゲーリケに見出した。第三帝国時代にクレメンス・ヘルツベルクを助け、匿った人物としてすでに私たちが束の間出会った男である。彼は五月中頃、ヘルツベルクとともにシュリューター通りに現れ、ヘルツベルクの支配した間に、一種の事務長のような職務に就いていた。ゲーリケは自分のパトロンと転落の運命をともにはしなかった。それとは逆に、ヴェーゲナーに認められてその地位をまんまと確保したのだった。

マルティン・ゲーリケは当時五八歳、ヴィルマースドルフに自前の理髪店を構えていた。彼と芸術界とのつながりは、崩壊前のウーファ制作所でメイクアップとして臨時的な仕事をしていたことだったが、そのため自動的に帝国文化協会の下位部門、帝国映画協会の会員になっていた。一九四五年夏にシュリューター通りでゲーリケと会った人の印象は、自信家で、いくぶんでしゃばりの、あまり人から好かれなかったエーリヒ・オットーと違って、わりと人好きのする、小太りの男だった[114]。ゲーリケの学歴は小学校どまりだった。ところが、芸術家協会ではグンドルフの弟子を名乗り、「最近数十年の芸術思潮、とりわけ精神科学の思潮への影響をいたるところに残している――世紀転換期のゲオルゲの遺産に根差した――あの芸術家と学者の堅固な集団[115]」の精神を有する男として売り込んでいた。マルティン・ゲーリケはいってみれば中年のフェリックス・クルルだった。あるいは、変動期や過渡期に突然現れては、途方もない地位に就き、そして情勢が安定してくるとまたもや突然跡形もなく消えていくタイプの男だった。もっとも、ゲーリケは自分の地位を永続化しようと試みたのだが、それはとりもなおさず、芸術家協会を永続化することであり、協会を敵対者から擁護するとともに、永続的な機関へと改造することだった。この点で、ゲーリケとヴェーゲナーの利害は一致したのだ。ヴェーゲナーも同じようなことが念頭にあったからだ。老齢の身で生涯初めての〈役職〉に就いて、彼はこの崩壊後の暫定制度を、一種のアカデミーに変身させせようと目論んでいた。ベルリンだけではなく、ドイツ中の芸術と倫理のエリートたちが集うアカデミーである。むろんヴェーゲナーの眼から見れば、ゲーリケはそうした真摯な事業を責任をもって指揮しうる男ではなかった。「おしゃべりだし、現時点では問題外だ[116]」と、あるとき彼はゲーリケを評している。だが、ちょうど家畜番の犬のようにエーリヒ・オットーを抑え込むといった任務には、ゲーリケは適任と思われた。このほかに彼のやるべき仕事には、芸術家協会の自立性を奪おうとするヴィンツァーの人民教育部の企てを迎撃すること、連合軍と良好な関係を維持すること、少なくとも悪い関係を回避することが含まれた。

この最後の問題に関していえば、七月初旬に英米軍が進駐したことで芸術家協会の状況は錯綜してきた。シュリューター通りは英軍管轄地区にあったし、また米軍は特に厳格な非ナチ化政策を持ち込んでいたが、だからといって彼らが協会に反対していたとか、その解体を要求したわけではなかった。それでも、すでにできあがっていた制度や、とりわけその名称に対してはある種の不信感があった。これはべつに将来の東西緊張とは何の関係もなく、二ヵ月に及んだソ連軍占領下に作り出されたすべての施設に対する健全なる警戒心と慎重さだった。米軍情報局の評価では、協会は「得体の知れない存在で、拘束力もなく、人員も定まらず、法的根拠もない、単なる事務局であって、市参事会から給料が支払われているだけで、それ以外の予算措置はない。その職務は現時点では、芸術家と芸術用材料のための一種の取引所の役割を果たすことである[117]。」また、ヴェーゲナーのようなタイプのドイツ文化官僚とロシア人が文化に関して精神的親戚関係を取り結んでいるように見えることに、米軍の観察は懸念を表明している。「ロシア軍の政策の基盤をなしているのは、芸術と芸術家に対する熱狂的な崇拝であり、さらには、芸術活動それ自体がすでに善であり、人間にとって不確実な苦悩の時代には必要不可欠であるという信仰とが一体になっている。」その結果、政治的に問題のある芸術家との交流に関して、米軍の眼から見れば過度な寛容さが生じている。「ロシア軍の〈ゲームは続けなければならない〉政策の特徴は、使っている人物に対して依然として厳格な批判的態度をもたないことだ。……ロシア人たちは芸術家のこととなれば、多くを忘れる傾向があるように見える。彼らにとって芸術家とは、ほとんど責任を問うことができない特別な種類の人間のようだ。[118]」米軍の感覚からすれば、シュリューター通りには第三帝国で活動した著名文化人が多すぎた。とりわけ映画部門が注目を引いた。ハインツ・リューマンとプロデューサーのエーバーハルト・クラーゲスがまず最初に放り出された。マルティン・ゲーリケはその際に何かと役立ったので、米軍は彼を自分たちの側の男（「優れた判断力をもつ、協会にとって適任の男[119]」）と見なして重用した。米軍にとって彼は、ロシア軍占領期のベルリン文化政策と芸術界に関してだけでなく、市参事会と人民教育部の事情に関して、エーリヒ・オットー指揮下の組合組織化の状況に関して、そしてまたナチ的過去をもつ、あるいはその可能性のあるベルリン文化界著名人のいくつかの件に関して重要な情報提供者となった。米軍文化将校たちが直接的に事情を掴んでいない限りは、ゲーリケが彼らの案内人の役割を果たした。だが夏の間に、彼らが次第に展望と洞察を獲得するにつれて、彼らのゲーリヒに対する評価は薄らいでいった。協会を超地域的な文化組織に仕立てるという彼の計画に、彼らは完全な拒絶の態度を表した。

こうして夏の終わる頃には、協会とゲーリケにとって見通しはよくなかった。市参事会と人民教育中央局との関係もまた冷えつつあったからだ。オットー・ヴィンツァーの率いる部局がベルリンの文化行政の中心として強化されるにつれて、彼らは協会に対する関心を失っていった。どんなに贔屓目に見ても、「宙に浮いた存在[120]」であるため、余剰なものとしか感じられなかったし、それどころかむしろ害をもたらす競争相手と受け取られ始めていた。最初の数週間、数ヵ月は誰も気にもとめなかったことが、今や指摘され、批判された。ベルリン文化著名人同士でのポストの配分、ヴェーゲナーとレーガルを中心としたグループの〈密室政治〉[121]、不明朗な職員採用、たいていは個人的な好き嫌いによって決まり、市参事会の予算から支払われた雇用関係が槍玉にあげられた。おまけに、不正な出来事や奇妙な陰謀までが噂された。例えば、未解明のままになっているが、犯罪の可能性のある、ユダヤ教区会の収集品の協会関係者による収奪である。エーリヒ・オットーはその間にすでに協会から脱退し、協会に対して公然たる闘いを挑んでいたが、人民教育部の担当部局長であると同時に、新設された舞台協同組合の委員長であるという二重の職務を利用して、協会の息の根をとめるためにあらゆる影響力を行使していた。ヴィンツァーとオットーは個人的に、また政治的に水と油だったとはいえ、現実の事柄では利益共同体を形成していた。それも、まもなく明らかになるが、敵対するヴェーゲナーとゲーリケの側とは比較にならぬほど能率のいい共同体だった。協会の歴史の最終段階は、ヴィンツァーが再編成計画を練り上げさせた一九四五年九月に始まった。この計画のもっとも重要なポイントは次の三点だった。

一、協会の名称を「ベルリン市参事会付設芸術関係審議会」と改称する。
二、職員の定員を従来の三分の一に削減する。
三、ゲーリケの解任。

これははっきりいえば、独立した施設としての協会の抹殺だった。ヴィンツァーが初めて予算の締め付けという手段を用いて、相変わらず逡巡するヴェーゲナーを抑えて実現したゲーリケの解任がまず第一歩だった。だが、第二歩に移ることをヴィンツァーはひとまずは控えねばならなかった。協会は予想外にベルリンのジャーナリズムから援護されていることが明らかになったからである。このことは、最初の数週間、数ヵ月をシュリューター通りで活動した若者たちの多くが相次ぐ新聞創刊の波の中で編集者、批評家、報道記者になっていて、彼らが自分の職業のスタート台となった組織をジャーナリズムのあらゆる手段を用いて擁護するつもりでいたことから説明がつく。例えば、フランス軍の認可を得た『クーリエ』紙のヴォルフガング・ハーリヒ、米軍地区で発刊された『アルゲマイネ新聞』のフリードリヒ・ルフト、米軍地区で認可を受けた『ターゲスシュピーゲル』紙のハンス・シュヴァープ＝フェーリシュたちである。ゲーリケの去った後のシュリューター通りは相当に自信を取り戻していて、協会を国家的機関に改造しようという計画が再び取り上げられ、検討がなされたほどだった。新しい事務局長は劇場監督のヘルベルト・マイシュといい、自身が高級官吏出身の男だったが、一九四六年初頭、米軍に次のような綱領を提示している。「重要なことは、われわれの努力が全ドイツ、もしくはそれ以上広範囲に有効性をもつということである。それゆえ、ベルリン外の文化的諸派とのつながりを求めている。したがって、われわれは狭い枠を打破し、全ドイツを網羅する精神の交流、新たな思想の循環に至ることを願っている。この努力は新たな中央化の試みとは何の関係もない。われわれは新たなリーダーとなるつもりはない。われわれはミュンヒェン、ドレースデン、ハンブルクなどの芸術家たちとまったく同等の資格で協力し合いたい。われわれは芸術から観衆へと橋を架けたい。ドイツの国々の間に橋を架けたい。そして――これこそ心からの願いだが――外国に向かって、民主的な全世界に向かって橋を架けたい。われわれはドイツ文化界の選りすぐりの代表者を〈芸術評議会〉に集わせたい。彼らの間で思想交流を起こさせ、彼らと彼らの作品に現れる――過去の時代の戦争の英雄と口先の英雄とは対極にある――模範と先例をドイツ国民に知らしめたい[122]。」この崇高な計画は、実現のチャンスという点から見れば、無駄な羽ばたきでしかなかった。ヴィンツァー以上に米国人は無関心だった。またすでに、ドイツ文化を道徳的に浄化するという明確な目標を掲げた機関ができていた。〈ドイツの民主的新生のための文化同盟《クルトゥーアブント》〉である。しかもシュリューター通りの同じ建物に本拠を構えていた。そして個々の文化人が新たに創設された文化的諸機関に吸収されていくにしたがって、ベルリンの文化エリートたちの間で、道徳的な施設を求める声は減少していった。

シュリューター通りが占拠されてちょうど一年後の一九四六年四月三〇日、芸術家協会は連合軍の指令によって活動を停止した。その職務と職員、および物的資産は分割された。一部は新設の市参事会付設〈芸術局〉に引き継がれ、一部はやはり新設のシャルロッテンブルク地区芸術局に移管した。フォーゲル＝シュミット・グループと帝国文化協会の書類は建物に残り、以降はベルリン芸術家非ナチ化審査機関を形成した。連合軍の認可を受けて、シュミット管理下のこの文書庫はすべてのドイツ審査機関の超地域的な文書庫となった。したがってシュリューター通りの建物は、ヴェーゲナーとマイシュが想定したのとは違ってはいたが、それでも一応国家的な、地域境界を越える重要性をもつ機関となった。協会の生みの親でもあったヴィンツァーにとっては、協会の抹殺はやはり損失を意味したといえよう。芸術担当の新部局の所轄は彼の人民教育部からはずされ、そのため彼の部局は単なる学校局となったからである。

協会が本来の役割を果たした時期、ベルリンの文化界にとって重要な意味をもった時期は、協会が存在していた期間よりもずっと短かった。それは一九四五年の春と夏の三ヵ月ないし四ヵ月ほどの期間、すなわちシュリューター通りの建物が文字通り穴から這い出してきたベルリンの芸術家、知識人、文化政策家たちの最初の集合地、溜り場になっていた時期である。さらに厳密にいえば、協会の重要性は一つの文化部門に限定された。シュリューター通りから発した運動は、とりわけ演劇に刺激を与えた。このことは、一つにはシュリューター通りの人々のうちもっとも有能で、もっとも活動的だったのが演劇人、あるいは演劇と関る批評家、ジャーナリスト、作家たちだったことから説明できる。もう一つには、当時の文化界の人々の眼には演劇こそが中心的な芸術ジャンルだったこと、生の実存的代替物のような、焼け跡世界の実存に隣り合う平行《パラレル》実存のようなものだったことがあげられる。ロンドン出身の、一九四六年以降は演劇批評家としてベルリンで生きたヒルデ・シュピールはこのベルリン戦後演劇の代用機能をもっとも印象強く定義している。「もはや首相官邸は吹き飛ばされたが、劇場は残った。そして世界でもっとも荒廃した首都の真っ只中に、灰色と白色に晒された骨だけの家屋の真っ只中に、にもかかわらずはやくも、ロンドン市民が望んでも得られないような華やかな舞台が立ち現れるのだ。……これは、背後に健全な民衆の生活を装わせた、見せかけだけの、ポチョムキンの書き割りの集落なのか？　ちがう、そうではない。これが現実そのものだ、唯一残った現実なのだ。背景が生活と入れ代わったのだ。途方もない悪が人間たちのテーブルとベッド、衣服と鍋、ピアノとテニスのラケット、デパートとレストランを奈落に引きずり込んだ。見せかけの世界だけが残った。ここでのみなお、人は飲み、食事をし、憂いもなく愛し、理由もなく死に、威張り散らし、メロディーを口ずさみ、おべっかを使い、笑う。ここでのみなお、ホテルのフロント係がおじぎの襞をつくり、たくさんの蠟燭が燭台の上で瞬き、シガーが仄かにひかり、ワインが流れる。[123]」

　これとは違った在り方で、第三帝国の演劇は〈代用品〉だった。そしてこのことが——変動期の常として——今になって誤解や見当違いや衝突となって現れてきたのだ。

3　演劇闘争

一九四五年の夏、芸術家協会においてベルリンの破壊を免れた劇場の主要ポストの人事について協議し、そして——彼らの権限の範囲内で——決定を下していた男たちは、一人の例外を除いて第三帝国時代のベルリンで積極的な演劇活動を行っていた人たちだった。このグループにはエルンスト・レーガルとパウル・ヴェーゲナーのほかに、一九三三年以前からすでに著名だった監督、カール＝ハインツ・マルティンとユルゲン・フェーリング、および一九四五年の春までは無名だった若手の映画監督ボレスラウ・バルロークが含まれた。例外とは一九四五年六月にロシア亡命からベルリンに帰還したグスタフ・ヴァンゲンハイムであって、彼はかつて共産主義演劇集団〈トルッペ一九三一〉を指揮していた。この委員会に名を連ねていなかったのは、一九三三年から一九四五年まで公式の文化政策に抗して「大芝居」（K・H・ルッペル）をうっていた二人の男、すなわちドイツ劇場の代表者ハインツ・ヒルペルトと、ジァンダルム市場《マルクト》の国立演劇館《シャウシュピールハウス》の総監督グスタフ・グリュントゲンスだった。彼らの不在は政治的な悪評のせいではなくて、身体的な不都合によるものだった。ヒルペルトはすでに終戦前に脱出していた。グリュントゲンスはベルリンの崩壊を体験したが、その直後に劇団員の一部を集めて、彼の演出による『群盗』の試演を再開していた。この演出は一九四四年九月の劇場の閉鎖間際に、ジァンダルム市場《マルクト》の国立演劇館《シャウシュピールハウス》で公演にこぎつけたものだった。彼は芸術家協会を生み出す基となった最初の会議に出席していた。だが、協会がシュリューター通りに設立された日の六月六日、彼はロシア軍によって突然逮捕され——おそらく軍の機関によるというよりは、NKWD（ソ連人民内務委員会）の仕業だろう——、ベルリン近郊の拘置所の一つに連行された。翌年の三月までそこに拘置されたために、彼はベルリン演劇界復興の決定的な時期に居合わすことができなかったのだ。グリュントゲンス逮捕の理由は今日に至るまで謎に包まれたままである。ロシア軍がグリュントゲンスの身分証明書か、彼の事務室の扉にあった〈劇場総監督《ゲネラールインテンダント》〉の肩書きを軍隊の位と混同したという憶測が何度も繰り返し語られたが、これはNKWDの情報水準から見てやや単純すぎるように思われる。そうした誤解があったとすれば、たちどころに解消したはずである。その機会は十分にあった。グリュントゲンスの逮捕直後から、ベルリンの演劇界の有名人や著名人、ロシア軍とのつながりをもつ人たちが、ヴェーゲナーからヴァンゲンハイムに至るまで、彼の釈放を求めて立ち上がったからである。それに加えて、彼と同じ総監督だったドイツ国立オペラ座のハインツ・ティーツェンが同時期に経験した処遇は、ソ連の進駐軍が第三帝国の肩書きや主要ポストにさしたる嫌悪を覚えなかったことを示している。ティーツェンは五月にクレメンス・ヘルツベルクとともに市区司令官ベルサリンによって〈ベルリン・オペラハウス総全権委任者《ゲネラールベフォルメヒティヒテ》〉に任命されている。しばらくして密告のためにこのポストから解任されたのは、彼にとって不快な事件ではあったものの、それでどうということはなかった。その後まもなく行われた非ナチ化まで、ティーツェンは何の妨害も受けなかった。

　グリュントゲンスの不在はベルリンの演劇界にとって、いたるところで感じられた大きな空隙だった。この数年間、彼の創った演劇が唯一の真剣に論じうるものであり、ジァンダルム市場《マルクト》の国立演劇館《シャウシュピールハウス》が雑草と邪悪の大海に浮かぶ美的孤島と感じとられてきたからだった。それはヴォルフガング・ハーリヒが一九四六年に振り返って記したように、「この時代にあって、精神の伝統が新たな岸へと向かうアーチの橋脚であり……日々の苦難にあって精神の作品を野蛮に対抗して擁護しなければならないという、極めて政治的な使命を担っていた。[124]」

その国立演劇館《シャウシュピールハウス》は今や廃墟と化していた。ベルリンに残った劇団員たちは、グリュントゲンスの逮捕によって『群盗』試演がピリオドを打たれた後、シューマン通りの破壊を免れたドイツ劇場の建物に収容された。このあたりは破壊された市中心部から直線で一キロ弱しか離れていなかったが、爆撃機の空爆ルートの偶然からいくつかの街路区と少数の劇場が爆撃を免れていた。これにはドイツ劇場と、同じ建物内にあった小劇場——二つの古いランハルト小劇場——のほかに、ほんの目と鼻の先のシッフバウアーダム劇場（後にベルリナー・アンサンブルが入る）、フリードリヒ通りのアトミラールパラスト（一九四五年初春から爆撃された国立オペラ座劇団の代替舞台で、後のメトロポール劇場）、やはりマックス・ラインハルトが舞台を架けたことがある劇場で、後にフリードリヒシュタットパラストとして改装される旧大演劇館（いわゆる〈鍾乳洞〉）が含まれた。

ドイツ劇場は一九四五年夏、戦後ベルリンのもっとも重要な劇場、それどころか〈ベルリン国立劇場〉となったといってもいいだろう。ここでこそ、かの伝説的なマックス・ラインハルトがドイツ演劇を世界的名声へと導いたこの場所でこそ、新たなスタートを偉大な、無辜の過去の継承としてもっとも効果的に提示することができた。この場所においてこそ、過去一二年の反体制劇場の二つの孤島——ヒルペルト劇団とグリュントゲンス劇団——が合同することによって、新たな大地を生み出すことができたのだった。

この新しいベルリン〈第一の舞台〉のもつ意味の重要性は、その総監督《インテンダント》の人事を巡る話になったとき、明らかになった。他の劇場ではこのポストはあまり波風も立たずに任命されたが、ドイツ劇場では激烈な競争が展開した。もっとも精力的に登場したのは——多くの人の目にはむしろ病的と映ったが——ユルゲン・フェーリングだった。彼はナチ時代に審美的・演劇的反体制を貫いたという自負から、自分の権利を導き出しているようだった。たしかにそれは相当なものではあった。彼が一九三七年に演出した『リチャード三世』を思い出してみよう。びっこを引きながら舞台を歩き回る政治犯の像には、誰もがゲッベルスを想起した。俳優が蟻のように見える舞台空間の途方もない広がりは、全体主義を表す天才的な空間メタファーだった。「奥行、広がり、大きさ、どれもがまだ舞台で経験したことのないものだった。……この空間で人間たちが格闘する——そして、彼らがすることは、この巨大な空漠に比べてなんとも微小だ」と、パウル・フェヒターは初演について書いている。さらに続けて、「微小な、見捨てられた、救いのない生き物たち、彼らの運命を無のごとくに、考慮する価値もないもののごとくに呑み込む、この白く冷たい空間の氷のような広漠さ。(125)」これらすべてが、K・H・ルッペルの記すように「幸せをもたらす光ではない、ただ……凄まじい光、隠されたものすべてを意地悪く暴き出す、凄まじい明るさの光を浴びている。(126)」これが、フェーリングが第三帝国時代の観衆の感覚に刻印した像だった。このマニアックで隠微なフェーリングに比べてずっと穏健な心情の持ち主であっても、これだけの業績があれば、ベルリンの演劇界で相応のポストを要求する誘惑に打ち克つことは困難だったろう。ヴェーゲナーとその仲間は、このもっとも重要な劇場の支配権を本来ならば老練な外交官として、また巧妙な政治家として知られたグリュントゲンスに委任したいと願っていたのだが、よりにもよってあの悪名高い神経過敏症のフェーリングに手渡すなどというのは、協会の演劇責任者にしてみればおぞましい限りだった。フェーリングには、事務管理職にのみ限定された総監督エルンスト・レーガルの下でのドイツ劇場の専任演出家のポストが提示された。会談は、すべてかゼロかを要求したフェーリングの激昂に終わった。「こうしてまたもや、最初のドイツ人を亡命に追いやるんだ」[127]という捨て台詞を残して、彼はシュリューター通りに別れを告げた。その後、彼はツェーレンドルフ地区に自前の〈ユルゲン・フェーリング劇場〉を開くが、短命に終わった。劇場総監督のポストを得ようとしたフェーリングの試みが失敗に終わった原因が、彼のよく知られた事務能力のなさと、そのアナーキー的な怒りっぽさにあったことは間違いない。この性格のために彼はすでに一度、一九三四年の秋にゲッベルスの演劇担当者から民衆劇場《フォルクスビューネ》の総監督を委任されたときに、最後の最後になってせっかくのポストをふいにしてしまったことがあった[128]。ヘルベルト・イェーリングが数年後、ドイツ劇場に入ろうとして失敗したフェーリングを評して、こう解説したのはもっともだった。「彼の演出力、つまり人間と時間と周辺全体を一つの作品に従属させ、それ以外のものは排除するか、あるいは怒りと憎しみをこめて迫害するという仮借なさは、ひとつの劇場を構築する、あるいは運営していくといった場合には、……彼の弱点に（なった）[129]。」一九四五年の夏には、加えてまた別のことがあった。全体主義的な社会における演劇は、単なる演劇だけではない。通常の状況では政治評論が担うべき機能を、劇場は引き受けることになるのだ。ゲッベルスのような人物が社説でも、また飲み屋の政談でも批判できない状況にあっては、政治的に演出された『リチャード三世』のような芝居が政治評論に代わって登場し、舞台が代用批評、演出家が代用評論家となる。最近の社会主義的現実における演劇・文学界でも観察できたことだが、演劇人はその際、特有の自意識を発達させる。全体主義体制が崩壊した後も、ちょうど賞賛された戦争の勇士が平和に馴染めないように、彼らにとって通常に復帰するのが極めて困難になるのは当然だ。フェーリングは一九四五年、まさにこのような心理的状態にあった。「彼はあたり構わず激昂した。（彼が）それまで対抗してきたナチズムがもはや存在しなかったからだ。彼の攻撃的な想像力は目標を失い、それゆえその標的

を求めたのだ。」（イェーリング[130]）

フェーリングの抗争の終結後、また俳優パウル・ビルトが短期間運営委員長を務めた後、ドイツ劇場の総監督《インテンダント》になったのは、モスクワ亡命の帰還者ヴァンゲンハイムだった。彼自身の記述によれば、芸術家協会は最初、それまでルドルフ・プラッテが指揮していたシッフバウアーダム劇場の総監督を委任してきたという。「ここでの私の任務は、まったく新しい劇団を構築し、代表者としての義務にも拘束されず、進歩的な公演計画を組み立てることだった。[131]」ヴァンゲンハイムは、亡命前に〈トルップ一九三一〉で試みた実験的・政治的な芝居作りを継続していくつもりでいたようだ。シッフバウアーダム劇場がロシア軍によって自軍用に接収された後、ヴァンゲンハイムは――依然として彼の記述にしたがえば――ドイツ劇場の代表者ポストに応募した。そして、芸術家協会によって全会一致で彼にポストが委任されたという。ヴォルフガング・ハーリヒは当時の演劇界、およびその背後関係や陰謀についてもっともよく通じていた一人だったが、彼はその一年後にことを違った風に描いている。「ヴァンゲンハイムは「帰還したその日からドイツ劇場のポストを狙っていた」とハーリヒは書いている。「ヴァンゲンハイムがドイツ劇場の代表者にのし上がったやり方は、たちの悪い陰謀以外の何物でもなかった。」ある日のこと、彼はヴィンツァーの書面を携えてシュリューター通りに現れた。「その書面によれば、シッフバウアーダム劇場は特別指令によって使用不可となり、同時にロシア軍は彼が（ヴァンゲンハイムのこと＝原著注）ドイツ劇場の代表者なることを望んでいると示唆した。だが、スダコフ中佐はそんなことは一言も述べていなかった。もし演劇委員会がそのときヴァンゲンハイムに対しドイツ劇場のポストを拒否していたら、ロシア軍司令部にはそのような主張を貫こうと考える人は誰もいなかっただろう。[132]」

もしことの真相がこの二つの話の中間にあるとすれば、ヴァンゲンハイムがポストを獲得したのは、芸術家協会の演劇委員会が彼の作品や人物に感激したからというよりは、党内の友人たちの影響や、ソ連軍行政部（ＳＭＡＤ）の暗示に対する協会側の服従的体質によるところが大きかった。それにしても、このポストに共産党員を就けるというのは驚きである。これは、主要な代表者ポストを市民階層著名人で充当するという、当時のＫＰＤの政策に反するからである。それとも亡命帰還者たちは、ベルリン第一の舞台として、新国立劇場としてドイツ劇場に付与された意味を知らなかったのだろうか？　ヴァンゲンハイムがラインハルト劇団の代表者として適任だと見なされたのは、彼がまだ存命だった劇団最年長の俳優エードゥアルト・フォン・ヴィンターシュタインの息子であり、またかつて劇団の研修生として、ドイツ劇場の若き愛好者として自身がラインハルト劇団の世界に属していたからであろうか？　ヴァンゲンハイムがラインハルト劇場と訣別し、〈トプッペ一九三一〉を設立することで克服した自らの市民階級的青年期にいま一度立ち戻って、その個人的な〈市民階級的遺産〉を再び活性化することを党は期待したのか？　そうして、彼が新しい〈国民的な〉、〈超党的な〉党路線を体現する、説得力ある代表者になること、つまりは新生ドイツの代表者、新しいドイツ演劇の代表者になることに党は賭けたのだろうか？　ヴァンゲンハイムの召聘は矛盾に満ちていた。それは、一九四四年にモスクワの共産党知識人会議において戦後演劇の構築について展開された演劇政策的なコンセプトが矛盾だらけだったのと似ている。そのとき、二つの路線が競合していた。一方において、穏健な路線、つまり党員活動を政治的に重要な地位にのみ限定して、芸術的な分野は市民層名士に委ねようという考え方があった。もう一方では、これまで以上に党から重視されたい、芸術の分野での指導的地位を与えてほしいという、知識人党員や芸術家党員の要請があった。一九三三年までアジプロ劇団の著名な代表者だったマクシム・ヴァレンティーンは後者の路線をもっとも明瞭に打ち出したが、一九三三年以前の政策がもたらした結果を根拠としてこの路線をこう擁護した。「従来の組合政策、幹部政策においては、われわれは最良の同志たちの、そしてまた部分的にわれわれと同調している進歩的な舞台芸術家たちの芸術的意味を完全に無視してきた。われわれは、この同志たちの芸術的意味、その確立と高揚こそが、われわれにとって強力な権威を打ち立てるための一つの重要な――最重要でないにしても――梃子でなければならなかったことを認識してこなかった。この芸術的権威を活用する代わりに、われわれはそれをほとんど無視し、そうやって多くの進歩的な勢力を諦念や絶望、あるいは敵のデマゴギーに委ねてきたのである。われわれはこれらの同志に対し職業抹殺の傾向を黙認し、むしろ奨励してきた。われわれは彼らをいわゆる党の一兵卒に仕立ててきたが、正しい洞察さえあれば彼らや多くの共鳴する著名人たちを文化戦線の将軍にさえ仕立てることができたはずだった。そしてこれこそが――私見によれば――今後のわれわれの課題の一つである。」(強調点は原文＝原著注)[133] ヴァンゲンハイムがドイツ劇場の指導者に任命されれば、過去の失敗から導き出されたこの推論が正しい筋道だったかどうかが証明されることになろう。だが、このグスタフ・ヴァンゲンハイムとはいったい誰だったのか？　今や文化戦線の将軍たるこの人物は、党の一兵卒として何をやったのだったか？

ワイマール時代、この〈トルッペ一九三一〉の設立者はピスカートル、ブレヒト、マクシム・ヴァレンティーンたちとならんで左翼政治劇団の星座群に属した。〈トルッペ一九三一〉は一部は市民階級、一部は労働者階級出身の失業者を俳優として成立していた。ヴァレンティーンのアジプロ劇団とは異なり、観衆を労働者ではなく小市民層に求め、その市民的自立や個人や名誉などの幻想を暴き立てることを目標としていた。ヴァンゲンハイムは演出だけでなく、脚本も書いた。『屠殺場の聖ヨハンナ』のブレヒトの手法との類似性は争えなかった。パロディー的に用いられた古典文学形式――『ハムレット』

や『ファウスト』からの引用や暗示――は観客にその誤った自意識と自らのおかれた真の状況を呈示するために使われた。全体の構成はしまりがなく、でしゃばった印象だった。基調をなしていたのはKPDの綱領やモットーというよりも、ジークフリート・クラカウアーのエッセイ『サラリーマン』だった。『鼠捕り』は一九三一年・三二年のベルリンにおいて大ヒットした。市民層のファンの中にはアルフレート・ケルもいた。ヴァンゲンハイムはそのライフスタイルからいえば、ダンディー・コミュニストのタイプだった。ベルリン西地区の広大な住居で彼は労働者階級の同志たちを迎えた。ビロードのガウンをまとい、単眼鏡《モノクル》を掛けて現れた彼に、こうした実生活の側面を知らなかった労働者たちは、度肝を抜かれた。彼は、例えばムルナウの映画『ノスフェラトゥ』のドラキュラ伯爵役など、多忙な無声映画俳優として金を稼いでいた。

現代実験芸術とヴァンゲンハイムの関係は、彼の同世代人や党の同志たちの場合と同様にぎくしゃくしたものだった。モスクワ亡命時代の彼は、いわゆる表現主義論争においては当時の状況からすればいくぶん危険を伴う立場をとっていた。つまり、現代芸術・文学を十把一絡げにして末期市民階級的デカダンスというレッテルを貼るのではなく、危機的兆候として重視するという立場だった。これはもっと明快にいえば、社会主義的現実を形式と方法の多様性に向かって開かれたものとみなすということだった。「アウグスト・シュトラムは袋小路だ」とヴァンゲンハイムは一九三八年の論文に書いている。[134]「だが袋小路にいても、何かを起こすことができる。真なるものを、強烈なものを！」だが、彼が芸術政策論争において見せた勇気は、赤色テロルの現実の中で萎えてしまったようだ。彼は亡命劇団〈ドイツ劇場――左列隊〉の中で――唯一ではなかったが――ごくわずかに生き残った一人だった。カローラ・ネーアーの逮捕に彼は原告側証人として関与していたが、もしかしたら密告者だったのかもしれない。[135]一九四五年の初春において、彼はできる限り早くモスクワからベルリンに帰還したいと願った人々の一人だった。ピーク宛のほとんど懇願するような書信を見ると、党指導部よりもむしろ彼の方が帰還と配属を望んでいたように思われる。（「万が一このしばしば過小評価される任務〈市民階級知識人と芸術家を同志として獲得すること＝原著注〉に、私が今回も配属されないといった残念な事態が生じるのであれば、私を何らかの別の党務に廻していただきたい。[136]」）一九四五年六月にベルリンに到着したとき、グスタフ・ヴァンゲンハイムが以前の仕事につながるような実験的な計画をなにひとつ携えていなかったのは、おそらくこの緊急性のためだったのだろう。今や彼は古典的遺産の保護という党路線に完全に沿っていた。ルカーチの現実主義路線であり、階級闘争を一旦後退させ、国民的なドイツ文化を新たに構築するという路線である。一九四五年七月に彼はこう言明した。今後の彼の演劇の仕事においては、「もはや弛緩や退廃や退嬰と闘うアヴァンギャルドとして前進するのではなく、新生ドイツの広範な民主戦線の一部として歩んでいく。[137]」

　ドイツ劇場は一九四五年・四六年のシーズンにヴァンゲンハイムの指揮下で一〇本の劇を上演した。三本は古典劇（『賢者ナータン』、『女の学校』、『ハムレット』）、三本が近代古典劇（チェーホフ、ハウプトマン、シュテルンハイム）、四本が現代劇（ユリウス・ハイ、フリードリヒ・ヴォルフ、フリードリヒ・デンガー、ラフマノフ）だった。そのうち四本をヴァンゲンハイム自身が演出している。『ハムレット』と現代劇の四本のうちの三本である。ベルリン批評界の劇評を追ってみると、いずれも中程度のできと見ていた。特にずば抜けた業績とはいえないし、大事件でもないが、現状を鑑みれば容認しうる。批評界は、ドイツ劇場と国立演劇館《シャウシュピールハウス》という二つの壊滅的損失を蒙った劇団を適切な後継者で満たそうとするヴァンゲンハイムの努力を多としている。前の世代に属する三人の中心的批評家（『ベルリン新聞』のパウル・リラ、『夜間急行』のパウル・ヴィーグラー、『現代演劇』のフリッツ・エルペンベック）はヴァンゲンハイムにもっとも好意的な評を下した。ただ、彼らの批評も今から見ると、彼らが一二年にわたって押し付けられてきた形式を内面化したかのように読める。若い世代の二人の批評家は違っていた。『ターゲスシュピーゲル』のヴァルター・カルシュと『クーリエ』のヴォルフガング・ハーリヒはヴァンゲンハイムの演劇を、ありきたりで、退屈で、埃まみれで、ヴァンゲンハイムがかつて代表したものに対する一種の裏切りだと評した。「観る者は、『鼠捕り』とグスタフ・ヴァンゲンハイムが当時二五歳だったわれわれにとって約束だった、あの一九三一年を振り返って、身の毛がよだつのだ。あの約束は果たされねばならない。だが、出て来たものは何だったか？　宮廷劇場、スターたちが躾の悪い子供のように振る舞っていい宮廷劇場だ。そこでは凡庸があぐらをかいている。[138]」ハーリヒはヴァンゲンハイムの演出について、「疲労の中で当惑に息がつまる[139]」と書いたが、さらに「一五年前には後期ラインハルト演劇のけばけばしいレヴューの喧騒に抗議してアヴァンギャルド的・政治的劇団を創設した……」かつての演劇革命家が「いつのまにかこんなに角がとれた……モスクワでさぞかしスタニスラフスキー独裁の影響を蒙って、あげくに敬虔な追随主義しか道が見出せなくなったのか」と問い、「われわれはヴァンゲンハイムから何かとてつもなく新しいものを期待したが、いつも埃だらけの伝統主義を見せられて失望させられてきた[140]」と結論づけた。ハーリヒは個人的にヘルベルト・イェーリングに向かってさらに壊滅的な言い方をした。イェーリングはかつて〈トルッペ一九三一〉のドラマツルギー上の助言者だった。ヴァンゲンハイムのドイツ劇場への招聘後、彼はそこの文芸部長に就任していたのだ。ハーリヒはヴァンゲンハイムに対してと同じように、イェーリングのレベル低下と以前の水準に対する裏切りを非難した。「あなたほど格の高い劇評家が、『裁判日』とか、馬鹿げた『ハムレット』とか、『ボーマルシェ』とか、『希望を抱け』とか、『嵐の晩年』とかの上演が可能だった劇場の文芸部長でいられるとは、理解しがたい。（……）あなたが本当にあの尊敬され、崇拝された、一九三三年以前にはアルフレート・ケルの対立者で、『演出』という本を書かれたヘルベルト・イェーリング氏であるなら、あなたはドイツ劇場にあなたご自身のスタイルを刻印すべきでした。それともあなたの協力をはっきりと拒否なさるべきでした。あるいは、あなたは一九四五年夏に、ヴァンゲンハイムにドイツ劇場を委任するのを阻止するべきでした。」ハーリヒは、「ドイツ劇場がベルリン中で一番退屈極まる、最悪の舞台に零落した」責任はイェーリングにあると咎めた。そこでは「混乱した、無定見の総監督」の下で「とんでもない馬鹿げたこと」が行われていて、「これでは芸術の廃墟化」をもたらす。すべては「グロテスクで、亡霊のようだ。[141]」

ハーリヒはヴァンゲンハイムの更迭を要求し、彼に代わってハーリヒやカルシュや他の若い知識人の目から見て、ベルリンにおいて、いや全ドイツにおいても大演劇を創る能力をもつ唯一の人間を登用することを要請した。「ユルゲン・フェーリングはいないのか？」というのが、ハーリヒがヴァンゲンハイムのシーズンが終わったときに発表した総括的論評の見出しだった。「ユルゲン・フェーリングに舞台を与える劇場がまもなくベルリンに現れるか？」と、ヴァルター・カルシュはやや控え目に書いた。[142]

一九四六年八月末、ハーリヒの目標は達成された。ヴァンゲンハイムは「健康上の理由から」、公式発表によれば「他の仕事に専念するために」辞任したのである。実際には彼の意志に反して、また共産党員としては極めて異例だが、党指導部への激しい抗議の末の辞任だった。「私はこの事態に非常に腹を立てている」と彼はヴィルヘルム・ピークに宛て書いている。[143]そして、ウルブリヒトがＳＥＤ（ドイツ社会主義統一党）書記局の名でソ連軍行政部（ＳＭＡＤ）宛に出した、「ドイツ劇場の代表者の交代は阻止することはできないか」[144]という問い合わせに回答が得られなかったとき、ヴァンゲンハイムはロシア軍市地区司令官ボコフに宛てこう書いた。「突然のことでしたが、新しいシーズンの初めに——演劇の歴史にもかつてないことですが——健康上の理由で辞任してはどうかという理不尽な提案が私になされました。納得のいく理由はなにひとつありません。劇団での議論もありませんでした。団員たちは私が首になるという事実に私と同様驚いているにちがいありません。私の直属する市参事会と中央行政局から了解をとりつけたわけでもありません。一九四五年・四六年の私の活動に関する添付報告がSED書記局において議論されたこともありません。書記局は既成事実として知らされただけであり、そのような議論を拒否しました。私は私に委任されている職務と私の仕事、芸術家としての私の名誉と存在を臆病者のように見捨てることはできません……中将殿、もし私が抗議しなければ、あなたは私が進歩的な意味で総監督のポストに適任ではないというお考えを抱かれるにちがいありません。ここに私は信頼できる同志そして芸術家として、私に要求されている自己抹殺に対する抗議をあなたにお伝えします[145]。」

ヴァンゲンハイムの更迭は戦後ベルリンの文化政策の謎に満ちたエピソードの一つである。当事者にとっても、また一般大衆にとってもこの予期せぬ出来事が新聞に報道はされたが、まったく論評されなかったという事実からして異様だった。二人のヴァンゲンハイム批判者も沈黙した。ドイツのジャーナリストは、戦勝国のどれかを直接批判しない限り、自由に意見を表明できた。このことから、ヴァンゲンハイムの解任についての論評がSMADについての論評になってしまうという推論を導くことができるだろうか？　ヴァンゲンハイムもピークもウルブリヒトも、彼らがロシア軍総督に向かって懇願し、懸念を表明し、あるいは抗議しなければならない理由を知っていた。おそらく、ヴァンゲンハイム更迭はカールスホルストのSMAD中央局において最終決定されていたのだ。SED書記局は八月二一日の会議議事録に議題「ドイツ劇場総監督の変更」に関して、「事前の問い合わせもなく、既成事実として知らされた」と記録している(146)。ロシア軍の文化政策は通常は穏健、かつ慎重であり、不要な波風を立てないようにつねに気を配っていただけに、ヴァンゲンハイムの処遇は異様だった。ヴァンゲンハイムはいったい何をしたというのだろうか？ ヴァンゲンハイム家に伝えられている話は、真実であるには美しすぎる。それによれば、オリガ・チェーホヴァの娘を俳優としてドイツ劇場に採用することを断ったために、ロシアのイラクサに足を絡められて転んだというのだ。娘の母はアントン・チェーホフの姪で、しかもジューコフ元帥の愛人だったことを彼は知らなかったのだが、ジューコフはその拒否を個人的な侮辱と受け取ったというのだ(147)。

納得できる説明の一つは、ヴァンゲンハイムが権力変動の時代にあっては珍しくない運命にとらえられたというものだろう。党から指導的地位に登用された幸運な男が、一旦職務遂行に不十分と判明するや、さっそくその地位から放り出される。ナチスの政権奪取後、政治的信仰告白だけでは十分ではないということを、一九三四年にゲッベルスによって民衆劇場《フォルクスビューネ》の指導者に任用されながら、まもなく更迭されたゾルムス伯爵（この後継者としてゲッベルスはユルゲン・フェーリングを登用しようと試みた）は身をもって知らねばならなかったし、また一九三三年にゲーリンクによってジァンダルム市場《マルクト》の国立演劇館の代表者に任命されたワイマール出身のフランツ・ウルリヒにしても同様だった。彼はやはりまもなく党とは関係のない演劇界名士グスタフ・グリュントゲンスと交代させられたのだった。

だが、ヴァンゲンハイムの場合は政治的な動機による任用の失敗と説明するには無理がある。ヴァンゲンハイムは党の保護によって昇進できたタイプの無能者とは違っていたからだ。彼は他の劇場指導者たち、例えば、バルローク、フォン・ビール、デ・コーヴァ、カール＝ハインツ・マルティン、フリッツ・ヴィステン、エルンスト・レーガルと比べて決して遜色なかった。この人たちはみんな、たぶんマルティン一人を例外として、平均的な才能だった。彼らからずば抜けた業績を期待する人はいなかった。もちろん、彼らの舞台が失うものをもたなかったこともある。何といっても、ドイツ劇場の総監督には特別な要求が課せられたからだ。ハーリヒとカルシュの二人の批評家を除いて、ベルリンの大多数の批評家の目から見れば、ヴァンゲンハイムはその要求によく応えていた。それに、もし彼の創った演劇に対する失望や不満が広がっていたとしても、彼の解任はあくまでドイツ演劇界の問題だった。そうであれば、ゆっくりと準備されて、しだいにその方向に進んだであろう。賛否の論議がたっぷりと展開されて、多くの論評が書かれたはずだった。ロシア軍の管理当局がそれに関心を寄せることもなかったはずだ。ヴァンゲンハイムがこれほど唐突に解任されたのは、当時ベルリンに勤務していた文化将校アルセニ・グルイガが今日回想しているように[148]、「ひどい芝居」を上演したためというのは想像しがたい。それとも、ＳＭＡＤは一九四六年夏において「ひどい芝居」という言葉をベルリンの観衆や批評家とは異なる意味で理解していたというのなら、話は別である。ヴァンゲンハイムにとってある一つの演出――一九四五年・四六年のシーズンの最終の、同時に彼の最後となった演出――が災いしたと考えられるいくつかの理由がある。

『嵐の晩年』はレオニード・ラフマノフという名のロシア人作家の作で、スターリニズムの頂点の時代の要求と特徴をことごとく満たすおセンチ革命劇だった。この作品がドイツ劇場において出来栄えよく上演されることを、ＳＭＡＤ将校ドゥイムジツとフラトキンはヴァンゲンハイムに要求した。この上演へのロシア人たちの思い入れがいかに大きかったかは、公式のＳＭＡＤ新聞『日刊展望』紙に上演に先立って発表された関連記事や、ラフマノフとの仰々しいインタヴュー記事から見てとれる。一九四六年五月末の初演公演は――批評家ヴェルナー・フィードラーが表現したように――「観衆によって果敢にも堪え忍ばれた」大不出来だった。[149] ロシア軍占領地区で認可された新聞で活動していた旧世代の批評家たち（ヴィーグラー、リラ）はその気詰まりをいつものように穏やかな芸術鑑賞法に包み込んだが、ハーリヒとカルシュは痛烈な嘲罵を思いっきり浴びせかけた。彼らは作品のお涙頂戴的通俗性とならんで、特に主人公――市民層リベラル派の大学教授が、革命を通して共産主義に目覚める――を演じる俳優パウル・ヴェーゲナーの役作りを取り上げた。「彼は大袈裟でごてごてしい演技で役を飾りたて、あちらこちらをつまんだりねじったりして、あげくのはてに滑稽新聞の教授様を作り上げた。ぶつぶつとつぶやいたり、ヒヒヒと笑ったり、奇矯な声をあげる老いぼれた小男、ケンブリッジの名誉博士号などとうてい信じられないし、政治的信念に関わる決断力などなおさらだ。[150]」（ハリーヒ）SEDの中央機関紙『ノイエス・ドイチュラント』の批評も同じ方向だった。ヴェーゲナーはその演技によって主人公の教授を「誰もが納得しえない、滑稽な人物におとしめ、芝居全体をぶち壊した……真に偉大な俳優ならばポレジャエフ（教授の名前＝原著注）を演じえただろう。七五歳の老いぼれを演じはしなかったはずだ。[151]」このように書く批評家にとってこの演出はスキャンダルであり、誰がこの事態を阻止すべきであったかを、そして誰が責任をとるべきかを名指しであげた。「これらすべてのことを、演出家であるグスタフ・フォン・ヴァンゲンハイムは出来《しゅったい》させてはならなかった。」

一方で、この作品と上演にあれほど肩入れした『日刊展望』紙はこの上演に十分に満足している様子だった。その劇評を読むものは、まったく別の芝居、別の演出、別の俳優が話題になっているような錯覚にとらわれた。ここではヴェーゲナーは偉大な俳優術を呈示し、「彼の偉大な役作りの歴史に新たな、忘れえぬ一つを加えた。台詞も演技もどれ一つをとってもぴったりだった。そこでは演技のどんな細部にも現れてくる熟練した技能の背後に、魂の関与が感じられた。[152]」これは、理解を示すどんな批評よりも悲惨な賞賛だった。『嵐の晩年』はあまりにもロシアの威信をかけた芝居だった。その上演がまったくの不出来で、見るも無残な脱線というのでは、受け入れられるはずがなかった。この種の面目喪失はスターリン時代の評論ではありえなかった。その代わりに、形式、表面、外見が守られた。どんなに外部の観察者がその反対を証明したとしてもである。偉大な出来事と宣言された事象は、どんなことがあっても偉大な出来事でなければならない。これは政治的な公開裁判の原理の逆転だった。そこでは被告の道徳的な堕落が、どんな蓋然性、どんな外見、どんなに明白な現実に抗しても主張され、仮借ない儀式として遂行されたと同じように、この『嵐の晩年』のたわいない事件では、どんなに明白な失敗も輝かしい成功に祭り上げられたのだ。実際に上演の後に、批評の出た後に何が起こるかは、もちろん別問題だった。公開裁判の心理学とルールを身近に見て知っていたヴァンゲンハイムは、『日刊展望』の賛歌を読んで鳥肌が立ったであろうし、この先彼を待ち構えていることをも予感したであろう。

『嵐の晩年』の失敗とロシア人の憤慨、それに続くヴァンゲンハイムの失脚がパウル・ヴェーゲナーの田舎芝居の結果だとすれば、すべての因果の連鎖は結局この男に収斂するのではないか？　グスタフ・フォン・ヴァンゲンハイムはこの方向の推測をしていたようだ。「ヴェーゲナーとのリハーサルは苦痛だった」と彼は災いとなった初演の後に書いている。「私は決定的な決裂を避けるために、極めて不愉快な政治的発言を聞いて聞かぬふりをしなければならなかった。私はヴェーゲナーの荒い息遣いやしわぶきや無数の悪ふざけを混ぜた演技を不快に感じたが、繰り返していうが、私には決裂に至らしめることは許されなかったので、何らの変更も加えることができなかった。[153]」決裂に至らしめることが許されなかったのは、ロシア軍がその〈国家的上演〉にヴェーゲナー、グリュントゲンス、ゲルダ・ミュラーといったスター級の俳優を望んだからである。批評によればミュラーもヴェーゲナーと同様、田舎芝居を演じたという。したがって、ヴァンゲンハイムは二つの戦線に挟まれた格好だった。一方には、彼に押し付けられた演目選択から始まったロシア軍の要求（「『嵐の晩年』の成功の可能性についての私の当然すぎる疑念は、理解しがたいことにカールスホルストでは敵対行為と解釈された」）があり、もう一方には俳優たちのやる気のなさがあった。（「私は演劇的にパウル・ヴェーゲナーには反対だった。彼はイデオロギー的な理由からこの役を極めて冷ややか扱い、敵視していたので、彼がいかに写実主義的なトリックを用いてこの役を演じるか、すでに分かっていたからだ。ソヴィエト連邦の熱烈なる支持者として、私は極めて厄介な立場にあった。[154]」）

　ドイツ劇場の劇団員の中でヴァンゲンハイムの演出する舞台を嫌がり、彼らの上司に反抗的だったのは、パウル・ヴェーゲナーとゲルダ・ミュラーだけに限らなかったし、『嵐の晩年』が唯一でもなかったが、ただこれが彼にとって致命的となったのだった。彼の『ハムレット』の演出は主人公を行動的人間として解釈しなおす試みだったが、俳優たちはそれとは正反対の演技でこの解釈を台無しにしてしまった。「そのために、ヴァンゲンハイムは〈ハムレット〉の社会的な対立状況を描き出そうとする彼の構想を舞台上にはっきりと展開することができなかった[155]」というのが、二六年後のDDR（旧ドイツ民主共和国）の公式演劇史に載っている記述である。だが、いったいどのような動機からドイツ劇場の団員たちはこのような行動に出たのだろうか？　永年の間に劇団の中に醸成されていた連帯意識《エスプリドコール》のなさしめる業だったのか？　そうした連帯意識はヴァンゲンハイム以外にも、ヴァンゲンハイムに登用された若い女優アンゲリカ・フルヴィッツも体験していた。彼女は「一体化した、完結した雰囲気」を感じていた。「リハーサルで作り上げるべきものが、すでにもうすべて存在しているかのようだった。どのリハーサルもいわば希薄になった精神的空気の中で行われた。アリベルト・ヴェッシャーとパウル・ビルトは文字通り片言で理解し合った。[156]」それともそこには、後に言われたように、「イデオロギー的に大きく異なる諸力」が俳優たちにチームを組ませて、彼らに押し付けられた形の、うまの合わない部外者の党員をあらゆる手段を用いて晒し者にし、放り出そうとしたのか？　本当の理由はグスタフ・グリュントゲンスにあった。グリュントゲンスは劇団にとってすべての点でグスタフ・フォン・ヴァンゲンハイムの正反対だった。彼は部外者でも余所者でも侵入者でもなかった。彼はジァンダルム市場《マルクト》の劇場が美的孤島であったあの時代において、劇団の座長であり、家父長であり、保護者だった。あの「希薄になった精神的空気」の王国、分厚い台本や重々しい歴史的解釈よりも片言や些細な身振りがずっと重要だった王国、彼はその王国の創始者であり、支配者だったのだ。この芸術と保護の領域を作り、多くの攻撃から護った男として劇団員から尊敬されていたグリュントゲンスには、ヴァンゲンハイムとは違って威厳が具わっていた。不在のとき（ロシア軍の収容所）にも、権力失墜のとき（ドイツ劇場の一団員）にも、その威厳は存在しつづけた。このことから、ヴァンゲンハイムの失敗はグリュントゲンスに、つまりは劇団をまとめ上げるその技能に負けたためだったと結論するのは的外れだろうか？　とすれば、これは何とも皮肉なことである。というのも、まさに人間の扱い、組織、あるいはヴァンゲンハイムの言葉では〈機構《アパラート》〉ということでなら、彼はそれを克服したと自負していたからだ。クラウス・マンが三〇年代にモデル小説『メフィスト』を発表したとき、ハンブルク時代にともにした演劇活動からグリュントゲンスを知っていたヴァンゲンハイムは、出世していく日和見主義者《オポチュニスト》へーフゲンにグリュントゲンスの姿を認めた。「王侯のごとくに機構を操るやつだ。盗んだ機構を。それをわれわれは彼らの手から打ち落とすだろう。彼はそのことを知っていて、恐れている。だが、われわれが機構なしに芸術を創るだろうことを、彼は知らない。（……）芸術がまさに民衆の本質から湧き出るときには、グリュントゲンスたちは地位を失うだけでなく、その才能をも失うだろう。[157]」皮肉というのは、ちょうど逆の結果になったからだ。たしかにグリュントゲンスは総監督の地位を失い、ヴァンゲンハイムがその地位を得た。だがその後、劇場が依然として基盤をおいている機構を、彼は統率できないことが明らかになった。「本質から湧き出る芸術」が、死滅を宣告された機構に取って代わったのではなかった。機構はなおも生きつづけ、繁栄している。この状況は、二〇年代、三〇年代に自分の自由演劇集団を理想と感じ、未来社会のモデルと見なしていたロマン派的演劇共産主義者のヴァンゲンハイムにとっては夢にも考えなかったことだった。

ヴァンゲンハイムの後継者、そしてその後一六年間にわたるドイツ劇場の指導者となったのはヴォルフガング・ラングホフだった。[158]彼はヴァンゲンハイムより数歳若かったが、職業経歴、政治経歴ともに同じような経路を辿っていた。上流市民階級出身だった彼は第一次大戦後にＫＰＤに入党した後、市民層的な劇団の若き英雄として、またプロレタリア劇団のアジプロ集団の指導者として二重の俳優生活を送っていた。ちょうどヴァンゲンハイムの単眼鏡《モノクル》のように、彼もまたある種の非プロレタリア的な嗜好を守っていた。それはテニスであり、また乗馬だったが、社交的な付き合いにもほとんどダンディー的な愉しみを味わっていた。若い頃の彼はこうした特性のために〈プリンス・オヴ・ウェールズ〉と渾名された。[159]もっともヴァンゲンハイムとラングホフの共通性はこれ以上を出なかった。ヴァンゲンハイムがどちらかといえばロマン派的な夢想家タイプだったのに対し、ラングホフはつねに現実主義者、行動的人間として描かれている。「彼は、人生にしっかりと根をおろし、職業の問題にも政治にもきちんと向き合う新しいタイプの役者だった……ヴォルフガング・ラングホフは、今日の俳優がもはや引用符付きの夢想家でも芸術家でもないことを示している……ヴォルフガング・ラングホフは俳優であるのと同じぐらい、議員であっても、技師であっても、機械工であっても不思議はなかった。」[160]（ヘルベルト・イェーリング、一九三二年）政治的オルグとしての定評も、亡命先のスイスでの活動によって得た。ここで彼は自由ドイツ全国委員会の地区支部を創設し、指揮した。また、外交的な手腕を発揮して、共産党員と非共産党員が混在するドイツ舞台人協同組合スイス亡命者グループをうまくまとめていた。さらに、チューリヒ演劇館のKPD細胞の指導者も務めた。（もっともこのことはあまり重大に受け取る必要はない。このKPD細胞はもっぱらテオ・オットー、ヴォルフガング・ハインツ、カール・パリラ、エルヴィーン・パーカーといったサロン的同志からなっていたのだから。）

ヴォルフガング・ラングホフはグスタフ・グリュントゲンスの共産党版といえた。つまり、芸術家としての才能と組織家としての才能が相互に調和して働いたのだ。忍耐と厳しさを程よく使い分けて人々を統率し、人々の敬愛の的となり、そして必要なときには人を切り捨てた。（ドイツ劇場への任命の直後、彼はベルリン演劇界の問題児ナンバーワンのフェーリングを解雇した。フェーリングを登用したのも彼だったが、フェーリングが最初の事件を起こしたとき、すかさず彼を放り出したのだった。かくして、善意が示された後に、ことが永遠の解決を見たのである。劇団政治的に見て第一級の一手だった。）

ラングホフの指導のもと、それまではヒルペルトとグリュントゲンスとによって刻印されていたドイツ劇場から新しいものが生まれてきた。建国途上にあったDDRの国立劇場である。数年もしないうちに、若きアンゲリカ・フルヴィッツにあれほどショックを与え、グスタフ・フォン・ヴァンゲンハイムをあれほど苦しめた「希薄になった精神的空気」はもうほとんど感じられなくなるだろう。あるいは、今度はまた別の、それなりに希薄で、同じほど精神的な雰囲気が、そしてもう一つ別の、片言と暗示と省略による了解の様式が支配することになるだろう。そうなれば、第三帝国においてグリュントゲンスが演劇の孤島を作ったように、ラングホフはＤＤＲにおいて彼自身の演劇の孤島を作ることになるであろう。(161)

4

文化同盟《クルトゥーアブント》

ベルリン・ダーレム地区のツェツィーリエン大通り《アレー》(現在はパツェルリ大通り《アレー》)一四〜一六番地の建物は、ワイマール共和国時代の最後の数年、ドイツ金融界の大御所とナチドイツ労働者党(NSDAP)の指導者が互いに交流を始めた場所の一つだった。ナチスとの接触不安を克服した最初の人々の一人、ドイツ銀行頭取にして愛国的男爵、エミール・ゲオルグ・フォン・シュタウスのこの邸宅において、彼らは気のおけない紳士パーティーという形で互いに知り合い、共通の利害を認め合ったのだった。しばしば噂されたようにシュタウス邸はドイツの銀行家がNSDAPをすでに確実だった破産から救った場所ではなかったが、ここの家主が提供した社交的な交流の場が、そのために必要な前提を作り出したことは間違いなかった[162]。第二次大戦後は、シュタウス邸は四〇年間にわたって米軍のベルリン市区司令本部として使われた。そして将来は、外務省の計画によれば、ここにドイツ連邦共和国の外務大臣公邸がおかれるはずである。一九一四年に建築家ヴィルヘルム・クレーマーとリヒャルト・ヴォルケンシュタインによって建設された別荘風邸宅は、この豪勢な邸宅の珍しくない地区でももっとも美しいものの一つである。

一九四五年の六月と七月には、モスクワ亡命帰還者の二つの家族が一時的にここで暮らしていた。フリッツ・エルペンベックとヘッダ・ツィナーの夫婦と、ヨハネス・R・ベッヒャーとリリー・ベッヒャーの夫婦である。エルペンベックはウルブリヒト・グループに属し、四月末に第一陣で帰還した。ベッヒャーは六週間遅れの六月一〇日に、短い間隔をおいて続々と帰還するグループの一つに混じって帰国した。彼と帰国をともにしたのは、ベッヒャーがモスクワで発行していた雑誌『国際文学・ドイツ編』の協力者・編集者のハインツ・ヴィルマンだった。ベルリン到着後の数日、ベッヒャーとヴィルマン(リリー・ベッヒャーは数週間遅れた)は赤軍の指示によってカールスホルスト地区のロシア軍総司令本部すぐそばの接収された民家に収容された。その後ベッヒャーの希望に沿って、西地区の住宅街への移動とツェツィーリエン大通り《アレー》への居住が認められた。ところが、この地区には米軍が進駐することがすでに決まっており、数週間のうちに状況が一変することが予想された。にもかかわらず移動となったのは、ベッヒャーとヴィルマンの計画していたことが、カールスホルストからよりもダーレムからの方が遂行しやすかったからである。ダーレムとその隣接地区、フリーデナウ、シュテーグリッツ、ヴィルマースドルフ、シュマルゲンドルフは銀行家ばかりか、芸術家や知識人が好んで住んだ地区だった。ベルリンの文化界にある程度の地位を占めるもので、おそらくトレプトウを例外としてソ連占領地区に属するどこかに住んでいるものはほとんどいなかった。ベルリン中央で仕事をしていた俳優、ソリスト、編集者、作家たちは収入に応じて、邸宅、一戸建て民家、マンションなどに住んだ。経済的格付けがもっと下であれば、バルナイ広場《プラッツ》のいわゆる芸術家区画の小住宅に住んだ。二〇年代に協同組合として設立された居住区である。

ベッヒャーとヴィルマンはこのツェツィーリエン大通り《アレー》を拠点として、多くの点でシュリューター通りと類似した活動を展開していった。彼らは、この地区でナチ時代を生き延びた、あるいは収容所や拘置所から帰還して、この周辺に住んでいた同志と接触を図った。その中に、半ば非合法的に生き延びて、ツェーレンドルフの暫定地区役場で働いていた三三歳の出版営業マン、クラウス・ギージがいた。シュタウス邸が使えると示唆したのは、おそらく彼だろう。この他、連絡を取り合った同志には、刑務所から出されきたデザイナーのヘルベルト・ザントベルク、近くのカイザー・ヴィルヘルム研究所〈現マックス・プランク研究所〉に勤務する物理学者ロベルト・ハーヴェマン、もとはミュンツェンベルク・コンツェルンで働いていたジャーナリストで、後の『ノイエス・ドイチュラント』紙の演劇批評家エノー・キント、ツェツィーリエン大通り《アレー》と交差するミクヴェル大通り《アレー》の角に住んでいたヴォルフガング・ハーリヒがいた。また、芸術家協会の活動にすでに何らか形で関与していて、個人的にもダーレムの隣人であった人々とのつながりができた。パウル・ヴェーゲナー、エルンスト・レーガル、ヘルベルト・イェーリングはまもなく多少なりとも定期的な訪問者となった。教養市民層の政治家も加わった。かつてはDDP（ドイツ民主党）に属し、後のCDU（キリスト教民主同盟）に参加したフェルディナント・フリーデンスブルク、SPD（ドイツ社会民主党）のグスタフ・ダーレンドルフ、無所属のツェーレンドルフ地区長ヴィトゲンシュタインである。さらに、哲学者エードゥアルト・シュプランガー、美術史家エトヴィーン・レーツロープ、スラブ学者マックス・ヴァスマー、音楽学者ハンス・ベネディクといった学者たちが加わった。告白教会の代表者、ニーメラー牧師とディルシュナイダー牧師もいた。二〇年代の人気作家ベルンハルト・ケラーマン、放送局員フランツ・ヴァルナー＝バステ、その他の人たちがいた。

多くの個別の出会いや会談の後、六月二六日には一種の全体会議がシュタウス邸の談話室《サロン》で開かれた。ここで決議されたことは、パウル・ヴェーゲナーや芸術家協会の仲間たちの念頭にすでにあったことだった。つまり、〈文化的・倫理的な団体〉の設立である。後の時代ならば、〈過去の克服のための〉とでも付け加えられたであろう。ベッヒャーとヴィルマンには、会議参加者の名においてロシア軍司令部にこの団体の認可を申請する権限が与えられた。後は順調に進行した。翌日の六月二七日には申請が提出された。一週間後の七月三日には、マズーレン大通《アレー》りの放送局ビルの大会議室において公式の設立集会が催された。当時の無秩序な状況下にあっては驚くべきスピードである。疑念を生じさせるスピードといってもいいだろう。というのも、七月四日には英米軍が予定通りベルリンに進駐し、各々の地区を占領したからである。この新しい事態の生じる前に、〈ドイツの民主的新生のための文化同盟《クルトゥーアブント》〉という名称の新団体が既成事実化される必要があったのだろうか？　この推測に導くのは設立のスピードとならんで、ロシア軍の出した認可書の日付である。認可は六月二五日の日付になっていた。つまりツェツィーリエン大通《アレー》りでの集会において設立が議決され、ベッヒャーにロシア軍から認可を取り付けることが委任された前日である。これが公式の文書であることから、タイプミスとは考えにくい。本来の創設者たちが同盟創設の行動を起こす前から、すでにロシア軍はそれを認可していたのか？(163)　これはモスクワが仕組んだ芝居であって、後はベルリンの登場人物だけが必要だったということなのか？

ベッヒャーの企てにはもちろん前史があった。ナチズムの敗退後に、その精神的・文化的インフラ構造をどうやって撤去するかについては、モスクワに亡命する知識人たちによっても、また西側亡命者グループでも、連合国の戦後計画部局においても何年にもわたって議論されてきた。勝利が近づくにつれて、こうした議論や計画策定はますます現実味を帯びてきた。モスクワでは一九四四年九月に最終的な（あるいは最初のといってもいいが）方向性を決定する文化会議が党指導部と党知識人層の何人かの著名人との間で開かれ、ベッヒャー、フリードリヒ・ヴォルフ、エーリヒ・ヴァイネルト、ヴィリー・ブレーデル、ヴァンゲンハイム、ハンス・ローデンベルク、エルペンベック、テオドール・プリヴィエ、マクシム・ヴァレンティーンらの知識人が列席した。この席でベッヒャーは「ドイツ人民の再教育」に関して報告している。彼はまず最近の数年の間に党の路線として定着してきたことをまとめている。ベッヒャーの言葉でいえば、「イデオロギー的・倫理的領域における最大規模の国民的解放事業、国民的構築事業こそ任務である。……ヒトラーにおいてもっとも端的に現れたドイツの歴史の反動的汚物からドイツ人民を解放し、人民の歴史および他の民族の歴史に由来するポジティヴな諸力をドイツ人民に付与し、それをもって人民の国民としての生命力を維持し、帝国主義的冒険の誘惑に二度と陥らないようにしなければならない。[164]」この企てのために獲得し、同時に再教育しなければならない知識人グループを、ベッヒャーは列挙している。

一、「教師　小学校教員から大学教授まで」
二、「牧師と聖職者」
三、「広い意味での文学者（映画、報道関係、ラジオ、演劇を含めて）」

技術的・組織的な面で個々の問題にどう対処するかについては、議論されなかった。ただはっきりしていたことは、「党が精神的支柱となり」、すべてのこうした活動の背後に、つまりは上に位置するということだった。

一九四五年五月までは、知識人と再教育についてはそれ以上の議論、ないしはイニシアチヴはなかった。六月初頭、正確にはベルリンに芸術家協会が設立された日の六月六日、モスクワでヴィルヘルム・ピークは、名称もすでにこう決まった形で〈ドイツの民主的新生のための文化同盟《クルトゥーアブント》〉の構想を発表した。綱領自体は九ヵ月前のベッヒャーのものと変わらず具体性に乏しかった。（「文学、学術、芸術の領域でのナチズムの精神的、倫理的撲滅のための活動的創造、民主主義と進歩の意味においてのドイツ人民の精神的新生に際しての協力、自由な学術研究と文化生活全体の促進、ドイツの精神的創造の古典的遺産の普及[165]」）だが、そこに添付された同盟の潜在的な構成員名簿を一瞥すれば、ヴィンツァーやエルペンベックたちがその間にベルリンの知識人グループで集めた観察や経験が活かされていることは明白だった。シュリューター通りの周辺からは、エードワルト・フォン・ヴィンターシュタイン、ミヒァエル・ボーネン、クレメンス・ヘルツベルク、ハインツ・リューマン、ヴィクトル・デ・コーヴァらが予定されていた。だが、この名簿をよく観察してみると、彼らが少数派だったことが分かる。多数派をなしていたのは教会関係、組合関係の代表者たち、市参事会の行政官僚たち、KPDとSPDのかつての国会議員たち（この中にヴァルター・ウルブリヒトとヴィルヘルム・ピークがいた）だった。この名簿とシュタウス邸での設立集会の参加者リストと、さらに八月に形成された文化同盟の幹部委員会（「評議会」）とを比べてみると、文化界の人物に比して政治的な人物の数が明白に後退していることが分かる。ウルブリヒト、ピーク、ヴィンツァー（ピークの名簿にあった）の名前はベッヒャーの集めたグループにはもう見当たらない。政党の代表者たちは学者、芸術家、文学者、俳優などに比べてほんの少数派でしかなかった。しかも彼らは党の代表者として現れたのではなくて、たまたま党に所属しているだけの文化人名士として出てきていた。政治家として文化同盟に属したとしても、それは文化に関心を抱く医師や技師や会社員が同盟に属しているのと変わらなかった。七月三日に放送局ビル内でベルリンの一般市民に公表された文化同盟は、超党派と——超党的な——政治的・啓蒙的な社会参加《アンガージュマン》を強調した。超党派と文化的・政治的アンガージュマンとの間には、彼らの自己認識によれば何の論理的矛盾もなかった。ベッヒャーが放送局ビルでの設立集会において発表した七項目の綱領は[166]、〈反ファシスト的、民主的建設〉、〈反ファシスト的統一戦線〉の名のもとでソ連軍占領地域の国家、経済、社会、文化のすべてに関わる分野において計画された改変の路線に合致したものだった。ちょっと極端な言い方をすれば、一九四五年六月一一日にその設立宣言とともに公式に政治世界に帰還を果たしたＫＰＤ自体が超党派になっていたのだ。というのも、ＫＰＤは一九三三年以前の時代の社会的・革命的要求をすべて放棄したからだ。プロレタリアート独裁という言葉はどこにもなかった。それどころか、明白に市民階層の権利と自由が賞賛され、私的所有権が保証され、個人の経済活動は許容されたばかりか、奨励されたのである。報道の自由、芸術・学問の自由が必要不可欠にして保持されるべきものとされ、その保証が言明されていた。ソヴィエトの社会モデルをドイツに移すことなど、問題外とされた。

すべてが一〇年前の人民戦線戦術の時代と極めてよく似ていた。当時、ＫＰＤは潜在的な非共産主義同盟者たちに対して、自己を革命的共産主義政党ではなく、第一義的に反ファシズム政党として売り込んでいた。登場人物さえも同じだった。ヨハネス・R・ベッヒャーは、知識人のための第一回人民戦線大会、すなわち一九三五年にパリで開かれた〈文化擁護のための会議〉の準備と運営にあたって、その最初の経験を積んだのだった。この経験を彼はそれに続く〈文化擁護のための国際同盟〉の活動、および彼の出版活動〈国際文学・ドイツ編〉——この活動のために彼はロマン・ロランからマン兄弟に至るまで、ありとあらゆる著名文化人の協力を獲得した——においてさらに拡大、深化させていた。当時においては自己の党所属を隠す理由は何もなかった。モスクワの公開裁判はまだこれからのことだった。だが、党は細心の慎重さと厳重な秘密主義を指示した。この方法によって影響力をよりよく発揮できるという謀略的な信念によるものだった。ベッヒャーは、部外者からしばしば馬鹿げているとも、素朴とも見られて笑いの対象になったこの〈隠れんぼ〉にもっとも真剣に取り組んだ人たちの一人だった。彼の同志グスタフ・レーグラーがパリ会議の開催中に議長席の前で共産主義的感情に心を揺さぶられたとき——とはつまり、インターナショナルを歌い始めたとき——ベッヒャーは彼を烈しく叱責して、今後の人民戦線の仕事のために次のような指示を与えた。「今後はどんなことがあっても、会議および（その）知識人組織が共産党的だと批判されるようなことは絶対に回避しなければならない。[167]」それから一〇年後、文化同盟の設立の際に似たような不運がベッヒャーを襲った。すべては一見して民主主義でなければならないが、KPDがそのすべてを掌握していなければならないという党路線とヴァルター・ウルブリヒトの言葉に沿って、文化同盟は例えば、形だけは市民階層の代表者がトップにいたが、すべての主要なポストは共産党員が占めていたベルリン市行政局のような様相でなければならなかった。ベッヒャーと党の計画では、大作家として国際的に著名だったベルンハルト・ケラーマン（『トンネル』）を会長、つまりは船首像《ガリオン》に据え、ベッヒャーを実質的な頭脳と牽引力とするてはずだった。ところがすべての計画に反して、設立集会の多数派を占めた市民層によってベッヒャー自身が選出されてしまったのだ。この企ての明白な主導者であった彼がこのポストにふさわしいという、必ずしも的外れではない考え方によるものだったのだろう。ベッヒャーには自分が選出されたことに責任はないが、「これは勝利ではなく、敗北だ[168]」と、一〇年前にベッヒャーがパリで言明したごとくに、アントン・アッカーマンは断定している。一方、アッカーマンもロシア人の眼には同罪と映った。なぜなら、彼は「この三ヵ月を何もせずに、眠って過ごした。[169]」

文化同盟は——党の見解によれば——こうした欠陥をもって生まれたにもかかわらず、ベッヒャーが獲得しようと努めた人々はそのことに気付かないばかりか、彼ら自身が選挙によって下した決定を極めて適正で正鵠を得たものと捉えていたようだ。（一九四五年夏には少しでも頭の働く知識人なら誰でも見抜いていたはずの党指導部の戦略をベッヒャーの選出によって意識的に粉砕したという可能性は、理論的にはありうるが、参加者たちのさほど成熟していない政治感覚を鑑みて、実際にはありそうにない。）ベッヒャーに対する党内批判は実質性を失っていた。会長への選出が、彼の意志に反して文化同盟内の市民階層のしもべたちによって押し付けられたものだったし（彼は滑稽なまでに最後まで抵抗した）、やがて明らかになるように、ベッヒャーはこのポストを党にとっても光輝と成功で満たしたからである。

文化同盟の市民層派の会員たちが異分子扱いせず、自分たちの身内と見なしていたKPD党員の会員がいたとすれば、それはヨナネス・R・ベッヒャーだった。彼は「まとめ役と魅きつけ役」（ゲルト・ディートリヒ）[170]という役割を完璧に演じたという。ではいったい誰が誰を魅きつけたのかという疑問が生じる。党と市民階級知識人との間のみごとな取り次ぎ役という点では、戦後期のベッヒャーと二〇年代、三〇年代のヴィリー・ミュンツェンベルクは双璧だった。二人とも知識人の対話相手として申し分なかった。違いは、ミュンツェンベルクが「サロン労働階級をみごとに演じた[171]」（ブルーノ・フライ）のに対して、ベッヒャーは市民階級の子弟（実際彼はそうだった）になりすまし、話相手の眼にはたまたまKPDに属しているだけと思わせたことだった。ミュンツェンベルクのセールスポイントは労働者的な固い握手だった。これでもって、彼はワイマール期と亡命時代の繊細な左翼知識人の心を摑むことができた（ブルーノ・フライ）とすれば、ベッヒャーが教養市民層を無抵抗にしたのは、彼の信頼性、神経の細やかさ、柔らかい握手だった。彼の中にKPD党員を見たとすれば、それは何らかの脅威の意味ではなくて、むしろ安堵の意味だった。つまり、彼が自分たちの身内の一人として、彼らの意に沿って新しい支配者に影響力を行使することができると思わせた。この点で、ベッヒャーは二〇年代のソヴィエト連邦において文化担当人民委員、アナトリー・ルナチャルスキーとよく似た〈まとめ役〉を果たしたのだった。

ベッヒャーはこの役割を単に演じただけではなく、その役割に呑み込まれたと思わせる証拠がある。彼の生涯、彼の芸術家としての発展は役割交代の連続だった。その役割を彼はそのつど完璧に演じきった。感傷的シンボリズムから、攻撃的表現主義へ、そしてアジテーターから国民的擬古典作家へ。最後の振り子運動が起こったのはソヴィエト連邦での亡命時代だった。一つは一九三三年の政治的敗北と故国喪失への反動だったし、またもう一つは、スターリン時代に体験した祖国大戦争における愛郷主義《パトリオテイスムス》の再発見だった。若きアルフレート・アンデルシュが、左翼革命詩人から愛郷的国民詩人への転向をどう捉えるかと質問したとき、ベッヒャーは一九四八年にこう答えている。「左翼文学が国民的な問題から切り離された〈アヴァンギャルド文学〉だったので、私たちは外的亡命に出る前から、すでにドイツで内的亡命にあったし、私たちが本質的な歴史的問題の形成を、反動的な〈右翼〉文学に任せてしまったという認識があった。(……)亡命中に私はドイツを発見した。(……)ドイツの風景、ドイツ人、そしてそれまでなら手を振って拒否していた、偉大なドイツの叙情詩を再発見した(172)。」

ベッヒャーの自伝的行路は、父への反抗、自殺未遂、薬物中毒、代理父親としての党との一体化と続くが、いつも同じパターンを示している。反抗、それに続く服従、この二つをつなぐ蝶番としての自殺未遂である。ベッヒャーは「分裂した詩人」――一九八九年の文書公開後に編纂されたアンソロジーのタイトル(173)――というだけではなく、分裂した人間だった。脱出の試みの後には繰り返して「ほとんど愉悦的ともいえる自己統制に服従する」政治的マゾヒストだった(174)。彼は人との付き合いにおいてもあまり持続しなかった。彼の書簡を読むと、同じ友人を呼ぶのに「君」と「あなた」の呼び掛けを恣意的にころころと変えているのが目立つ。彼のユーモアもぎくしゃくしていた。ハインツ・ヴィルマンは他の人をかえりみず皮肉《イロニー》を浴びせかける彼の性向を自嘲精神《ゼルプストイロニー》の不足と評した(175)。ハンス・マイヤーは、彼の笑いがしばしば「残酷なバイエルン的ユーモアの表現」であったと述べている。「彼の中には悪意のある人間の特徴が表れていた」とマイヤーは続ける。「悪意の人間の特徴であり、悪い人間のそれではない。彼は人を悩ませて、それを愉しんだ。[176]」他の人は別の面を経験した。例えば、ベッヒャーがモスクワでウルブリヒトとピークの反論に抗して擁護したテオドール・プリヴィエである。だが、ここでも内的な破綻が見て取れた。「彼は少なからず涙を拭ったが、それを彼は人目を避けてこっそりとやった。あたかも、自分の同情心を恥じ、彼が逃れられない政権の恐ろしい犯罪を恥じているかのようだった。[177]」ベッヒャーは「悪意に満ちた枢密顧問官」であることも、「われわれが飲み干さざるをえない盃《ベッヒャー》[178]」であることもできたし、また一方で一九四六年に彼を訪ねた大学生エリザベート・ネレ＝ノイマンにとってのように、「一人の人間（ネレ＝ノイマン＝原著注）の第一印象以上のものを知ろうとせず、表情のこわばりも気に掛けず、それがどんな若い人間かも慎重に吟味せず、疑いもせず、橋を架けてきた[179]」男でもあることができた。

モスクワからの帰還後の三年間は、ベッヒャーにとって振り子運動のない人生の時期、内的分裂もなく、悪意のあるユーモアも必要最小限を越えなかった時期だった。モスクワ時代の彼の愛人ホセ・ボスがあるとき語った願望が叶うかに思われた。「あなたの中にはただ詩人だけが残って、その他のものはしだいに片付いていく――すべての仕事《ジョブ》[180]」ベッヒャーは文化同盟には詩人としてではなく、組織者、主導者、仲介者として参加していたのだが、以前または以後の政治活動とは異なり、決して別のことから逃げるためにではなく、その事柄自体を本気で考えようとする人の熱意、精力、目的意識、バランスをもってこの企てに没頭した。この事柄と党路線とが一致している間は、ベッヒャーの高揚は持続した。終戦と冷戦の間の大空位時代《インターレグヌム》という夢の国が終焉を告げるとともに、ベッヒャーの個人的な夢の時代にも終止符が打たれた。

文化同盟の〈欠陥出産〉、つまりは共産党色の明白な指導部（ベッヒャーとヴィルマンのほかにもアレクサンダー・アーブッシュとクラウス・ギージが加わっていた）は、すでに見た通り、党が当初懸念したような不利なことには決してならなかった。芸術家協会に何らかの形で関与していた、ベルリンの劇場指導者、博物館館長、大学教授、俳優、作家、芸術家たちが今や文化同盟のメンバーとなった。これには空間的な都合も幸いした。なにしろ、文化同盟はシュリューター通りの建物の部屋を使用することになったからである。[181] むろん二つの組織は綱領の点でも組織的な面でも区別されていた。文化同盟は最初から超地帯的、かつ全国民的な団体であったのに対し、協会はよく似た高邁な計画をもつとはいえ、やはりベルリンの事柄だったからだ。だが、非公式には、文化同盟の幹部評議会ではベルリンの大学、劇場、交響楽団、博物館、放送局、また多数の出版社や数紙の新聞社の代表者や重要な協力者が出会ったという事実は、この委員会を芸術家協会と同じような情報取引所にしていた。一九四六年春の協会の解体後は、文化同盟がこの機能を完璧に引き継いだ。

だが文化同盟は幹部評議会だけで成り立ったわけではなかった。協会とは異なり、同盟は大衆組織として構想されていた。そしてこの目標は最初の数ヵ月のうちに達成された。一九四五年末には、ベルリンに四〇〇〇名の文化同盟メンバーがいたが、六ヵ月後には九〇〇〇名になった。社会的には教養市民層が支配的だった。会員の二七パーセントは作家、芸術家だった。一一パーセントが学者、九パーセントが教師、一一パーセントが技師、二四パーセントが会社員と公務員、一四パーセントが自営業最少の集団は労働者で七パーセントだった。[182]

文化同盟がその共産党系の指導部にもかかわらず教養市民層に見出した共感は、破局後にこの層がおかれた特殊な位置の表現だった。文化と政治の結合、というよりは政治に換えて文化を前面に出すことは、願ったり叶ったりの申し出だった。文化団体として同盟は、伝統的に政治に対して不信感を抱いていた人たち、特にこの数年の経験からして政治とはまったく関わりをもつ気を失っていた社会層の要求に合致したのである。同時にまた、政治的・倫理的施設として提示された文化同盟は、ナチズムの潮流にあって市民層に明らかに存在した倫理的不快感にカタルシスをもたらすことを約束していた。米軍がもっとも純朴に、かつもっとも徹底してやったような戦勝国による再教育——に対して、倫理的施設としての文化同盟は自力で行う、当時の言葉でいえば〈大掃除〉という意味で、大きな魅力を具えていた。文化同盟のメンバーはある種の倫理的超党派のメンバーだった。文化という文句のつけようのない呪文は、過去の負荷を処理し、倫理的救済を約束していた。この意味で文化同盟は、単純に市民層の「役に立つ操り人形《イディオット》」を共産党に指導された人民戦線に取り込むための共産党の企て——西側のジャーナリズムや歴史記述ではこう受け取られた——というだけではなかった。お互いさまの取引《ビジネス》だった。共産党が教養市民層という威光を人民戦線政策に確保した一方で、市民層はその返す手で望みの倫理的免責を得たのである。単純な公式に還元すれば、倫理的に傷ついた文化と文化的威光を必要とした倫理とのバーター取引だった。そして市民層の政治的な人々、例えばフェルディナント・フォン・フリーデンスブルク、グスタフ・ダーレンドルフ、エルンスト・レンマーらは真のドイツ政治が不可能な時代にあって政治的代替会議場《フォーラム》としての文化同盟を評価したのである。レンマーは自己の任務を一九世紀のドイツ国民会議のそれと比較している。[183]プロイセン政府の保守派官僚で、一九四八年までベッヒャーとならんでおそらくもっとも活動的だった創設メンバー、フリーデンスベルクにとって、文化同盟は「進駐軍の狭間のドイツ固有の拠点」だった。[184]

文化同盟が倫理的・政治的欲求のほかに、具体的な物質的欲求を満たしえたことが、その成功を完全なものとした。ＳＭＡＤや、ＫＰＤ／ＳＥＤの新支配者とあまりに密着していると思われたくなかったものにとって、同盟は歓迎すべき交換市場であった。ここでは政治的な面子を失わずに、進駐軍協力者の臭いも蒙らずに、物質的な便益を享受することができた。提供された便益の一つは、イェーガー通りのかつての大市民層クラブ〈ベルリン・クラブ〉の建物に入っていた〈芸術家クラブ〉だった。ここで、首相新官邸の平土間――建物の改装に際して新官邸から取りはずされて、ここに敷かれていた――を歩きつつ、家庭にはなかった集中暖房と配給券なしでサーヴィスされる食事を愉しみ、ほかでは手に入らなかった外国の新聞を読み、講演会や討論会や映画上映会で外国の文化世界の状況を知ることができた。亡命者団体との緊密なつながり、連合国諸国の文化担当局との良好な関係によって、文化同盟が降伏後の最初の一年間にベルリンに存在した、もっとも国際的な施設であったことは間違いなかった。文化同盟のメンバーに提供されたその他の利便には、バルト海保養地アーレンスホープ（ＳＭＡＤによって文化同盟専用に接収された）での夏休暇や旧アルニム家のヴィーパースドルフ城での滞在があった。こうしたすべての物資、食糧、施設、嗜好品およびその予算の大部分はＳＭＡＤの指令によって文化同盟に供給された。[185]ヨハネス・Ｒ・ベッヒャーの書簡を見れば、倫理的欲求と身体的欲求を組み合わせることが文化同盟の首脳部においていかに重要視されていたかが分かるし、また空腹を抱えた市民層知識人たちの共感を食糧特別配給（パヨックと呼ばれた伝説的な食料包袋）によって確保することの大切さをロシア軍からいかに学んでいたかも見て取れる。彼の書簡ではまた、米国の亡命者支援団体からの食糧輸送も、新しい雑誌の創刊の計画もともに重要な役割を果している。そうした団体がＣＡＲＥ（ヨーロッパ援助協会）包袋の形での援助を申し出て、ベッヒャーのもとに、援助がもっとも必要で、かつもっとも価値のある同僚もしくは同志は誰であるかと問い合わせたとき、例えば一九四七年五月のF・C・ヴァイスコプフ宛の書簡がそうだが、ベッヒャーは次のような指摘をしている。「もしできるならば、われわれの、つまり文化同盟メンバーの名が推薦されている書類を包袋に添付してもらえるならば、とてもありがたい。[186]」ついでながら、文化同盟と亡命者の間の関係もまた、ありとあらゆる重要なつながりや政治的共感はあったにせよ、すでに述べたバーター取引の原則から完全には免れていなかった。両者は他が必要としたものから、自分たちにとってベストのものを得ようと努めたのだ。例えば、ベッヒャーのもとに届いた手紙にはしばしば食糧包袋の申し出だけではなく、今後のベルリン帰還者にどのような職業の斡旋やポストの提供が可能かの問い合わせが含まれていた。ベッヒャーの書簡文書にかなりの数が残されている手紙は、おおむね同一の構成原理にしたがっていた。

第一節‥　ベッヒャーの詩作品の賞賛
第二節‥　ベッヒャーの新作の送付の依頼
第三節‥　ドイツ帰還後の支援の依頼

例えば、ハンス・アイスラーは一九四六年一一月二四日付の手紙の第三節にこう書いている。「私が必要とされるならば、私はどんなに嬉しいことでしょう。たとえ破壊されたベルリンであっても、ベルリンは私のベルリンのままです。私にはとりわけ音楽講座の教授職が念頭にあります。[187]」同様に教授職への関心を一九四六年二月三日付の手紙で表明したアルフレート・カントロヴィッツは、多忙のベッヒャーから次のような回答を得ている。「それはまだある種の困難を伴うものと思われます。[188]」

奇妙なことに、創立時の綱領には一言も触れられていなかった亡命者のドイツ文化界への復帰が、文化同盟の中心的な項目となった。そして同盟が行ったことは、おそらくドイツ戦後文化に対するもっとも重要な貢献となった。この点からいえば、芸術家協会がベルリンというローカルなレベルで果たした役割を、同盟は国際的な尺度において担った。つまり、雇用者やポストの提供者としてではなく、コミュニケーションの場として、そして仲介の場としての役割を果たした。ポストを自由にできる人々はほとんどがベッヒャーと文化同盟を通して連絡が取れた。市参事会のオットー・ヴィンツァー、ドイツ劇場のグスタフ・フォン・ヴァンゲンハイム、国立オペラ座のエルンスト・レーガル、アウフバウ出版のクラウス・ギージ、中央行政局の人民教育中央局に所属していたパウル・ヴァンデル、エーリヒ・ヴァイネルト、ヘルベルト・フォルクマンたちである。一九四六年から一九四八年の間にベルリンに帰還した亡命者の大多数ではないにしても、多くにとっては文化同盟はひとつ身で旅行案内所であり、職業斡旋所であり、住宅斡旋所であった。後に形成された特権経済制度や、アルノルト・ツヴァイクやハインリヒ・マンといった市民階層文化の長老たちに提供された快適さと比べれば、当時の党知識人に対する援助はささやかだった。最初からSMADの配給制度に組み込まれ、家屋や食糧を供給された政治的指導層幹部とは違って、著名な知識人であったベッヒャー、アーブシュ、フリードリヒ・ヴォルフ、エーリヒ・ヴァイネルト、ヴィリー・ブレーデルたちでさえCARE包袋の配給を喜んだ。住居割り当てにしても、最初の帰還者たちが赤軍によって優遇された後は（シュタウス邸）、もはや優遇措置と呼べるような処遇はなかった。アーブシュ、ヴィルマン、エルンスト・ヴェントといった第一級の知識人幹部にしても何ヵ月も借間住まいを余儀なくされた。[189]ところが、「ドイツ亡命者のヒンデンブルク将軍」（ルートヴィヒ・マルクーゼ[190]）と称され、文化同盟が一九四六年以来帰還を働かけていたハインリヒ・マンに用意された家屋はこうだった。「集中暖房と素敵な浴室、相当な広さの五部屋とガレージ、サンルーム付きで、もう今から暖房の入った、家具調度の整った近代的な家屋。あなたは愉快と思われるでしょうが、この家はナチ親衛隊突撃部隊大隊長用に……建てられたものです[191]。」これはアルノルト・ツヴァイクからハインリヒ・マン宛の手紙にある記述だ。ツヴァイク自身もほんのしばらく前に同じような誂えの家屋を割り当てられていた。同様にハンス・アイスラーもマンの家屋に隣接する土地に住んでいた。マンの帰還が彼の死去によって実現しなかったのは、文化同盟の亡命帰還者政策の中でも失敗に終わった少数の例の一つである。

亡命者たちが重視されたとはいえ、彼らは文化同盟の狙った主要対象ではなかった。同盟の狙いはむしろ、〈民主的新生〉の要請が直接に関わってくる人たちにあった。亡命によって第三帝国を脱出しなかった芸術家、知識人、学者たちはおおまかに三つのグループに区分けすることができた。第一グループ　ナチ同調者。第二グループ　一九三三年以降も仕事を続けながらも、信念を曲げることなく、ときには奴隷的言語に包み隠して批判的発言を行った人々。第三グループ　一九三三年以降すべての芸術的、文学的な創作活動、もしくは発表を停止し、他の職業に就いた人々。〈内的亡命〉という自己標示は、本来はこの第三の拒否者たちによって使われた。第三帝国で元気よく発表しつづけた人々が、崩壊後に突然内的亡命者となって現れたのは、ベッヒャーや同盟内の他の亡命者たちの個人的な視点からすればまさにまやかしであり、日和見主義に映ったことだろう。だが、ドイツ文化全体の再統合という構想からすれば、内的亡命という概念をこのように広く捉えることは、まさに必要なことでもあった。ナチ活動家ではなかったすべての人々に文化共同体への復帰を可能にする、一種の大赦である。かてて加えて、こうした亡命の耕地整理には、もう一つ別の、特にモスクワからの帰還者にとって必ずしも的外れではない動機づけがあった。もしドイツに留まって、手を汚さなかったものがすべて内的亡命者であるなら、亡命に出た――スターリンのロシアであれ、ルーズヴェルトの米国であれ――人々のすべてを外的亡命の一部と見なし、評価しうる（してもいい、しなければならない）のではないか？

一九三三年以降枝分かれしたドイツ文化が再び一つになって成長すべき大樹がこの文化同盟であるとすれば、そこには何らかの樹冠が必要だった。そのもとで、参加したすべての人が互いに認識し合い、また彼らすべてが認知することができる樹冠である。ベッヒャーが会長に選出されたことで、このポストが空席となった以上、別の誰かが求められねばならなかった。文化同盟の創立後のベッヒャーの第一の心配は、一種のパトロン、あるいは名誉会長、いわば船首を飾り、名声と統合力を付与する船首像《ガリオン》になりうる人物を見つけ出すことだった。

ベッヒャーの第一の人選はトーマス・マンだった(192)。だが、ベッヒャーが彼の獲得のための一歩を踏み出す前に、ヴァルター・フォン・モーロとフランク・ティースによって火を点けられた論争のために、彼の企ては早々と破綻してしまった。自分の発言とは裏腹にドイツへの帰国を考えていたらしいトーマス・マンは、この論争のせいですっかりその気を失ってしまった。思い出してみれば、フランク・ティースは、フォン・モーロの帰国要請を受けたトーマス・マンがこれを柔らかく拒否したのを取り上げて、痛烈な皮肉を交えて論評したのだった。亡命者たちはドイツの悲劇を外国という快適な仕切り座席から見物していた、という表現は、ティースのマン宛の公開書簡に由来している。ベッヒャーが一九四六年一月二六日、ティース宛に私信を認《したた》めたとき、この大作家を狙っていた彼の意図がそうした鉄槌の連打によって台無しにされたことに対する憤懣をぐっと抑えていたにちがいない。この一九四六年一月二六日付の長文の手紙からは、それでも水泡に帰したチャンスに対する口惜しさが滲み出ている。（「トーマス・マン宛のあなたの第一の書簡は、時間的にも、また内容と表現の点でもまずいものでした。もしあなたが、ドイツに対する外国の雰囲気を長年熟知しているドイツ人、またあなたに亡命の状況、とりわけトーマス・マンのそれを率直に話すことができるドイツ人と事前に連絡をとっておられれば、どんなによかったかと思います。」）だが、その後調子が一変する。告発するような「あなた」から、第二部ではベッヒャーは協調的な「私たち」へと移行している。これは、彼がトーマス・マンの件でのティースの不器用さと残酷さにもかかわらず、ことドイツ文化に関しては同志と見なしていたことを物語っている。「私たちにとって、またトーマス・マンにとっても同様に残念なこの拒否は、私たちが前もって、どのように、いつ、またそもそもトーマス・マンに呼び掛けるかをよく熟考し、かつ共同で計画していれば、私たちは受けることがなかったと思われます。」ベッヒャーはティースにこう言明している。「私が唯一つ力を注いでいることは、あなたと私が同じように心を砕いていること、すなわち私たちの国民が再び起き上がることができるように手助けすることです。このことのためには、〈内的亡命者〉とか〈外的亡命者〉といった区別には終止符が打たれねばならないことは、故国に帰還するずっと前から私には明らかなことでした。」（強調は引用者）[193]

　トーマス・マンの次にベッヒャーが狙いをつけたのは、もう一人の旧世代の大作家だった。ベッヒャーの意図や目標からすれば、これは必ずしも自明な選択ではなかった。というのも、ゲルハルト・ハウプトマンは本来ならばもはや同世代人とはいえなかったからだ。それも、八三歳という高齢のせいばかりではなかった。彼の人物像のほとんどすべてが現実味を欠いていた。とりわけ、多作だった青年期と燃え尽きた老年期との間の大きな隔たり、これはハウプトマンの七〇歳の誕生日に際して、まだ別の考え方をしていたベッヒャーをしてこういわしめたのだった。「残ったのは一人の人間、齢七〇にして、もはや何らの関心も引かない。支配する権力と結んだ平和の中に、安らいでほしい。」[194]第三帝国を生きながらえたこの老人の生は現実味を欠いていた。沈黙しながら、それでも公式の顕彰は放棄しなかった。生けるアナクロニズム、いつでも呼び出し可能の死人。彼の生の唯一真なることは、シュレージエンに住んでいた彼のシュールな生活状況だった。当時、シュレージエンはドイツ住民追放とポーランドによる引き継ぎという混沌たる状況下にあった。赤軍に護衛された、広大な庭園に囲まれたヴィーゼンシュタイン荘で彼の生は一九四五年の夏と秋も続いていた。敷地の向こう側で起こっていた悲劇を考えれば、無気味で現実味を欠いていた。そこに住む人の存在の写像そのものだった。

ベッヒャーは一九四五年夏、かつての文学仲間で、当時はハウプトマンの隣人だったゲルハルト・ポールにこのことを知らされた。一〇月になって彼は後にハウプトマンへの〈探検行〉として現代文学史に記されることになる企てを敢行した。一人の『日刊展望』の記者と二人のＳＭＡＤ将校（そのうちの一人は出来事を写真に撮る任務を帯びていた）に伴われて二台の自動車に分乗し、シュレージエンへと向かった。ハウプトマン本人を連れて帰るという第一の目的を果たすのが不可能なことは、到着後すぐにベッヒャーには分かった。老人はベッドとソファと肘掛け椅子の間を動くのが精一杯で、その慣れた環境を離れる気持ちは毛頭なかった。彼はただもう平穏に死を迎えるつもりでいたのだ。一九四五年二月にドレースデンの壊滅を体験してからというもの、精神の方も衰退してしまったようだった。「私の頭はまるで一三個もの毛編み帽を被っているかのようにぼんやりしている。意識も途切れがちで、もうお仕舞いかと思うこともあるが、そうなれば私は神に感謝する。」（マルガレーテ・ハウプトマンの筆記による。[195]）ベッヒャーたちと会うために、ハウプトマンは看護人によってベッドから起こされ、肘掛け椅子に座らされた。ガウンにくるまれて、崩折れたように沈み込んだまま、彼はベッヒャーと対面した。この場を記録する二つの報告によれば、それは痛ましい情念とぎこちない演出と商用的簡潔さからなる何とも不思議な場面だったにちがいない。

ベッヒャー　「ゲルハルト・ハウプトマンさん、今や何百万という人々があなたに注目しています！　彼らはあなたから一言、受諾の言葉を期待しています！　私たちすべてがドイツの再生と強化のためにあなたのお力を必要としています。私たちは困難な条件のもとで再建しなければなりません。ヒューマニズムの最良の泉から汲み上げるならば、私たちは成功すると固く信じています。その一つがあなたのお言葉です。ゲルハルト・ハウプトマンさん、どうかお願いします！」

ハウプトマン　「私をご自由にお使いなさい。もう死の閾の上にいる私に、あなたは途方もない課題を負わせますが、私も一人のドイツ人ですし、また明らかにこれからもそうです。こうして私たちが話し合っていることは、まさにドイツに関わる問題です。[196]」

探検行の成果はゲルハルト・ハウプトマンの名前を文化同盟に、すなわち名誉会長のポストに獲得したことだった。ハウプトマン自身を、あるいはその軀をベルリンに連れ戻すことができなかったことは、[197]それに比べれば取るに足らない問題だった。それどころか、翌年にはハウプトマンが実際に他界したことを考えれば、これはむしろ利点だった。かくして名前だけが残った。本人がいなくなって、今や初期の創造的な時期にのみ限定することが容易になった作家の名前である。それでもなぜベッヒャーは、よりにもよってこの男、かくも長期にわたってまさに燃え尽きた芸術的才能のシンボル、時代に取り残された詩人のシンボル、そして不毛な日和見的見世物のシンボルとなった男に、あれほどまでに肩入れしたのかという疑問はなお残る。あの探検行は彼の思想面での友人たちの間では無理解と拒絶反応しか呼び起こさなかった。F・C・ヴァイスコプフはこう言っている。「文化の復興のために広範囲な協力者層を獲得しようとする試みには大いに共感を覚えるとはいえ、それでも限度というものがある。ハウプトマンの場合にはこの限度を越えてしまったのだ。品位を欠いたし、そのうち明らかになるだろうが、何の得にもならない。ハウプトマンに視線を向けていると主張された〈世界中の人々〉に関していえば、もし彼らがハウプトマンを見ているとすれば、この時代遅れの男を、このゼラチン質の操り人形の〈いつでもお役に立てます〉人間を嘲笑と嫌悪を抱いて見ているのだ。[198]」

似たような言葉をすでに一三年前に使っていたベッヒャーにしてみれば、そんな指摘は承知のうえだった。米国の遠きにあってドイツの状況を判断していたヴァイスコプフのような人たちには、現実の状況がどういうものかの認識が欠けていると、ベッヒャーは反論できたし、実際またドイツは残念ながら、ゲルハルト・ハウプトマンのような人物がドイツ文化の融和のための適正なまとめ役になりうる状況だったのだ。彼の名誉会長への任命は、第三帝国において同じように日和見的な態度をとった市民階層出身の文化同盟会員たちに向かって架けられた黄金橋ではなかったのか？　事実またベッヒャーはハウプトマンをなにも決して不屈の人の代表として人民戦線戦術の手品の箱から取り出したのではなかった。むしろ彼はハウプトマンを、他の多くの同類たちが同一化できるようなカタルシスのモデルとして提示したのだった。「ゲルハルト・ハウプトマンの体現した精神的偉大さは、非政治的中立となって現れることがあまりに多く、それゆえに自ら力を失った」とベッヒャーはシュレージエンから帰還後に『日刊展望』紙に書いている。[199] さらに、「彼の作品の最良の部分が訴えたヒューマニズムへの道は、……詩人が野蛮の精神に対抗してなすべきだったのに怠ってきた多くのことに紛れて、ほとんど見分けがつかな(かった)。そしてその道は時代の混乱の影に阻まれて、奈落の際にまで至り、今にも不毛な諦念と孤独の内に消滅しようとしていた。」ここには、明言はされていないが明白に含意された結論がうかがえる。危険に晒されたドイツ文化の名士たちを救うために、カタルシスを促す制度として文化同盟は存在するということなのだ。

信用を失墜した芸術家や知識人を己の影響範囲に引きずり込むというベッヒャーの戦略に、マキャヴェリズム的な計算だけを見るのはやはり間違いであろう。ナチスの一二年間をモスクワで過ごした人間にとって、周りに渦巻くテロルを前にして目と耳を塞いだ知識人の反応はあまりにも身近だった。ベッヒャーにとって、ハウプトマンは罪を背負った人間――一九三二年にはベッヒャーは無辜の人として対峙しえた――ではなく、むろん彼自身は認めはしないだろうが、共犯者であり、受難の同行者だったのだ。死後に公表されたメモからは、ブレヒトの『後で生まれる人に』を思わせるような、一種の深い共感と寛容さと共犯意識を読み取ることができる。「私たちはゲルハルト・ハウプトマンの作品を不当に扱うべきではないし、彼が晩年において――彼の作品の内容や傾向を鑑みて――私たちには受け入れられない態度をとったことで、惑わされたり、腹を立てたりすべきでない……そうではなくて、ハウプトマンの犯した過ちに対してさらに私たち自身が過ちを繰り返してはならないし、ゲルハルト・ハウプトマンに対する明晰な視線を曇らせてはならない。私たちは畏敬の念をもってこの――かつてあれほど純粋で、情熱的だった――陰りに包まれた、何度となく屈した意志の前に頭を垂れるのである。[200]」一九四五年・四六年の頃のベッヒャーはまだ、彼が過去にハウプトマンに対して下した判決と同じ判決を数年後には自分自身が同時代の文学者や知識人から下されることになろうとは、夢にも思わなかったにちがいない。ヨハネス・ボブロウスキーが容赦なく表現したように「生きながらにしてすでに死した偉大なる詩人。もはや誰も耳にすることも読むこともないのに、彼は生きて、書いている。[201]」ベッヒャーが自らの破綻や臆病な行動に言及した自伝的文章や詩は彼の生涯の最晩年に属するが、言及されていることは亡命時代の経験に基づいている。この重荷を彼はベルリンへ持ち帰り、そしてシュレージエンまで引きずっていったのだった。日記への書き付けのように手早く書かれた『火傷した子供』という詩は内容的にも、題名にも個人的な苦難が表現されている。

背骨を折られた人間に
直立の姿勢をとらせるのは
無理な相談だ
へし折られた背骨の
記憶が彼を怯えさせる
いつでもそうさ
たとえ骨折箇所が癒えても
背骨を折るなんてことは
もうありえなくても[202]

沈黙せる多数——同調者や内的亡命者——の中から、ベッヒャーが獲得しようと努めたのは、決してハウプトマン一人ではなかった。もっとも著名な人物だったというにすぎない。文化同盟に支援されて帰還した亡命者たちは、たいてい一九三三年以前のドイツ文化の進歩的・政治的左派に属してはいたが、文化同盟は少なくとも同じだけのエネルギーを費やして、第三帝国に残った保守的・非政治的右派の救済にも努めた。もっとも著名な人物を記憶に呼び戻せば、ヴィルヘルム・フルトヴェングラー、ヘルマン・ヘッセ、リカルダ・フーフ、ハンス・カロッサ、ラインホルト・シュナイダーたちだ。一九四五年当時にはおそらく内的亡命のもっとも著名な代表だったエルンスト・ヴィーヒェルトをベッヒャーは個人的に――ハウプトマンの時ほど劇的ではなかったが――バイエルンの彼の農家に訪ねて、雑誌創刊のプロジェクトへの参加を要請した。この雑誌は『伝統』と称され、内的亡命作家たちの拠点となり、文化同盟から発行されていた自由左派の月刊誌『アウフバウ』の対抗物になるべく予定されていた(203)。一九四六年に始まる東西対決によって、まだ根付かないうちにこの構想は終止符が打たれた。だが、一九四五年・四六年のこうした試みだけでも、自己の陣営に警笛を響かせるのに十分だった。ヴァイスコプフの批判は多くの声の一つにすぎなかった。他の者たちは批判するだけではなく、声高に抗議した。とりわけ怒りが大きかったのは、〈プロレタリア革命作家同盟〉時代のベッヒャーのかつての同志たちだった。彼らはナチ時代を亡命ではなく、ドイツ内地で、しかも強制収容所もしくは拘置所で過ごした人たちであり、この視点からハウプトマン、ヴィーヒェルト、カロッサ、ファラダの役割を指弾したのだった。「この方たちはすでに席に着いておいでだ」と、ハンス・ロールベーアはベッヒャーに宛て書いている。「あなたが采配を振り、文言を決定なさるのでしょう。ポール、バルテル、ビンディング、フォン・デア・フリングや似たような人たちが入っても私は不思議に思わないでしょう。ファラダさんはもうすでにおいでだ。かつて、素敵な国プロイセンの〈民主的な〉棍棒警察を高邁なお言葉で称えたかのハインリヒ・マン氏といい、ハウプトマン氏といい、多士済済なことだ。いつの日か、市長を辞めて（ロールベーアは当時ヴィッテンベルクの市長だった＝原著注）、再び詩人の衣を纏いたいと思っても、彼らの恩寵を授かることはあるまい。[204]」ここに表明されているのは、政治的・倫理的な悲憤慷慨だけではない。将来の文化界において物質的においてけぼりを食うのではないかという懸念も見える。ベルリンの作家で、〈プロレタリア革命作家同盟〉でのベッヒャーの同志だったクルト・フーンはこう書いている。「強制収容所時代よりも私の首に掛けられた縄は締まっている。間違いない！　文化局の静寂。党機関紙の静寂。締め出され、追い出され、余計者扱いされながら、他人の冷たい表情を見詰める。これはなんて酷い世界だ？[205]」

ベッヒャーと同様ロシア亡命者だったエーリヒ・ヴァイネルトは九ヵ月遅れてベルリンに帰還していたが、これみよがしに文化同盟の会員にはならなかった党知識人の一人だった。彼の目から見れば、ベッヒャーはハウプトマンやファラダたちに対して寛容にすぎた。「私たちはパリサイ人であるつもりはないが、私たちがともに生きようとは思っていない奴らとの間を画する境界線を曖昧にはしない。彼らに執行猶予の権利が認められて、それ以上のことが起きなければ、彼らはありがたいと思うべきだ。[206]」メクレンブルク州の同志作家アダム・シャラーの友人ヴィリー・ブレーデルは、シャラーが心筋梗塞で死亡した後、ベッヒャーに意味深長にもこう伝えた。シャラーは「ベルリンで実践されている文化同盟政策のことをひどく憤慨していた」、というのもその政策が「市民階層の犬ども」に比べて「筋金入りの反ファシスト活動家」を冷遇し、「瓦礫の山」に放り出すからだった。[207]一九四七年一月、文化政策の時事問題を討議するSED党会議の場で一人の文化同盟の会員が次のように嘆いた。「かつてNSDAPに属していて、ただ有名人というだけの人たちに、英軍地区に移らせないためだけに、文化同盟に属する私たちが農場や海辺の別荘などを世話させられたり、あるいは、われわれにはもう何の関心も抱かせない文学者たちに、他国の占領地区で著書を出版させないためだけに、あらゆる可能な経済的便宜をはかってやることを強いられている。[208]」

だが、文化同盟に対する不満が出たのはベッヒャーのかつての共産党闘争時代の同志からだけではなかった。批判は、文化同盟が設立されたときの本来の動機となった市民層知識人の間からも来た。もちろんその批判は左派からのものとは自ずと違ってはいたが、それは批判的、独立的な知識人にとって文化同盟に対する関心と魅力をはなから削ぐものに関わっていた。例えば、一九四五年秋から米軍の認可を得た『ターゲスシュピーゲル』紙の発行人の一人だったヴァルター・カルシュは、文化同盟のプロジェクトを初めのうちは特に反感は抱かずに、距離をおいて見守っていたが、その後には断固たる敵対者へと転じたのだった。そこにはあまりにも多くの思想的に結合しえない諸力が集まっているために、ベッヒャーの目標であるドイツ文化の大結合が一朝一夕には成就しそうにないと見てとった。「外的な統一のために、戦線を曖昧にしては達成できない」と彼は警告する。「そうではなくて、戦線を自己と他者に厳格な、容赦ない行動を通して形成していくことによってのみ、外的な統一は内的な、かつ真の統一へと発展することができる。[209]」カルシュはついに文化同盟に参加することはなかった。また、フェルディナント・フリーデンスブルクといった、まったく異なるタイプの、旧世代に属する保守派、かつてのプロイセン行政府の高級官僚、一九四五年のベルリンCDU（キリスト教民主同盟）の創設者の一人に名を連ね、文化同盟の副会長の一人であり、しかもその市民階層会員の内でももっとも熱心な活動家だった彼も、一九四六年初頭に開かれた評議会の議論の場で、似たような不快感を表明している。「精神的な論争がないのが私には物足りない。[210]」一九四六年末に評議会メンバーに推挙されたユルゲン・フェーリングは、会議には一度だけしか出席しなかった。そのとき、彼は自分の発言を次のような観察から始めた。「この団体の最大の危険は、あなたがたみんながくそまじめであることのように思われます。あなた方は、まるで組合幹部であるかのような話し方をしている。」そしてベッヒャーに向けた次の言葉で発言を締めくくった。「二〇年間も芸術革命を停止させ、そしてあの恐ろしい大虐殺をへてようやく平穏が戻ると、今度はいわゆる非革命的な若者に命令するというロシアのやり方は、根本的に間違っていると私は思います。ベッヒャーさん、ここにあなたの大きな任務があると思います。ドイツの詩人として、あなたはロシア人殿に次のことを教えてやるべきなのです。つまり、ドイツ人というのは非革命的であるということ、ドイツ人が精神的な革命をやるときは、ぶざまで見られたものじゃないということを。それができるのは、天才だけです。でも、天才たちは自分がどれほど革命的かには気付かないのです。もし誰かが、マルクスとかトロツキーとかレーニンとかクロポトキンとかいった人たちはゲーテ先生と同じほどに危険で革命的だったと思い込んで、『親和力』のような無害なものや、ヴァルプルギスの夜とか、それどころか『ファウスト第二部』のようなひどく危険なものを書いたとして、それに比べたらすべての政治的な駆引きは政党間のちゃちな牛取引にすぎないのです……」(211) これほどに辛辣な分析と八方攻撃は文化同盟ではほとんどお目にかかれなかった。評議会でも分科会でも討論会でもまずなかった。ここで提供された最良のものは、異なる世界観や政治観をもつ代表者たちの間で交わされた真面目な議論だった。例えば、一九四七年二月二一日に評議会においてアントン・アッカーマンとフェルディナント・フリーデンスブルクの間で交わされた、戦勝国の政治対象としてのドイツに関する議論である。このときは妥協を許さず、論争的に議論は進んだが、それと同時に洗練され、寛容的でもあった。ユルゲン・フェーリングの嗜好からすれば、おそらくいくぶんのどかすぎるきらいはあったであろうが[212]。カール・コルンやイルゼ・ラングナーが加わっていた〈文学〉の分科会では、一九四六年にエルンスト・ユンガー問題が、当時は一般的だったタブー視を脱して、微細にわたって考察された。

芸術公演の分野では、文化同盟は〈現代人の音楽〉と銘打った音楽会・講演会シリーズの主催者として評判をあげた。このシリーズはハンス＝ハインツ・シュトゥッケンシュミットが組織し、新しい音楽創造を世に紹介する役目を果たした。そして最後に、共産党知識人と市民層知識人名士の間の個人的な交流やその環境に関していえば、これはどうやら一種の紳士クラブ的な自由さと気楽さに包まれていたようだ。青年期には市民階層出身の反抗的な息子であったベッヒャーと、保守派の教養市民フリーデンスブルク（若い頃の第一次大戦においてジブラルタルの英軍俘虜収容所からの冒険小説的さながらの逃避行に成功していた）は個人的には気が合ったようだ。彼らの交流は文化同盟の公式の領域に限られず、個人的に相互に訪問し合うまでになっていた[213]。この二人が文化同盟をそれぞれの世界観的・政治的目標、つまりは〈敵の陣営〉に所属する者たちに影響力を行使する手段として利用していたことは、二人の個人的関係を阻害するものではなく、むしろ相互に敬意を高める働きをした。これはフリーデンスブルクに関してハインツ・ヴィルマンの職業的な畏敬の念を表明する発言からも見てとれる。「フリーデンスブルクはすぐさま影響力のある人々の集団を音楽の手段を用いて——文化同盟の外部に——自分の周りにつなぎとめることができた。この行動はまったく意識的なものだった。文化同盟の内部で彼の周りにいた人々とは異なる人たちを自分の周りに配置し（そして影響を及ぼす）ことを狙っていた[214]。」また、個人的な交流にしても、ある程度の皮肉《イロニー》と自嘲《ゼルプストイロニー》精神の味付けがなされていたようだ。というのも、フリーデンスブルクに向けたヴィルマンの発言——「あなたはそれでもってドイツの独占資本が救えるとなれば、ＫＰＤの党員にだってなるでしょう[215]」——は、二人とも十分に意識していたように、党のためならば、おおむね教養市民層からなる文化同盟の事務局長になることも辞さなかった共産党員ヴィルマンにも同じ程度に当てはまることだったからだ。形式的な交流の場での奇妙な側面の一つを最後に付け加えれば、文化同盟の共産党員たちは市民階層的形式を保持するために互いに「あなた《ジー》」で呼び合っていたのに、何人かの共産党員と市民層出身者たちは――フリーデンスブルクとハインリヒ・ダイタースのように大学時代からの知り合いだった――「君《ドゥー》」を使っていたのである[216]。

　このように個々の議論は自由で活発だったし、個々の文化的催し物にしても実験的、かつアヴァンギャルド的であり、また個々の個人的関係も友好的で、辛辣な気安さを備えていたが、これはあくまで文化同盟の体現した〈文化〉の単なる一つの、しかも表には出てこない側面であるにすぎなかった。文化同盟が表に向かって宣言し、かつ一般に受けとめられていた政策はそれとは異なる相貌を呈していた。すなわち、文化同盟は文化的伝統に重きをおく団体を標榜していた。一九三三年以前の伝統的な――つまり非アヴァンギャルド的な――市民層文化の代表者たちが中枢をなし、主導権を握る団体だった。一九三三年以前の文化を特徴付けた不協和音を一掃し、その代わりにみごとな調和を育むべき団体だった。第三帝国と破局のトラウマが、知識人の調和への欲求と再度の政治化に対する嫌悪に糧を与えたのであれば、文化同盟のこの穏健でのどかな路線こそ――何人かの例外を除いて――彼らが必要とし、欲したものだったのだ。

　かくして第一年は平穏と調和のうちに過ぎた。KPDとSPDの強制的な合体の前哨戦において、共産党員と非共産党員との分極化を生じさせた政治的対立も、文化同盟の障害とはならなかった。会員の中にはSPD党員はほとんどいなかったし、党の合体は当時の時点においては一般には純粋な政党問題と見なされていたからだった。雰囲気に変化が生じたのは、一九四六年一〇月の市議会選挙の後、つまり独立派SPDがSEDを打ち負かした勝利の後のことだった。ウルブリヒト・グループによって一九四五年五月に編成された大ベルリン行政局（市参事会）は解体された。それまで決定機関に座していた共産党員に代わって、社会民主党員が入った。人民教育部の共産党員ヴィンツァーはSPD党員ジークフリート・ネストリープケに取って代わられた。

権力交代は、それまではいわば静的な分極化の中で形成されていたものを一気に流動化させた。SEDは社会民主党を阻止するために、その力の範囲にあることはなんでもやった。「仕事からの脱走は絶対に許されない」と、ヴィンツァーは一〇月二二日の業務会議で宣言した。「自分の意志で職場を離脱してはならない。われわれはあらゆる手段を用いて機構に居座れるように工夫しなければならない。（……）われわれの同志が放り出されることを阻止するためには、われわれは今あらゆる措置を講じなければならない。[217]」ベッヒャーにはあてにできる路線が念頭にあった。選ばれたロシア人ジャーナリストたちを前にして、彼は自己批判をこめて選挙の敗北に言及している。「SEDはどこでも売国奴《クヴィスリング》の党、ソヴィエト進駐軍の党として通っている。『日刊展望』がSEDの失敗を隠蔽するのはよくない。第一にSEDが自己批判を行うのを妨げることになるし、第二にSEDと進駐軍が一心同体であるかのような印象を与える。進駐軍は一つの党だけに頼ってはいけない。それは危険すぎる。進駐軍は一つの党の敗北と愚行に一体化してはならない。SEDだけを支援しているのでは、進駐軍は作戦を遂行するすべを失う。社会民主党とも協力していかなければならない。それ以外の道はない。[218]」だがまさにこのとき、共産党独裁の一年半冷や飯を食わされていた社会民主党は以前よりも精力的に、「報復主義的に」彼らのかつての抑圧者に対抗し始めていたのだ。傍観者を決め込んでいたCDU党員フリーデンスブルクはこう述べている。SPDは「四八パーセントの多数票を得て今や前任者の路線を歩み始め、ある種の全体主義的衝動に駆られている[219]。」

文化同盟は、それまでは目立たなかったSPDの関心が今や同盟の活動、会員、組織に向けられているのを感じ取って、気候変動を察知した。創設者の一人だったグスタフ・ダーレンドルフがハンブルクへの移住によって脱落して以来、同盟内にSPDの著名な代表者は誰もいなかったのだ。それが今になって批判を浴びたのは、文化同盟が創設されて一年半、いまだに民主的な認知、すなわち選挙が行われたことがなく、そしてこのことがSEDの過剰な影響とSPDの影響の完璧な欠如の原因になっているということだった。つまり、市行政局において起こった権力交代に対応するものが要請されたのである。この問題では一蓮托生だったフリーデンスブルクとベッヒャーは、幹部評議会がそもそも民主的・代表制的な審議会として構想されたのではなく、アカデミー・フランセーズの〈四〇人会員〉を模範としていると反論した。その一方で、彼らは評議会が「いくつかの賞賛すべき例外を除いて、さほど多くの改革の動きが現れてこなかったので、他にやり様のないほど完璧に運営されていると思い込んでいた[220]」ことを認めざるをえなかった。結局、民主的認知の要請に扉を閉ざすことはできなかったので、選挙が行われることになった。選挙は第一回同盟会議の日程の中で一九四七年五月二〇日と二一日に実施された。社会民主党が期待した、市議会選挙の規模の地滑り的勝利は実現しなかった。評議会は三〇人に拡大されたけれど、SPD党員は一人も入らなかった。結局、指導部は従来通り共産党員と市民階層会員とによって占められた。文化同盟の会員の中に組織されたSPD支持者がほとんどいなかったという単純な理由によるものだった。これはまた、決してSPD会員を威嚇し、締め出すために組織的に行われた政策の結果でもなかった。社会民主党敗北のより深い原因はおそらく、SPDの革命に対する裏切り——事実にせよ、推測にせよ——以来、知識人の党ではなくなり、幹部のための党になったということにあった。自己の階級を捨て、新たな政治的故郷を求めていた反抗的な市民層知識人たちは、一九一九年以降KPDに転じていた。そのため、KPDは何もしなくとも――まもなく党内に繁茂してくる知識人憎悪にもかかわらず――知識人政党となったのだった。そこには奇妙な、党の境界を無視する、党幹部と知識人の間の反感と共感の相関関係が成立した。ウルブリヒト・タイプの、芸術的センスを欠いた党幹部には、あらゆる政治的敵対にもかかわらず、文化同盟の超党派を虚構と見なして嘲笑の的としたネストリープケのようなSPD幹部の立場の方が、自分の党の知識人ベッヒャーよりも近かったのだ。（ネストリープケ「ただ単に超党派であるという人々を私はあまり評価しない。私にはバリバリの党人間の方が好ましい」(221)）そして逆のことがSPD幹部についてもいえた。ベッヒャーの方では、自分の党の教条的幹部たちよりも、保守的教養市民フリーデンスブルクとの方がうまが合った。党の所属とは関わりなく、政治を芸術に従属させる人たちと、芸術を政治に従属させる人たちとの間を本当の戦線は走っていたのだった。

評議会選挙の後も、SPDによって文化同盟をその拠点、市区に従って組織された〈活動グループ〉につなぎとめて統制しようとするいくつかの試みがなされた。もっとも熱心な試みは、この種のグループの中でも会員数、著名人、活動ともに最大だったヴィルマースドルフ地区において行われた。このグループには市議会選挙後にかなりの数の社会民主党著名人が加入し、やがては現職の地区長に対立する活発な活動を展開した。この運動は一九四七年七月、アフリカ研究者、著作家だった地区長ハンス・ショームブルクに対する不信任案の提議に至った。ショームブルクは政治的には無所属で、文化同盟名士の市民層多数派に属していた。彼はフリーデンスブルクのタイプの独立派の人物だった。集会ではSPD支持者とSED支持者の間で激しい口論が起こった。そして、SPD代表者ベーアマンが「人間の尊厳と思想の自由が語られる場では、SEDの演説者は口を挟むことができない[222]」と述べたとき、SED党員シュテンボック＝フェルモーア伯は彼に殴打を食らわせた。ヴィルマースドルフの殴打事件は、一九四七年の間に穏やかでのんびりした文化同盟を驚愕させたが、これは一九四七年に起った数多くの不協和音の一つにすぎなかった。同盟内の共産党組織者たちが言明したような、「ここでは党員として活動しているのではなく、文化同盟の目標に責任を感じる批判的ヒューマニストの役割を果たしているのだ」という保証も、ベルリン市の政治的分極化が進行するにつれて疑念をもって見られるようになった。一九四五年秋の時点で文化同盟の中立的・批判的観察者だったヴァルター・カルシュは、同盟を非共産主義者の獲得、操作、工作のためのSEDの偽装組織以外のものではないと見なすようになった。彼は文化同盟の会議と自分も選ばれた評議会選挙の数日後に、原則論を書き記した長い論文の中でこう述べている。「政治的な分野での敗北（市議会選挙＝原著注）を、すべての重要な地位の確保と（必要ならば）占拠によって埋め合わせしようとする勢力が活動している。こうした地位を確保すれば、精神的潮流を自らの方向と平行する方向に、少なくともこれを――言葉の真の意味で――横断することはない方向に向けさせることができると考えているのだ[223]。」

カルシュと文化同盟内の社会民主党員の批判者は間違ってはいなかった。大いに喧伝された超党派が実際はどんなものだったかは、内部文書が示している。例えば、SEDとの関係に関するヴィルマンの覚え書きにはこう記されている。「SEDとの特別に緊密な協力関係はわれわれにとって自明のことである。この党こそ進歩的、自由主義的な思想の担い手だからである。それぞれの作業分野は明確に区分され、すべての問題は共同で討議され遂行される。そしてほとんどの活動グループの責任者もしくは書記はSEDの現役の幹部である。オットー・ヴィンツァー氏やアントン・アッカーマン氏によって幹部評議会とSEDの中央委員会とのつながりが作られ、それが政治的な課題の解決にあたって共通の路線を保証していた。（……）すべての民主的な勢力の結集を任務としていたので、われわれは他の政党との関係も良好に保っていた。もっとも、CDUやLDP（自由民主党）の構成員が指導層に加わっていた小規模の作業グループを除いて、文化同盟ほどの親密なつながりはまれだった。[224]」だが、カルシュ自身が独立と超党派を標榜しながら、米軍の認可を受け、その管理下にあった新聞の共同刊行者でもあったとなれば、それほど独立性を保てない立場にあったのではないか？　彼のような批判にしても、党派と服従というガラスの温室から生まれてきたのではないか？　いやそれどころか、政治の二極化が進行していくなか、どんな政治的論争もしょせんは温室と温室同士の闘いではなかったのか？

KPDはもちろん一九四五年の文化同盟の創設当時から、特別な意図を実現しようとしていた。だが、意図は意図であって、実際の状況や展開はまた別物である。同盟参加者の多勢を占めた市民階層知識人や、とりわけまた破局後に支配的となった倫理志向に導かれて、文化同盟はKPD・SEDのコントロールからはずれた、〈超党派的〉な独自のダイナミクスを展開したのだった。芸術家協会が狭い意味での文化の領域でそうだったように、文化同盟は倫理・文化という広い領域での一般に認知された制度となった。そして、個々の文化的な施設・制度が新設されるにしたがって、芸術家協会がしだいにその基盤と資格を失っていったように、文化同盟もまた、一九四六年以降の政治的な発展によってその政治的、倫理的な基盤と資格を失っていったのである。倫理と政治の統一的な政策などは存在せず、あるのは共産主義の政策と、それに対立する反共産主義の政策だけといった時代にあっては、統一的な倫理＝政治＝文化を揚言する文化同盟などは存在しようがなかった。ベルリンの知識人の個人的な関心、個々の行動といった視点から眺めれば、こうなる。一九四五・四六年のベルリンの共産党専制の状況下においてある程度の独立性と超党派性を保持しうる最後の可能性を文化同盟に見ていたものは、SPDが選挙の勝利によってこの専制を打破し、反共産という選択肢の結集点として確立してからは、SPDに依ってこれに賭けることができた。それに何といっても、この選択肢はまもなく米軍の大々的な支援を得ることになったのだから。ちょうど、それまでKPD／SEDがロシア軍の大幅な援助を受けていたように。

市民階層会員の最初の脱退者は市議会選挙から数ヵ月後に出た。そのうちの二人、美術史家であり『ターゲスシュピーゲル』紙の共同発行人だった（そしてほどなくベルリン自由大学の初代学長ともなった）エトヴィーン・レーツロープとフンボルト大学のスラブ学正教授マックス・ヴァスマーは直ちに〈自然・人文科学同好協会〉を設立し、本部をベルリン＝ヴァンゼーに、つまりは米軍占領地区においた。この新しい協会は特に公表もされず、一般の注目も引かずに産声をあげた。どこを見ても文化同盟が設立の理由だとも、〈同好協会〉が文化同盟と対立する選択肢だとも書かれていなかった。分裂は見解の相違の無言の表現だった。レーツロープとヴァスマーが加入したときと同じように、穏やかで静かだった。フリーデンスブルクはその社会的地位と世界観からして、本当なら新協会の予約済みの会員だったはずだが、文化同盟に留まった。議事録によれば幹部評議会の席で、「最初は彼はこの創設にいくらか憂慮したが、彼の意見によれば心配は無用だ」と述べたという。「この協会はわれわれの同盟とはまったく異なっている。政治的な目標を一切拒否しているからだ。われわれが政治闘争の運動であるのに対して、あれは同好会にすぎない。[225]」もっとも、彼がまったく憂慮していなかったかというと、そうではない。その数日前に、彼は同盟会議の前の演説において、文化同盟のSED依存に対する批判がしだいに強まっていることを無視すべきでないと警告していた。（「この批判を克服するためには、われわれは慎重のうえにも慎重を期し、無私の精神に基づいてことにあたり、対立する権利の諸関係を認識し、真の共同体に至らしめるよう、さらに努力を重ねなければならない。[226]」）

西側の占領軍当局は、文化同盟が成立した最初の一年間、その活動に対して何の不満もなかった。それどころか、民主的な新生という綱領は米軍が抱いていた、ドイツ国民の再教育のイメージにぴったり合致していたのではなかったか？　一九四七年の時点でも、米、英、仏によって組織された、あるいは支援された文化同盟主催の講演会や催し物は、ロシアの支援による催し物よりも多かった。[227] この期間に何か不審感を抱かせるものがあったとすれば、特に米国にとってみれば、政治的・倫理的な過去をもつゲルハルト・ハウプトマンやヴィルヘルム・フルトヴェングラーに文化同盟が示した寛大な処遇だった。同盟が共産党主導であったことも、ＫＰＤ・ＳＥＤが政治的な本流に属する政党である限り、さほど抵抗はなかった。というのも、文化将校として任務に就いていた米国知識人はニューディール時代を支えた男たちであり、勇猛果敢な反ファシスト活動家だった共産主義者たちに自由主義的な共感を抱いていたからだ。こうした基本的な図式も、一九四六年の内に変化が生じ始めていた。ニューディール世代の文化将校は動員を解かれて、米国へ帰国していった。代わって、故国においてすでに進展していた冷戦の雰囲気に刻印され、その新たな政治的な規準に従って選ばれた要員たちが任務に就いた。このように徐々に起こりつつあった気候変動にもかかわらず、こと文化同盟に関しては、とりあえずは慎重な対応が引き継がれた。市民階層と共産主義の入り交じった同盟は微妙な問題を孕んでいた。なにしろ、桶に張られた共産主義の湯の中で湯浴みする――自分の陣営に取り込みたいと願っていた――市民階層名士たちを湯もろとも捨てることはできなかったからだ。米国の内部資料の確認するところによれば、フリーデンスブルクのような人物は文化同盟にとって「極めて価値がある」とされた。「かくも独立的な著名人が文化同盟の会員であることは、文化同盟が政治的に中立な組織であるとする主張を証明すると思われるからである。(228)」これはとりもなおさず、米国側からの反文化同盟政策の困難を言い換えたものにほかならない。英国の担当文化将校は、同じように文化同盟が「共産主義者が支配的な組織」であることを前提として、そこから同盟を無視したり、孤立化させたり、禁止したりといった結論を導くのではなく、槍の穂先を転じて、共産党側に対する西側の影響力行使の手段として利用すべきだと論じている。「文化同盟は、ドイツの共産主義と対抗し、民主主義の思潮を広めるための手段をわれわれに提供している。この方が、不毛な反共主義的な封じ込めよりも、有意義かつ効果的と思われる。私の経験から判断して、ドイツの多くの共産主義者たちがSEDに加入しているのは、ひとえにこの党がもっとも左に位置する党であるからにすぎない。われわれの側からの啓蒙運動を展開すれば、彼らがマルクス主義よりもむしろ英国流の民主主義に近い立場にあることを納得させることができるだろう。(229)」そうした考察は結局のところほとんど実現しなかったし、文化同盟内部にあって同じような考えを抱いていたフリーデンスブルクのような人物にしても、その考えを貫徹することはできなかった。(「それまではまだ私自身、かりに共産主義のイデオロギーが明瞭な形をとって現れたとしても、われわれの仲間内の共産主義者たちが行使する影響力に対しては、別の方向への同じ程度の影響力を対置することができると信じていた。……国民各層への共産主義の浸透を恐れる思いはドイツにおいて広く行き渡っていた。その危惧は市民階層の劣等意識に根差すもので、私自身はそうしたものからは完全に自由であると感じていた。(230)」)一九四七年が暮れる前に、文化同盟は英軍および米軍地区での活動を停止し、シュリューター通りを明け渡さねばならなかった。当時のSEDプロパガンダおよび後のDDRの歴史記述において文化同盟の禁止とされたことは、結果としてはそのようなことにはなったけれど、全体としてみればもっと輻輳した経緯であって、決して西側両国が望み、かつ演出したプロセスというだけではなかった。(231) この〈禁止〉は一方において英軍と米軍によって、もう一方ではロシア軍によって見せしめとされたものだった。政治的意図はむろん互いに対立するものだったが、遣り方は同調していた。あるいは、当時アルフレート・カントロヴィッツの用いた比喩でいえば、鋏の両刃だった。互いに真っ向から向かって行くように見えながら、実はその間に挟まれたものだけを切り刻むのである。

見せしめは連合軍司令部指令BK／〇（四七）一六の文言通りに実施された。一九四七年一月に公布された指令は、大ベルリンにおける政治活動団体は四地区の各地区ごとに認可されなければならないと規定していた。その意味はむろん、四連合国がそれぞれ自分の地区におけるすべての政治活動を管理下におこうとするものだった。この規定から除外されたのは、西側連合軍が到着する前にロシア軍の認可を受けていた政党と労働組合だった。政党でもなく労働組合でもなかった文化同盟にとって指令が何を意味するかについては、たちまち解釈に相違が生じた。米国は同盟が政治団体であって、米軍地区において認可申請が提出されねばならないという前提から出発した。ロシア軍は同盟を文化団体と規定して、一九四五年六月二五日の認可が連合軍指令第一条（一九四五年五月および六月にロシア軍によって認可された指令を西側連合国は引き継ぐ）に則ってベルリン全域について有効であると主張した。文化同盟自身は、米軍から要請された申請を提出する用意はあった。すでに一九四六年五月に自主的に四連合国ベースの認可を申請していたからだ。このときは、英国と米国が特に理由をあげることなく公式の承認を拒否したのだった。ただ、英米は彼らの地区における同盟の活動を暗黙裡に容認する旨を表明したのである。[232]

文化同盟は一九四七年、板挟みの状況におかれていた。もし、西側諸国が要求するように認可の申請を出せば、この問題を明白に国家の威信の問題と捉えていたロシアの面目を潰すことになる。申請を出さなければ、米国の設定した期限、一九四七年一一月一日以降は米軍地区および英軍地区での活動は合法とは見なされなくなる。この状況は、ベッヒャーの言葉を用いれば、「国際的な所轄事項係争であり、そこに介入するすべをわれわれドイツ人は有していない。[233]」それでも、何らかの影響力行使の可能性を探ってはいた。とりわけフリーデンスブルクが活発に動いた。米国およびロシアの当局者（ホウリーとチュリパノフ）との会談を通して、彼は米国とロシアが何を計画しているのかを探った。文化同盟の生き残り、あるいはその息災など誰も気に掛けるつもりがないことがはっきりしたとき、彼は時間を稼ぐために、もう一度連合軍に決定を戻した。英軍のある文化将校は、米国の最後通牒の切れる二日前に、フリーデンスブルクがこの件における文化同盟の中立性を表明した文書を、「天才的な作戦」と評した。[234]すなわち、連合軍は「法的状況に関して相異なる見解をとっているため、（文化同盟の＝原著注）地区指導部は自ら最終的な決定を下す立場にはなく、この決定は連合軍総司令部に委ねられなければならない。この目的のためにベルリン地区指導部は、総司令部が統一的な決定を下され、それによって、文化同盟がベルリン市街地区においてドイツの民主的再生のために従来通りの活動を継続できるようお願いする。[235]」

文書は一〇月三〇日に認《したた》められ、総司令部への通常の事務経路、すなわちSPDのベルリン市長ルイーゼ・シュレーダーの事務局に送られた。文書が総司令部に到着したのは二週間後だった。一一月一日の期限は切れ、米軍地区での活動禁止令は正確に零時をもって発効した。英軍当局も一一月一二日になって同調した。（ただし仏軍地区では文化同盟は依然合法だった。）英米軍の禁止令がフリーデンスブルク文書の配達の遅れのために発効し、その遅れが文化同盟に対してあまり好意的ではなかった市議会内のSPD幹部によって意図されたものだったというのは可能な解釈だが、決定的な事柄ではなかった。この文書にしても、暫時的な執行猶予以上のものは引き出せなかっただろう。米軍がこの時点で、占領地区内での文化同盟問題を解決する決断を下していたことは、非共産系の多数派が存在する、あるいは形成しうると見なされた地区グループにおいて米軍当局者が行った会談内容からも見て取ることができる。例えば、ノイケルンの作業グループの指導者——SPD党員だった——は、次のような教唆を受けていた。「なぜ自分から文化同盟の名で申し出て、認可を申請しないのか？　分散化が生じても、何ら問題は起きない。申請はおそらく直ちに認可されるだろう。[236]」

ロシア軍に関していえば、文化同盟の禁止は彼らにとって別の観点から必ずしも不都合ではなかった。先鋭化する冷戦の状況にあって、西側連合国による文化同盟のセンセーショナルな禁止令は、文化同盟が従来通り存続するよりも価値が高かったはずである。フリーデンスブルクはチュリパノフとの会談について、こう記している。チュリパノフの発言によれば「今の状況は決してひどくはない。文化同盟はうまく発展していくし、世界の世論はこの件を通して西側連合国の非民主的な行動に気付かされたのだから。[237]」どれほど物質的、倫理的支援を与えていたとはいえ、ロシア軍の側にはもともと、文化同盟のオープンな構造、とりわけそのエリート的とも見える構造に対する留保の思いがあった。「文化同盟は大衆政治的な作業を行う組織ではない。われわれはベッヒャーとは多くの見解の相違がある」、そして「大衆組織にもならず、SED組織としての自らの立場を鮮明にもしない文化同盟の仕事を、根本的に改善する」必要がある。SMADの文化局長アレクサンドル・ドゥイムジツは、一九四六年九月にモスクワからやってきたソ連共産党（ＫＰｄＳＵ）中央委員会の管理委員会に向かってこう述べた。[238] 彼の上司チュリパノフはベッヒャーに関してはもっと手厳しかった。「われわれは今やベッヒャーを更迭しなければならないという固い結論に達している。これ以上ベッヒャーを我慢することは不可能だ。ずっと前から私はこの点で反対してきたし、われわれの心配の種だったが、今となって……政治闘争の強化を図るにあたって、文化同盟がただもう全知識人の烏合の衆になり果てるといったことは許されない。（……）ベッヒャーはその精神の全体像から判断すればマルクス主義者ではない。彼は明白に英国と米国、西ヨーロッパの民主主義に立脚している。彼にとっては、自分がＳＥＤ中央委員会のメンバーだと人に語るのは苦痛なのだ。あらゆる手段を弄して、彼はひた隠しにしている。〈同志〉と呼ぶことさえ彼はわれわれに許さず、いつでも〈ベッヒャーさん〉と呼ばせている。そして彼は文化同盟内部の対立が激化するのを恐れている。……党の仕事を彼は侮蔑している。（……）彼の態度は攻撃的ではなく、順応的だ。だが、ドイツのインテリの心情をわれわれよりもよく心得ている。[239]」もっともベッヒャーに対するロシア側の批判は一枚岩ではなかった。ＳＭＡＤの政治局長にしてソ連占領地帯（ＳＢＺ）軍政府外務省代表、モスクワではチュリパノフとは異なる党内派閥に属したヴラジーミル・セミョーノフは、ドゥイムジツとチュリパノフの告発の二ヵ月後にベッヒャーに好意的な評価を与えている。むろん彼は、ベッヒャーが「ブルジョワ的思考のインテリたちのある種の影響下にある」ことは認めるが、「ベッヒャーは主観的にはわれわれの側にあって、彼自身の立場からドイツでのわれわれの仕事の正しい道筋を誠実に追求している。現時点での〈文化同盟〉内のベッヒャーの解任は得策ではない。[240]」ベッヒャーと文化同盟について評価が異なったのは、ソ連のドイツ政策をめぐるさまざまな路線にしても同じだったが、モスクワの党本部内で互いに競り合うグループ同士の駆け引きと〈秘密政治《クリプトポリティク》〉（ボルクによる）と適正にも呼ばれた利害の相克に原因があった。ＳＭＡＤとその人員、その意見形成、その多種多様な戦術の中に、モスクワの政治局と中央委員会において策定され、画策されたことがそのまま正確に反映していたのである。[241]

ロシアの意図が実際に、米国の英国による文化同盟の禁止を挑発し、プロパガンダとして利用することだったとすれば、その意図は短期的には達成されたといえる。禁止令は文化同盟内部のすでに拡散しかけていたさまざまなグループや著名人たちを今一度しっかりとつなぎとめたのである。大抗議集会が催された。フリーデンスブルク、エルンスト・レンマー、ギュンター・ビルケンフェルト、ゲルト・Ｈ・トイニッセンといった、以前には同盟の政治的立場に少なからず不満を漏らしていた人たちが今やこぞってその批判を撤回し、彼らの組織とその共産党的三頭指導部と連帯した。だが、まず第一にこの統一は長くは持続しなかったし、第二に――指導部においてさえも――ロシア軍の態度に対する大きな失望を伴っていた。市民階層の会員にしても共産主義者の会員にしても、彼らの主張に好意的と思われた守護国からもう少し別のことを期待していたのだ。共産主義者で版画家、風刺漫画家だったヘルベルト・ザントベルクはこう述べている。「ホウリー大佐はおそらく認可に承認を与えることになるだろうから、申請の立場が客観的に見て正しいということを、ソ連軍司令部に納得してもらわなければならない。[242]」市民階層出身の美術史家アドルフ・ベーネは「われわれはロシア軍に十分に理解してもらえたと思ったので、われわれとしては彼らに期待するのは、彼らが米軍の陰謀を叩き潰して、その面目を失わせ、申請の取り扱いに異議立てをしないでわれわれに有利なようにことを運んでくれることである」と記した。フリーデンスブルクによれば「彼らの支援によって創設した文化同盟をわれわれに手を貸して独立させたいと願っているのならば、この仕打ち（ロシア軍の拒否的な態度＝原著注）は、われわれとの従来の友好的な関係とは整合しえないものだ。」

こうしたエピソードの後、文化同盟が重要な文化制度として認知され奨励されるのではなくて、結局は東西対決のチェス盤上で動かされ、犠牲にされるのだとの認識は、あまりにも苦かった。禁止令に対するあの連帯行動は、文化同盟が翌年分解する前に最後に成し遂げた短期的な統一だった。一九四七年に始まったベルリンの分割、それは一九四八年に至って通貨改革、閉鎖、市議会の分裂によって完成することになるのだが、この分割は文化同盟を見逃してはくれなかった。東側に決断した人は別として、市民階層の会員たちは暗黙裡に活動から遠ざかり、個人としての、また職業人としての生活に引き籠もっていった。多くの人がベルリンを去って、西ドイツに向かった。ベルリンに留まり、政治的参加を継続しようとした人たちは、後にこう呼ばれることになるのだが、いわゆる東〈陣営《ラーガー》〉に引っ越した人たちと、西〈陣営〉に転居した人たちに分かれた。この状況は、そのときから始まった引っ越しが示していたように、まさに地理的に捉えることができた。芸術家と知識人が伝統的に西地区に住み、ベルリン中心街で働いていた時代は終わった。東地区で働き、それまでヴィルマースドルフあるいはダーレムに住んでいた人は、パンコウ、ニーダーシェーンハウゼンあるいはトレプトウに引っ越していった。西陣営に加わった人は通常元の住居を保持していた。文化同盟の禁止令、そしてシュリューター通りからロシア軍地区のイェーガー通りへの移転から半年後、米軍地区に〈自由文化同盟〉が設立された。創設者に名を列した人の中には、元文化同盟幹部評議員ビルケンフェルト、レーツロープ、トイニッセンとならんで、旧文化同盟の敵対者ヴァルター・カルシュもいた。ほどなく〈自由精神同盟《リーガ》〉と改名するこの新しい同盟は、三年前の旧文化同盟が擁したような、ベルリン芸術界、文化界の大物の名を掲げることはできなかった。創設会員の名簿は、後の二〇年間にわたって西ベルリンの地方文化を規定したほどほどの人物たちの『人名辞典《フーズフー》』の観を呈していた。例えば、フリッツ・エッケレ、ヴェルナー・ハーダンク、カーラ・ヘッカー、ハンス・コルンギーベル、ジークフリート・ネストリープケ、ヨーゼフ・ルーファー、カール・ルートヴィヒ・シュクッチ、ヨアヒム・ティブルティウス、フリードリヒ・ヴァイゲルトらである。おそらくはなからこの団体が鬱陶しかったビルケンフェルトは、もっと華やかな反共知識人フォーラムから申し出が来るのを三年間待たなければならなかった。一九五〇年に彼は〈自由文化擁護会議〉のベルリン事務所の所長を引き受けた。これはつまり、後年米国CIAの支援を受けた国際的な反共団体であり、三〇年代の共産党会議および文化同盟から学んだ手法を駆使して、反共知識人を組織化していったのである。

それでは旧文化同盟はどうなったか?

一九四五年に多くの希望を注がれて創設されながら、DDRのスターリン主義化とともに、その統制化された影と化していったすべての組織と共通の運命を歩んだのである。だが、途中で挫折していった個々人の運命を考え合わせれば、冷戦の時代に西側が考えたほど、また現在でもなお時折そう叙述されるほど、単純明快にことが運んだわけでもなかったのだ。

フェルディナント・フリーデンスブルクは非共産系の人物の中でも、政治的二極化に対抗して本来の構想——超党派——をもっとも頑強に擁護しようと努めた人だった。〈自由文化同盟〉と彼は関わりをもつつもりはなかった。彼は一九四七年の禁止令を撤回させるために、再三にわたって米国側との会談を試みた。この反＝文化同盟団体が、ある英軍将校の表現を用いれば〈アメリカン・ベイビー〉(243)だった事実を彼は知らなかったか、あるいは知りながら無視した。その一方で彼は文化同盟内部で、彼には危険と思われた東側への政治的傾斜に抵抗していた。ヴィルマンやギージが文化同盟の名で発表する公式見解を彼は「政治論争の語彙」に過剰に塗《まみ》れていると批判した。頻発する脱退に対して彼は幹部評議会において「ある種の正当性」を認めたうえで、「前述の男女会員の脱会によって文化同盟は片方に傾き始めてはいないか」と問いかけた。[244] そうした批判的＝自己批判的な口調は過去の幹部評議会においては尋常のことだったが、フリーデンスブルクはこの発言の六週間後に、その傾きが彼の想像した以上に進行していたことを知るはめとなった。一九四八年九月一四日、同盟は彼を除名した。公開の席上で「反ソ的発言」を行ったというのがその理由だった。おそらく予想外だったこの処分に驚愕したフリーデンスブルクは、ベッヒャーに向かって激高して言った。除名は「どんなヨットクラブの規約にも反している。」[245] 彼が同盟会議の代表者会議によって選ばれた幹部評議員である以上、幹部評議会によっても書記局によっても除名される筋合いはなかったのだ。どうやら会員としての彼を除名させようとするイニシアチヴは幹部評議会ではなくて、大ベルリンの市当局――共産主義者が支配権を握っていた――から出てきたようである。市当局がその決定を事前協議なしにプレスに流したとき、幹部評議会は既定事実を突きつけられたのだった。少なくとも一人の幹部評議員（クルムマッヒャー）がこの手続きに異議を申し立てたことが知られているが、[246] それとても公開の席ではなくて舞台裏でのことであり、何の効果もなく臆病な遠吠えに終わった。そしてそれがその後の定石となった。フリーデンスブルクが文化同盟の創設者世代の最後の一人として認めざるをえなかったように、ある種のオープンさとヨットクラブの単純な規約の時代はかくして終焉を迎えたのである。[247]

残る問題は、党指導部がこの文化同盟の展開をどう評価したかである。近年の研究では、これには二つの答えがある。一つは文化同盟が端的に共産主義者の掩蔽組織であったことを前提として、ベッヒャーとその一派の構想――役に立つ操り人形《イディオット》を獲得する――が破綻したことで、ある種の幻滅を味わされたことは確かだが、それはあくまで一つの戦術的な失敗にすぎず、そのあと共産主義者たちはたえず念頭にあった課題に進むことができた。つまりソ連占領地帯（SBZ）／DDRの社会主義＝スターリニズムによる統制化である。この読みは最近ではデイヴィッド・パイクが一貫して主張している。ベッヒャーが必ずしもスターリニズムの熱烈な唱導者ではなかった点、そして一九四五年にドイツに帰還したとき、彼とその同志が三〇年代のロシアで体験したこととは別のものをこの地に構築しようという目標を懐いていたかもしれないという点から、パイクがベッヒャーを寛大に扱っていることは間違いない。だが、もし彼らがそのような希望を懐いていたとして、それはなから幻想にすぎなかったとパイクは言う。そのような希望の源となった信念、すなわち「新しいドイツはマルクス＝レーニン主義の原則に則って構築され、ソヴィエト連邦と緊密に結ばれ、スターリンの支配のもとにおかれる——そしてそれにも拘わらず、彼ら自身が亡命者としてソヴィエト連邦で体験した抑圧機構からは免れている[248]」といった信念が幻想にすぎないのと同じことなのだ。したがってパイクは文化同盟が自己矛盾だったという総括的な判断を下している。「マルクス＝レーニン主義政党によって創設され、管理された組織が本当に党から独立しうると考えること自体、馬鹿げている[249]。」

これとは違って、最近ではゲルト・ディートリヒが主張している別の見方がある[250]。これによれば、文化同盟はたしかに共産主義者によって企てられたものだったが、この「異なる思想をもつ人々の対話」のためのフォーラムを創るという試みは、決して単に党の戦術というだけのものではなかった[251]。この試みは歴史の展開、冷戦、SEDとSMADの政策によって挫折してしまったにせよ、本気の真剣な試みだった。そしてその失敗は、その唱導者たちにとって真の敗北を意味した。

二つの見方にはそれぞれの論理があり、現実的にいえば真実はここでも中間のどこかにあるのだろう。

ベッヒャーはドイツをパイクのいうようなロシアの衛星国家にしようとは思っていなかっただろう。そうではなくて、国民主義者《ナショナリスト》／愛郷主義者《パトリオット》と彼のような共産主義者との混交物としてのドイツであり、どちらかといえばフリーデンスブルクのラパロ構想の線に近いか、あるいは彼の党同志アッカーマンが一九四六年当時考えていた「社会主義へのドイツの道」の捉え方に近い、ドイツ＝ロシア関係の構想だったのだろう。三〇年代にスターリン＝テロルに自身実行者として巻き込まれなかったけれど、その目撃者となったドイツ人共産主義者たちには、ドイツへの帰還後、人民戦線構想に党の公式路線とはまったく異なった意味と方向性を密かに付与するだけの十分な理由があった。ウルブリヒトとその一派が理解した人民戦線、そしてまた実際にそうなった人民戦線がスターリン主義の膝元に屈伏するのに役立ったとすれば、もう一つの人民戦線、ベッヒャーとその一派の文化人民戦線は反スターリン人民戦線の試みと名付けることができるだろう。唱導し組織したのは党知識人だった。彼らは三〇年代の構想を逆転させて、党の機関を牽制し、モスクワとの安全な距離を保つために、市民階層の盟約者を求めた。(252)その一方でベッヒャーらの党知識人は自身が党と機関、そしてその心理にあまりに深く絡み取られていたために、そうした政策を首尾一貫して遂行することができなかった。いつだって一時的な感情的な反抗と憧憬に終わるだけだったのだ。反抗を小出しにしては、すぐにまた自己規制を強いていたベッヒャーは、一九四五年に〈文化同盟〉の仕事を引き受けた。それは自分の党に奉仕するためでもあり、同時にまたこの〈王権〉を利用して独立心を満足させるためでもあった。この二つ——独立への憧憬と超私的存在としての党——がバランスを保っている限りは、つまりはベルリンが未決定な状況にあった二、三年間は、これは素晴らしく機能した。それはベッヒャーにとって生産的な、心軽やかな、エネルゲティックな、幸福な時代だった。表現主義の青年期、第一次大戦後の共産党入党期の蜜月時代にも比すべき高揚期だった。これはいってみれば、二つの婚礼の場を連続して踊る舞踊の愉快さだった。それぞれの参会者にはいったい何が演じられているか皆目分からないが、舞踊家にとってはそれがまた愉快なのだ。党に向かってはベッヒャーは市民階層陣営とのいささか謎めいたつなぎ《リエゾン》の役を演じた。市民陣営の中にあっては、新エリート権力者のオーラが彼を取り巻いていた。この夢幻的な状況を自らの手で終える気はベッヒャーには毛頭なかっただろう。それで敗北するのはほかならぬ彼自身だったからだ。事実また終局は彼の背後から、彼の頭ごなしに、彼の意志に反して、そして彼の党への——またもや時満ちての——屈従の後にやってきた。フリーデンスブルクの件の処理には彼は小指も動かさなかった。こうした状況ではつねにそうだったが（かつてはモスクワで、後にはハーリヒとヤンカの件で）、彼は要するに——言葉のもっとも広い意味で——居合わせなかったのだ。その理由としては、三〇年代のモスクワの行動形態の再発と見なすことができるだろう。「不安と臆病」（パイク）である。(253)

だがこの屈従の後にも反抗があった、あるいはむしろ反抗が屈従に先行したといえる。そしてこの反抗にはもう一つ別の屈従——居合わせなかったことによる屈従——が先行していたのだった。米軍による文化同盟の禁止（これにはベッヒャーの見解によればロシア軍もその硬直した態度によって責任を免れなかった）の数週間後、彼はこう言明した。「文化同盟の超党派的性格は、われわれが理解している形では必ずしも実行されてこなかった。(254)」党もまた無謬ではなかった。ベッヒャーは党から裏切られたのではないにしても、見捨てられたと感じていた。党の影響力行使とその際に露呈した不始末によって彼が丹精こめて描いてきた超党派のサークルのたがが狂ったのではなかったか？　だがそうとはあまり公然とはいえなかった。それではベッヒャーが党の政策よりも「彼の」文化同盟に関心を懐いているという印象が生じる恐れがあったからだ。ぐっと呑み込んだ怒りが順延された怒りにすぎず、次の機会を狙って込み上げてくることを、数週間後のベッヒャーの感情的爆発が物語っている。その激烈さからみて、本来の原因（〈ドイツ国民会議〉創設の際に文化同盟が不利な扱いを受けたと思われた）に相当する以上のものが蓄積していたと推測できる。党指導部に宛てたベッヒャーの手紙は総決算だった。「文化同盟に対する最近のこうした態度は残念ながら私には単なる偶然の過誤とは思われません。これに似たケースをいくつもあげることができます。そこには管見によりますれば知識人の仕事に対する指導部同志の憂慮すべき蔑視、もしくは文化の領域で仕事をする同志に対する指導部同志の許されざる傲慢が現れていると思われます。[255]」ベッヒャーよりは骨太の党知識人たちにしても、党の処遇に悩んでいた。ベッヒャーと違って西側亡命者だったアレクサンダー・アーブッシュは、後にＤＤＲのスターリン化された文化活動の分野でもっとも円滑に機能する歯車の一つとなったが、彼は一九四八年初頭、ＳＥＤの思想委員会の席で発表する予定の報告のために次のようなメモを書き記している。「文化同盟の指導部にあって責任を担うわれわれ同志は、われわれの仕事の広範な政治的意味が過小評価されているために、党からわれわれの仕事について十分な批判を得ていないと以前から感じている。……この仕事が党内では非政治的あるいは一部の知識人の戯言と見なされている。（……）ドイツの労働運動のある種の知識人敵意の伝統が今なお生きていることは間違いない（この点、ラテン系諸国、チェコスロヴァキア、ユーゴスラビアは異なる）。党は卓越した知識人をその特別な価値にふさわしく評価し、際立たせることをためらっている。……文化同盟の任務は党の知識人予備軍を作るための環境と受け入れ態勢を緩和する手助けをすることである。だが今述べたような趨勢では、党はこの階層に向けるべき思想的な顔をもっていない。西地区、ベルリン、そしてとりもなおさず（思い違いではない）東地区においても、今日まさに個人の自由、歴史的概念としての自由の概念、実存哲学などの議論を一般的なドイツの議論として、大規模で明瞭な、かつ攻撃的な論争を展開するだけの思想的な攻勢力を党は持ち合せていない。[256]」

(強調は原文＝原著注)

党に宛てた知識人たちの咎めだては聞き捨てられたわけではないようだ。一九四八年二月一一日付の『知識人と党』と題された党指導部の決定にそれは現れている。そこでは「党自体の仕事に深刻な欠陥、過誤、怠慢」があることを認め、文化同盟に関しては「どんなことがあっても組織の超党派性を護り、文化同盟の個々のグループを党組織の単なる添え物にしようとするすべての試みに対抗していく」と保証してはいる。[257]だが、そんなことはなにひとつ起こらなかった。それどころか、フリーデンスブルクの除名に見られるように、統制化の速度はかえって速められたのだ。とすれば、文化同盟の市民階層知識人を役に立つ操り人形《イディオット》として扱ったと非難された党知識人たちが、自分の党から同じように扱われ、役目を終えた後にはまさにその通りに爪弾きにされたことは、因果応報の皮肉といえるかもしれない。

5　ラジオ放送

一九四五年五月、バート・ホンブルクの外国放送聴取を専門とする〈心理作戦部門〉（ＰＷＤ）の担当者たちは、ベルリンの放送局から発信される電波を傍受した。その番組は当時の軍事的・政治的情勢から見て、説明が極めて困難なものだった。かつての帝国ラジオ局の周波数に乗って聞こえてきたのは、数年来なじみだった女性アナウンサーの声のほか、クラシックと民俗音楽――その中にはスラヴものも混じっていた――のコンサート、ドイツ人作家による作品朗読とラジオドラマばかりではなかった。そこには時事解説まであって、しかもそれが――五月三一日付の内部向けＰＷＤ広報が「熊が吠える」という見出しで書き記したように――「ソヴィエト連邦はすべてのよきドイツ人の友人であり、支援者である」といった印象を与えるものだったのだ[258]。そしてことはそれだけでは済まなかった。米軍占領地帯《ゾーン》の住民の聞き取り調査から、ベルリンの放送がそうした印象を与えるのに成功していたことが明らかになった。「この報道は必ずしも代表例とはいえないにしても、ロシア軍がドイツ人に対する態度をはっきりと切り替えたこと、そしてドイツ人がこれを政治的武器として利用しうることがここから明白に読み取れる。米軍の公式発表と米軍占領地帯《ゾーン》の実情の相違がロシアの放送によってより露になる。彼らの口調がそれをさらに強調する。連合軍のどこの放送局も、早朝コンサートの冒頭に、一日を元気で始めましょうとか、バルコニーに座って音楽を聞きましょうとか、花を愉しみましょうとかの挨拶を入れているところはない。連合軍の間に楔を打ち込むために、ドイツ人がこの口調の相違を利用するのは目に見えている。[259]」

ラジオを通じて宣伝された友愛関係を米軍が憂慮したのにはわけがあった。ドイツの無条件降伏の数日後にはもう、北シャルロッテンブルク地区マズーレン大通り《アレー》のかつての帝国ラジオ局の建物で人員的にも内容的にもドイツ＝ロシア混交の番組が製作された。このことが可能だったのは、三〇年代の初めにハンス・ペルツィヒの設計によって建てられ、この種のものとしてはヨーロッパ最大にして、もっとも現代的な施設だったラジオ局ビルがほぼそのままの姿で最終戦闘を生き延びていたからだった。ラジオ局が生き延びたのにはいつくかの理由があった。ラジオ局ビルは激しい戦闘のあった中心街の外に位置していたこと、ドイツ人の職員たちが爆破命令をサボタージュしたこと、さらにロシア軍が砲撃の際に建物を慎重に回避したことなどである。[260]同じように職員もまったく無傷で——おそらく特に安全と見なされたのであろう——ほぼ全員、技術スタッフと大多数のアナウンサーたちが建物内に集合していた。その放送業務が再開されるまで、わずか数日しか要しなかったのである。その放送がバート・ホンブルクの米軍をあれほど慌てさせることになったのだった。ロシア軍の関与はドイツ人が製作する放送の外的なコントロールと技術的な問題のみに限られていた。例えば、テーゲルにあった放送施設への接続はロシア軍工兵がケーブルを暫定的に移設することによって解決された。本来の放送作業、番組製作、スタッフ構成などの組織はウルブリヒト・グループに属する二人の人間の手中に握られていた。[261]一人はマテーウス・クラインといい、元牧師で国防軍兵士の後、俘虜収容所では国民委員会〈自由ドイツ〉の委員となり、この資格で今度は市民階層の国民前線シンパを獲得するためにベルリンに送り込まれていた。もう一人の方はハンス・マーレという名で、このラジオ放送計画のチーフを務めた。三四歳という年齢はウルブリヒト・グループの中ではヴォルフガング・レオンハルトに次いで若かった。マーレはウルブリヒト好みの幹部タイプではなかった。そのことをレオンハルトは党との決裂後にこう証言している。「彼は笑い、喜び、〈普通の人間〉と談笑することができた。党のジャルゴンのほかにも自分の思考や感情を表現する言葉を使った。……出来事や人間に対する彼の反応はいつでも自発的だったし、だからこそ――むろん与えられた枠内でのことだが――自らの主導権と思考を用いる能力を具えていた。[262]」マーレの後年の叙述によれば、ベルリン放送構築の最初の段階はまったくの即席だった。何らかの立案があってのことではなく、彼自身にもその任務が委託されたのは偶然に近く、無傷で残っていたラジオ局ビルの存在が分かってからのことだった。ロシア軍はせいぜい技術的な支援を行ったり、建物に軍の監視を付けて安全を確保したにすぎなかった。カールスホルストの政治管理機関は放送業務再開から数週間たって、西側の問い合わせによって初めてドイツのラジオ局が活動していることを知らされたのであり、ロシア軍の管理将校が建物に姿を現したのはその後のことだったという。[263] 現実により近く思われるのは、数年後になってベルリン放送局の元職員からの聞き取りや、その他の「十分に信頼できるソース」に基づいて米軍がまとめた報告である。それによれば、初期のラジオ局の指導部は一〇名のロシア軍将校と七名のドイツ人共産主義者からなっていた。重要な職務には「ドイツ・レジスタンス運動からリクルートされた」人間が就いた。生放送は許されず、ニュース報道さえもひとまずテープに録音されねばならなかった。「すべての文章はソヴィエトの厳格な検閲下におかれた。[264]」

ロシア軍の検閲がどの程度粗密であったかは別としても、番組はドイツ人共産主義者によって管理されていたようである。ただ、政治報道や時事解説を除いては彼らは製作にはタッチしていなかったようだ。劇作家の息子だった二〇歳のマルクス・ヴォルフは赤軍兵士としてベルリンに帰還し、それからマーレのラジオ局の報道記者になったが、彼は例外の一人だった。フリッツ・エルペンベックもやはり指導チームに属したが、ほかにも多くの活動に参画していて、放送の仕事にはあまり時間が割けなかった。一九四五年の五月と六月のベルリン放送は決して、マーレが後年回想しているような、抵抗運動の闘士と共産主義者たちによって唐突に生み出された完全な新品ではなかった。情勢を鑑みても驚くほど以前のままだった。ラジオ局ビルがそのまま引き継がれただけではない。職員もそのままだった。「ここでわれわれはドイツ人六名と少佐一名とで六〇〇名の旧職員とともに働いている」とマルクス・ヴォルフはモスクワの両親に報告している。そして「多くの、というかほとんどの人が必要とされるので、残念ながら人員整理は……ごくわずかしかできない」と述べている。[265] 元の職員をそのまま雇うことが必要だったのは、単に自陣営に放送専門の適任者が少なかったからだけではない。おそらく番組製作にあたって、一方では旧放送の枠組みと聴取者の習慣、もう一方では政治的、綱領的革新という両端の間の中間的な道が選ばれたためと思われる。マーレとクラインは自由ドイツ国民委員会でのドイツ人捕虜との仕事を通して、第三帝国の平均的ドイツ人の心理を学んで、効果的な政治プロパガンダの技術を開発する機会が十分にあった。この経験を今度はベルリン放送局で実践に移すことができたのである。そして彼らがいかに成功したかは、バート・ホンブルクの心理作戦の専門家たちが憂慮の眉を顰めたことが証明している。聴取者習慣の連続性の問題には、非政治的な番組構成のほかにアナウンサーの声が含まれた。ナチ体制とあまりに直接に結び付く声の人――勝利報道のアナウンサーなど――は外された。それ以外では、番組全体について「脅えさせずに、革新しよう」がモットーとなった。[266]

「国際法では、これは慣習法でも変わらないが、所有――物理的所有――が決定的である。この単純な理由から、ラジオ・ベルリンをめぐる抗争においてソヴィエトが第一ラウンドを制したのである。[267]」

ものである。

この二つの文以上に、一九四五年夏の西側連合軍の到着後のベルリン放送局をめぐって何が起きたのかを、的確かつ簡潔に述べることはできない。この文が含まれる米国軍政府本部（ＯＭＧＵＳ）内部調査とは、ベルリン放送局をめぐる出来事の五年後にまとめられ、あの出来事が何だったのかを書き記したものである。

米軍と英軍が七月初めにベルリンに進駐し、それぞれの地区《セクター》を占領したとき、彼らはベルリンの将来のマスメディアの管理、組織、構成に関してすでに特定の考えを懐いていた。戦勝諸国によって共同統治されるこの都市では、一貫した意見が協調的に公表されねばならないということだった。それは連合軍の調和のためだけではなく、とりわけまた、競合する連合軍メディアの存在によって、連合軍について読者が判事を演じる機会をドイツ人に与えないためだった。(268) ところが、英米軍に対して突きつけられた既成事実――ロシア軍は先行した二カ月の間に三紙の新聞を発刊していた――を前にして、彼らはまもなく以前の構想を修正し、自前の新聞を創刊する計画を立てた。だが、ラジオに関しては、彼らは元の構想を堅持した。このメディアはすべての地区境界を越えるものではないか？　その技術的な論理にしたがえば、このメディアは共同運営を運命付けられているばかりか、まさにそれを要求するものではないか？　だからこそ、ラジオ放送の担当者の誰一人として、ベルリンに到着後直ちにロシア軍にラジオ局ビルをその地区の進駐軍、すなわち英軍に引き渡すよう要求することなど思いつかなかったのだ。しかもロシア軍が、西側連合軍との第一回会談で少なくとも保証したように、(269) 同様にこのメディアの四国共同管理を考えていたのだからなおさらだった。もっともそうした共同管理を提案した彼らの動機は、米軍と英軍が想像したものとは違っていた。一年後にロシア軍のラジオ将校が表現したように、「最初にベルリンに入城したことを除いて、われわれはラジオ局ビルに対して何らの法的な権限をもたない」

ことを彼らはよく知っていた。[270] 優れたチェス競技者である彼らは、この状況から最大の利益を得ようと努めた。英軍が彼らの権利を要求することを想定し、またそれを認める心づもりで、ロシア軍は自分の地区に新しいラジオ局を設立する準備を始めていた。この目的のためにすでにマズーレン大通りの建物から機材を解体し、運び出していた。だが相手が当然の権利を要求するつもりがないことに気付くや、彼らはすかさずこの機会を捉えた。ラジオ局を共同で運営しようという彼らの意思は、ロシアの格言にぴったり合致していた。つまり、リンゴと果樹園を交換するのはリンゴの所有者にとっては絶対に有利だということだ。

西側の軍政府がこのことをぼんやりと理解し始めるまでに、数カ月が経過した。四国共同運営のラジオ局が時間の問題であるとの想定のもとに、西側連合軍は暫定的な現状維持、つまりはロシア軍による独占管理に承認を与えた。西側の唯一の要求は、米軍、英軍、そして——その進駐後に——仏軍が一日に一時間、自分の放送時間をもつということだけだった。[271] かくして二週間の間に事態は一変した。ラジオ局の法的に正当な主である西側連合国は、今や——放送時間に関しては——寛大に扱われた末端の利用者にすぎなくなった。そしてロシア軍は事実上の局の主人として証明され承認されたのである。熱いうちに鉄を打つことを、彼らはためらわなかった。放送時間についての協定から二週間後、彼らはこの協定を、西側三カ国合わせて日に一時間の放送時間が使われると解釈した。そしてまたもや西側は、もっと上位の目標を念頭におきつつ、これに同意したのだった。（「四国運営ラジオ局は極めて重要と見なされていたので、その障害になると思われたラジオ・ベルリンへの部分参加に固執しようとしなかった。」）[272] 最後にロシア軍が西側三国のあらゆる期待に反して、マズーレン大通りの建物をロシア軍占領地帯《ゾーン》放送局とし（フランクフルト、ハンブルク、バーデン・バーデンに西側占領地帯の放送局があったように）、ベルリン地区司令部の管轄ではなく、ＳＭＡＤの専権事項と宣言することによって足場を取り払ったときには、西側のどんな対抗措置もすでに手遅れだった。ラジオ局ビルが英軍地区にあるという指摘さえも、もはや何の重きもなさなかった。一九四六年の前半年に繰り返された不毛な議論の中で、英軍代表がこの論点を持ち出したとき、ロシア側の相手は激高した。議事録によれば、「この種の捉え方は状況を決定的に変化させることになろう、とソヴィエト側代表は答えた。英軍がそれでもってラジオ局からソヴィエトを追い出すことを含意しているとすれば、このことはベルリンへの通路を封鎖するという（ソヴィエトの＝原著注）司令官の決断と同意味になるだろう！[273]」

一年半にわたって、一九四六年末まで交渉は継続した。ライプツィヒ放送局の放送開始の後、西側諸国は再度のチャンスが来たと信じた。ロシア軍占領地帯《ゾーン》にはこれで西側地帯ラジオ局と同じように自前の放送局ができたのだから、ベルリン放送局は四国共同ラジオ局になりうると彼らは指摘した。だが、この想起を促す指摘もロシア軍を動かすことはできなかった。結局、後に残ったのは、ラジオ問題担当の英軍将校がその年の末に表現した認識だけだった（そして、先に彼のロシア軍の相手がみごとに憤怒を演じつつ想定したことの証明でもある）。「ロシア軍が自ら出ていかない限り、……武力を行使しない以上、われわれは彼らに出るように説得できない[274]」

もっとも、ロシア軍に拒絶を食った米英軍だったが、見た目ほど途方に暮れていたわけではなかった。というのも、交渉の間も彼らは彼らなりに既成事実を積み重ねていたからだ。一九四六年二月には米軍の放送局が業務を開始していたし、八月にはハンブルクの占領地帯放送局ＮＷＤＲの支局として英軍放送も始まった。ＤＩＡＳ（米軍地区有線放送局）と呼ばれた米軍放送はその技術面からして完全なラジオ局とはいえなかった。その名（有線放送）の通り、電話のある所帯にしか流れなかった。それは米軍地区に登録されていた一七万のラジオ受信機のごく一部にすぎなかった。一日に七時間の放送はベルリン放送局の一九時間の放送と比べていかにも慎ましかった。それでもDIASはその任務——実は二重の任務だったが——を果たした。第一回のラウンドは相手に譲ってしまったが、DIASができてようやく米国側の交渉のポジションが強化された、というよりも正しくは初めてそうしたポジションが作られたのである。四国ラジオが実現した瞬間に、元来の意図に沿ってDIASは活動を停止する。同時にまた、万が一共通の見解に達しなければ、DIASが恒久的なラジオ局としての選択肢となった。最初の段階から、とりわけ英軍側だったが、四国構想を実行不可能と見る懐疑派がいた。[275] 四国ラジオの主張者にとって目標達成のための手段であるべきものを、彼らは目標と捉えていた。ロシア軍の方では手中に飛び込んできた鳩を屋根の雀と取り替えるつもりはまったくなかったので、統一的に共同運営されるベルリン・ラジオ局の試みは最終的に、ベルリンに三つのラジオ局が存在する形に収束していった。米軍は自分のラジオ局を完全なものに構築することを開始した。DIASの創設から半年後には、通常の放送活動、つまり有線から無線への切り替えが完了し、番組は終日放送となり、名称はRIAS（米軍地区ラジオ局）と改められた。

RIASは冷戦時代、西側の反共プロパガンダの商標となったが、成立した最初の二年間は、そうした傾向はまったくなかった。ロシア軍の管理下にあったベルリン放送局に対抗して設置された米軍放送だから、米国の主張を一方的に代表すると考えた人は間違っていた。一九四七年から四八年の変わり目までは、RIASはしだいに強まる政治的二極化の波に巻き込まれてはいなかった。西側で認可された新聞（『ターゲスシュピーゲル』、『テレグラフ』）がSPDの指導下に活発化していた反共運動に報道の場を提供したのとは違って、RIASは一貫してほとんど病的なまでに連合軍調和という旧政策を追求していた。このことは新しい親西側陣営の目には容易に、共産党に友好的、親共産的、あるいは共産的と映ったに違いなかった。米軍情報管理局では新旧政策の信奉者は相半ばしていたので、RIASが両者の争いの場となり、争いの対象となったことに不思議はなかった。

最初の口火が切られたのは、DIASが放送業務を開始してまもなくのことだった。一九四六年の冬から翌年の春にかけての数週間、SPDとKPDの合併をめぐる論争が起こったときのことだ。SPDの合同反対派のグループから、親共産的なベルリン放送局に対抗して合同反対派の意見を報道の場に反映させたいという要請がDIASに持ち込まれた。[276] 情報管理局の中でもSPDに近い人、例えばラルフ・ブラウン少尉などはそうした肩入れを擁護した。(「彼の意見では、ラジオ・ベルリンはSPDに一方的に敵対しているために、バランスのとれた報道を有線放送が行っても合同反対派の不利になるだけだ。彼は、合同派を支援するラジオ・ベルリンと同じ程度に有線放送も合同反対派を支援すべきだと提案した。[277]」) 情報管理局とRIASの下した決定は、偏向しないというものだった。「そのような偏向は、超党派的な報道というわれわれの長期的な構想に反することになる。この構想を時局的な報道の犠牲にすることは好ましくない。」こうしてウルブリヒト、ピーク、グローテヴォールたちが、それほど著名でない独立系SPDの反対派と並んでRIASで発言する機会を得た。強制合同の後も、超党派路線は継続された。例えば定期的な討論番組『政党論壇』などだ。市議会での討論は、ベルリン放送局が抜粋のみを放送したのに対してRIASは実況中継した。文化番組のオープンさは、初期の文化同盟の催し物そのままだった。実際にRIASは文化同盟と少なからず連携していた。RIASのスタッフであり、文化同盟の会員だったハンス＝ハインツ・シュトゥッケンシュミットが組織したコンサート〈新しい音楽〉は、RIASが中継し、資金も援助している。連続番組『論壇』のようなスタジオ討論では、ベルリンの他の報道メディアではもう共同の仕事をしていなかった知識人たち、ヴァルター・カルシュ、エーリク・レーガーからヨハネス・Ｒ・ベッヒャー、フリードリヒ・ヴォルフに至るまでが論じ合った。最近の、また最新の文学、文化についての放送もあったし、歴史的事件、例えばローザ・ルクセンブルクとカール・リープクネヒト暗殺記念日の放送もあった。ベルリン放送と比べて、ＲＩＡＳの番組は政治的に中立、オープン、自立的であるだけでなく、文化的にも革新的であり、高級であった。エリート的、インテリ的だったといえるかもしれない[278]。

こうした番組の責任者、ＲＩＡＳの総監督《インテンダント》はフランツ・ヴァルナー＝バステだった。敗戦のとき四二歳だった彼は、一九四五年一一月に米軍によって新しい任務に投入される前は、数カ月間ツェーレンドルフの文化局を率いて、とりわけベルリン・フィルハーモニーによる野外コンサートを組織して名を馳せていた。米軍の〈白リスト〉、つまり重要な仕事を任せられる、ナチの過去をもたないドイツ人のグループに彼が加わったのは、かつてのベルリン仲間で、米国への亡命を手助けしてやった脚本家ジョン・カフカの推薦によっていた。二〇年代にはヴァルナー＝バステはいくつかの新聞の音楽、演劇、文学批評を担当し、第三帝国成立前の数年間はフランクフルト・アム・マインの〈南西ドイツ放送局〉の文学部門の責任者だった。一九三三年夏にその職を失ってからは、翻訳家、脚本家として糊口を凌いだ。ＲＩＡＳの職場仲間たちは彼のことを〈趣味人《シェーンガイスト》〉と記憶していた[279]。リベラル派で高度な教養を具えていたが、組織者、指導者としての才能は特に感じられなかった。フランツ・ヴァルナー＝バステは熱狂的なアマチュア写真家だった。彼の遺品のアルバムをめくって目に付くのは、いつも彼を取り巻いていたように思われる、多数の魅力的な若い女性たちである。ＲＩＡＳにあっても、彼の一番親密な仕事仲間が女性たちで占められたのは偶然だったのか？　ＲＩＡＳはベルリンの業界用語で〈女性番組〉と呼ばれていた。女性たちが平均以上に多くの中心的ポストを担っていたからだ。ルート・ガムプケ（番組制作部）、エルザ・シラー（音楽番組）、フォン・グライス（文学）、エンゲルブレヒト（女性番組）、レーグラー＝バール（青少年番組）、そしてとりわけ重要な人物は米国人ディレクター（「ラジオ局長」）、ルート・ノルデンだった。彼女たちは決してヴァルナー＝バステの個人的なガールフレンドたちのように〈可愛いこちゃん《ズューセメーデル》〉ではなく、手厳しい青鞜派だった。ルート・ガムプケは一九三三年以前からすでにライプツィヒの中部ドイツ放送の番組ディレクターを務めていたが、彼女は[280]人付き合いのよさもさることながら、ときにはマネージャー的な厳格さを発揮したと報告されている。「今日でも番組ディレクターの理想」（ヴォルフガング・ガイゼラー）であり、ヴァルナー＝バステよりも組織力、指導力の才能に優っていたという。彼女はどの方面でも自立したプロフェッショナルとして認められ、尊敬されていたようだ。ルート・ノルデンのまったき信頼を得ていたというだけでなく、少なくともフランツ・ヴァルナー＝バステの目にはその腹心と映った——それが事実だったにせよ、妄想だったにせよ、RIASの最初の年にはまだ何らの役割を果たすことはなかった。

一九四五年の年末にベルリンに着いたとき、ルート・ノルデンは三九歳だった。ドイツ系だったが、ドイツではなく、ロンドン生まれだった彼女は、米軍政府の本来の亡命者たちに属してはいなかった。彼女は一九三三年以前のベルリンを知っていた。当時彼女はドイツ劇場の文芸部員ハンス・ローテの助手を務めていた。その後、S・フィッシャー出版社編集部のペーター・ズーアカンプの下で働いていた。ヘルマン・ブロッホとの交際はこの時代に遡る。ブロッホのために彼女はトーマス・マンとアルベルト・アインシュタインを保証人として獲得して、米国への入国許可の取得を助けた。「少なからぬ日々、あなたの心ばえはほとんど命の救いだった」とブロッホは一九三八年七月三〇日、ロンドンから彼女に書き送っている。ルート・ノルデンは一九三五年にドイツから帰国し、その後いくつかの雑誌編集部で働いていたが、ブロッホが米国に到着後、それまでのプラトニックな関係は男女の仲に変わった。だが、異国での実生活のカウンセラーというノルデンの役割は変わらなかった。彼女はグッゲンハイム基金に『ウェルギリウスの死』の奨学金申請を彼に代わって書いてやった。二人の関係は何度かの危機に中断されながらも、数年にわたった。一九四五年秋には新たな不和に見舞われた。九月一四日にブロッホは書いている。「婚外関係のためのエネルギーはもう私にはない。結婚（本当は緊急に必要なのだが）するには心が病みすぎている。」話し合いの末、ことの決定を空間的な隔たりに委ねることに決まった。その頃ちょうど、政府放送〈ヴォイス・オヴ・アメリカ〉のために働いていたノルデンは米国軍政府本部（OMGUS）の任務に就き、一九四五年一二月にドイツに旅立った。ブロッホは心理分析治療に赴いた。(281) 次の二年間はまだ、プリンストンとベルリンの間で手紙の遣りとりが続いたが、しだいに間隔が開いていった。二人が再び近づくことはもうなかった。

ベルリン時代のルート・ノルデンの部下たちは彼女のことをクールな、近づきがたい印象と記憶している。その評価を彼女自身が証明している。（「私は基本的に誰にも距離をおく。(282)」）ブロッホは彼女のそのような傾向に気付いていた。「心的な興奮を理性の側から捉えようとする。つまり、いつでも誤った心象が生じるところから(283)」そしてこのいわば男のような態度を、彼女の兄ハインツ(284)に対する嫉妬と競争意識から男になりたいという、彼女の無意識の願望から説明している。

ノルデンとヴァルナー＝バステの関係は初めのうちはヴァルナー＝バステとノルデンの前任者エトムント・シェヒターとの関係——この二人は個人的にも政治的にも互いによく理解し合っていた——がそうだったように、友情と仲間意識に結ばれたものだった。シェヒターのときと同じように、ヴァルナー＝バステはノルデンと個人的にも交流した。彼女はしばしばヴァルナー＝バステの家族の一員として招待された。ヴァルナーの手帳には彼女は一九四六年中はずっと「ルート」の名で現れる。これはしかし、一九四七年に変化する。「ルート」から「ミス・ノルデン」そして「RN」へと変わっていく。ヴィンターフェルト通りのラジオ局の建物の中で、友人的＝家族的な交際からクールな書面上の事務的付き合いへと変化していったのである。

関係が冷えていった理由として、双方とも同じことをあげている。相手側の職業的な無能とディレッタンティズムである。関係がまだ暖かかった頃、ノルデンはヴァルナー＝バステについて次のように評したことがあった。「教養の高い人だし、音楽家でもあるけど、彼にはいらいらさせられる。実際的には何もできないのだから。」(285) ヴァルナー＝バステの方では、一九四六年から四七年の変わり目以来米軍の指令によるＲＩＡＳの再編成――ヴァルナー＝バステの目には、完全官僚化と映った――の流れの中で生じてきたカオス的状況の責任がノルデンにあるとした。必要最小限の金額も承認されないので、請求書は未支払いのままだった。業者は納入を停止し、重要な物資が欠乏した。職場の労働倫理はゼロ点にまで落ち込んだ。「この状況で仕事を継続する責任を負えるか、疑問だ」(286) とヴァルナー＝バステは一九四七年六月四日付の日記に書き記し、こう答えている。「できない相談だ。」彼はむろん、このすべてがルート・ノルデンのせいではなく、最高に自立的な時期の後にＲＩＡＳをその統制下においた米軍官僚機構のせいであることを知っていた。(287) 彼女が無能だったのは、彼の目からすれば、彼女が問題点を彼、すなわちヴァルナー＝バステと相談した上ではなく、彼の背後で、彼の頭ごしに解決しようとしたからにほかならなかった。彼は無視されたと感じ、自分の管轄であるのに部下のルート・ガムプケに裏をかかれたと思った。ガムプケを公然と名指して、局内に「留まることを知らぬ荒廃」をもたらした「厚かましいビューロー・ボヘミアンども」の女首領とこき下ろした。「RIASのことを軽蔑的に〈女性番組〉とか、番組制作部の〈お茶飲み話風の雰囲気〉とか噂する人は間違っています」と、ヴァルナー＝バステは詳しい報告書の中で上司のノルデンに保証している。「もう局内では誰知らぬものない公然の秘密をはっきりと申し上げることをお許しいただきたい。しかし、あなたはおそらくご自身ではお気付きになっていないほど、番組制作部長のあまりにも大きな影響を蒙っておられます。私の義務にしたがった監督と、指摘しました弊害に対する、すでに行われた、あるいは今後に予告された救済措置によって番組制作部長はその過剰な権力意識を傷つけられたと感じています。それゆえ彼女は私に対して体系的に業務の重要な事柄についての知識を留保し、職員と私との直接の交流を阻害し、共同の番組制作協議を行うことを実行不可能ときめつけ、阻止しようと図っています。番組制作部長はあなたの支持を得ていると感じているのではないか、という印象をしばしば禁じえません。」[288]

ヴァルナー＝バステが自分に対する陰謀と感じ、ルート・ノルデンがおそらく傷付けられた男の自意識と見たことは、どちらも当たっていたのだろう。こうした個人的な知覚様式、行動様式を一九四七年当時のベルリンの政治的様相から眺めれば、もう一つ別の事情が絡んでいた。ヴァルナー＝バステはDIAS／RIASの最初の年の内にSEDの敵対者、つまりSPDの支持者――おそらく党員――になっていた。[289] SPDは一九四六年春の合同論争でRIASの掩護射撃を得ようとして米軍の中立政策の戒律のために挫折したのだったが、その後一九四六年秋の選挙に勝利したSPDは再度舞台に登場する。しかも今度は並々ならぬ自意識を抱いていた。SPDに近いRIAS編集長ハンス・ヴェルナー・ケルステンには「多様な政治的問題について論評を加えることができる同志のリスト」が手渡された。つまり、SPDは週ごとに時事解説を提供するつもりだったが、SPDの書類メモに残されているように、それは「政治的な展開についての党指導部の見解を表す……ただし、米軍放送によって自らの論評として放送される」べきものだった。[290] ケルステンによれば、SPDは「ミスター・マシュー(RIAS担当の米軍管理将校)とミス・ノルデンに対抗する材料を体系的に」集めていて、彼、すなわちケルステンに「何度もミスター・マシューの政治路線およびRIASの政治的な活動についての所見を提出する」よう要求した。「米軍上層部からの干渉によってRIASの政治路線をベルリンの三つの民主的政党に有利な方向に変更させるために」だった。[291] ケルステンは一九四七年三月に解雇された。この時点ではまだ米国の不干渉政策が有効だったからだった。後にエルンスト・ロイターは、彼の見解によればあまりにSED寄りの報道姿勢に不服を唱え、RIASを「ベルリンの第二の共産主義放送局」と名付けた。そして「われわれはこれに関わる材料を集めている。いつでもそれを軍政府に提示することができる」と述べた。[292] 米軍政府内ではSPDシンパが一九四七年には前年よりも大きなグループになっていた。だが、RIASの責任者である米国人――ルート・ノルデンの他、三名の管理将校――にとってはなおも中立政策が第一義だった。前年にはそのためにSPDの政治的支援の要請を拒否するに至ったのだった。彼らはロイターらの非難を「RIASに対する支配権を獲得せんとする総攻撃」としてはねつけた。「SPDはわれわれの客観性を嫌い、SPD寄りの放送局に仕立てようと狙っている。」[293]

ヴァルナー゠バステの政治的傾向や結び付きは、ルート・ノルデンに知られていたはずだから、彼女にとっては放送局の政治的中立性や客観性に関わる微妙な問題について彼は信頼できる人物ではなかったのである。SPD寄りの総監督よりも、政治的に固まっていない番組制作部長ルート・ガムプケの方に支援を求めたのはそれなりの論理的帰結だったと思われるが、ヴァルナー゠バステとの関係にとってはむろん好ましいものではなかった。二人の関係がいかに急速に悪化していったかを、一九四七年の春と夏にヴァルナー゠バステが書きつけた覚え書きが示している。彼は日記のほかに特別な手帳をつけ始めていたが、そこに彼はルート・ノルデンが政治問題に関わる放送原稿に加えたすべての手直しを書き留めていた。彼女が削除した、ソヴィエトに批判的な箇所、そして彼女が書き加えた、親ソヴィエト的な箇所のすべてである。(294)

一九四七年八月、ケルステンが解雇されて半年近くたった頃、同じ運命がヴァルナー゠バステを襲った。公式には「一身上の理由」(295)によるとされたが、事実上の解雇だった。彼にはその理由として、RIASは「厳格な政治的潔癖さ」を目標としているが、彼が示した、あるいは示す約束をした程度では不十分だったことがあげられた。(296)ヴァルナー゠バステにとってみれば、それは敵側の陰謀の完結だった。しかもその陰謀は彼の目からすれば、もはやガムプケ゠ノルデンの二人組の個人的な動機によるものではなく、明確な政治的背景をもっていた。ヴァルナー゠バステはRIASの中心をなす親共産的な米軍管理将校の一派の犠牲になったと感じた。このグループに、彼はノルデンの他にギュスタヴ・マシュー、ハリー・フローマンの二人――いずれもかつてのドイツ人亡命者――を数えている。(297)ノルデン、マシュー、フローマンたちが追求していた政治路線を、ヴァルナー゠バステは政治的に彼に近いある米国人にこう説明した。「望まれたのは、政治論評が親ソヴィエト色に潤色され、報道が親ソヴィエト色に改変されるか、あるいは握り潰されることだった。望まれたのは、この種の報道方針について調査が行われたら、それを直ちに叩き潰し、責任者たちが妨害されずに仕事を続けられるようにすることだった。望まれたのは、米国から帰還する共産主義者たちが詳しく賞賛されることだった。望まれたのは、モスクワで三年間の訓練を受けた米国の女性共産主義者が、共産主義者の映画スターたち（いわれているのは、チャップリンとキャサリン・ヘップバーンである＝原著注）がハリウッドで展開する政治活動をRIA

Sのマイクに向かって熱狂的に語ることだった。望まれたのは、RIASの管理将校たちが〈ベルリン放送局〉で講演することだった。望まれたのは、〈ベルリン放送局〉の共産主義者ナンバー・ワンがRIASの管理将校の自宅を訪問することだった。望まれたのは、米国放送のできたばかりのお粗末な設備を、赤軍の満足げに笑みを浮かべる技師たちに詳細に見学させることだった。」[298]

OMGUS（米軍政府本部）が三年後にRIASの番組の制作姿勢について調査させ、冷戦の最中にまとめさせた、親共産主義的な色合いのほとんど見あたらない報告書では、一九四六・四七年のRIASに関して、別の像が描かれている。RIASが一方側だけを発言させたことは一度もなかった。つねに対立する観点が呈示された。まさにこの点でRIASは、西側の客観性の規準にしたがえばベルリン放送局と比べて肯定的な判定を受けた。[299]やはり共産主義的偏向を疑う余地のない歴史家ハロルト・フルヴィッツは一九八四年に、一九四六年の選挙戦におけるRIASの情報政策を「客観的で、バランスのとれた、みごとなもの」と判定した。当時のRIASがしばしば親共産的な印象を与えたことについての彼の説明はこうである。「この印象は……一〇月の選挙の後、政治的に動揺し、政治参加を強めていたベルリン市民にとっては、たとえ米国の放送が自己決定をめぐるベルリンの闘争について客観的に報道したとしてもやはり生じたであろう。[300]」ノルデン、フローマン、マシューはソヴィエト連邦との協調路線の支持者だった。ベルリンからヘルマン・ブロッホに宛てたルート・ノルデンの手紙には、このしだいに時代に合わなくなっていく信念の支持者たちに迫り始めた艱難、不愉快、障害、危険が語られている。[301]RIASが放送活動を展開し、そしてほとんど機能停止に至った一九四七年は、個人的、政治的な陰謀のジャングルだった。それは旧融和政策から、新たな対決政策への移行の結果生じたものだった。この移行は政治的な世代交代としても記述することができる。一九四五年からすでに情報管理局で働き、その前にはおそらく心理作戦部門（その人員を使って情報管理局は作られた）にいた人は、政治的にはたいてい旧路線に属していた。一九四六年以降に入った人は、原則としてもう新しい――ベルリンよりも米国の方でずっと早く公式化していた――反共産主義の言葉を使った。その速度についていえば、西高東低の違いがあった。ワシントンで新政策は確立され、旧政策の支持者たちがそこで最初に追放された。米軍占領地帯では少し時間がかかったが、それでもベルリンの米軍地区と比べれば順調に進行した。ラジオ・フランクフルトとラジオ・ミュンヒェンはすでに一九四六年には――当該のドイツ人職員と米軍管理将校たちの任意の退職と強制的な解雇の末――新路線に乗っていた[302]。その一方で、RIASでは旧政策の支持者たちがなおも発言権と影響力をもちつづけ、一九四七年になってもヴァルナー＝バステやケルステンらの指導的なドイツ人職員を解雇することができたのである。しかしここでも変革は目前に迫っていた。いや正確にいえば、先に述べた〈陰謀〉やRIASの〈再編〉という兆候の背後で変革は一歩ずつ実行されだしていた。一九四七年にはRIASおよびその管理を担当する情報管理局の政治的な力関係は、二重支配の様相を呈していた。一方の側には、ノルデン、フローマン、マシューと彼らを支持する、OMGUS本部のラジオ管理将校チャールズ・ルイスとハンス・B・マイヤーがいた。もう一方の側には、徐々に数と影響力を増大させつつあった、反共産主義路線の情報管理将校たちがいたが、OMGUSの職務上RIAS担当のものは一人もいなかった。このグループに属したのは、ベルト・フィールデン（『ターゲスシュピーゲル』紙担当の管理将校）、フレット・ブライシュタイン（出版担当）、ニコラス・ナボコフおよびラルフ・ブラウン（政治部門）だった。このうちブラウンは、先に述べたように一九四六年初頭のSPDとKPDの強制合同の際にRIASをSPD寄りの路線に引き込もうと試みて、ルイスとマイヤーに撃退されて失敗に終わったのだった。SPDと阿吽《あうん》の呼吸で動いていた、ブラウンを中心とするグループはさまざまな方法でＲＩＡＳに影響力を行使しようと努めた。ナボコフはノルデンを共産党員の嫌疑で政治審査にかけるよう提案した。これはだが、担当将校によって不当として却下された。理由は「管見によれば、被告人たちの何人かがまだ一九四七年八月現在の四国関係の状況に即応していないことによるものだ。彼らは四国共同管理の本来のよき意図を今日の不愉快な現実に合致させようと誠実に努力している。[303]」ブラウンは自力で行動した。ノルデン、フローマンあるいはマシューとの事前の打ち合わせもせず、むしろ彼らがいないことを予測して、彼は一九四六年一〇月六日にＲＩＡＳのビルに乗り込み、ケルステンや他のＳＰＤ寄りのドイツ人職員と会談を行った。ケルステンは後にこう回想している。「ミスター・ブラウンは従来の政治放送の状況を十分に知り尽くしている様子で、自ら書類を持参して、それに基づいて、政治放送と選挙準備の放送の〈平等性〉と〈客観性〉を批判した（……）。ブラウン氏の説明によれば、われわれの会談と同じ時刻にブッゲ通りでは三名の管理将校の今後の処置についての協議が行われているとのことだった。今後はわれわれの仕事についての指令は彼からだけ受けるように私に命じた。詳しい方針はその日の午後に私に指示すると言った。だが午後になると、ミス・ノルデン、ミスター・マシュー、ミスター・フローマンの三人が再び現れて、ミスター・ブラウンの局訪問について詳しく尋問し、私が彼らの明確な承認なしに局の内部事情を第三者に話したことを咎めた。私はミスター・ブラウンとの会談を長い始末書に書いて報告しなければならなかった。だが、会談の内容を詳細に報告することはミス・ノルデンとミスター・マシューに対して不都合だと私は判断した。管理将校たちの方では、この事件について私に話しかけることを避けていた。ミスター・マシューが唯一私に語ったことは、あれはフィールデン、ブライシュタイン、ブラウン諸氏の彼らに対する卑怯な襲撃だということだけだった。でも彼ら、ミス・ノルデンとミスター・

マシューはそれでも己の政治的信条を決して放棄することはないでしょう。[304]」

一九四七年八月のヴァルナー＝バステの解雇によって、旧RIAS指導部は新政策に対する最後の抵抗を示した。その一カ月後、ブラウン＝ブライシュタイン＝フィールデン＝ナボコフのグループは彼らの仲間の一人（チャールズ・リーヴェン）をRIAS管理将校に就けて最初の突破口を開き、三ヵ月後には最終的な勝利を収めた。一九四七年一一月三一日までにノルデンとフローマンはRIAS指導部から身を引き、米国に帰国した。二人とも勤務契約の期限が切れたので、技術的には解雇ではなかった。別の情勢下では当然ありえたであろう任期の延長も、二人の場合は問題外だった。[305] かくしてRIASにおいても、西地域ではすでに一年前に出現していた状況が出現した。ミュンヒェンとフランクフルトのラジオ局で起こったニューディールの老兵たちの撤退についていわれたことが、そのままフローマンとノルデンに当てはまった。「彼らはみんなその政治的信条のゆえに、遅かれ早かれいずれは責任あるポストを維持できなくなったであろう。[306]」

ルート・ノルデンの後任は一九四八年二月、ウィリアム・ハイムリヒに決まった。彼はその数ヵ月前、しだいに濃厚になっていく文化同盟の禁止との関連で、西側の文化同盟会員たちに西陣営向きの反＝文化同盟を設立するよう呼びかけた人物である。新ポストに召聘される前は、軍情報部の指導的なポストに就いていた。民間人としての彼は、米国中西部にあるラジオ局のマネージャーだったから、ラジオ放送の経験はノルデン、フローマン、マシューよりも間違いなく豊富だった。ヨーロッパの芸術家や知識人の特性や感性を感受する能力は、彼にはまったくなかった。RIASのドイツ人職員とハイムリヒ自身の記憶によれば、一九四八年二月、一種のキャプテン・アメリカがRIASの指導権を握った。ハイムリヒは臨時の総監督《インテンダント》だったヴィルヘルム・エーラースを解雇した（「あなたは総監督だった。これからは私が決める」)。ルート・ガムプケを彼女の執務室から追い出し（局内で一番いい部屋を探し出したら、それはガムプケ博士のだった——それを私が頂いた。そうやって私は発進の信号を出した）、彼が東側のスパイ活動の疑いをかけたＲＩＡＳ職員を、また単にベルリンのロシア軍地区に住んでいただけの職員も首にした（「私はＲＩＡＳ内でソ連のスパイだった人物のリストをずっと前から入手していた……だから私はためらわずに、ソ連のために働いたり、ロシア軍地区に住んでいたもの全員を直ちに解雇した」)。この措置が職員の抵抗に遭ったとき、ハイムリヒは抗議した人も解雇した。(「私は彼らが口を開くことができないうちに、首だ、と繰り返した。即刻に。それで終わりだった。私はＲＩＡＳ内で彼らの顔を二度と見たくなかった。」)[307]

ここまでが三三年後のインタヴューに答えたハイムリヒの回想である。実際には彼はそれほど乱暴にことを進めたのではなかった。たしかに彼は当時勤務していた総監督のエーラースを解雇しようとしたが、その後ですぐにまた彼を雇わなければならなかった。そして反抗的な職員の大量首切りに関しては、ＲＩＡＳの上級職員の相当数が自ら辞職を唱えて脅しをかけたのが本当のところだった。エーラースと連帯して行われたこの脅しは効き目があった。ハイムリヒにしてみれば、それほど多くの放送業務に必要な人員の退職を許すわけにはいかなかったからだ。その結果、エーラースもガムプケも、ハイムリヒの助っ人だったチャールズ・リーヴェンの言葉を借りれば、その他諸々の「狼藉者たち」も「不満分子たち」も「影で糸引く奴等《リングリーダー》」も、元の職場に留まることになった。[308]ハイムリヒが手に携えてきた鉄の帚は、融通無碍なる粛清道具へと変容した。全体として見れば、とりわけ部門責任者のレベルにおいては、人員面での本質的な変化は何もなかった。ルート・ノルデンの下で、東側に向かって客観性と融和の政策を——中には歯嚙みしながら——推進してきたドイツ人職員たちは特に混乱もなく、一部では歓呼の声をあげて新路線に転換したのである。

もっとも本来の政治的再編を担当したのはハイムリヒではなくて、この任務のために特別に配属されたOMGUS／POLAD（政治局）将校ボリス・シューブだった。シューブはブラウン、フィールデン、ナボコフらとともに、早い時期からSPD反共派とのつながりを求め、SEDに対するSPDの闘いを支援してきたグループに属していた。シューブは自分について「一〇〇マイル離れていても」共産主義者を嗅ぎ分けることができると語った(309)。続く数ヵ月の間、シューブの仕事はクレイ将軍が一九四七年一〇月二八日に〈バック・トーク作戦〉の名のもとに布告した反共プロパガンダの原則がRIASにおいて遂行され、旧中立政策が跡形もなく拭い去られるのを見届けることだった。粛清の波は、共産主義者あるいはそのシンパの疑いのあるものすべてにばかりか、親西側の旗幟を鮮明にしなかった市民階層の非共産主義者にも広がっていった。一九四八年九月、シューブはフェルディナント・フリーデンスブルクの講演の放送を禁じた(310)。文学担当の編集部員アネマリー・アウワーはジョン・スタインベックの『怒りのぶどう』についての番組を、このような社会批判は自由な西側でのみ可能だというコメントをつけて、放送するよう命じられた。彼女はそれを拒んだので、放送は承認されなかった。アウワーは辞職してベルリン放送局に移った。彼女のほかにも、左翼的傾向をもつ数人の若い職員が移っていった(311)。

政治的に明快な状況がこれほどスムーズに定着したのは、もうとっくに満期になっていたからだった。ベルリンの新聞や他の多くの文化団体では、もっと前にそうした状況が出現していた。二極化された新ベルリンの中で古いRIASはきれいに片付けられた舞台装置の一部のようなものだった。ハイムリヒとシューブがやったことは、要するにこの残り物の撤去だけだった。

だが、はっきりと政治的な展開だけではなく、ハイムリヒ指導下のRIASが推進した一般的な放送政策を眺めてみると、様相はまったく異なっていた。まもなく明らかになったことだが、彼が念頭においていたのは、彼自身がそこで成長し、慣れ親しんだタイプの放送局、つまり商業的で、利潤をもたらす、一般向きのラジオだった。それまでのRIASがそうだったような、教養と高級文化のラジオではなく、娯楽としてのラジオだった。採算性と収益性に基づく計算が導入された。これこそ、ハイムリヒの知る米国の放送局と比べてRIASの悲惨の根源だった。ニューヨークの放送局NBCの音楽部門は一〇名のスタッフでRIASの三一名のスタッフを抱える同じ部門よりも七〇パーセントも多い放送時間を制作していた。収益の面での不均衡はもっと酷かった。「我が局の前回のシンフォニーコンサートは六〇〇〇RM（ライヒスマルク）の収益をあげたが、レビューは四万五〇〇〇RMだった！」[312]ハイムリヒがこの数字から引き出した結論は、教養番組の削減と娯楽番組の拡大、そしてコマーシャルの導入だった。[313]模範とされたのは明白に米国のラジオ局であり、新編成の成果は――聴取者数で――疑問の余地なく、そして鮮烈だった。ベルリン放送局と比べていつも二次的な存在だった放送局が、一九四八年の暮れにはベルリンで最大の聴取者数をもつ局となったのである。[314]この途方もない上昇は第一には封鎖時期のベルリンの劇的状況に負うものだが、エリート番組から大衆番組への転換もそれに貢献していた。RIASは〈新しい音楽〉の提供と高級文学の朗読だけでは、そのプロパガンダ放送としての役割を果たすことはできなかったからだ。娯楽によるプロパガンダというハイムリヒの戦略（「このプロパガンダの全仕事を笑いと楽しさで包んで、完全に自明のものにせよ」[315]）は明らかに正解だった。

だがこの戦略は文化の実質に触れた瞬間、抵抗に遭った。それはE（高級）＝音楽部門である。RIASの女性たちの一人、エルザ・シラーによって統率され、ハンス＝ハインツ・シュトゥッケンシュミットをはじめとする上質の局外協力者たちによって制作され、成立以来二年でベルリンの音楽界において一目おかれる地位を獲得していた。ここではクラシックの録音盤が放送されただけでなく、知的な音楽文化、活きのいい音楽政策が行われた。だからハイムリヒがＲＩＡＳ局に入って数週間後に音楽部門の責任者として、こうした音楽理解、音楽水準の正反対を体現する男を召聘したとき、ベルリンのレベルの高い音楽ファンたちは平手打ちを食わされたと感じたのだった。そのとき三七歳だったフリードリヒ・シュレーダーは第三帝国の娯楽産業において、『パラダイスの婚夜』、『上海の夜』、『シャネルの五番』などのオペレッタの作曲家として人気を博していた。ＲＩＡＳへの彼の召聘は、ベルリンの批評界からは最初は「遅すぎた四月ばか[316]」と見なされたが、後には憤りをこめて受け取られた。米軍の認可を受けた二紙は、ルート・ノルデンのもとでのＲＩＡＳの政治路線につねに距離をおいていたが、今や彼らにとって政治的にはるかに好ましい新ＲＩＡＳ指導部の下でなされた番組の質の低下を、憂慮すべきことと見なした。「音楽それともミュージック？」との見出しのもとに『ターゲスシュピーゲル』は冷戦という新しい状況のもとでの芸術的、精神的な質というものの位置付けを問いかけた。ＲＩＡＳが政治的にベルリン放送局の対抗馬になったことは歓迎された。だが、「ＲＩＡＳでは報道だけが関心をもたれ、音楽の方はラジオ・ベルリンが選局されることになれば、どれだけの可能性が捨てられることになるだろうか。（……）誤解された〈緩和〉への努力によって、すでに軽音楽の優勢が出現しているが、これは真面目なコンサートの数と質がますます減少していくのと軌を一にしているようだ。……ここにシュレーダーの召聘の危険が潜んでいる。音楽部門の新指導者がベルリンの最高のダンスミュージック楽団を見つけることを最初の目標にしているなら、それは聴取者の一部には迎えられるかもしれないが、放送局のもつ音楽的責務を果たすことにはならないだろう[317]。」

カルシュやレーガーといった人たちは、首尾一貫した、効果的な反共プロパガンダのためには、市民の文化水準が若干低下したとしてもやむをえないと見ていた。教養市民的な反共産主義は、レーガーやカルシュの『ターゲスシュピーゲル』の経験がすでに示していたように、この点に関しては容易な状況ではなかった。知識人のかなりの部分が政治的な掘割の向こう側にいたので、高級な反共産主義文化の基盤は狭かったのだ。RIASの水準低下は反共知識人に、大衆的であると同時に芸術的、精神的に高度なプロパガンダを構築することのジレンマを痛感させた。別の側の同僚たちが同じジレンマに直面していたことは、そのことがそもそも認識されていたとして、慰めにはならなかった。

RIASのその後の発展は一般に安堵できるものだったので、少なくともこの点での危惧はいちおう解消された。任務を成し遂げたハイムリヒとシューブは召還され、彼らほど強引な印象ではない後継者に交代した。この後任者たちは政治的な耕地整理が完了していたおかげで前よりもリベラルに、愛想よく、洗練された仕事ぶりで、ハイムリヒが刈り取ろうとしたものを育成した。シュレーダーとの契約は暗黙のうちに打ち切られ、エルザ・シラーが——彼女は実はハイムリヒとシュレーダーの出現まで形式的には音楽番組の責任者になったことは一度もなかったのだが——正式に音楽部門の責任者に任命された。こうしてエリート的水準と大衆的水準の間である種の釣り合いがとれた。カルシュやレーガーらの知識人の憂慮の声が米軍政府その他の所に聞き届けられたことは、反共主義と文化的・芸術的レベルとの結合を初めて綱領化した雑誌の発刊が示している。『モーナト』誌の創刊号が出たのは、RIASでの闘いが終結し、文化と娯楽との妥協が成立してからだった。反共知識人メルヴィン・ラスキの指導のもと、この雑誌は反共であると同時に質を重んじる知識人の獲得と育成のための総本部となった。

それではベルリン放送局はどうなったか？　これが共産主義者の創造物で、彼らによってコントロールされていたからといって、「反ファシズム・民主的編成」から冷戦への移行が滑らかに、矛盾なく、人員的な変動もなく進行したというわけではない。一九四六年には明白になりつつあったSED依存性はその創設に関わった人たちのすべてに好まれたのではなかった。ハンス・マーレは草創期の実践家にして異端の局長だったが、職員の証言によれば政治的には控え目で、協調的だったという。(「お願いですから私が不快な目に合わないようにしてください。」[318])同じことは彼の後任のマックス・ザイデヴィッツ(一九四六—一九四七)にも当てはまった。もともとSPDの政治家で、スウェーデンへの亡命中にKPDに入党していた彼にとって、ベルリンのポストはザクセン州の首相職に至る途上の中継点にすぎなかった。政治路線を実行していったのは、ラジオ局にではなくヴィルヘルム通りの人民教育中央局に座って、〈文化啓蒙〉部門を統率していた男だった。そのヴィルヘルム・ギルヌスが、ベルリン放送局のボリス・シューブだった。ベルリンでの政治的論議がまだ比較的礼節をわきまえた範囲で行われていた一九四六年冬、冷戦の頂点に達して初めて流布する語彙を彼はすでにこのとき用いていた。[319]

事態が変化したのは、一九四七年の晩夏に英国亡命からベルリンに帰還したハインツ・シュミットがザイデヴィッツの後任に就いてからであった。ベルリン放送局の番組にはいくつかの目立った変化が現れた。モスクワの長い声明の朗読は、それまでのように主放送時間の中程ではなく、深夜に移された。非共産的な見解の唱導者が発言の機会を与えられたし、それどころか『ターゲスシュピーゲル』の共同発行人エリック・レーガーのような著名な反共産主義者が討論の席に招待された。(ただし彼は拒否した。理由は彼の参加が「ラジオ・ベルリンが民間大衆の教育のための文句のつけようのない道具であるといった、あなた方の意図する誤った印象を促進する恐れがある」というものだった。[320])ルポルタージュ、インタヴュー、生中継は突然「西側風」に響き始めた——もっとも政治的内容ではなく、マスメディア的な形式においてだったが。実際、ハインツ・シュミット指揮下のマズーレン大通りの局ビルは二世代の西側亡命者の溜り場と化していた。それは西欧諸国から帰還したナチ亡命者（ハインツ・シュミットのほかに、マクシミリアン・シェール、レオ・バウアー）、そして左翼的な――必ずしも共産主義的とは限らない――信条のゆえにその地でのメディアの職を失ったか、自ら放棄した西側占領地帯の知識人たちだった。彼らの中にはラジオ・ミュンヒェンのヘルベルト・ゲスナーとカール＝ゲオルク・エーゲル、ケルンのNWDR局のカール＝エドゥアルト・フォン・シュニッツラーとマックス・ブルクハルト、ラジオ・フランクフルトのシュテファン・ヘルムリンがいた。彼らの西側的な〈スタイル〉は、ベルリンのラジオ聴取者の獲得競争においてベルリン放送局をギルヌスの厳格な指導下にあったときよりも魅力的にし、成功をもたらした。後の四〇年間の皮肉の一つは、RIASの自由主義と複数主義に対するラジオ・ベルリンのこの反応が、RIAS自体においてこの路線が終焉したちょうどそのときに起こったことだった。進行する東西の冷戦、目前に迫ったベルリン封鎖、都市行政の分割といった事態を見れば、ハインツ・シュミットが意図した開放路線は束の間の〈夏の戻り《ナッハゾマー》〉しか享受できなかった。ルート・ノルデンの召還の一年半後、彼も同じ運命をたどった。出世街道を駆けのぼっていった二人の前任者とは違って、彼にとってラジオ局の活動は政治的な降格と内的追放に終わった。彼はルート・ノルデンのように政治的に中立な番組を支持したわけではなかった。ただ彼は、西欧的マルクシズムの伝統にあってオープンに、啓蒙的にことを進めてこそ自分の任務に最大限に忠実でありうると考える共産主義者だったのだ。彼の不運は、ベルリンの舞台の終幕後、カーテンが降りてから、彼の陣営にはこの種のマスコミ活動の需要が、西側のルート・ノルデンほどにはなかったということだった。これからの数十年の未来はハイムリヒ、シューブ、そしてギルヌスのものだった。

6 映画

ベルリンの映画産業が一九四五年春の破局を、ベルリンの他の経済、文化の分野とは違って非現実的にしか体験しなかったのは、おそらく映画というメディアのもつ、古くからの現実逃避的な志向のせいだったのだろう。非現実的だったのは、第三帝国の最期の吐息まで、破壊を免れたバーベルスベルク、テンペルホーフ、ヨハニスタールの撮影所で娯楽映画が製作されつづけたことであり、それに劣らず非現実的だったのは、破局の後になっても、会社が——製作が割り当てられるわけでもないのに——稼動しつづけたことだった。ベルリンに本拠地をおく三大映画製作会社ウーファ、トービス、テラのディレクター、役員、監事、法律顧問たちはまるで何事もなかったかのように、本質的なことはなにひとつ変わらなかったかのように、いつもの通りに仕事をし、既定の、あるいは新規の目標に取り組んでいた。違いは、国営の大規模持ち株会社だった映画コンツェルン・ウーフィ(UFI)がドイツ帝国の崩壊にともなって消滅したことだった。だが、それとても悲嘆に暮れる理由にはならなかった。それどころか新しい、将来有望な可能性を開くものだった。ナチスの下で中央集権化され、統制化されていたドイツの映画産業を今こそ完全に編成しなおすことが可能になったのではないか? 映画問題担当の米軍少尉で、ウィーン生まれのヘンリー・C・オールターは一九四七年七月、最初の調査の後で状況を次のように描いている。「(かつてのウーフィ・コンツェルンに属した=原著注) 個々の製作会社はまだとても不安定で、互いに先手を打とうと努めている。どの社もこの混乱の中からトップに踊り出ようと期待をかけている。」[321]ところが旧経営陣の方針は、ベルリン中心街にあってかつては華麗なる本陣だった彼らの事務所が今や廃墟の中に浮かんでいたごとくに、宙に浮いたままだった。ベルリンの他の地区や郊外にあった撮影所や技術施設の従業員たちはもう会社の指示ではなく、占領軍の指示にしたがったり、あるいは独立したり、あるいはまた——ロシア軍によって設備が分解された後——業務を停止した。[322]

春から夏にかけて雨後の筍のように出現した新設会社にしても、旧会社よりも現実的だったとはいいがたかった。非現実的とはいえ、創設者たちが——彼らはたいてい旧製作会社のどれかの営業マン、監督、技術者だった——会社設立の不確実さ、リスク、冒険性を意識していた分だけ、いくぶんは説得力ある形をなしていた。新しい映画会社設立の動機は、芸術的あるいは倫理的情熱から、政治的日和見主義、さらには純粋に商売上の関心に至るまであった。

第一のカテゴリーに属したヴォルフガング・シュタウテは、まずもって旧会社の一つ、トービス社の役員だったヴァルター・ライツェルに運を賭けてみた。ライツェルは一九四五年六月五日、シュタウテを彼の幽霊会社の〈芸術担当者〉に任命した。その四日後、シュタウテはロシア軍管理将校ラトキン大佐に、『最後の日々』という仮題で映画製作プロジェクトの提案書を提出した。ナチ時代の最後の試練を生き延び、赤軍に救出される二人の若い恋人たちの物語だった。[323]これにしても、またすぐ後の彼自身の企画『殺人者はわれわれの中にいる』のために米軍および英軍の認可を得る試みにしても、いずれも失敗に終わった。[324]

〈デモ映画《フィルム》〉は抵抗運動の闘士たちによって、反ファシズム的な新生の精神のもとに設立された会社だった。その共同経営者たちをあげておこう。フランツ・グラーフ・トロイベルクはヘッベル劇場の文芸部員だったが、まもなく芸術家クラブ〈かもめ《メーヴェ》〉の代表になった。このクラブは今日では忘れられているが、一九四八年以前のベルリン文化界の中心的な存在だった。ヴェルナー・ホーホバウムは一九三九年に彼の露骨にナチスに冷淡な映画によって、帝国映画協会から除名された監督である。ギュンター・ヴァイゼンボルンは監獄から解放された抵抗運動の闘士で、時事劇『非合法者たち』の作者である。ヴァイゼンボルンとトロイベルクは抵抗運動を素材にした映画の脚本を書いた（『暗闇の道』）。ホーホバウムがそれを演出する予定だった。この企画も計画だけに終わった。[325] ハインツ・リューマンとエーバーハルト・クラーゲマンの企画のように、もっと日和見的な方向のものもあった。彼らは〈パックス〉という会社を設立して、できるだけ早く製作にこぎつけようとしていた。旧〈テラ〉社のプロデューサー、アルフ・タイクスは二重にも三重にも会社設立に関与していた。彼は〈スタジオ四五有限会社〉（やはりかつてはテラに所属していたハンス・トストと一緒に）の設立者に加わっていたし、〈デモ映画〉の共同経営者でもあったし、一九四七年にはリューマンと一緒に〈コメディア映画〉の創立者・共同経営者にもなった。

こうした会社は、劇映画の製作という本来の目的を達成することはできなかった。それに必要な資本がなかったためだけではなく、連合軍の認可なしでは製作は許されなかったからだ。そして一九四五年夏には、どの戦勝国も製作認可を与えていなかったのだ。新会社設立が商法上どんなに正確無比であっても、そのプロジェクトや計画がどんなに活き活きとした着想に溢れていても、結局は新会社も旧会社と同様にフィクションでしかなかった。設立者たちは生活の糧を得るために、副業に携わらなければならなかった。仕事は原則として連合国の映画のドイツ語への吹き替えだった。作家、声優、あるいは技師として働いた。シュタウテは『殺人者は…』を実現する前には、エイゼンシュテインの『イワン雷帝』の吹き替えで生活費を稼いでいた。[326]

旧会社と新設会社とならんで、幻想としてのベルリン戦後映画の第三の舞台となったのは、芸術家協会の映画部門だった。ここでは他の場所以上に多くの幻想が紡がれたのだった。シュリューター通りでの活動は二つのグループに分かれていた。一つのグループは、他の所で、つまりすでにどこかの新会社に勤めているか、その予定の人たちで、彼らは協会を好都合な情報交換センターと見なしていた。もう一つの方は、まだどこにも自分の席がなくて、協会の映画部門に期待かけていた人たちだった。後者に属したのが部門の責任者のヴォルフ・フォン・ゴルドンであり、一九四五年までは〈テラ〉の文芸部員だった。彼はシュリューター通りの他の映画人と同じように、協会を全ドイツ映画産業の浄化と監視と指導の機関に仕立てようと目論んでいた。協会自体が映画を製作するというのではなく、映画で働きたいと願っている人を選別し、管理するのである。いずれにしても、ゴルドンは一九四五年夏に映画将校としてベルリンで活動していたビリー・ワイルダーにそう呈示した。「協会は、技師、俳優、監督、スポンサーを問わず、映画部門に携わるすべての人員の政治的信頼性を審査することになろう。協会はまた企画も審査するが、それはもちろん製作に移る前に連合軍の審査委員会にも提出されなければならない。」[327]最後に協会はドイツ映画の貸し出しも行う。製作と製作手段に関しては、前者は個人の製作者が担い、後者は――UFIの法的後継者である――国家の所有とし、製作者はそこから必要に応じてレンタルできるものとする。この機構に協会の映画部門が共同決定者として参加する意図をもっていたことは、容易に想像できる。政治的な眼鏡のかけ方によって、この構想は帝国映画協会とUFIコンツェルンを合体させたスーパーコンツェルンとも、映画製作の民主的に管理される共同組合的自治組織とも見ることができる。ゴルドン以外に、この背後に誰が潜んでいて、そこからどんな利益を期待していたのかは、今となってはもう確認できない。だが、この種の考量が単にゴルドンとその同僚の個人的な願望と空想だけだったとは思われない。協会とヴィンツァーの市参事会人民教育部との関係がまだ冷えていなかった一九四五年夏には、市参事会にもやはりこの方向の考量が存在した。それは市参事会に委任されてテオドール・ベンシュが作成したもので、市参事会がUFIの遺産を相続し、市の組織として新たに編成し、芸術家協会に芸術面の運営を委託するという構想だった(328)。もっとも、この市参事会計画は一通の草案が残っているにすぎず、このことから、それが個人的な案にすぎなかったか、それとも上部の指示によって放棄されたかのどちらかだったと想像しうる。ゴルドンとベンシュの企図が水泡に帰した直接の原因は、その頃すでにベルリンに進駐していた米軍だった。米国人はシュリューター通りで出会った映画人たちをゲッベルスの仲間と見なしたか、どんなによくても同調者か日和見主義者ぐらいにしか思わなかった。いずれにしても、最大の不信の念を抱いて扱うべき輩であり、映画という魔法の道具を彼らに委ねるわけにはいかなかった。同時に協会はヴィンツァーにとっても頼りになる拠点ではなくなっていた(かつてはそうであったとして)。シュリューター通りが西側の管理下に入った時点でそうだった。オットー・ヴィンツァーと彼の党の意図する意味での新しいドイツ映画産業は別の枠組みを待たねばならなかった。

テオドール・ベンシュが市参事会主導の映画コンツェルンの計画を立てたのは、新しいドイツ映画産業を構築するという意図というよりも、旧ドイツ映画の資源を手に入れるためだったが、KPD指導部の幹部や知識人たちの何人かは、新しいドイツ映画を「現実生活の芸術的反映と人間の尊厳にふさわしい状態の創出のための手段(329)」とするという、一九四四年九月にモスクワで下された決定をどのように実現できるかを考えていた。アントン・アッカーマンは党指導部でこの分野を担当したが、彼が最初の一歩を踏み出して、〈人民教育中央局〉(ZfV)においてこの準備にあたらせるという原則を決定したようである。人教局は一九四五年八月に設立され、ロシア軍占領地帯全体を所管する文化局だった。後年のDDRの国民教育・文化省の前身である。ヴィルヘルム通りの、かつてのプロイセン文部省、後のゲッベルスのプロパガンダ省の半壊した建物にあった。人教局内で〈芸術・文学〉部門が担当した課題は、映画状況を調査し、将来の映画製作の構想、組織、人員、段取りについて研究し、そしてそれを行った上でその具体化の方途を適切な専門家の手に委ねることだった。この部門の責任者、ヘルベルト・フォルクマンは我がこととしてこの課題に取り組んだ。

当時四四歳だったフォルクマンは、彼の上司である人教局の局長、パウル・ヴァンデルのようにたまたま文化行政に漂着した労働者幹部のタイプではなかった。市民階層の出身であり、大学では社会学と政治学を学んだ教養人だった。文化への関心が高く、現代の技術的メディアである写真と映画にはとりわけ強い関心を抱いていた。彼はナチ時代をベルリンで過ごした。一時は通信社ユナイテッド・プレスのベルリン支局長代理を務めていた。一九四五年において、彼は抵抗スパイ活動グループ、ハルナック・シュルツェ・ボイゼン派〈赤い楽隊《ローテ・カペレ》〉のわずかな生き残りの一人だった。人民教育センター設立後すぐに、彼は映画問題に専念した。やがて彼は六名の専門家からなる、具現化のためのグループを組織した。このグループは〈人教局・映画作業班《フィルムアクチヴ》〉という活動名称を得た。そのメンバーは一九三三年以前に何らかの形で左翼の映画・演劇世界で活動していたものたちばかりだった。映画セット技師のアドルフ・フィッシャーとヴィリー・シラー（前者は『クラウス小母さんの幸福』の製作参加で知られている）、助監督のクルト・メッツィヒ、俳優としてはピスカートル劇団員で『クーレ・ヴァンペ』に出演したアドルフ・フィッシャー、三〇年代にロシア映画に出ていたハンス・クレーリングらがいた。さらに俳優と組織家とマネージャーを一身に兼ね備えたアルフレート・リンデマンがいた。映画作業班《フィルムアクチヴ》の半分（ハーカー、シラー、フィッシャー）はやや受身的だったので、グループは実質的には三人の活動的なメンバー（メッツィヒ、クレーリング、リンデマン）からなっていた。班長には名目上クレーリングがなった。モスクワ時代の背景からしても、党指導部との連絡係に運命づけられていたし、実際にそれが彼の仕事だった。クルト・メッツィヒは、若きカメラマンとして映画の道を歩み始めてまもない一九三三年にその将来を絶たれたのだったが、とりわけ映画のプロデュースと自らの演出に関心を抱いていた。だが、実業家的・組織家的な才には恵まれていなかった。だから、本来の事業運営に当たるものとしては一人しか残されていなかった。アルフレート・リンデマンである。

　この男の発散したエネルギーは、いくつかの単純なデータからだけでも容易に見てとることができる。米軍の捕虜から解放された彼は、一九四五年一一月一二日にベルリンに帰着した。翌一三日にはもうフィルム・アクチヴのメンバーになっていた[330]。三週間後に、アクチヴはクラウゼン通りにあったかつてのUFA本社の半壊した建物に移転した。それから四週間後、アクチヴのメンバーは六〇名になり、さらにその一カ月後には一二七名になった[331]。彼らは週間ニュース映画を製作し、戦後初の劇映画（シュタウテの『殺人者は…』）の準備を進めていた。リンデマン自身の記述にしたがえば、フィルム・アクチヴは彼がベルリンに帰着したときすでに存在していたが、実際に活発に活動し、そして後に映画会社DE《デー》FA《ファ》（ドイツ映画株式会社《ドイチエフィルムアクチエンゲゼルシャフト》）へと発展したのはひとえに彼の働きによるものだった。（「もう最初の会議のときから私は緊急事業計画を展開し、それはすぐさま了承され、そしてすぐさま実行に移されることになった[332]。」）

　アルフレート・リンデマンはフォルクマンの一つ歳下だったが、出身、教養、職歴に関していえば、まったく正反対のタイプだった。冒険者にして組織の天才、かつ大言壮語の人であり、しかも情熱的で真摯な共産主義者だった。党幹部にはあまり見かけないタイプだった。要するに、ヴィリー・ミュンツェンベルクの戦後版といえる。スパルタクス団の反乱をへて一七歳でKPDと邂逅した彼は、党を代替家族と見なしていたが、党幹部への出世街道を歩もうとはしなかった。あるいは、歩む能力がなかった。彼は生涯を通してのアウトサイダーだった。アウトサイダーとして彼は自分の非官僚的で、尋常ならざる才能を党のために捧げたが、党はそうした能力を必要としたと同時に、激しく拒絶し、内部で抑圧したのだった。二〇年代、リンデマンは映画産業の中でさまざまな職種を転々として過ごした。例えば、ジョウ・メイのカメラ助手、映写技師、照明係、録音主任などだ。ピスカートル劇団には役者として参加し、ヴァンゲンハイムの〈トルッペ一九三一〉には彼のもっとも優れた才能、組織者として加わった。ナチ時代を彼は刑務所の中でか、そうでなければUFAの照明係をやって生き延びた。しばらくの間、シッフバウアーダム劇場のマネージャーをしていたが、この地位を利用して彼はNSDAPに関する情報を収集し、彼の属した抵抗運動グループ〈ソ連の友人〉に流していたようだ[333]。彼のグループの中の困窮しているメンバーたちのために、彼はナチ慈善事業の資金から何度か小規模な横領を犯し、そのために刑務所暮らしを余儀なくされた。

一九四五年当時に支配的だった状況は、リンデマンのような性格の男から見れば、温室的気候でしかなかった。わずか数名から出発したフィルム・アクチヴが、短期間の間に大企業デーファ社に育ったのも、多くは彼の組織家の才、即妙の才に負うていた。フィルム・アクチヴの最初の時期、彼は個人の所有物（ライカ、腕時計、望遠レンズ）を売り払い、自分のポケットマネーで資金を賄ったといった後年の彼の叙述は、もちろんほかにも多くある誇張だが[334]、金に苦労したことは一度もなかった。人教局から十分な資金が入ってきていた。だが一九四五年においては、製作会社を立ち上げるには資金だけでは十分ではなかった。事業を展開していくためには、なによりも巧みな手綱さばきが必要だった。それには、例えば入手困難な資材を闇市で調達することなどが含まれたが、これは私企業にとっても簡単な企みではなかったし、ましてや人教局の管轄下にある事業体にとっては不可能事だった。だが、リンデマンは不可能を可能にした。水を得た魚のごとくに彼は闇と灰色の経済地帯を泳ぎ回り、今日ならマネーロンダリングとでもいえる類のことをやってのけた。衣裳の素材や機材などの映画製作に必要な資材、補充食糧、労働倫理を促進する紙巻きタバコなどが、彼が管理する〈特別口座リンデマン〉を経由して調達された。かつてのＵＦＡのスター俳優たちのギャラ要求はとても高かったので、人教局や財務局の公式のルートに乗せることはできなかった。リンデマンはスター俳優の威光を不可欠と見なしていたので、〈プレミア・システム〉と彼が名付けた方法に活路を見出した。名目上のギャラのほかに、重要な俳優たちにはある金額が現金で支払われた。このプレミアの額は帳簿には載らなかった。正確にいえば、ドイツの税務署が目にすることができない決算書に別の名目で記載された。〈隠れ蓑〉として使われたのはたいていロシア軍の委託による製作の決算書だった。リンデマンは後年このプレミア・システムの動機および弁明として「市民階層の映画ファンへの浸透」をあげたが[335]、それだけではなかった。党もそこから利益を得ていたのだ。一九四六年の市議会選挙の際、ＳＥＤの選挙運動のためにデーファ社は五二本の映画を無料で製作したが、その経費は――リンデマンによればおよそ一五万ＲＭ（ライヒスマルク）――他の映画の製作費に埋め込まれた。例えば、国際赤十字の委託映画などである[336]。

この種の運営方法は二つの前提に基づいていた。一つは、そうした綱渡り行為をやってのけるリンデマン自身の能力であり、意思である。二つ目は、デーファ社自体が冒険的な構築物だったという事実である。フィルム・アクチヴが人教局の下位部門である限りは、状況は単純明快だった。だが、アクチヴが独立した事業体となりデーファと名乗ったときから、事情は変化し始めた。一九四六年五月一七日にこの名称のもとに公開の式典においてロシア軍の認可を受けたこの会社は、自称していた株式会社でも有限会社でも合資会社でもなく、[337]要するに法律的には存在していなかったのだ。デーファ（ドイツ映画株式会社）というのは名ばかりで、要するにその名のもとでフィルム・アクチヴを創設した男たちが、実際に映画製作に乗り出したというだけのことだった。その後二年間、この状態が続いた。一九四七年一一月になってデーファ社は株式会社に登記されたのだが、これも結局のところは別のレベルでのフィクションだった。デーファ社の株はどこの株式市場でも取り引きされなかった。株の所有者も資本金の額も公開されなかった。つまりは本当の株式会社ではなく、当時は珍しくなかった〈ソヴィエト型株式会社〉のタイプの会社だった。五〇年代になって〈人民所有企業〉に変更されるまでに、少しずつ漏れて出てきた事実は、一般には決して知られることはなかった。資本金は一〇〇〇万RM、株式の五五パーセントはロシア側の所有、残りの四五パーセントがドイツ（すなわちSED）側の所有だった。

ドイツの映画産業に対するロシア側の関心の高さは、無条件降伏の数日後には国営の映画配給会社〈ソユズイントルク〉がベルリンの全映画興行をその管理下においたことからも見てとれる。[338]それから数ヵ月してフィルム・アクチヴが誕生したとき、そのメンバーたちはこのイニシアチヴを指揮した人たちの間で次のような既定方針ができていたことをまだ知らなかった。すなわち、製作会社はドイツ＝ロシア――あるいはロシア＝ドイツ――共同企業とし、資本金と管理はロシア側が、技術と人員はドイツ側が担当する。[339]この計画の実現がかくも長引いたのは、おそらくロシア側の陣営内での齟齬が原因だったのだろう。つまり、一方には政治行政部門担当のSMAD、もう一方には経済的な関心を抱く国家企業〈ソユズイントルク〉と〈ソヴェクスポルト〉の間の意見の相違である。[340] この磁力場をリンデマンはその架空の帳簿操作と似た本能的な確実さで動いた。チュリパノフやその他のSMAD情報部の部員たちとはよい関係を保ち、デーファの同僚たちは彼のことをチュリパノフのお気に入りと見なしたほどだった。[341] リンデマンはチュリパノフに、ソヴェクスポルトとソユズイントルクがデーファに対して及ぼす過剰な経済的影響に対抗するための同盟者を見出していたことを、彼自身意識していたのだろうか？それともそう思い込んでいただけだったのだろうか？

共産主義者にしてソヴィエト連邦の友人だったリンデマンはデーファ社の社長として、事情が許す限り〈愛国的に〉《パトリオーティシュ》思考し、かつ行動した。ソヴェクスポルトとソユズイントルクはその独占的地位によってデーファ映画の配給を手中に収めて、価格を支配していたので、[342]『殺人者は…』や『陰の婚姻』といった映画が国際的な名声を獲得したとき、リンデマンはこれに対抗して彼の尋常ならざる手法を駆使しようとした。ソヴェクスポルトを回避して、彼は米国の映画代理人とコンタクトをとったのだ。明らかに、直接交渉を通して有利な結果を狙ったのだった。

一九四七年の秋には、デーファ社は復興の成功例となっていた。一〇〇〇人を超える従業員とバーベルスベルクのUFAの撮影所とヨハニスタールのトービスの撮影所を擁するデーファは、今やモスフィルムにつぐヨーロッパ最大の映画製作会社だった。デーファは戦後初めての劇映画を製作しただけではなかった。これらの映画は芸術的な成功をも収めたのである。自信をもって次の目標を狙うことができた。その一つは、ロシア軍占領地帯に限定されずに、超地域的・全国的な会社になることだった。ミュンヒェンの代理人パウル・M・ビュンガーに対し、戦争末期に南ドイツとチロルに疎開していたドイツ映画の中心勢力をベルリンに帰還させるよう委託したとき、リンデマンはこの方向での最初の歩みを踏み出したのだった。[343]

一九四七年一一月にデーファ社が株式会社に転換されたことは、「野蛮な」時期の終焉を意味したし、それはまた創設の父、リンデマンの終焉ともなるはずだった。会社幹部の同僚たちは彼らには手に負えない状況において、あまりにも唯々諾々とリンデマンに手綱を引き渡したのだった。今になって彼らは、集団指導体制の原則を無視して「デーファの独裁者」に成り上がったとリンデマンを非難した。[344] そのため、一方のリンデマンともう一方の側のクレーリング、メッツィヒ、さらに後に加わった経済問題担当のカール＝ハインツ・ベルクマンとの間で抗争が起こった。リンデマンの才能、その自由闊達さ、その発想の豊かさ、そして仕事仲間に対するカリスマ的な影響力がもはや役に立たない状況が生まれた。彼にあれほど多くの特別支給品やシガレットを廻してもらった従業員たちは、若衆が反乱を起こした盗賊団の下っ端たちが年老いた頭領に忠実であるように、彼に忠誠を示した。リンデマンは「デーファの本来の駆動力であり、全従業員の深い信頼を集めているし、彼らはリンデマンを一人の同僚、一人の同志として評価している」[345] その一方、ベルクマンは「誠実ではあるが、……官僚主義的すぎるし、偏狭であり……人気がなく、従業員との良好な関係を保てない。」（クレーリングについては、彼が党員グループ内では活動的だとのみ指摘されている。）だが、これとても救いにはならなかった。リンデマンは上部機関の目にはもはや場違いな人物としか映らなかった。一九四八年三月、彼は解任された。ただ一人彼を最後まで弁護したフォルクマンも（「〔クレーリングとベルクマンの＝原著注〕無能のゆえに、会社のあらゆる状況を把握し、すべての仕事が順調に進むよう統御した人物は、デーファの中では実質的にリンデマンだった」[346]）、彼と運命をともにした。

それから半年後、リンデマンは党からも除名された。理由は、放漫経営と横領の責任を問われてのことだった。西側の新聞(347)がナチ慈善事業資金「横領」の古い話を発掘してきたとき、党はこれも彼の罪業に加えた。一切を党のために捧げながら、党からこのような仕打ちを受けた冒険者的共産主義者リンデマンの運命は、殺されはしなかったものの、二〇年代のモスクワ裁判の被告たちのそれに似ていた。彼自身が党委員会審問の最後の言葉としてこう述べている。「私は、デーファのすべてを党の目的に利するように仕向けることを私の仕事と見なしてきた。そのために党に資金を要求するようなことは一切しなかった。また、私は最終的には……デーファを党に引き渡すつもりでいた。今日こうして私が悪者として党と対峙させられるのは、私にとって苦痛だ。私は一九四五年以来、個人的な利害をすべて抑えてきた。私はデーファを構築した。……私はデーファの総力をあげて党の重要な課題に取り組んだ。つい最近まで、デーファ内部では党同志の二二パーセントが重要なポストに就いていた。多くの亡命者を私はデーファを通して助けることができた。デーファの資金を浪費するためではなく、私はそれこそが党政策の課題だと見なしたからだ。(……)私は三〇年間にわたって政治活動を続けてきた。闘争的な活動家だった。映画産業の大ストライキを指導した幹部だった。映画産業のブラックリストに載せられた。ナチ時代には非合法活動を展開し、何度もゲシュタポに捕らえられたが、それでも最後の日まで活動を続けた。一九四五年、私はすぐさま身を挺して復興に取り組んだ。この三年間休暇さえ取らなかった。そして今日、私はこうして職もなく、蓄えもないありさまだ。それどころか、私は九〇〇〇RMの債務を背負ってデーファを追い出されるのだ。……最後にお願いしたいが、私に今後も党同志として活動を続ける可能性を与えて頂きたい。新たな拠点において党のために働くことを許して頂きたい。」(348)

ハリウッド――ベルリン

その倫理的・教育的な原則において、米軍の映画政策とロシア軍のそれはほとんど違いがなかった。つまり、新生のドイツ映画を再教育の手段《メディア》とするということだった。違っていたのは、ドイツ映画がどのような経済組織の形態をとるかについての考え方だった。国営コンツェルン〈ウーフィ〉の再版形態は問題にならなかったし、集合的な形成、あるいはコンツェルン形成といった形態もだめだった。追求されたのは、ドイツ人の手による資本型私企業で、できる限り広範な基盤に立つ映画製作会社である。この基本構想からすれば、米軍の文化将校たちが一九四五年の夏に、芸術家協会に対する根本的な政治的不信感にもかかわらず、ヴォルフ・フォン・ゴルドンの構想――ウーフィのかつての全製作機構を信託会社に委ね、施設を個々の製作者にそのつど貸与する――に共感を示したのも理解できる。報道出版がすでにそうだったように、個々の製作者は情報管理局によって政治的な過去を問う基準にしたがって選別され、そうして再教育的な映画製作ができる限り促進されることになっていた。

これが基本路線であり、一九四五年夏にその具現化に取り組んだのは情報管理局の〈映画・演劇・音楽〉部門に属する将校たちだった。

報道出版の部門ではこの構想は特別な障害もなく、順調に実現したのに対し、映画部門ではかなりの遅滞が生じた。というのも、ワシントンの米政府の計画は計画として、米国映画産業の利害がもう一方にあったからだ。そのため、衝突や対立が生じた。この事態は米国映画産業――以降は〈ハリウッド〉

というポピュラーな名前で呼ぶことにしよう——の経済力と顕著な自意識のために、それ自体が冒険映画あるいはスパイ映画を想わせるほどの規模と形態を具えるに至ったのである。

第二次世界大戦の終末期にハリウッドが抱いていた期待の地平は、若干の単純化をあえてすればおおよそ次のような公式に還元することができた。つまり、ヨーロッパの映画市場を取り戻すためにこそ戦争が行われた。この目的のために、八大映画会社が一九四五年の夏に一種の輸出カルテルを結んだ。〈米映画輸出協会(MPEA)〉は一般的には輸出を調整する働きをしたが、特別な任務は、ヨーロッパ市場の閉鎖の時代に蓄積された何千本もの米映画が雑然と競争して互いに潰し合い、取り戻した市場の崩壊に至ることのないように調整を図ることだった。賢明な自粛と任意の割り当て制限という手段によって、米映画会社はヨーロッパにおけるかつての地位に秩序ある帰還を遂行しようとしたのである。一九四六年の初頭には、重要と見なされたヨーロッパの首都に、ワルシャワ、プラハ、ブダペスト、ブカレスト、ソフィアを含めてMPEAの事務所がおかれていた。

ヨーロッパの最も重要な市場であるドイツは、特別な位置付けがなされた。それは、地に這いつくばる敗者の国だったからだけではなく、ドイツが戦前の世界市場において最も重要な、かつ最も危険な競争相手でもあったからだ。かつてのシェア、あるいはいくぶん高いシェアを取り戻すチャンス、いやそれどころか、競争相手を決定的に排除するチャンスが到来したと思われた。この映画版モーゲンソー・プランの幻影にハリウッドの帝王たちは取り憑かれた。その一人、ジャック・ワーナーは一九四五年八月、この幻影に次のような表現を与えた。「モンゴメリー元帥がいった言葉、〈ドイツの映画を支配するものはドイツを支配する〉が正しいとすれば、そしてまた、〈映画は大砲と同じほどの効力がある〉といった言葉が正しいとすれば、連合軍はドイツの軍需産業の復興を阻止するだけでなく、映画産業のそれをも阻止しなければならない。[349]」一九四五年七月に米軍政府がジャック・ワーナーをはじめとして米映画会社の社長たちをドイツへの視察旅行に招待したとき、軍政府は大いに楽観的な見通しを抱いていた。ハリウッドは戦時モラルを強化する数多くの映画によって米軍の戦争遂行を模範的に支援していたから、ワシントンのおぼえがめでたかった。そして今後とも、米軍政府が自分の占領地帯のドイツ住民に観せる劇映画の形で、さらなる支援が要請された。商売的にはこの申し出はハリウッドにとってさほど魅力的ではなかった。ライヒスマルクの収益は為替に変換できず、本来の利益とはならなかったからだ。その一方でそこには、ドイツであがった収益をドイツ映画に投資することで市場の扉をこじ開け、将来的にはドイツの映画産業を支配する可能性が開かれていた。これにはだが、ドイツへの米国の投資がまだ許可されていないことが障害となった。しかし、これは変わりうるし、また変えさせることもできた。場合によっては、OMGUS（米軍政府本部）が力を入れている米軍占領地帯への劇映画の供給を絞るなどの緩やかな圧力をかけることもできた。いずれにしても、ドイツ訪問の成果はMPEAグループの会社にとって前途有望だった。事実、彼らは米軍政府の内部に食い込むことができた。ベルリンのMPEA代表は情報管理局の〈映画・演劇・音楽〉部門の建物の中に事務室を与えられ、この部門と提携した同盟者のように扱われた。実際にMPEA代表は、OMGUSがドイツ人に観せようとした映画の所有者の代理人として、この部門と大いに関わりをもっていたからだ。

こうしたことがあったからといって、ドイツ劇映画製作をドイツ人の手で構築させるという米国の元来の決定が変更されたわけではなかった。担当の文化将校たちは構想を練っていたし、この建設期の指導と監督に米国の映画製作のどの専門家を呼べばいいかと考えをめぐらせていた。しかしながら彼らといえども、ドイツ映画の白紙状態《タブララサ》が外国の映画人を惹きつけた魅惑から完全に逃れることはできなかったようだ。彼らは任務上の課題をこなすだけではなく、同じ程度に自らの野心や構想に熱中する傾向を示した。そうした傾向を敏感に感じ取ったドイツ映画人たちは、例えばミュンヒェン市長が委託したミュンヒェン＝ガイゼルガシュタイク撮影所の映画専門家のいうように、そこにはっきりとした兆候を読みとっていた。「米国人は任務や規定の道を歩んではいない。彼らはまずもって個人的な関心を前面に出してくる。そうした米軍の将校や兵士たちは、米国の映画界では今まで何の役割も、あるいはつまらない役割しか演じたことがなく、また米国ではこちらのような役目に就くことができなかった人たちで、今では占領軍の力を借りて彼らはドイツ映画を自分の支配下におき、保護者として振る舞おうとしている。」[350]ベルリンではそうした疑念は文書に残されていない。おそらくその魅惑がベルリンではさほどでもなかったせいだろう。大きな撮影所は米軍地区にはなかったからだ。しかしここでも将校たちの中には、ドイツ人による製作という公式の計画を精力的に押し進めるよりも、自分の映画構想を練ることに魅力を感じた人たちがいた。ビリー・ワイルダーはちょうど『失われた週末《ザ・ロースト・ウィークエンド》』で大成功を収めていたのだから、故国のハリウッドで「何の役割も、あるいはつまらない役割しか演じたことがない」ので、ドイツの副舞台での成功を狙っていた米国人には属していなかったことは間違いない。だが、米軍の映画担当将校としてベルリンにやってきた彼にとっても、この地の雰囲気は映画の素材として放っておくにはもったいないほど、誘惑的だった。(「私は発狂し、身をもち崩し、飢えに喘ぐ街を見た。映画の舞台にはもってこいだ。私のメモ帳は生々しい印象で溢れている。」[351])彼は劇映画の粗筋を書き(「ここに駐留するGIとドイツ人娘との素朴な物語……」)、OMGUSの彼の上司から、このプロジェクトを〈パラマウント〉製作として具体化する承諾を得た。それが実現しなかったのは(三年後になってようやくワイルダーのベルリン喜劇『外国の情事《ア・フォオリン・アフェア》』が完成する)、おそらく他のハリウッドの映画会社が一つの会社を優先することに抗議したか、あるいはワシントンがそうした先例をつくることを好まず、却下したためであろう。

ビリー・ワイルダーの例が示しているように、個人的な便益と芸術的な関心は画然と線を引くことが困難だ。再教育的な働きをもつ良質の娯楽映画にOMGUSが抱いていた関心と、そしてそうした映画（「娯楽によるプロパガンダ」というのがワイルダーの決まり文句だった）はドイツ人より米国人の専門家の方がうまく作れるという米国側の確信のゆえに、ワイルダーらの映画プロジェクト（あるいはプレストン・スタージェス監督にベルリン物の映画を作らせるという計画）[352]は、ドイツ映画産業の復興という公式の政策からさほど遊離したものとは思われなかった。むしろ、新たなドイツ映画のヴァリエーションの一種、あるいはそこへの準備教育《プロペドイティク》と見なされた。もし将来のドイツの製作者を米国の専門家の手で「教育する」ことが目的であるならば、米国の専門家が〈自分の〉映画において示すものこそが、すでに新しいドイツ映画の一部ではないのか？　ドイツ映画はアメリカ映画の下位区分であり、その産物ではないか？　OMGUSの考え方が商業的な動機付けをもたず、美的・映画的・倫理的であったことを除けば、ハリウッドの考え方とさほどの違いはなかった。両者に共通していたのは、アメリカ映画の方法と伝統こそが、ドイツ人が必要としているものだという確信だった。

戦後初年時の米国の映画政策は一定しなかった。彼らがかくも多くの可能性を考慮に入れ、その一つさえも一貫して追及しなかったという事実。彼らがドイツ人向けのドイツ映画、ドイツ人向けのアメリカ映画、ドイツでも上映される世界市場向けのアメリカ映画の三つを一度もはっきりと区別したことがなかったという事実。そして最後に、彼らがこの初年時に具体的なことはなにひとつ成しえなかったという事実。これらすべては、同時代の観察者や後年の歴史家が述べるように、ドイツ人に対する米国人の不信感の現われだったのか？　それともこの米国の態度には何か別の要因が潜んでいたのか？　彼らはドイツ人に映画という手段をできる限り長く拒みつづけるつもりだったのか？

映画担当のOMGUS将校と米国映画産業を精神において結び付けていたものがあったとすれば、それは〈アメリカ映画〉という世界大国の一員であるという意識だった。MPEAにとってその意識はとりわけ経済問題だった（「アメリカ映画の最大の利点は、世界中が好んでいることだ」[353]）。米軍の映画将校たちにとってはその意識によって、自分たちが紛れもなくトップであって、それを証明する必要もないことを知る者の、自信に溢れたいい加減さだけがさらに強化された。一九四五年の秋、フィルム・アクチヴの最初の結果が現れたとき、米国側はそれを真剣に受けとろうとはしなかった。ちょうどそれは、一八〇〇年頃の英国の工場主がプロイセンのマニファクチャーの挑戦を受けたようなものだった。「われわれはロシアの映画活動に不安を感じる必要はないだろう。……時間こそ主要因であり、それはわれわれの側にある。われわれには十分な時間がある。少なくとも一〇年は……」[354]米軍の映画将校ロバート・ジョセフが一九四五年一一月八日の週間報告にこの安堵させる報告を記したとき、これは実際の状況の表現というよりは、むしろ先行した映画政策のいい加減さ、無目的、不活動を後になって正当化しようとする試みだった。一九四五年一一月には、向こう側に真の映画会社が成立しつつあったことは、どのOMGUS将校の目にも明らかだったからだ。その数週間前にベルリンの多数の映画著名人を招待して、威信に満ちた発表会において、フィルム・アクチヴの活動が一般に公表されたばかりだった。これが決して空手形でないことは、主要な映画製作所がロシア軍占領地区およびベルリン郊外のロシア軍占領地帯にあったことを知るものならば、容易に判定できた。

この「少なくとも一〇年」とは、米国の指導のもとでドイツ映画の再建にかけられる時間のことだが、もっともロバート・ジョセフ自身がいかにこの言葉を信じていなかったかは、彼の報告の第二部から明らかだ。そこには、「ことに着手し、軌道に乗せるために」情報管理局は緊急に米国の専門家を必要としていると記されている。以前より事態が逼迫していたことは、添付された業務内容が証明している。必要とされる専門家は、次のような特性を有していなければならなかった。「ドイツ生まれで、ドイツ語を母語のように話すこと。ドイツの映画産業と少なくとも一九三七年あるいは三九年まで、そこで働いていた人物を知っていること。映画製作のすべての段階についての知識を有すること。優先されるのは、ハリウッドの評価の定まったプロデューサーあるいは監督。[355]」望ましい候補者のリストも添付されていた。そこには、ヘンリー・ブランケ、カーチス・ベルンハルト、エーリヒ・ポマー、ウィリアム・ディターレ、E・A・デュポン、ジョン・ブラム、シーモア・ネーベンツァールの名があげられていた。

ロバート・ジョセフの叙述から判断すれば、情報管理局のやることがちぐはぐだったか、それとも実際にはすでに下された決定が意図的に未定とされたかのどちらかである。というのも、その三ヵ月前の九月にはすでに、候補者リストにあげられたうちの一人が映画部門の責任者から、米軍占領地帯におけるドイツ映画再建を指揮する意思があるかとの問い合わせを受け、承諾の返事をしていたからである。[356]情報管理局がすでに決定済みの人事を未定と見せかけようとしたのは、その選ばれた人物を考えてのことだった。情報管理局はその名をできる限り長く公表しないことが適切だと判断したのだった。

その名とはエーリヒ・ポマーだった。一九一八年から三三年までのドイツ映画産業および映画芸術において彼の名は響きわたっていた。ウーファ映画のプロデューサーとしてのポマーの指揮のもとで、すでに伝説的となった作品が次々と生み出された。よく知られたものだけをあげれば、カリガリ博士、ドクトル・マブゼ、死滅の谷、最後の男、メトロポリス、ニーベルンゲン、嘆きの天使、などなどである。

映画のような産業集約的な芸術形態をそもそも一人の人物に収斂させうるとすれば、エーリヒ・ポマーこそ、当時のドイツ映画の品質を高めた第一の功労者だった。彼は才能を集めることにかけては比類がなかった。たいていはすでに〈発見〉されていた才能だったが、彼が配した構図の中で初めて彼らは芸術的な昇華に至ることができたのだった。ポマーのプロデューサーとしての天才性は、「あの時代のドイツ映画の本来の意味での輸出商品だった脚本、照明、舞台、俳優、演出」(ヴォルフガング・ヤコブセン(357))を統一体に、あるいは今日の米語でいえば〈パッケージ〉にまとめあげるところにあった。その〈パッケージ〉のよさこそ、当時のドイツ映画が世界から高く評価された所以だった。ポマーのこうした芸術的・組織家的な面のほかに、もう一つ別の、映画政治的とでも呼べるような面があった。ヨーロッパ最大の映画会社ウーファの製作部長として、彼は米国の世界映画市場の独占支配を脅かすことを、あるいは少なくとも本国――つまり米国――の市場で競り合うことを目標にしていた。振り返って見れば、彼の二〇年代の戦略は、慎重に練り上げられた段階的計画と呼べるものであり、ドクトル・マブゼの策略といってもおかしくなかった。スタートはドイツの登録商標〈室内劇映画《カンマーシュピールフィルム》〉を創り出したことだ。この成功をベースとして、次には経費のかさむ大作映画という米国の得意の分野に進出することだった。『メトロポリス』、『ニーベルンゲン』、『会議は踊る』はそれまでヨーロッパで一般的だった製作費をはるかに上回った。だが、試みは成功しなかった。「米国の観衆は『ニーベルンゲン』のような大ゲルマン的記念大作によって楽しむことも、教育されることも好まなかった。」(クラウス・クライマイヤー(358))攻勢は失敗に終わり、ウーファ社は倒産の縁に立たされた。米国の映画会社からの何百万という借款によって、ようやく倒産を免れることができたのだ。一九二五年のきれいに化粧された〈パルファメット〉配給協定によって、ウーファの方が米国のライバルたちに対して、ドイツの映画市場での今

までにない高い占有率を保証することになったのだった。(359)

エーリヒ・ポマーが一九三九年に米国に亡命し、ロスアンジェルスに腰を落ち着けたとき、彼とハリウッドの間にはすでに因縁浅からぬ前史が存在したのである。彼が亡命の最初の数年をヨーロッパ（パリとロンドン）で過ごしたという事実からして、おそらく必ずしもカリフォルニアに喜んで赴いたわけではなかったことを示している。彼のかつての仕事仲間の多くが移り住み、ベルリン時代の仕事をはるかに凌ぐ業績をあげ始めていたのだから、彼が嫌ったのは奇妙でもある。アメリカの復讐《ネメシス》の女神がその巣窟で彼を追い廻し、おそらくは血祭りにあげるだろうと恐れて彼がためらったとすれば、それは必ずしも間違ってはいなかった。ベルリン時代の頂点にあったとき、彼は年間二〇本の映画を製作していた。亡命の前年でも六本を作っている。ヨーロッパの六年間の亡命生活でも八本作った。ハリウッドでは亡命期全体を通しても、KRO社の委託でプロデュースした三本だけだった。(360)彼が一九四九年に心筋梗塞を患ったとき、KRO社は彼を解雇した。そのときポマーは五二歳だった。それ以来、彼は失業中の早期年金生活者となった。物質的な苦労ではなく、ハリウッドの無視という精神的な苦痛を味わった。彼の唯一の交際は、数多くのベルリン時代の友人や仕事仲間だった。このグループの広い裾野に、ベルリン時代にポマーの下で脚本を書いていたビリー・ワイルダーがいた（『自分の殺人者を捜す男』）。そしてポマーをOMGUSの委託するベルリン地区映画担当官のポストに紹介したのが、どうやらこのビリー・ワイルダーだったようだ。(361)

エーリヒ・ポマーにとっては、ベルリンの申し出は一種の残念賞のようなものだった。あるいは、彼の妻のゲルトルートの述懐によれば、「ルイス・B・マイヤーとダリル・ザナックから断られた後だったので、（申し出は）大満足だった。それでも、この地で次に何かが出てくれれば、彼はその申し出を断ったことだろう。だが残念ながらその見込みはなかった。[362]」ところが、彼が一九四五年九月に申し出を受諾したときに抱いたわずかな幻想さえも、過剰だったかのように思われた。ことはまともに進行し始める前からもう停滞に陥ったのだ。何週間も彼には一言の連絡も入らなかった。それからようやく、「さまざまな事情により」さらなる遅滞が見込まれると知らされた。[363]ポマーはこの「さまざまな事情」の背後に、実はドイツ映画産業の再建構想に対する米映画産業の抵抗が潜んでいると信じるようになった。[364]ドイツ駐在の米情報管理局長、マクルーア将軍が一〇月に米国に赴き、政府高官や映画産業の代表者たちとOMGUSの委託する映画担当官の役割、職務、権限について会談を交わしたとき、ポマーはマクルーアが「映画ボスたちに締め上げられた」と憶測した。[365]それを裏付ける文書は存在しないが、その後のことの進行——というより停滞——をみれば、ポマーの疑念が必ずしも不当なものではなかったことを推測させる。一九四五年の九月には緊急を要すると見なされた事柄は、半年以上にわたって——一九四五年一〇月から一九四六年四月まで——まったく動かなくなった。それから数週間の間に一気にポマーの有利な方向で、つまりハリウッドの利益に反する方向で決着することになるのである。この半年の間に、フィルム・アクチヴはまともな映画会社へと発達しつつあった。シュタウテは『殺人者は……』の撮影に入っていた。ミュンヒェンではパウル・M・ビュンガーがデーファ社のために活動していた。リンデマンはしだいに、ポマーらの古典的な創設者や開拓者に比肩する人物になりつつあった。こうした状況にあっては、俊敏な行動と軌道修正が大切だった。商業的な利害関係は、ノーマルな状況では影響力を行使したであろうが、この広範な政治的・政策的課題を前にしては後退しなければならなかった。ポマーが一九四六年四月に映画担当官（映画製作管理将校というのが彼の職階だった）として付与された権限の一覧を見れば、米軍政府内部で状況がいかに危機的と見なされたかが分かる。あたかもローマの元老院が、危機的状況にあたって映画部門の独裁者を任命したかのごとくだった。ポマーの所轄事項と権限には次のものが含まれた。

一、ドイツ映画産業のすべての問題に関して情報管理局長の諮問。
二、ドイツ人の映画プロデューサー、撮影会社および他のすべての映画部門の領域の活動のガイドラインの策定。
三、映画問題の四連合国の政策に関して情報管理局長の諮問。
四、ドイツ人映画プロデューサーの監督と指導。
五、米軍占領地帯におけるOMGUSの地域映画部門の指導と管理。
六、製作の予定されるすべての脚本の認可。
七、映画製作の政治的管理ついての全責任。
八、新作品の検閲についての全責任。
九、撮影所の政治的管理についての全責任。
一〇、プロデューサー、撮影所、配給会社のすべての財務的経済行為の監督。
一一、プロデューサー、撮影所などの重要な契約締結の認可に関する全責任。
一二、製作にあたって政治的な過去をもつ俳優、監督などが雇用されることがないように配慮する個人的責任。(366)

一九四六年の七月初旬、ポマーはベルリンに到着した。それがドイツ映画界によってあたかも「救世主の到来」[367]のごとくに祝われたという彼の印象は、誇張ではなかった。ロシア軍地帯における目覚しい発展と、英軍地帯における顕著な第一歩に鑑みて、米軍地帯の映画状況は仏軍地帯とともにしんがりを務めていた。エーリヒ・ケストナーはポマーの到着をコメントして、「とりわけ米軍地帯では航海者が北極星を求めるように彼を待ち望んでいた。監督から第一照明係まで、漆喰職人から喜劇役者まで、舞台技師から女壁紙師まで、プリマドンナから第二カッターまで、音響係から脚本家まで、カメラマンからメークアップ師まで、麻痺して横たわる巨大なすべての産業がこの男とこの名前を待ちわびていたのだ。[368]」ドイツ映画界にとってポマーの帰還は、ドイツ文学界にとって——実現しなかった——トーマス・マンの帰還と同じものだった。ポマーが対抗するべきもう一方の側も、たちまち彼の存在の帰結を感じとった。パウル・M・ビュンガーは九月七日にミュンヒェンからベルリンのデーファ本部に報告している。「当地の報道機関でポマーのプロデュースのスタートが大いに話題になった後、われわれに対する映画関係者の態度は慎重になった。」ベルリンからの申し出に興味をもって耳を傾けた人たちの何人かは、例えばエーリヒ・ケストナーのように、断ってきた。[369]

すでにポマーの到着前からロシア軍地帯および米軍地帯のドイツの映画人たちは、自分たちの努力にさらに多くの支援を得るために、それぞれ別の側で主張される進展や優位を論拠として掲げてきた。今やこうした論証は両方の側のレトリックの一部となっていて、両方の間に秘密の合意でもあったかと思えるほどだった。ポマーはこの論拠を定期的に用いて成功していた。「向こう側の映画産業はかつてのウーファをモデルにして再建されている」とデーファに関する彼の報告の一つに記されている。「地帯境界線がなくなるときには、デーファにとっては米軍地帯の弱体な、分散した映画産業を呑み込むのはいともたやすいことだろう。その結果はロシア人に支配された映画産業である。[370]」そして別の側の対応物――アルフレート・リンデマンは、ドゥイムジツ宛の書簡でデーファ社に対して今まで以上の資金を要請したが、その論拠として「最近の最も重要な出来事、すなわちエーリヒ・ポマーの登場」をあげている。「われわれが現在の優位を保つことができなければ、映画製作のキャパシティは米国グループが有利になる。」この書簡の純正さが疑われているにしても、(371)彼の論理は純正である。自分の側の指導部からより多くの支援を得るために、対抗する側を論拠として利用することは、この相手側との個人的に良好な関係を排除するものではない。クルト・メッツィヒが回想しているように、ポマーは「われわれに反感を抱いてはいなかったし、最初のデーファ劇映画『殺人者は……』のプレミア試写会にはゲストとして大いに歓迎された。(372)」

ベルリンではポマーはダーレムのアム・ヒルシュシュプルング四番地の邸宅の二部屋に住んだ。連合軍の文化将校の中では私的な使用人を雇用していたのはおそらく彼一人だったろう。あるいは再雇用したといった方がいいかもしれない。というのも、ブルーノ・パーロウはすでに一度、一九三三年以前にグルーネヴァルトのヴィンクラー通りの彼の邸宅に雇われていたからだ。パーロウが支度した夕食は、ポマーとかつての仕事仲間や友人とをめぐり合わせた――その中にはハンス・トスト、ギュンター・リッタウ、ローベルト・ヘルルト、フリッツ・ティーリーがいた――そしてドイツに居残ったものに対する深い理解を彼にもたらした。例えばエーバーハルト・クラーゲマンを、彼は当初は日和見主義者と見なして冷淡にあしらっていたが、やがて一九三三年以前の時代のかつての友人関係に発展していった。(373)ウィリアム・ディターレ夫妻のような感受性に乏しい亡命者はそれに反発して、ポマーは任務終了後もドイツに留まり、自前の映画製作会社を設立するといった噂を流した。(374)ゲルトルート・ポマーはその機会を捉えて、第三者に向かってはどんな発言にも慎重であるべしと夫に警告している。「人は誤解されやすいものです。だから、誤解が生じないように発言することが大切ですよ！」

ベルリン到着後、ポマーが多くのインタヴューの中で述べた新生ドイツ映画のイメージが、彼が一世を風靡した時代につながっていることは明々白々だった。一九一八年以後のドイツ映画がそうだったように、将来のドイツ映画も「貧困と着想の豊かな伝統」によって規定されなければならない。つまり、経済的に不可能なこと、アメリカ映画やフランス映画がはるかに得意なことはやらないということだった。「絢爛豪華な絵巻物はやらない。大量動員もやらない。贅沢三昧の映画もやらない。スターダムもない。そうではなくて、芸術的着想に集中する。この時代のありのままの人間像、（……）焼け跡の現実こそが映画の中の月の城などよりもわれわれには好ましい。……無と新生との間をさ迷う、途方に暮れた孤独な故郷帰還者の運命こそが、映画の中の世界史的な大軍の行進などよりもわれわれには好ましい。避難民たち、空襲で住む家を失った者たち、われわれの青春の行路――テーマはいくらでもある。[375]」

一九一八年以後のドイツ映画とならんで、ロッセリーニ流のイタリア戦後映画が明らかに第二の模範だった。それを範としてポマーは新生ドイツ映画を育成しようとしたのである。映画管理将校ポマーにとって、それは具体的にはこの考え方に与し、かつ実現する能力と意思をもつドイツ人のプロデューサーと監督を選別し、彼らに認可を与えることだった。だが、やがて明らかになったように、ここに問題があった。ロッセリーニがデーファと共同でベルリンにおいて彼の新写実主義的《ネオレアリスティシュ》な戦後ヨーロッパの現代社会映画の一つを完成させた（『ドイツ零年』）のに対して、ポマーはウーファ映画伝統のプロデューサーや監督に認可を与えていた。ベルリンのエーバーハルト・クラーゲマンやカール・ハインツ・シュトルックス、ミュンヒェンのフォン・バーキー、ティーリー、ハラルト・ブラウン――これらの男からは「貧困と着想の豊かな伝統」の新写実主義的な焼け跡映画、ストリート映画は望むべくもなかった。デヴィッド・セルズニックに社会批判的なドキュメンタリー映画を期待するようなものだった。もっともポマーの作品を知るものにとっては、この選択は意外ではなかった。というのも、彼の心の底にあった最高のドイツ映画プロデューサーとは二大戦間のスタジオ・プロデューサーであり、撮影所プロデューサーだったからだ。このことはとりわけ、彼がガイゼルガシュタイクの無傷だった広大な旧バヴァリア映画の撮影施設が自由に使えたミュンヒェンに製作を集中させたことに現れた。もし彼が時代相を映し出す写実的な低予算《ロウバジェット》映画を真剣に実現しようとしたのなら、テンペルホーフの撮影施設がミュンヒェンと比べてどんなに貧弱だったとしても、ベルリンの方がずっと適切な製作場所だっただろう。シュタウテやランプレヒトのデーファ映画が説得的に示したように、ドイツの歴史、ドイツの現代はこの舞台においてこそ、もっとも印象的に視覚化することができたからである。

おそらくポマーは一九四六年のベルリンには、一九一八年から三三年のようにはうまく適合しなかったのだろう。『殺人者は…』に対する彼の無理解(376)は、彼が「貧困と着想」の美学を実際に追求した映画を、それらに遭遇したとき認知しえなかったことを示している。彼の悲劇はおそらく、彼が新たな映画製作を構築しようとした撮影所がドイツの地方にあって――破壊されたとはいえ――メトロポリス・ベルリンにはなかったことだった。もし大都市ベルリンと撮影所都市バーベルスベルクが彼の活動領域になっていたとしたら、ポマーは二大戦間の彼の作品との連結――その継続はさておいても――にはるかに成功していただろうか？　彼はワイマール文化を代表した他の多くの帰還者のように、戦後ドイツの地方化の犠牲になったのだろうか？

ポマーがドイツで活動した最初の半年の間、米国の映画産業は奇妙なほど静かに構えていた。一九四六年の秋と冬には、ポマーは「米国に対する共感を獲得し、アメリカ映画の新たな大市場を開拓するためにドイツで活動している」といった驚くべき内容の記事が業界紙に載った。(377) また、「ポマーはドイツでアメリカ映画普及のために働いている」(378) とか、さらには「ポマーはアメリカの利益を代表している」(379) とも書かれている。業界ではポマーの実際の任務はよく知られていたはずであるのに、こうした報道政策は何を狙ったものだったのか疑問が生じる。ポマーの招聘を阻止できなかったハリウッドは一転して彼を取り込み、抱擁を強要しようとしたのだろうか？

もしこれが作戦だったとしたら、そうした期待が満たされないことが明らかになった時点で放棄されるだろう。この時点は一九四六年一二月にポマーがドイツのプロデューサーに認可を交付したとき訪れた。ハリウッド、すなわちＭＰＥＡ（米映画輸出協会）の反応は踵を接して現れた。そのスポークスマン、アーヴィング・マースは、ドイツにおける米国の映画政策が根本的に間違った方向をたどったと表明した。ＭＰＥＡの見解を報道した一月一八日付の『ニューヨーク・タイムズ』紙によれば、ドイツの映画産業は「あまりに性急に、かつ過剰な規模で再建されている。」その再建はもっとゆっくりでなければならない。あるいはそもそも再建されるべきでない。なぜなら、「ドイツ人はおおいに映画を見るべし、だが当分の間は自前の製作によってはならない。」

この言明はベルリンの軍政府では、その通りのもの――つまり、私的な利益グループからの、気に食わない統治政策に対する攻撃――と見なされ、明白に拒否された。こうした経緯にどれだけの意味が付与されたかは、ワシントン宛の見解表明が情報管理局長マクルーアだけでなく、軍政府総督クレイ将軍によっても署名されていたことから明らかである。(380) 同時にＭＰＥＡのドイツ駐在員には、もしＯＭＧＵＳの映画部門と今後とも良好に協力していくつもりなら、マースのような攻撃が将来において行われないように配慮すべしとの指示が出された。
思い出していただきたいが、MPEA駐在員は事務所をポマーの映画部門と同じ屋根の下におき、その〈特別顧問〉として緊密に協力し合っていた。その仕事はドイツにおけるアメリカ映画の配給に関してMPEAとOMGUSとの連携《リエゾン》だった。配給権は一九四七年一月の時点においてまだ完全にOMGUSの手中にあったが、MPEAはできるだけ早く自分の手に収めるべく努めていた。MPEA駐在員はロバート・E・ヴァイニングといい、一九四七年一月一日に着任したばかりだった。ポマーは何度か彼との「私的な会談」(家族宛の手紙による)を行っているが、そのときは次のような印象を抱いた。「彼(ヴァイニング=原著注)は現実の状況をきちんと把握している。ともかく彼は私に、今後は攻撃をやめさせる意図をもって、断固とした報告を業界に送ると約束した。(381)」ポマーは、これほどの理解を示す男が油を水面にではなく、火に注ごうとは夢にも思わなかった。このことをポマーが家族に宛てて報告する一週間も前に、すでにヴァイニングはポマーとの会談とされる記録をニューヨークの彼の上司の許に送っていたのだ。会談とされるとはつまり、それは会談というより、四枚のタイプ用紙からなる、ポマー一人の長いモノローグだったからだ。

彼の報告をそのままあげておこう。

拝啓、マース様

一ヵ月前に私はベルリンに到着しました。私がポマーと二月一日の土曜日に〈トゥルーマン・ホール〉において彼の希望に沿って行った会談を、特にコメントを付けずにお伝えしたいと思います。彼の言葉通りの文言です。

私（ポマー＝原著注）はさっきからしばらくあなたを観察していたが、率直にお話しする決心をした。あなたがアメリカの立場のみに目を向けているので、私はアメリカおよびドイツの立場を見るように努めよう。なんといっても私はドイツで生まれ育った人間だし、センチメンタルな理由でまた戻ってきたのだ。ポマーはドイツ映画産業そのものだったし、また今もそうだ。ポマーはドイツ映画産業をもう一度かつての栄光のもとで見たいのだ。ヨーロッパの心臓部に六〇〇〇万人の教養あるドイツ人がいる。あなたは、そしてハリウッドは彼らが真空の中で生きることを望むのか？ドイツがこれからの一〇年の間に進む道はヨーロッパの道でもあるのだ。アメリカの映画産業が私を扱ったやり方は、あまり賢明ではなかった。私が一九四六年七月四日にここに到着したとき、私のウーファのかつての友人や仲間たちは、私のことをハリウッドのスパイだろうと疑った。彼らは私の招待にも応じず、沈黙の殻に閉じ籠もった。それからザナックや他の者たちがアメリカで私に対するキャンペーンを開始した。私にとってこれほどありがたかったものはない。ハリウッドの誰かが私を中傷すると、いつでもドイツではすべてが私の味方についた。私がいちばん幸せを感じるのは、ドイツ映画産業の重要人物が夜遅く私を訪ねてきて、私たちがしばしば夜中の二時までかかって一緒に計画を練るときだ。でも、やってくるのはドイツ人だけではない。（OMGUSの＝原著注）非カルテル化部門と経済部門の若造《ユングス》たちや他の中枢の人物とも私は会っている。私はあなたに申し上げたい。あなたの本当の敵はこの若造《ユングス》だ。だって、私は彼らを説得したのだから。もし私がドイツ映画を軌道に乗せれば、彼らはそれで得をするとね。私が達成する何百万という収益によって、彼らは輸出分担額を満たすことができるのだから。私がやってくる前には、彼らは映画輸出など考えたこともなかったんだ。

私はもう若くはないし、仕事は全力投球を要求してくる。でもドイツ映画産業は私の畢生の仕事なのだ。だから私は何としても立ち上げたい。私は今五七歳、一万（ドル＝原著注）なにがしかのささやかな給料で、馬のように働かされている。私がこの仕事を望んだわけではない。二、三ヵ月後には私の契約は切れる。帰国すれば私はハリウッドでおそらく裏切り者として迎えられるだろう。私がアメリカ映画産業の味方ではないとあなたは思うか？　私の一人息子はハリウッドで働いているし、それで幸せそうだ。私がまたドイツで暮らすことを排除はできない。誰も将来のことは分からない。（……）

私はかつてドイツ映画産業を作り上げた。そして、もう一度それをする覚悟でいる。だってもし私がやらなければ、ロシア人がやるだろう。そしたらドイツの市場はなくなる。ハリウッドにはそのことが分からないのか？　私は旧友たちと会ったとき、彼らが何を考えているかを聞いた。それをあなたにお話ししよう。彼らは、アイク・ブルーメンタールやアル・アロンソンやらがドイツの市場を掌握していた時代は終わったという見解で一致していた。そして私も、彼らが再びやってこないように配慮するつもりだ。私は有名なプロデューサーだ。だが、私を本当に魅するのは、プロデュースではなくて、新しい市場の独占だ。ウーファでは私は駆動力だった。ロンドン、パリ、プラハ、全ヨーロッパでだ。私の流儀は、毎年三、四、五本だけ、せいぜい六本、間違いなく成功すると信じた最上のウーファ作品を輸出することだった。ごらんなさい、私の『嘆きの天使』がどうだったかを。それでマレーネがハリウッドに行ってしまったことは別としてね。今、私はまた女優を育てている（ヒルデガルト・クネーフ＝原著注）。ハリウッドもきっと欲しがるよ。連日のように私の所にはトルコ、エジプト、南アメリカ、メキシコ、いや合衆国からもドイツの新しい映画についての問い合わせが届いている。ドイツ映画産業は私の手中にある。そこにありつづけるだろう。中近東もスカンジナヴィアもドイツ映画の素晴らしい市場だ。私の十八番《おはこ》は世界市場さ。ハリウッドの私の友人たちはドイツから亡命しなければならなかったけれど、みんな私の新しいドイツ映画のために資金の提供を申し出てくれる。（……）

私は憎まれ屋だ。ハリウッドは私を嫌っている。私のドイツ映画との競争を恐れているからだ。ロシア人も私を嫌っている。私は彼らのやり方で彼らを叩くからだ。ご存じの通り、最良の監督、プロデューサー、技師たちが米軍地帯の私の元に移ってくる。英国人も私を嫌っている。彼らは私を全能と思っているからだ。（……）

ベルリンは新生ヨーロッパの新しいメトロポリスになるだろう。そしてポマーは世界市場でドイツ映画の独占配給元になることを今から楽しみにしている。（……）

ザナックは何の権利があって私とドイツ映画を攻撃するのか？　彼はネブラスカのガキにすぎないし、世界の出来事など皆目分かっちゃいない。私は彼を尊重するし、ハリウッドで彼の成功の半分でも成し遂げたかった。しかし、彼が過去、現在、未来のドイツ映画についていっていることは、馬鹿げている。（……）私はハリウッドを擁護してきた。そこから攻撃を受けるまではね。だが今は自分で自分を護るべきだ。いずれにしても、私はもうこれ以上表にはでない。私が考えていることをあなたに申し上げよう。アメリカの映画産業は愚かな過ちを犯してドイツで自ら墓穴を掘ったのだ。（……）私には明白なことだが、多くのやつらが、あなたも含めて、ニルソン、ヒルシュ、ファン・エイク、カール・ウィンストンといった私の所の若造《ユングス》たち（ＯＭＧＵＳの映画部門におけるポマーの同僚たち＝原著注）が、いつかはドイツ映画産業で重要なポストに就くかもしれないとお互いに猜疑の目で見ているんだ。ヒルシュとニルソンは人畜無害、ファン・エイクは俳優、そしてウィンストンは古い理想主義者だ。私が何人かの有能な米国人をドイツ映画産業に送り込むことに基本的に反対だというのではない。軍政府に所属するかどうかにかかわりなくね。……そこにハリウッドが口を挟んで、私を規制しようとする。ニルソンとヒルシュは軍政府所属なので、やれない、とね。それはガラス張りの温室にいて石を投げるようなものさ。（……）

それからおまけにアーヴィング・マースがニューヨーク・タイムズで私を攻撃するとくる。理解できないね。私はここベルリンで彼に個人的にすべてを披露したし、私たちが何をしようとしているかもきちんと説明した。……私はハリウッドが私に対して何を企んでいるか、ちゃんとアンテナを張っている。そしてこのことをあなたに申し上げたい。四六時中妨害行為を働くのはいい加減にしてもらいたい。……私には軍政府の永遠のあら捜しと無礼千万だけで十分だ。それからあなたも、たえず私の地下室で骸骨を捜すようなまねだけはしないでいただきたい[382]。」

この報告が数ヵ月後には一般に知られるようになり、ＭＰＥＡとＯＭＧＵＳとの間の抗争に少なからぬ役割を果たすことになるので、若干のコメントを挟んでおくのが適切と思われる。この報告は多くの点で謎である。オリジナルはもはや存在しないようだ。唯一の手書きの写しはロスアンジェルスの南カリフォルニア大学図書館手稿部門のエーリヒ・ポマー遺稿集の中にある[383]。エーリヒ・ポマー自身はこの彼のものとされた発言を「でっちあげ」、「誤った引用と悪意に満ちた嘘の寄せ集め」と呼んだ[384]。彼の息子ジョンは「ヴァイニングが作り上げたフィクション」と見なしている。言葉は彼の父のものではないし、「父は自分のことをいうのに一度も三人称の〈ポマー〉を使ったことはない。それにスタジオの上司たちを一度も〈若造《ユングス》〉と呼んだこともない。[385]」ヴァイニングという名前はエーリヒ・ポマーの口から一度も出たことはなかったし、ポマーが親密な会話を交わした誰かだとなるとなおさらだった。（「父はヴァイニングとの会談を決して求めたりしなかったろう。むしろ逆だった。[386]」）ベルリンの当時の仕事仲間、クルト・ヒルシュとエリック・プレスコウもこのことを証言している。一九四六・四七年のポマーの個人的および業務上の手紙には、ヴァイニングの記録に顕著なスラングの痕跡は見当たらない。ポマーは素朴な亡命者英語を話し、書いた。彼のすべての発言、および彼についての他者の証言をみても、ポマーは第二の故国である米国に対して忠誠な態度を貫き、ドイツ駐留米軍政府の政策をその言葉と意味に忠実に遂行した人物のように思われる。

となると、彼にこのような発言を押し付けた男は誰だったのか問うことになろう。ヴァイニングについては、『ニューヨーク・タイムズ』が一九四九年一〇月に彼の早い死（四八歳）を追悼した文章以上のことは知られていない。ヴァイニングは一九〇一年、マサチューセッツに生まれた。何年かジャーナリストとして働いていた。その後、さまざまな広報の仕事を引き受け、戦争中にはエリナ・ルーズヴェルトのもとで働いた。一九四一年に海軍に入隊した。一九四三年にはマッカーサー将軍の下で南太平洋における〈心理作戦〉部門を築き上げた。そして一九四六年から四八年までMPAA（米国映画産業連盟）およびMPEAでエリック・ジョンストンの助手を務めた。ヴァイニングは、次の広報の仕事を引き受けていたパロ・アルトで一九四九年一〇月、「病気に罹ってまもなく」死亡した。一九四八年のMPEAからの退職が彼のポマー報告をめぐる渦巻きの結果だったのかどうかは、今となっては確認しようがないが、ありえない話ではないだろう。一時期はエリナ・ルーズヴェルトのために働いていた（その通信文書には彼を示唆するものはない）ほどの男であるから、職業人としてのある種の倫理的なスタンダードをもっていたと考えるべきだろう。そのような男が、テープレコーダーに録音できなかったはずの会談の発言を〈発言通り《ヴァーベイタム》〉と記すのは奇妙である。ポマーの発言は記憶から呼び戻されたものだったはずである。とすれば、あれは――どれほどヴァイニングによって歪められたかは別として――やはりポマーの発言だったのか？

ゲルトルート・ポマーの警告を思い出してみよう。エーリヒは第三者との会話では注意して、誤解を生むような発言は慎んでほしい、というものだった。自発的な意見表出や瞬時の誇張といった、夫の性癖を知る人生の伴侶が発した、慎重さを求めるこの警告は一つのヒントになりうるだろう。ポマーの人となりを知らない人、彼に特に好意的でもない人なら、ポマーが怒りを表明しただけの、あるいは自意識を顕にしただけの何でもない表現から陥穽の罠をつむぎ出すぐらいは、わけのないことだったろう。家族への手紙が示すように、そうした意見表明に関してポマーはあまり慎みがなかった。「私が考えていたよりも早く、アメリカの映画産業は私の支援と好意を必要としているかのように見える」（一九四六年七月二九日）。「ここではマクルーア将軍をはじめとしてピンからキリまでが私の意見に大きな価値をおいている」。「一夜にして（アメリカ）映画産業での私の名声は途方もないほどに上昇した」（一九四六年八月一〇日）。前後の脈絡から切り離され、悪意の味付けをされれば、このような文言からヴァイニングのそれのような長広舌をひねり出すことはいとも簡単だ。それにヴァイニングの記録でポマーのモノローグが語っていることは、まったくの誤りというわけでもなかった。ハリウッドとポマーの関係の前史、そしてまたポマーがしばしば表明したハリウッドに対する感情を考えれば、歪曲の悪意はあったにしても、ヴァイニングはポマーの無意識の幾ばくかは表現していたといえるかもしれない。

この記録の真偽の問題はどうあれ、その起爆力は明白だった。ポマーの椅子の下におかれた爆弾を爆発させるには、起爆装置があればよかった。機会は、ドイツ映画の製作だけを蘇らせるのではなく、一九三三年から四五年に製作されたドイツ映画の輸出も解禁するというOMGUSの決定が下されたとき訪れた。その外国為替収益が撮影用フィルムの購入にあてられることになった。決定は純粋に経済問題であり、その頃統合地帯となっていた米軍地帯と英軍地帯の経済専門家によって下されたものだった。情報管理局の映画部門には事前の相談はなかった。後に判明したことだが、彼らは反対だった。(387) 輸出されることになっていたのは、非政治的な娯楽映画のみであったが、第三帝国において製作された映画のほとんどがその種の娯楽作品だった。

これはMPEAにとって、改めてドイツにおける米国の映画政策に対抗して打って出るまたとないチャンスだった。というのも、映画業界は今回は自分の利益を代表するだけでなく、一般の支援を当てにできたからだ。ナチ・ドイツで製作された映画、つまりはナチ映画を世界中に氾濫させ、しかもあろうことか米国の映画館で上映される。このイメージはナチ・プロパガンダの番外の勝利を意味することにならないか？ 炎のような抗議を掲げて、ハリウッドの指導者たちは一般大衆に問いかけ、ワシントンの外務省に訴えた。彼らによれば、「輸出計画はドイツ・プロパガンダ機関の復興につながり、政治的、社会的、経済的に第一級の危機を意味する。(388)」今回の攻撃が以前と違っていたのは、もはや正面からOMGUSを攻めるのではなく、OMGUS代理人エーリヒ・ポマーに矛先が向けられたことだった。（「製作および輸出のすべてのプログラムはベルリンのエーリヒ・ポマーの下で練り上げられた。」）ヴァイニング記録がこのときよい働きを見せた。いちばん荒っぽい文言が新聞に載せられ、短期間のうちにポマーの一般のイメージを変容させた。ユダヤ人の亡命者、そしてヒトラーの犠牲者から、権力欲に取り憑かれたゲルマンの怪物へと変わった。ポマーの二〇年代のデーモン的な映画の登場人物そのままであり、無邪気な米国政府要員を騙してナチスの侵略政策を継続し完成させようと企んでいる。「ポマー事件」の記事に付けられた見出しはこうだった。

「英米の秘密計画、発覚す。帝国《ライヒ》（ドイツ語が使われた＝原著注）の映画産業が近々再建される」

そして

「〈ドイツ映画産業は私の支配下にある〉とポマーの言(389)」

だが、かくも劇映画風に開始されたこのキャンペーンも、終局はアンチ・クライマックス風だった。OMGUSはヴァイニングの記録が想像の産物だと決定し、ポマーの味方についたのだ。一九四七年夏にはワシントンの国防省長官代理ピーターセンのはからいで、OMGUSとMPEAとの和解が成立した。米軍政府はナチ映画の輸出を断念した。MPEAは今後ドイツにおける米国の映画政策に干渉しないと約束した。この約束が守られることを保証したのは、当時ハリウッドの代弁者だった男、エリック・ジョンストンである。MPEAの上部組織MPAAの会長だったジョンストンは、現実を「ビジネスマンの視点から見るだけではなく、政治的状況にも理解をもつ(390)」男として、ポマーも一目おいた人物である。

ジョンストンは政治の指導層との合意の上で行動するタイプの経済人だった。長期的な目標を達成するためには、短期的利益は進んで放棄した。彼に由来するのが〈パートナーシップ・キャピタリズム〉の謳い文句であり、その下で米国の経済と政治は冷戦へと突き進んでいったのだった。ジョンストンは東西の軋轢から生じてくる現実的な要請に正確に呼応していたので、彼が会長を務めたMPAA・MPEAの下でそもそもどうしてOMGUSとポマーに対するキャンペーンが起こりえたのか、不思議なほどである。

一九四七年夏以降は、ハリウッドは第二次大戦中と同じように米国の政策に調和を保った。新たな敵は東と決まった。そして映画界にとっての新たな任務は、この世界的メディアにおいて世界的な戦いを遂行することだった。ドイツとの敵対関係の残滓は除去された。ハリウッドは戦勝後にドイツで立てていた大計画を放棄し、ドイツ、あるいはその自由世界に属する部分を〈パートナーシップ・キャピタリズム〉に含める用意があると表明した。ジョンストンは一九四七年八月六日、ベルリンでこう言明した。「私は、ドイツ映画産業が再建されねばならないと信じているし、そしてまた、ドイツ人が再び映画の世界市場にライバルとして登場すべきであると信じている。(391)」一般的な「競争相手《コンクレント》」ではなく、友好的・平和的な「ライバル」という言葉を使っているところに新たな関係が表現されている。かつての勝者と敗者が新たな同盟者となって新しい敵に対抗するという構図である。エーリヒ・ポマーのデーモン化によってハリウッドは再度、そしてこれを最後としてかつての反ナチ・プロパガンダを打ち上げたのだった。その点でもポマーは過渡期を体現していた。この後、ハリウッドはそのデーモン化、悪魔化の能力のすべてを、新たな世界敵国に振り向けることになったのである。

7　出版人たち

一九四五年以降、一般に新聞街と呼ばれたベルリン中心街の一区画——コッホ通り、ツィンマー通り、イエルサレマー通り、シュッツェン通り——を貫いて、ロシア軍地区と米軍地区の境界線が走っていた。そのため、両戦勝国はベルリン新聞界の物的遺産をおおよそ半分ずつ相続することになった。一方、英国とフランスはその占領地区に輪転機がなかったので、遺産分けにあずかれなかったのだ。

新聞街は中心街全体と同様に戦争によっておおきな損傷を受けてはいたが、それでも破壊された建物、地下室、機械室などに残されていた機材を救出し、なんとか稼動可能なまでに新たに組み立て直すことはできた。この修復の原理によって、ロシア軍はまもなく大都市の印刷能力の半分ほどを手にした。ベルリン占領後二ヵ月にして、四紙の日刊紙が発行され、総部数はおよそ四〇万部に達していた。赤軍の発行する『日刊展望』、モスクワ帰還者ルドルフ・ヘルンシュタット（公式の発行者は市参事会）の発行する『ベルリン新聞』、KPD（パウル・ヴァンデルとフリッツ・エルペンベック）の『ドイツ人民新聞』、SPD紙の『民衆《ダスフォルク》』（カール・ゲルマーとオットー・マイヤー）だった。この四紙のすべてがロシア軍地区にあった。もっとも、その技術的機材の少なからぬ部分は隣接する米軍地区の新聞街に属したものだった。そこで解体されて、運び出されたのである。

米軍の〈情報管理局〉の新聞部門が一九四五年七月七日にツェーレンドルフのミリノフスキー通りの司令部に到着したとき、担当官たちはこの彼らにとって決して有利とはいえない事実と直面したが、喜ばしいこともあった。米軍地区の真ん中、テンペルホーフ地区に二〇年代に建設された旧ウルシュタイン出版社の印刷所があったのだ。爆撃の損傷もあったし、ロシア軍の解体班に襲われてもいたが、それでも何とか修復可能で、組み立て直しの方式によって比較的早く満足のいく印刷能力を即席に回復することができた。

それほど簡単にも早急にもいかなかったのは、ベルリン・ジャーナリズムの生き残った部分の組み合わせだった。このことを確認したのは、米軍地区での最初の新聞の創設を担当した報道将校だった。ペーター・デ・メンデルスゾーンは連合軍とともに故郷に帰還した三〇年代の亡命者の一人だった。一九四五年当時、彼は三七歳だった。二二歳のとき、彼は『ベルリンは終わりだ《フェルティヒミットベルリン》』という彼の最初の小説を発表した。書評にも取り上げられ、第二版も出た事実は、決して反響がなかったわけではないことを示している。一九三三年以前のベルリンでのジャーナリストとしての彼の経歴は前途洋々たるものだった。一八歳で定評ある『ベルリン日報』編集部に実習生として入り、その後『ユナイテッド・プレス』のベルリン支局に勤務、最後にはロンドンとパリで『ベルリン日報』やその他の社の特派員を務めた。そして一九三三年がきて、亡命。パリとウィーンをへて、ロンドンに腰を落ち着けた。一九四四年には侵攻軍の英米軍〈心理作戦〉部門に入隊した。この軍務に留まったまま、ベルリンでの米軍認可の最初の新聞を発刊するにあたってドイツ人のジャーナリストを捜す任務が、彼に与えられたのだった。

文学の中で、文学とともに生きてきたメンデルスゾーンのような若い人間にとって、状況はバルザックの連作小説の主人公ラスチニャックの夢の実現のように思われたことだろう。一二年前にはベルリンの大新聞の小さな歯車にすぎなかった彼の足元に、新聞街の半分がひれ伏しているではないか？　ふつうならコンツェルンの会頭や政務次官たちが下す決定を連合軍の少尉たちが下すことができた一九四五年にあって、それは決して例外的なケースではなかった。別の亡命作家、ハンス・ハーベはメンデルスゾーンより三歳年下だったが、後に彼がいくぶん自慢気ではあるが、事実に即して述べているように、「世界最大の新聞帝国」（彼の部隊がドイツ人住民向けに発行していた複数の軍用新聞の全体のこと。総発行部数は四六〇万）[392]に命令を下していた。一九四五年夏、ベルリンでのハーベとメンデルスゾーンの出会いは事実また、少なくともペーター・メンデルスゾーンの目には、バルザックの小説の場面を思わせた。二人は若い頃にウィーンで知り合った。当時町中に知られたスキャンダル青年だったハーベとヒルデ・シュピールという名の文学少女は、互いにロマンチックな恋に溺れた[393]。ところが後にヒルデ・シュピールはペーター・メンデルスゾーンと結婚している。さて、一九四五年七月のこと、メンデルスゾーンは彼の妻に向って、ハーベのベルリン入城を「サーカス団の馬鹿騒ぎ」と、また彼の登場を「プリマドンナ顔負け」と表現した[394]。ハーベは彼の軍用新聞の最後の一紙を発刊するためにベルリンにやってきたのだった。若き日の友人であり、恋敵であったこの二人が今や新聞創刊者として再会したことは、かつてのライバル関係を新たなレベルに押し上げた。「私は彼に本当の新聞とはどういうものかを見せてやるという決意を固めている」とメンデルスゾーンは妻に書き送っている。「われわれがここで最後に同じ条件で競争するために再会したとは、なんと滑稽で馬鹿げたことか。始まりがどうだったかを思い出すと、笑わずにはいられない[395]。」

ハーベの新聞は——本来は彼の仕事仲間のハンス・ヴァレンベルクが作ったものだったが[396]——その後まもなく『アルゲマイネ新聞』という紙名で発刊され、大成功を収めた。メンデルスゾーンも一般の賞賛に連なった。（ハーベのサーカス団はすごい技を披露した。……みんな羨望のあまり青くなっている[397]。」）その体裁と知的なレベルにおいてアルゲマイネ紙は『フォス新聞』や『ベルリン日報』のような市民階層的な教養紙につながっていた。それが米軍の軍用新聞であることは指摘されなければ誰も気付かなかった。だが軍用新聞はドイツ人の手で発行される新聞に至る過渡期のものと運命付けられていたので、その寿命ははなから限られていた。将来に向けてドイツの新聞を創刊するという任務をもつメンデルスゾーンの方が、ハーベよりはるかに有利な立場にいたのだ。メンデルスゾーンはベルリン到着の一〇日後、これはハーベが到着する一〇日前だったが、彼自身の新聞構想を完成し、覚え書きに記録していた。それは数週間後の『アルゲマイネ』紙の先取りといえた。明白なのは『フランクフルト新聞』、『フォス新聞』、『ベルリン日報』などのドイツの新聞との関連だった。創刊される新聞は教養ある市民階層をその読者層と規定し、メンデルスゾーンがマクルーア将軍に宛てた覚え書きに記しているように、「高度な志向と可能な限り高級な文化レベル」であるべきだった(398)。そのような洗練されたジャーナリズムの手段によってのみ、世論に影響を及ぼすことが可能になる。ベルリンの読者層が、ロシア軍地区で発行されている四紙にはその親ソ連的な態度のせいで、あまり信頼を寄せていなかったから、メンデルスゾーンの目には成功のチャンスはなおさら大きいと映った。ナチ報道管制下の一二年間が過ぎ去り、まさにこの体験によって神経を研ぎ澄まされた読者たちがベルリンにはいる、とメンデルスゾーンは続ける。「その読者たちは、ヒトラー以前の時代から多彩で洗練された、文化的に高級な新聞に慣れている。」メンデルスゾーンの構想は次の公式に還元することができた。一九三三年以前の新聞文化への連結、あるいはその再興。このことはスタッフの面にも当てはまった。「認可を受けるべきグループは……彼らがヒトラー以前の時代に代表した民主主義の伝統に基づいて、ジャーナリズムの分野においても尊敬と権威を享受すべきである。グループはまったく未知の人々——彼らの意図がどんなによく、誠実であっても——によって構成されてはならない。」

メンデルスゾーンが彼の覚え書きをマクルーアに提出し、そしてマクルーアが情報管理局内部の抵抗を抑えて受理したときには、(399)もうすでにメンデルスゾーンはワイマール時代からの知り合いの人物と連絡を取っていた。ベルリン到着の二日後にはもう彼は、ハインツ・ウルシュタインと最初の会談を行っていたのだ。ハインツ・ウルシュタインは第三帝国時代もベルリンに留まった、新聞・出版王国ウルシュタイン社の唯一の人物だった。この「コスモポリタン的な世界観と、世界情勢について今のドイツ人としては驚くべき正確な知識を有する、もの静かで謙虚な人物(400)」(メンデルスゾーン)は一九三三年以前の新聞界への橋架けとして理想的な人物と思われた。ウルシュタインの名こそ、ドイツの自由主義と民主主義の最良の伝統を代表しているではないか？ 新聞発行の最初の認可が、ナチスに没収され、追放された家系(401)のベルリン在住の最後の人に交付されるならば、それはまさに「修復と然るべき倫理的正義の行為」(メンデルスゾーン)ではないか？ ハインツ・ウルシュタインとの会談は何週間にもわたって継続された。そしてウルシュタイン社の再建は時間の問題と思われた。ウルシュタイン社に属したのは、この会談が頻繁に行われたテンペルホーフの印刷所だけではなかった。ハインツ・ウルシュタイン自身のほかにも、彼によって話に持ち出されたジャーナリストのほとんどがそうだった。批評家であり、ウルシュタイン出版の文学部門の編集長だったパウル・ヴィーグラー、映画関係の書物の著者で、今やヴィーグラーとペアを組むルドルフ・クルツ、そしてエルンスト・フォン・デア・デッケン。ウルシュタインはこの六〇歳台の男たちの中でいちばん若かった。何度も会談を重ねるうちに、メンデルスゾーンはウルシュタインとその部下たちが、彼が意図していた高級紙ではなく、大衆紙を念頭においていることに気付いた。大衆紙ではなくて、「それがメンデルスゾーンの計画とあらば、もちろん『フォス新聞』のようなものも作れる(402)」といったようなルドルフ・クルツの発言が、会談の相手のジャーナリストとしてのエトスに関して、彼の目を開かせたにちがいない。かくしてメンデルスゾーンの最初のラウンドは、一九三三年以前の新聞が、少なくともウルシュタイン風の焼き付けでは、期待したほどの輝かしい模範とはならず、「古びた、時代遅れの、おまけにうさん臭いジャーナリズムの伝統[403]」だったという認識をもって終了したのだった。別れは、後年メンデルスゾーンとウルシュタインがそれぞれの回想録に記しているほど協調的ではなかった。メンデルスゾーンは一九四五年の秋、マクルーアに次のように報告している。「ウルシュタイン氏は、長い交渉の末にようやく別の人に譲ることを了承した。[404]」

会談を継続している間も、メンデルスゾーンは他の候補のグループとの接触を図っていた。その頭目は作家のヘルマン・ダンネンベルガーで、エーリク・レーガーというペンネームで知られていた。一八九三年生まれのレーガーは若い世代には属していなかったが、ウルシュタイン、ヴィーグラー、クルツとは違って新聞界の出身ではなかった。二〇年代から三〇年代初頭まで彼は、ジャーナリズムの制約や新聞発行人のルーチンからは自由な立場で『フランクフルト新聞』、『フォス新聞』、『ベルリン日報』などに記事を書いていたフリーのライターの一人だった。彼が自由な立場にいたことは、一九三一年に書いた小説が証明している。後期ワイマール共和国の文学史に彼の名を留めることになったこの小説『固き手の同盟』は、ルール工業地帯の経済と政治の錯綜した状況を描いていたが、その手法はモラルと社会批判といった常套手段ではなかった。後年の批評家によれば、レーガーは「常套句《フレーズ》の支配」に関心を抱いていた。それは彼がクルップ・コンツェルンの広報室に勤務していたときに、常套句《フレーズ》がありとあらゆる形に応用され、あらゆる分岐をへて、あらゆる作用に発現するのを体験してきたからだった。彼の小説は「ジャーナリストとしての存在の病跡学……自己嫌悪とメランコリー、全能的衝動と諦念の発作の間を行き来する受難史」だった。[405]彼はこの小説で一九三一年のクライスト賞を受賞した。一九三三年以前のレーガーのジャーナリストとしての評価の高かった仕事の一つは、『フォス新聞』に一九三一年八月と九月に掲載されたシリーズ記事『ナチズムの自然史』だった。ナチ時代を彼は一時スイスに亡命した（一九三四〜三六年）後はドイツで過ごした。一九三八年に〈ドイツ出版社〉に編集者として入社した。ウルシュタイン出版社は一九三七年以降こう改称されていたのだ。テンペルホーフの印刷工場が彼の職場だった。彼はベルリンの南にあるマーロウという小さな町に住んだ。終戦を迎えたのもこの地だった。ロシア軍とのファースト・コンタクトも具合よく運んだ。レーガーは彼の小説のロシア語版を手にかざして身分を証明することができたからだ。

レーガーは、破局後には単に出版社、新聞、雑誌に記事を書くだけでなく、自ら出版に携わろうと――道義的、また物質的にも動機付けられて――固く決心していた人たちの一人だった。ロシア軍によるマーロウ占拠の数日後の五月一五日にはもう彼は地区司令部を訪れて、実現の可能性について打診している。[406] 引き続いて彼はタイプ紙四枚半の〈覚え書き〉をまとめたが、彼はそれを認可申請と考えていたようだ。そこで提案されたのは「ジャーナリズムと文学のための出版会社」の設立だった。日常の事件の報道から文学生産に至るまで、すべてをその会社は包括することになっていた。上位の目標として掲げられたのは、ドイツ国民の再教育に参画することだった。[407] だが、この段階以上には彼のプロジェクトは進行しなかった。その唯一の痕跡である覚え書きは今日ティーアガルテン公園にある諸芸術アカデミー文書館のレーガー遺文書集の中に保存されている。

なぜレーガーがロシア軍にとって適任の人物ではなかったのかは、今から見れば簡単に理解できる。彼はKPDに所属したこともなければ、そのシンパでもなかったし、党員との交流もなかった。ロシア軍に許可されていたSPD、CDU、LDPD（ドイツ自由民主党）といった政党――一九四五年の夏にロシア軍から新聞発行の認可を得ていた——の党員たちとも彼は距離をおいていた。彼はロシア軍の新聞構想にマッチしなかったのだ。それに対して、リベラルで自由な、ドイツ人の著名人によって発行される新聞という米軍の構想にとっては、まさに彼のような独立独歩の人物こそぴったりだった。

それではペーター・デ・メンデルスゾーンとエーリク・レーガーの出会いはどのようにして実現したのだろうか?

触媒の役割を果たしたのはハインリヒ・シュヴァイニヒェンだった。レーガーは大戦中にエルンスト・ローヴォルトの紹介によって紙卸し問屋、シュヴァイニヒェンと知り合っていた。シュヴァイニヒェンは成功した実業家であるばかりか、筋金入りのカトリックでもあった。大戦中、彼は自分のコネを利用して友人ラインホルト・シュナイダーの書物の印刷のために相当量の紙を回していた。宗教出版物に対する厳重な用紙制限の時代にあって、これは危険な企てだった。さらに危険だったのは、彼と米国諜報機関OSS(戦略事務局、CIAの前身)とのつながりだった。彼はそのもっとも重要なスパイ、フリッツ・コルベ(「ジョージ・ウッド」)の協力者だったのだ。コルベを経由して、あるいはまた彼のスイスへの度重なる私用商用の旅行(彼の妻ネリーはスイス人だった)を利用して、彼は情報を流していた[408]。米軍のベルリン到着後、主要ポストのためにOSSはナチの過去をもたないドイツ人のリストを作成するよう彼に要請していた。レーガーの名前がその中にあったであろうことは想像に難くない。だが、メンデルスゾーンが彼の存在に気付くまでになぜそんなに時間がかかったのかについては推測するほかない。OSSリストがメンデルスゾーンの手に渡らなかったのか、それとも彼がレーガーの名を見過ごしていたかであろう。いずれにしても、情報管理局とOSSの協力関係は特に良好だったというわけではなさそうだ。情報管理局が制度的な嫉妬からOSSから出てきた提案を原則として採用しなかったことも考えられる。メンデルスゾーンが後にレーガーとの出会いについて語った二つの記録は、そうした疑念を補強するものではある。(409) ともかく細かな点は不明であるにしても、メンデルスゾーンにレーガーを紹介したのがハインリヒ・フォン・シュヴァイニヒェンだったことだけは間違いないのだ。

レーガーはその間、ロシア軍に提出した覚え書きに記したことをはるかに越えて彼の構想を膨らませていた。新たな覚え書きはタイプ紙一三ページにわたり、『ヒトラー後のドイツにおける新聞事業の構築について』と題されていた。(410) それはメンデルスゾーンに青天の霹靂のごとき効果を及ぼしたようだ。後年彼が書いているところによれば、その覚え書きは「明晰、かつ大胆にして、妥協なき思考の作業の証であり、この問題と根本的に格闘し、構想の大胆さと強い責任感とを、想像力、文体感覚と実践的知識と経験とを結び付けた人物の手になるものだ。(411)」これこそまさしくメンデルスゾーンがウルシュタイン一派に求めて得られなかったものだった。

ロシア軍に提出した覚え書きと同じように、このときも彼は主目標としてドイツ国民の再教育を掲げていた。二〇世紀のドイツの悲運は一九世紀からのドイツの誤った歴史の結果だという。このことを啓蒙し、理解し、訂正し、ドイツ人を西欧文化の軌道に戻すことこそ、彼が発行を意図する新聞の最重要の課題であるとした。それは外部から押し付けられた再教育ではなく、内部から発し、そうしてようやく一人前に至る、ドイツ人自身による自己浄化である。

この構想によれば、レーガーが米軍の認可を取り付け、おそらくはかつての『ベルリン日報《ターゲスブラット》』に倣って『ターゲスシュピーゲル』と名付けられたこの新聞は、文化同盟の「民主的再教育」の綱領の新聞版ともいえた。ふつうなら、この両者の間には共感的、共生的な関係が支配したろうし、互いに最高に調和的に補完し合ったにちがいないと人は思うだろう。たしかにKPD・SPD論争までの最初の三ヵ月は、事実その通りだった。一九四六年二月に編集部を辞めた共産党員の編集者ズザンネ・ドレクスラーは、こう書いている。「連日何時間も編集会議が開かれ、編集部の全員はむろんのこと、実習生も資料室担当者も参加した。すべての政治的、経済的、文化的問題が全体で協議され、多数決の原則にしたがって処理された。……仕事の基本方針は、無党派性、すなわちすべての政治勢力に発言させるということだった。前面にあったのは、ドイツ人を民主主義へと教育することだった。(……)とりわけ重視されたのは、正しいドイツ語だった。過去一二年の常套句《フレーズ》を思い出させる表現はことごとく禁じられた。(412)」ところがその後、文化同盟にとってターゲスシュピーゲル紙は最初にして最強の批判者となり、そして逆に文化同盟の側からはターゲスシュピーゲル紙に対する激烈な拒絶反応が生じてきた。ベルリンのジャーナリズムではまだイデオロギー的・政治的対立はさほど激しくなく、どちらかといえば洗練されていたこの時期にあって、ことターゲスシュピーゲル紙問題に関しては、抑制がきかなかった。共産党側からは「反動的機関」、「地下のファシスト的傾向の代弁者」と呼ばれ、そのようなものは新ドイツに「存在する正当性」がないと断定された(413)。この反応は、ターゲスシュピーゲル紙側が共産党員をナチスの手法で政治を操る連中と揶揄したことからすれば、理解できた。事実、ターゲスシュピーゲル紙は初期から徹底してナチズムと共産主義を同一視する方針によって──これはレーガーにとっては一九三三年以前にもう決まっていたことだった(414)──二大分極化を促進するのに貢献したのだった。KPD・SPD合同や文化同盟のような制度を全体主義的であり、根本においてナチ主義につながると捉えたことによって、ターゲスシュピーゲル紙は共産主義者の目からすれば共通の反ファシスト的基盤に立ってはいなかった。しかも、共産主義者の目にそう映っただけではなかった。フェルディナント・フリーデンスブルクは一九四五年末に、当時ターゲスシュピーゲル紙の共同発行人の一人になっていた青年時代の友人エトヴィーン・レーツロープに宛て、次のように書き送った。「ターゲスシュピーゲル紙が私のように政治的・物質的な復興の任務に忙殺されている人々にとって、個々の優れた業績はあるにしても、必ずしも喜びを与えてくれるとは限らないということを、君は知るべきだし、予感すべきだ[415]。」米軍政府のアンケート調査の結果からも、多くの人がこの新聞のことを東側に対して非妥協的で、決定的に西側に属すると判断していることが明らかになった。「米国の『フォルキッシェ・ベオバハター』（かつてのナチスの機関紙）」、「一〇〇パーセント米国的」、「教皇より教皇的」といった判定が下されたのだ[416]。情報管理局内の東西融和政策の信奉者にとっても、レーガーの好戦的な態度はやはり許容の範囲を越えていた。彼らは他方の側に対して〈いらいら攻撃《ピンプリック》〉よりも、むしろ客観的な論争を望んでいたのだ[417]。それにリベラル左派の米国人たちにとっては、ターゲスシュピーゲル紙の発刊は政治的敗北と捉える理由があった。というのも、一九四五年夏に最初の米軍認可を交付する目的でベルリンに赴任した新聞将校は決してペーター・デ・メンデルスゾーン一人ではなかったからだ。セドリック・ベルフリッジは左派の『フランクフルト展望』を創刊してすでに名をあげていたが、メンデルスゾーンがもう仕事に取りかかっていた頃に、もう一人の協力者を伴ってベルリンに現れ、『フランクフルト展望』のようなタイプの新聞をこの地で創刊する方途を模索していたのだ。当時まだ、いかに状況が流動的であったかは、適切な候補者に関してベルフリッジとヴィルヘルム・ピークとの間で交わされた会談でエーリク・レーガーの名前が登場している事実が示している[418]。

　共産主義者たちの騒がしい論争にも、何人かのＯＭＧＵＳ将校たちの静かな批判にも煩わされず、その分メンデルスゾーンの後任のベルト・フィールデン――情報管理局内の最初の断固たる反共主義者だった――の確かな支援を受けつつ、レーガーは自らの政治路線を追求していった。それは三つの不動の根本的立場を結ぶものだった。

強固な反ファシスト主義、そしてこれと対《つい》をなす同じほど強固な反共主義

〈ドイツの固有の道〉の継承といった考えは、それがどんな形であれ拒否すること

西欧との首尾一貫した、完全なる、無条件の一体化

ただ、レーガーが一心不乱に何ものにも煩わされずに彼の路線を追求したという言明は、ある種の限定を必要とする。彼がターゲスシュピーゲル紙の第一人者であることには間違いなかったが、米軍の認可手続きに即していえば、唯一の発行人ではなかった。彼とならんで、形式的には同等の権利を有する三人の共同発行人がいた。ハインリヒ・フォン・シュヴァイニヒェン、美術史家でかつての〈帝国芸術院総裁〉エトヴィーン・レーツロープ、ジャーナリストであり、評論家（そしてカール・フォン・オシエツキーの『世界舞台《ヴェルトビューネ》』の最後の協力者だった）のヴァルター・カルシュである。このカルシュは一九四五年の夏から秋にかけて短期間KPDにいた後は、レーガーの世界観と政治路線にまったくしたがっていた。彼は政治よりも芸術と文学に、つまり文化欄《フェユトン》の方に関心を抱いていたので、政治の方はレーガーに任せきりだった。エトヴィーン・レーツロープは端《はな》からお飾りの名士だった。彼はまったく別のプロジェクトに携わっていた（そのプロジェクトから数年後に〈ベルリン自由大学〉が生まれてくる）。最後のハインリヒ・フォン・シュヴァイニヒェンは実業家であり、もともと競合したり対立したりする関係ではないと思われた。彼の職業からして、事業の経済的側面が受け持ちだった。そのほかに彼が共同経営者たちから得ていた、編集部では「ドイツ国民の宗教思想の育成」を担当するという一札も、一人

の共同経営者の個人的な嗜好と見なされる以上には本気で受け取られなかった[419]。シュヴァイニヒェンの献身的なカトリック活動が、多発性硬化症を患っていることを知った彼の、数年前から続く人生の危機の結果であることは知られていた[420]。レーガー、レーツロープ、カルシュにしてみれば、シュヴァイニヒェンが彼ら三人分の――工面できなかった――共同資本金五〇〇ライヒスマルクをポンと差し出し、さらには初動期の資金を彼のポケットマネーで賄ってくれた以上は、同僚の共同経営者にこの程度のささやかな厚意を拒むわけにはいかなかったのである[421]。

ターゲスシュピーゲル紙の最初の半年は、発行人の間で軋轢が生じることもなく無事に経過した。これは基本的には彼らが相互に交流していなかったことから説明がつく。レーガーは気難しく、不愉快な人物として通っていたので、みなから煙たがられ、そのために完全に権力を掌握していた。時折掲載されたシュヴァイニヒェンのキリスト教的宗教論説はレーガーの舌鋒先鋭な主論説とならぶと異質な印象を与えたが、文句をつける人は誰もいなかった。

それだけに、ハインリヒ・フォン・シュヴァイニヒェンの認可を即刻取り消すという情報管理局の決定は意外だった。もっともこれ自体は異常なことではなかった。認可が取り消されることはめずらしくなかった。その所持者が後になってナチの過去を暴かれたりとか、あるいは例えば『フランクフルト展望』の左派の発行人がそうだったように、すでに始まっていた冷戦の政治的な状況にマッチしない場合に起こった。レーガー自身でさえ、一九四六年の初頭には認可取り消しの剣が頭上に垂れたことがあった。KPD・SPD合同問題での彼の偏った論説が当時はまだ有効だった米軍の中立政策に合致しなかったからだった[422]。だが、この篤実で献身的なカトリック教徒、ハインリヒ・フォン・シュヴァイニヒェンの何が米国人の目には、彼を即刻放り出すほどに危険なものに見えたのだろうか？

公式の見解には具体的なことはあげられなかった。「彼がまったく無責任な行動をとった……（そして）彼の同僚の認可所持者に対して陰謀を企てたのみならず、米軍政府の追求する目的を妨害しようと努めた。利己的な動機に駆られて、彼は国外の利害勢力の道具になり果てた。[423]」国外の利害勢力とは何であったのかについての唯一の示唆は、シュヴァイニヒェンが「活発な政治的活動を展開する、右派のグループの代弁者であり、ターゲスシュピーゲル紙の路線に影響を及ぼそうとしていた」というものだった。シュヴァイニヒェンが一九四六年六月までにターゲスシュピーゲル紙に発表したわずかばかりのキリスト教的宗教論説を鑑みて、この非難の現実味はすぐ後に起こったドイツ劇場のグスタフ・フォン・ヴァンゲンハイムの解任に関する公式発表と大差ないものだった。

シュヴァイニヒェンの事件は今日に至るまで解明されていない。ターゲスシュピーゲル紙の刊記には他の創刊発行人の名前はあげられているが、彼の名はない。ターゲスシュピーゲル紙の文書室に残された彼個人に関する唯一の痕跡は、彼が書いたいくつかの記事のみである。レーガーの遺文書の中には、シュヴァイニヒェンの友人で『南ドイツ新聞』の編集者だったシェーニング宛の手紙に記された、彼の事件は「悲劇的」だったという言葉以外には、彼に言及するものはない。[424]ターゲスシュピーゲル紙担当の管理将校、ベルト・フィールデンが残したわずかな書類の中にも彼を示唆するものはない。シュヴァイニヒェンが後に彼の共同発行人に対して起こした訴訟の記録も残されていない。彼の友人であり、後見人であったラインホルト・シュナイダーと交わした多数の書簡を除いては、シュヴァイニヒェンの遺文書は存在しない。なによりも、彼の事件を惹き起こすきっかけとなった文書が存在しないのだ。それはターゲスシュピーゲル紙に関する意見書であり、ベルリンの新聞研究者エミール・ドーヴィファトの助手と称するヤスパー・ペーターゼンなる人物の署名入りの、タイプ紙一六枚におよぶ文書だった。後に否定するのだが、シュヴァイニヒェンは明らかに自分とこの意見書とを重ね合わせていた。彼が共同発行人たちにその意見書を手渡した数日後に、認可取り消しの運命が彼を襲ったのだった。

　それでも、別のソースのわずかに残された文書や情報から、なぜシュヴァイニヒェンは——この男がいなかったらレーガーは新聞発行人にはなれなかっただろう——レーガーと衝突し、そしておそらくは彼の働きかけで追放されたのかをおおよそ復元することができる。ベルリン駐在の情報管理局長レナード大佐はシュヴァイニヒェン＝ペーターゼン覚え書きの内容を次のようにまとめている。「ターゲスシュピーゲル紙は今よりもさらに愛国的に《ナチオナール》、かつ非親米的になるべきである。[425]」だがシュヴァイニヒェンの「愛国主義《ナチオナリスムス》」とは何だったのか？　彼が世界観的・政治的に表現しようとしたものの適切な呼び名だったのか？　彼は米国人とレーガーにはキリスト教徒の子ヒツジを装って、実際には民族主義《ナチオナリスムス》のオオカミだったのか？　答えは簡単だ。ハインリヒ・シュヴァイニヒェンは同時に実業家であり、カトリック教徒であり、ドイツの愛郷主義者《パトリオート》だったのだ。だが最後のものは決して民族主義《ナチオナリスムス》的な意味ではなかった。それはフェルディナント・フリーデンスブルクの位置付けと比較しうるものだった。シュヴァイニヒェンの考えによれば、ドイツは西欧にも東欧にも属するべきではなく、独立した固有の位置を占めるべきなのだった。それはもちろん彼が共同発行人である新聞についてもいえることだった。それで彼がレーガーの明文化されなかった三つの原則のうちの二つに違反していたこと——反ファシスト的、反共的目標設定の点では一致していた——については、彼は意識していたにちがいない。逆にレーガーはドイツの第三の道の放棄と西欧への無条件の所属というプログラムは、シュヴァイニヒェンをもってしては実行不可能であることを知らねばならなかったであろう。シュヴァイニヒェンの考え方にしても、彼の社会的、文化的、政治的な背景にしてもレーガーはよく知っていた。彼はクライザウ・グループを生み出したシュレージエンの貴族の一派と同じ家柄の出だった。彼自身はこの抵抗運動グループに一度も所属したことはなかったが、ヘルムート・フォン・モルトケなど、その著名なメンバーとは友人関係にあった。[426] 彼のドイツ構想はモルトケやトロットのものと類似していたはずである。だが、レーガーの目からすればドイツ抵抗運動のこの一派は信用がおけなかった。自分にとって都合のいい間はナチスに仕えた日和見主義者たち、ナチスが一敗地にまみれたときになって反ナチに転向した連中だった。「われわれは彼らを使うわけにはいかない」と、一九四五年春の彼の日記には記されている。[427] そして結局のところシュヴァイニヒェンにもそれは当てはまったのだ。西欧との厳格な結び付きに賛成しないものは、レーガーの政治的見取り図から見れば、必然的に旧時代の厄災をもたらしたブランコ政治を旗印に掲げることになる。そして彼が覚え書きに詳述しているように、この政治こそが諸悪の根源だったのであり、どんなことがあっても、いかなる手段を講じても阻止しなければならなかった。一九四六年六月、レーガーは彼の同僚発行人であり、かつての支援者だったシュヴァイニヒェンの追放に成功した。これがもし半年前だったら、皮肉なことに立場はほぼ逆になっていただろう。当時シュヴァイニヒェンは、ターゲスシュピーゲル紙がKPD・SPD論争の際に偏った報道をして、その超党派・独立路線を逸脱したとして不満の声をあげたとき（「われわれはSPDの戦闘新聞になった」[428]）、彼はレーガーよりもはるかに米軍の不偏不党路線に忠実だったのであり、そのためにレーガーは認可を取り消されても不思議はなかったのだ。

ルドルフ・クルツ

一九四五・四六年の四国占領都市ベルリンにおいては、連合軍に認可を申請して承認されなかったからといって、それで完全にリタイアしたことを意味してはいなかった。それぞれ一つの連合軍に統治されていた地帯とは違って、ベルリンではつねに三つの選択肢が残されていた。アイザック・ドイッチャーがベルリン市民を「タレーラン集合体」と評した通りに、その選択肢はおおいに利用された。

ハインツ・ウルシュタインはメンデルスゾーンとの交渉に失敗した後、占領地区を移る必要さえなかった。数ヵ月後には彼は、一種の残念賞としての意味もあったろうが、米軍から女性雑誌（『彼女《ジー》』）の認可を受けたし、メンデルスゾーンのような知識人ピューリタンたちに何ら邪魔されずに米軍地区でその娯楽路線を追求することができた。かつて彼のプロジェクトに属した者たちも、やがてそれぞれが一九四五年秋から一九四六年春にかけて乱立した報道出版界のどこかに職を見出していた。仏軍の認可を受けた『クーリエ』紙、英軍の認可を受けた『テレグラフ』、そして着々と拡大を続けるラジオ・ベルリン、新しい米軍放送局ＤＩＡＳ・ＲＩＡＳ、英軍放送局ＮＷＤＲのベルリン支局、米軍新聞『ノイエ・ツァイトゥング』紙、あるいはまた数多くの雑誌などである。ルドルフ・クルツはウルシュタイン一派の中では牽引車の役割を果たした。交渉の終局近くになって、本当は大衆紙を作りたいのだが、米国人がどうしてもというのなら、もちろん『フォス新聞』のようなのだっていくらでも作れますよ、といった言辞を弄した男である。その彼も一九四五年秋には働き場所を見つけていた。

当時六二歳だったルドルフ・クルツは、ウルシュタインのプロジェクトグループの同僚の一人からは「奇人」、「エネルギッシュなバカ」と評された男だが[429]、表現主義時代がその絶頂期であり、それももうとっくに過ぎ去っていた。アルフレート・ケルに「見出された」彼はベルリンの表現主義文学の第一期に属する活発な若き才能の一人だった。『シュトゥルム』誌の創刊号に掲載された綱領的論説は彼の手になるものだった。彼は先駆者の一人として新しいメディアである映画に関心を抱き、『表現主義と映画』（一九二六年）という書物を著わした。二〇年代には『映画舞台《リヒトシュピールビューネ》』誌の編集長を務めた。その後は喜劇脚本家として活動した。古顔文学者への転落のパターンは、ブレヒトの主人公〈バール〉が年老いて辿った道を想像すれば、それがそのまま彼が歩んだ道だったようだ。

一九四五年一二月七日に創刊され、刊記に編集長として彼の名前があげられた新聞は『夜間急行《ナハトエクスプレス》』と名付けられた。それは見るからに、彼とウルシュタインがメンデルスゾーンとともに作ろうとしていた大衆紙だった。軽佻浮薄にして、気安さと娯楽の新聞、それはクルツがかつていったように、読者が「アレクサンダー広場で買って、フリードリヒ通りで投げ捨てる」[430]ことができるようなものだった。スポーツが多くの紙面を占め、文化欄もこのタイプの新聞にしては不釣り合いに大きかった。文化欄を担当したのは、ウルシュタイン一派のクルツの仲間、パウル・ヴィーグラーだった。ヴィーグラーはあのプロジェクトの失敗以後、あちこちでジャーナリズム活動に従事していた。『アルゲマイネ新聞』には演劇評論を執筆し、文化同盟の雑誌『アウフバウ』の文学欄の編集をし、アウフバウ出版の編集員を務めていた。どうやらヨハネス・R・ベッヒャーとは気心が通じていたようで、二人は共同で一九四八年に雑誌『意味と形式《ジン・ウント・フォルム》』を創刊した[431]。一九四五年末の『アルゲマイネ新聞』の廃刊にともなって、彼のそこでの活動は終わるが、彼の友人クルツによって創刊された『夜間急行』が歓迎すべき代替となったのだった。

創刊初年の『夜間急行』の文化欄はワンマン欄だった。署名入りの評論はヴィーグラー一人が執筆し、そのほとんどが演劇批評だった。他の記事はすべてすでに発表ずみの有名な著者の評論、詩、短編、エッセイだった。一九四六年の間にその状況は変わっていった。夜間急行の文化欄はアクチュアルになった。若い協力者が新たに加わったが、そのうちの誰一人として、『クーリエ』（後に『日刊展望』）のヴォルフガング・ハーリヒや『ターゲスシュピーゲル』のヴァルター・カルシュや『ノイエ・ツァイトゥング』のフリードリヒ・ルフトのように名を馳せることができなかった。ヴィーグラー一人がベルリンの文化欄の世界でこの新聞を代表する名前だったのだ。六七歳という年金生活者の年齢に達していた男、その絶頂期は第一次大戦前のヴィルヘルム時代だった男、その彼が今になって毒にも薬にもならない文化欄を書き、歯の抜けた八方美人的な評論を書いて、晩年を過ごしていたのである。

文化欄のいたるところに顔を出すパウル・ヴィーグラーの名前とは相違して、編集長のルドルフ・クルツの名前は『夜間急行』の編集部欄のどこにもなかった。この男がこのポストにいることを唯一示すものは、刊記にあげられた彼の名前だけだった。これは要するに、大衆紙『夜間急行』が政治的な部分では無署名の記事を掲載していたためだった。『夜間急行』は政治的な論評にはほとんど踏み込まなかったし、論評が出る場合でも、無署名、つまりイニシャルなしだった。だが、すべての記事が署名入りだったとしても、ルドルフ・クルツの名をその中に見出すのは困難だっただろう。というのもこの新聞の編集主幹は社内のジャーナリストの中で一番の怠け者だったからだ。彼の部下で友人だったクラウス・ポッへは次のような、決して悪意からではない描写を残している。「彼は一日中パジャマで過ごしていた。われわれの所には大会議室があって……その隣の部屋で彼は横になっていた。そこで彼は何かを読んでいるか、眠っているか、自分の世話係の女性と何事かしていた。彼がわれわれを訪問するときは、パジャマの上に黒い背広をはおってすませていた。」毎日の編集会議の参加についてはこうである。「クルツはガウンをはおって彼の部屋から出てきた。クーグラー（地区版編集部の編集長だった＝原著注）が〈それじゃ、簡略にいこう。素晴らしい号だ。体裁は整っている。天気も打って変って素晴らしい。地区版もきちんと入っているし、折り込みもいつも通りだ。刊記も正確だ〉と言うと、クルツは一瞬顔をあげて、ただこう言った。〈素晴らしいじゃないか！〉[432]」

このような人物が重要なポストに就くことができたのはなぜだろうか？　このような編集主幹を戴いておけた『夜間急行』とはいったいどのような新聞だったのか？

一九四五年一二月七日にこの新しい夕刊紙の創刊号を手にとったベルリンの読者は、キツネにつままれたような気がした。モーレン通り、すなわちロシア軍地区で発行されたということ以外には、その出自や背景を示すものは何もなかった。政治面には一切の論説らしきものがなく、それがむしろ距離をおいた客観性という印象を与えた。この印象は、東および西の通信社が均等に、どちらかといえば西側に傾きかげんで扱われていたことによってさらに強化された。米軍の情報管理局が一九四六年六月に『夜間急行』の評価についてアンケートを行ったところ、同紙をロシア軍管理の新聞と答えたのは回答者中わずか二三パーセントであり、七七パーセントの人が独立系の新聞と見なしていたのだ。[433]

事実、『夜間急行』はロシア軍の創造物だった。その四人のドイツ人の発行人は[434]――その一人がクルツだったが――SMADから認可のみならず、資本金までも同時にもらっていた。構造はデーファのそれと似通っていた。ロシアの資本とロシア軍の管理のもとでドイツ人のためのメディアが生まれたのであるから。だが、アルフレート・リンデマンが舵とりをしていたデーファとは異なり、『夜間急行』にはドイツ人の舵とりがいなかった。ルドルフ・クルツが居眠りしながら座っていた編集主幹の実務を実質的に、かつ精力的にこなしていたのはＳＭＡＤのフェルトマン少佐だった。この事業を軌道に乗せ、そして一九四九年の謎めいた失踪までの間、その頭脳であり駆動力であったのもフェルトマン少佐だった。ＳＭＡＤの協力者だったオイゲニア・カツェヴァの回想によれば、フェルトマンは情報部門に数多くいたレニングラード出身のユダヤ系知識人の一人で、「小柄で小太りだったが、身のこなしが敏捷でとても賢い男」だった(435)。彼の突然の失踪については、西側の報道ではさまざまな憶測が流れた。彼は西に亡命したという説もその一つだったが(436)、彼の多くの同僚たちと同じように、彼も四〇年代末期の反ユダヤキャンペーンの犠牲になった可能性が大きい。彼の逮捕の口実となったのは、カツェヴァが推測するように、おそらくドイツ人の愛人だったのだろう。フェルトマンの手によって巧妙に描かれた政治路線は、読者にその存在さえ気付かせなかった。報道記事は西側の通信社から配信されたものを論評なしでそのまま載せたので、おのずと思い通りの読者の反応が生じた。重要な機能を担ったのは〈世界の声《プレッセシュテイメン》〉欄だった。通常とは違って第一面を使って、『ニューヨーク・タイムス』から『デイリー・ワーカー』に至るまで、国際的な新聞の政治論評のうち、西側の政策を批判した記事、東側の政策を考慮に値すると評した記事を集めて、ずらりとならべたてたのだ。

フェルトマンの下で働くドイツ人編集者たちは『夜間急行』を内輪では〈『日刊展望』の夕刊版〉と呼んでいた(437)。人事的、経済的な関係に関してはこれは当たらなかったが、フェルトマンの新聞の性格と機能に関しては核心を衝いていた。だが、ＳＭＡＤの重苦しい公式機関紙よりも、むしろ二〇年代にヴイリー・ミュンツェンベルクがＫＰＤ機関紙のジャーナリズム的ゲットーを打ち破るために構想した新聞のタイプにずっと似ていた。彼が生み出した『夕刊世界《ヴェルトアムアーベント》』、『朝刊ベルリン《ベルリンアムモルゲン》』、『新月曜新聞』は一見したところ大衆紙と何ら変わらなかった。スポーツと娯楽がたっぷり、政治は脇役でしかも間接的だった。ウルシュタイン社とシェール社はこうした軽い新聞でマスメディアの読者を獲得しようとしたのだったが、二〇年代の読者はその傾向にほとんど気付かなかった。それと同様に、一九四六年の情報管理局のアンケートに回答した『夜間急行』の読者は、その巧妙に仕組まれた方向性に気付かなかったのだ。「大衆の獲得」(ロルフ・ズールマン)――ミュンツェンベルクの新聞の目標はそのままロシア軍が『夜間急行』で狙ったものだった。アレクサンドル・ドゥイムジツは次の公式に還元している。「できるだけ多くのベルリン市民が『夜間急行』を米国の新聞だと思ってくれることが、われわれにとってはとても重要である。[439]」

ではルドルフ・クルツはどうだったのか? かの年老いたボヘミアン、生涯において政治にも、いわんや共産主義にも関心を抱いたことがなく、「マルクス主義などクソ食らえだ[440]」といった発言が伝わるあの男は?

米国側のプロジェクトが失敗に終わった後、彼はロシア側の任務に就いたのだったが、彼にとってこの乗り換えは、以前のメンデルスゾーンのために大衆紙を作るか、それとも『フォス新聞』を作るかの問題と同じくらいどうでもいいことだった。自分がロシア軍のトロヤの馬の腹に収まるかもしれないといったことは、どうやら彼の脳裡には思い浮かばなかったようだ。だが逆にいえば、どうしてSMADは明らかに彼らのイデオロギーに何の共感も示さないこのオブロモフを、こうしたポストに就けたのだろうか?[441] この不思議な結び付きの長さ(『夜間急行』の発行が停止された一九五三年まで、八年間)を考えれば、それが錯誤や事故といったものではなく、安定した、双方にとって明白に利益になるパートナー関係、あるいはより正確にいえば交換ビジネスだったことを示している。つまり、クルツは刊記に記される彼の名前の代わりに寝巻姿の気楽な存在を保証されたのだ。『夜間急行』のクルツというのは、もうそれだけでシェイラ・フィッツパトリックが描いた党と知識人の利益交換の関係を表わすカリカチュア化した一例だった。それは三〇年代のソ連で形成され、一九四五年以降ドイツのソ連占領地帯の社会と文化を刻印することになったのである。

『世界舞台《ヴェルトビューネ》』誌

一九四五年から四八年までのベルリンの政治的領域を渡り歩いた知識人の中でも、エーリク・レーガーの共同発行人だったヴァルター・カルシュは最も動きの激しい一人だった。一九四五年の初夏に彼は新たに創設されたKPDに入党した。その晩夏には、『ターゲスシュピーゲル』の共同発行人になった。そしてその政治色が鮮明になった秋にはもうKPDを離党した。(442) それ以後東側が「カメレオン・カルシュ」(443) というあだ名をおくったこの男はいったいいかなる人物だったのか？

一九四五年当時三九歳だったカルシュは、一九三三年頃に世にはばたこうとしていた知識人や文学者の一人で、第三帝国によって出鼻を挫かれた世代だった。カルシュはすでに青年期から左翼的な傾向をもっていた。ベルリン大学（ドイツ文学、歴史、哲学専攻）の学生時代に独立系社会主義グループ〈赤軍学生同盟〉に加わっていた。その後、一九三一年以降カール・フォン・オシエツキーの独立系左翼誌『世界舞台《ヴェルトビューネ》』で彼の助手を務めた。第三帝国が成立するまでの時間は短く、ナチスの敵、潜在的国家反逆者として名をあげることはできなかった。カルシュはナチス支配の一二年間、一切の著作活動、ジャーナリズム活動を停止し、厳密な意味での内的亡命のうちに暮らした。一時的には職を失いながら、臨時のセールスマンをして生計を立てた。[444]

こうした前史をもつ者が一九四五年になってKPDを新たな政治的故郷と見なしたとしても、また一九三三年の時点で停止を余儀なくされたところから出発していこうとしたとしても、さほど不思議なことではない。ヴェルトヴューネ誌の主幹だったオシエツキーとトゥホルスキーの死後、自分をその正統な相続人と見なし、ドイツの独立系左翼知識人の旗艦を新たに進水させたと考えることができる。一九四五年七月三日、彼は文化同盟の会長に就任したヨハネス・R・ベッヒャー(「親愛なるベッヒャー同志」)に手紙を書き、自分の計画を披露した。「私はカール・フォン・オシエツキーの逮捕の日まで彼と極めて緊密に協力して仕事をしていました。その私が、かつてのヴェルトヴューネ誌を新しい形で、しかしまったくオシエツキーの精神のままに復刊させたいのです。私は、三三年に著作家としての職業の遂行を放棄し、一二年間沈黙を守ったことでその権利を授かることができると考えています。左翼系の著作家にとって、ことに論争的な性格にとって、ナチス支配の下で著作活動を継続しようとすることは否応なく精神の荒廃に逢着すると思われたからです。[445]」ベッヒャーと『ヴェルトヴューネ』の問題を話し合う時間、つまりその再刊の可能性を考える会談をもたせてほしいというカルシュの願いは実現しなかったようだ。少なくともカルシュが願ったような支援は得られなかったようだ。ベッヒャーがカルシュと話し合い、カルシュがさらに希望をつないだことを示す唯一の証拠は、ベッヒャーが発行する雑誌『アウフバウ』の一九四五年秋の号にカルシュが寄せたオシエツキーについての評論である。そこには次のようなあけすけにほのめかすような文が記されている。「彼(オシエツキー=原著注)はわれわれから徹底した明晰さ、表現の徹底した厳密さ、思考の徹底した清廉さを求めた。そしてそれこそまさに、一二年間の精神的、言語的荒廃の後に、今日われわれが筆を執ってこの時代の途方もない課題の解決のために貢献しようとするとき、もっとも必要なものである。」[446]

この文章が掲載された頃には、カルシュはすでに『ターゲスシュピーゲル』に職を得ていた。そして彼にとって『ヴェルトビューネ』のプロジェクトはそこまでだった。同じ一九四五年の夏に、カール・フォン・オシエツキーの圏内から出た別の人物が、『ヴェルトビューネ』の復刊の計画を練っていたことを、彼は知るよしもなかった。

モード・フォン・オシエツキー（旧姓、ウッズ）は一九三八年のその死のときまでパンコウの病院で夫に付き添い、その後自ら神経科病院で数ヵ月を過ごしたのだったが、その彼女は本来の秩序ある市民階層的な生活の軌道から投げ出された人だった。ゲシュタポに付きまとわれ、いやがらせを受けながら、彼女は流転の生活を送った。英植民地将校の娘として一八八八年にインドで生まれた彼女は、その青年期には意識の高い、自立した女性運動家だった。一九一三年のオシエツキーとの結婚とドイツへの移住によって新たな生活の中心が現れた。オシエツキーだった。彼の死とともに彼女はもっとも重要な支えを失ったのだった。モード・フォン・オシエツキーはアルコール中毒になった。[447]

一九三八年以降に彼女が交流していたわずかな人たちの一人に、もとは出版者営業マンだったが、ニュルンベルク人種法で市民的生活の軌道から追放されたハンス・レオナルトがいた。ほんのすこしの知り合いだったが、破局の後には新たな意味が加わった。オシエツキーという名前——一九三八年以降ゲシュタポの指令によってモード・ウッズはこの名を名乗ることを許されなかったが——今や新たな響きをもつことになったからだ。オシエツキー神話の未亡人にも関心が集まり始めた。彼女のあまり信頼のおけない回想録によれば、ある詐欺師（「ジャックと呼ばれたフランツ・クリューガー」）がその名を利用して大儲けを企んだことがあった。また、かつてウルシュタイン出版の編集者を務め、当時は『アルゲマイネ新聞』の創刊者であり編集主幹だったハンス・ヴァレンベルクが彼女を訪れて、新たな『ヴェルトビューネ』の可能性について彼女と話し合ったこともあったようだ。[448] 未亡人を〈オシエツキー〉あるいは〈ヴェルトビューネ〉のプロジェクトの出発点にしようという雰囲気が、一般に支配的だったのだ。

一九四五年夏にパンコウの役場に勤務しながら、日常的なさまざまの面でモード・フォン・オシエツキーを援助していたハンス・レオナルトも、やはりこの方向で考えていた。レオナルトはもともと知識人ではなく、文化に関心を抱く左翼的傾向をもつ営業マンだった。この二つには家族的な背景があった。彼の父フーゴー・レオナルトは作曲家兼楽団指揮者（もとはレーヴィゾーンといった）だったし、家族は革命家リープクネヒトの家族とも親しかった。レオナルト自身は一九三三年まではどの政党にも属していなかったが、一九四五年以後に記した経歴書の中で告白しているように、「心情的には……USPD（独立社会民主党）の、そして後にはKDPのシンパだった。[449]」職業教育の時期に彼はベルリンのいくつかの音楽出版社、演劇出版社で実習したが、一九二〇年にはジークフリート・ヤーコプゾーンの主幹する『ヴェルトビューネ』出版のもとでも数週間か数ヵ月の間研修している。ナチスの時代を彼はヴァルター・カルシュと同じようにセールスマン（フランスの香水会社ロレアルなど）をして生き延びた。彼もまたカルシュと同時期にKPDに入党している。このとき、彼は四三歳だった。[450]

レオナルトは〈オシエツキー／ヴェルトビューネ〉のプロジェクトを、パンコウでの役場勤務の傍ら押し進めた。彼の最初の行動の一つは、モード・フォン・オシエツキーからあのいかがわしい、ジャックと呼ばれたフランツ・クリューガーを追い払うことだった。その他にも彼は、彼女がリュッツォウ広場一〇番地の広い住居を手に入れるのを手助けした。住居は計画していた編集室を収容するのに十分な広さ（二三三平米）だった。彼は彼女に代わって認可申請書を作成し、それをモードが――彼女は依然英国籍を所有していた――英軍情報管理局に提出した。それから彼は、認可の交付が確実で時間の問題と思われたので、〈ヴェルトビューネ〉のプロジェクトを出版、営業の面でも実現させるために最初の一歩を踏み出した。信託下にあったテンペルホーフ印刷所――この時期には『アルゲマイネ新聞』が印刷され、『ターゲスシュピーゲル』の準備段階に入っていた――の業務主任との交渉の結果、委託印刷で新しい『ヴェルトビューネ』を印刷することが技術的に可能であり、かつその意思もあることが分かった。かくも順風満帆に、かくも楽観的にことは進行し、レオナルトはやがてまもなく表紙の試し刷りを受け取ったのだった。

ところが突然、一九四五年から四六年にかけて、すべてが停滞に陥った。モード・フォン・オシエツキーはたしかに申請した認可を一旦交付されていたが、その後で取り消しになったのだ。理由はこうだった。「『ヴェルトビューネ』のタイトルはすでに他者の所有物である。[451]」

他者とはニューヨーク在留の二人の亡命者、ヘルマン・ブジスラフスキーとヘレーネ・ライヒェンバハだった。彼らはニューヨークの新聞『アウフバウ』でベルリンの〈ヴェルトビューネ〉計画のことを読み、いそいで英情報管理局に異議申し立てをしたのだった。根拠は、彼らは一九三三年以降プラハで発行された亡命誌『ヴェルトビューネ』の全権利を一九三四年にジークフリート・ヤーコプゾーンの未亡人から買い取ったというものだった。『ヴェルトビューネ』のタイトルの法的亡霊は、長い休憩の後一九九〇年になって再び混乱を巻き起こしたのだが、一九四六年にすでに初演を打っていたのだ。[452]

ニューヨークからの異議申し立てを受けて、一九四六年のベルリンでは代替タイトルの懸命な探求が始まった。図柄も含めて検討されたのは、『カール・フォン・オシエツキー——ヴェルトビューネ』だったが、そのサブタイトルの複雑さを見れば、著作権という薄氷を踏みしめる困難さがよく分かる。二つの例をあげておこう。「創刊者ジークフリート・ヤーコプゾーンとその後継者カール・フォン・オシエツキーとトゥホルスキーの意味における、政治、文化、学術のための雑誌」、「政治、文化、経済のための雑誌。『ヴェルトビューネ』の最後の主幹、カール・フォン・オシエツキーに捧げる。[453]」

ハンス・レオナルトは、こうした文言の意味と無意味について英軍将校と議論しているうちに、彼とモード・フォン・オシエツキーとのパートナー関係自体が何らの法的基盤をもたないことにおそらく気付いたのだろう。それで次のステップとして、共通の利害と相互の義務を契約によって確定することになった。一九四六年二月一七日に、一〇年の期限付きでセールスマンのレオナルトとオシエツキーの未亡人の間で交わされた契約は、モードが創刊される雑誌『カール・v・オシエツキーのヴェルトビューネ』の発行人となり、ハンス・レオナルトは編集主幹（給料月額四〇〇ライヒスマルク）になると規定していた。数ヵ月後に契約条項が追加され、レオナルトの職能がさらに厳密に定められた。彼は「雑誌社の代表、編集主幹、デザイン主任」と規定された。すでに創設されていた会社の六〇パーセントがモードの持ち分、四〇パーセントがレオナルトの持ち分と定められた。[454]

元の個人的な交友関係がいかに明白なビジネス関係に移っていったかは、レオナルトが担当するようになっていた会社の資金的な側面を一瞥すればよく分かる。『ターゲスシュピーゲル』や『夜間急行』のように背後に控える占領軍の物質的な支援を得ていた大型認可出版とは違って、『ヴェルトビューネ』

は個人としてのドイツ人から出発する行動であり、所轄の軍政府からは認可以外の何も期待できなかった。戦勝国のどこも、ワイマール時代の知識人雑誌の復刊に、経済的な支援をしようと考えるところはなかった。ところがKPDはどうやら事情が違っていたようだ。KPDは一九四六年一月一五日、党員レオナルトに彼のプロジェクトに対して二万ライヒスマルクにのぼる無利子の貸付金を認めたのである。(455)三月九日に彼はその金額をすでに創設されていた〈モード・フォン・オシエツキー出版社〉に三パーセントの利子で又貸しした。契約では、この貸し付けは英軍による認可の交付を条件とし、交付されない場合には引き上げると定められていた。

こうしたさまざまな障害や遅延をへて、六月初旬にようやく第一号が出たとき、今度は英情報管理局にとってだったが、もう一つの意外な驚きが待っていた。ニューヨークからの異議申し立ても、新たなタイトルについての長く困難な交渉もなかったかのように、タイトルは元の申請通りに、『ディ・ヴェルトビューネ』となっていたのだ。そしてこの雑誌に交付された認可は、申請が出された英軍のものではなく、降って湧いたがごときロシア軍のものだった。ハンス・レオナルトは後年この突然の陣営替えを次のように説明した。英国人は一九四六年春に彼の事業を政治的な理由から頓挫させた。それればかりか、英国人と米国人は彼の裏を掻いて、西側寄りの『ヴェルトビューネ』を発刊しようとしていた。(456)とすれば、そのような作戦には籠城して応戦するほかしかたなかったのだと。データを観察する限り、ことは慎重に計画されたというより、大急ぎで実行されたもののようだ。一九四六年五月二九日、英軍の新聞将校はモード・フォン・オシエツキーの署名入りの通知を書留便で受け取った。「私は……先に交付された認可を……使用しない決心をした。」新しい認可交付者の名はあげられていなかった。それから数日後の六月初旬には、『ヴェルトビューネ』の第一号が出荷されている。当時一般的だった製作時間からすれば、その号は五月二九日よりも前に組まれて、印刷されていなければならない。刊記に記されたロシア軍の認可証にしても、印刷のときにはまだ存在しているはずはなかった。認可の日付は六月一日であり、交付されたのは出版されてから数日後の六月六日のことだった[457]。

復刊の状況とそれに関与したグループから判断して、この新生『ヴェルトビューネ』は外観の相似(判型、図版、色調)にもかかわらず、先行誌とはほとんど共通性がなかったと考えられる。それが製作された場所——モーレン通りの『夜間急行』の建物——にしても、この点に関して特に信頼感を呼び起こすところではなかった。『ヴェルトビューネ』は『夜間急行』が大衆紙のそれであったものに、つまり知識人誌のトロヤの子馬《ポニー》になる定めだったのか？

このハンス・レオナルトのプロジェクトは、批判的な同時代人たちからはそうとは受け取られなかった。それを示しているのは、ヴァルター・カルシュの見せた最初の反応である。彼は発行人として保証された存在から、無関心と好意の相半ばした思いを抱いて、レオナルトの活動を見ていた。無関心とは、彼自身はもはやそこに関与していないからだった。好意とは、『ヴェルトビューネ』のことが問題になっていたからだ。ベッヒャーへの接近に失敗した彼がその後、復刊されつつあった『ヴェルトビューネ』について、「その雑誌は私にはもう興味がない。そもそものような考え方自体がまったく狂っていると思う[458]」と述べたのは、いくぶん酸っぱいぶどうの味がしなくはなかった。いずれにしても、彼はこの雑誌にそれなりの関心を抱いていたのは間違いなく、彼は友人で批評家仲間のヴォルフガング・ハーリヒからリュッツォウ広場での出来事の情報を仕入れていたし、一九四六年二月には新しい『ヴェルトビューネ』のために旧雑誌についての評論『カント通り一五二』(オシエツキー『ヴェルトビューネ』の住所)を書いたのだから。

カルシュの評論は掲載されなかった。『ターゲスシュピーゲル』の共同発行人である著者がKPDにとって、そして同時にハンス・レオナルトにとっても「我慢がならぬ」（エーリヒ・ヴァイネルトからハンス・レオナルトへの言葉）人物になっていたからだった。[459]後は公然たる敵対関係になった。『ヴェルトビューネ』には、カルシュをその一九三〇年以降の政治的変遷から「カメレオン・カルシュ」と名付けて笑いものにしたり、屈辱的な行動の噂に引きずり込もうとする記事が掲載された。カルシュは『名前の濫用について』という評論でこれに応戦した。この中で彼はオシエツキーが守り抜いた独立性を放棄し、SEDの道具にしてしまったとレオナルトの『ヴェルトビューネ』を論駁した。[460]

だが、こうした対立は『ヴェルトビューネ』の初年においてはむしろ例外だった。旧『ヴェルトビューネ』の協力者たちの多くは――カルシュも最初はそうだったが――復刊を重要な出来事として、またその雑誌を真剣に受け取るべきフォーラムとして歓迎した。トーマス・マンも一九四九年に、「ヤーコプゾーンとオシエツキーが作ったとしても、現在の世界状況のもとでは同じようなものになっただろう」[461]とレオナルトに保証している。初年の号の執筆者を一瞥すれば、リベラル派と共産主義者の入り交じった、教条的でない新聞といった印象を受ける。

エーリヒ・ヴァイネルト、エーリヒ・ケストナー、ヘルベルト・イェーリング、アクセル・エッゲブレヒト、ゲルト・H・トイニッセン、カール・コルン、ヴォルフガング・ハーリヒ、カール・シュノーク、フリードリヒ・ルフト、クルト・リース、ホルスト・ロンマー、ギュンター・ブラント、パウル・リラ、アルベルト・ノルデン、ギュンター・ヴァイゼンボルン、パウル・メルカー、ヘルベルト・オイレンベルク、エゴン・エルヴィーン・キッシュ、フリッツ・エルペンベック、クルト・ヒラー、エトガー・モーリン、アルフレート・カントロヴィッツ、リオン・フォイヒトヴァンガー、ヴォルフガング・

レオンハルト、クルト・R・グロスマン、ラルフ・ジョルダーノ、ヴァルター・キアウレーン、アレクサンダー・アーブッシュ。

一九四六年九月、市議会選挙の前哨戦において『ヴェルトビューネ』はまだヨーゼフ・グルナーという名のSPD幹部のSPD－SEDの関係に関する論文を掲載していた。ただ、そうした危険なテーマに論評を加えることは避けていた。一九四七年には多党派的な外観はしだいにしぼみ始めた。西側に生きる執筆者たちは、エーリヒ・ケストナーのように静かに沈黙したり、あるいはクルト・ヒラーのように声高に抗議したりしながらも、一人また一人と仕事をやめていった。著名な執筆者として、そしてまた旧『ヴェルトビューネ』の連続性の証明としてのヒラーに対しては、発行人としてのモード・フォン・オシエツキーに対するように、レオナルトは並々ならぬ関心を抱いていたが、彼にとって残念なことにヒラーはオシエツキーの未亡人ほど易々とは彼の道具になってはくれなかった。レオナルトはロンドンに住んでいるヒラーに「その時どきの時事問題に時代に即した論評を加えるのは、おそらくそれほど難しくないだろう」から、「平和主義的な性格のテーマ」について書いてくれるよう依頼したとき[462]、すげなく断られたうえ、最後通牒まで突きつけられた。カルシュから警告を受けていたヒラーは、以後の協力をするにあたって、レオナルトにとっては実現不可能な二つの条件を出したのだ。一つには、『ヴェルトビューネ』はカルシュに対して行われた誹謗中傷を謝罪すること、もう一つはヒラーからヴィルヘルム・ピーク宛の公開書簡を掲載することだった。「その書簡の中で、私は自由主義的社会主義者と共産主義者、および他の進歩的なグループとの共同歩調を提案するが、その前に彼の党からある種の亡命くずれたち、亡命から帰還してきた、ある特定の犯罪者集団を追放することが不可避であると宣言するつもりだ[463]。」

リベラル派や独立系左翼の声が沈黙する一方で、それに呼応してSEDの存在がますます明白になっていった。ギュンター・ブラントは今日ではまったく忘れられた存在だが、一九四五年から四八年にかけてベルリン知識人の独立系左翼グループの指導者の一人だった。彼は『ヴェルトビューネ』の初年次には定期的な論説執筆者であって、ほとんど論説主筆ともいえた。その彼も協力を停止し、一九四七年に彼の後任に就いたのはアレクサンダー・アーブッシュだった。論説を書きつつ、管理するのが役目であり、『ヴェルトビューネ』の党公認の検閲官となった。(464) こうして戦列が固められていったが、その前にいま一度、旧『ヴェルトビューネ』の独立性――レオナルトはもともと背広につける飾りピンぐらいにしか考えていなかった――を真剣に受けとめ、実現しようとする試みが一人の若者によってなされた。彼ほど第三帝国から冷戦への過渡期におけるベルリンの知識人の特異さ、雰囲気、移り気を極端なまでに体現した人物はほかにはいなかった。

ハーリヒ

二二歳のヴォルフガング・ハーリヒは、一九四五年六月初旬にパウル・ヴェーゲナーの個人的な助手として芸術家協会にやってきた。そのとき彼は、やがて戦後ベルリンの文化界においてもっとも影響力の大きい人物の一人に至る出世街道のスタート地点に立っていた。このシュリューター通りで彼はベルリンの文化、あるいはその先人たちの残したものに出会い、それとの付き合いを学んだ。協会の終末が近づいてきたとき、彼は一九四五年秋に創刊された仏軍認可の新聞『クーリエ』に加わった。『クーリエ』紙の演劇批評家として彼はその自在にして辛辣、かつ論争的な文体を操って知的アンファン・テリブルの名をほしいままにした。『ドイツ展望』の発行人だったルドルフ・ペヒェルを、彼はあるとき——ペヒェルは第三帝国時代には強制収容所の囚人だったにもかかわらず——ナチスの同調者と呼んで攻撃した。ペヒェルは『ヒムラーからハーリヒへ』というタイトルの下に、ハーリヒを「頭に直接二本足がはえた、一種のホムンクルス」として描き出した人物像でもって、それに報復した。「調節機能なし、抑制力なし、畏敬の念なし、最後の最後まで非寛容で、人間の尊厳や他者の個性、その信念や業績を敬う気持ちなどまったくなく、自己規律も自己批判も知らず、心ももたず、情緒もない。ためにする争いを好み、思考のボール遊びをする男、変幻自在で千変万化、節操がないのでどこでも使用可能。昨日の友は今日の敵。冷たい炎、それは彼が何かに肩入れしたときはっきりと現れる。ただもう口から次々と文句が溢れ出るが、彼の心は知らぬ顔……彼はすべての実質がない人間と同様、自分を擦りつける敵が必要なのだ……要するに、愉快な悪意に満ちた人間、天才もどきの神童、その小僧にはたいていのことなら、その内部の老いぼれくささも大目に見たくなる……」(465) エルンスト・ニーキッシュは、ハーリヒとは特に個人的には敵対してはいなかったが、ハーリヒを「活動的な才能だが、本当の意味での創造的な深さをもたない」と評した(466)。彼の犠牲者の一人、グスタフ・フォン・ヴァンゲンハイムの例が示しているように、たしかにハーリヒの批判は壊滅的な効果をあげたようだ。別の犠牲者、ケーテ・ドルシュが芸術家クラブ〈かもめ〉の客たちの面前で彼に食らわせた平手打ちは、ベルリン中の話題になったし、彼のイメージの一部にもなった。そのようなイメージをおそらく彼自身も、またベルリンの文化界もともに愉しんでいたのだ(467)。いずれにしても、ハーリヒが一九四六年に自らを「ベルリンでもっとも人気の高いジャーナリスト」の一人と位置付けたのは誇張ではなかった。彼と同年輩で出世仲間だったフリードリヒ・ルフトとは心からの友情でつながれていた。この若者の夢の実現が、本来こうしたポストに就くべき年配者が亡命したり、殺されたり、あるいは信頼を失っていたという事実に負うていたことを、二人が意識していたかどうかは、円熟した知性に向かっていたとは言い難い二人の若い年齢からすれば、おおいに疑問としなければならないだろう。

文化欄の記事といった、パンを稼ぐだけの仕事に満足しなかった若い知識人たちと同様に、ヴォルフガング・ハーリヒとフリードリヒ・ルフトの二人もまた、自前の雑誌の創刊を計画していた。『橋《ブリュッケ》』という名称で、占領軍からは独立した第三の道を切り拓く予定だった。[468] ナチ時代に二人の若者に感銘を与えていた評論家ヴェルナー・フィードラー——彼は「芸術観察ではなく、批評」(ハーリヒ、一九九三年)を発表していたわずかな人の一人だったから——が出版関係の指揮をとり、フリッツ・ヘルヴィヒ——かつての豪華ファッション雑誌『新しい線《ディノイエリーニエ》』の発行人だった——が技術・組織面の指揮をとることになっていた。認可はハーリヒの言葉によれば、英軍に申請された。[469] 一九四五年の秋には二人は成功を確信していた。ハーリヒは芸術家協会の記者会見の出席者名簿に『ブリュッケ』代表と記入したほどだった。[470]

ハーリヒ(一九九三年)によれば、意図していた第三の道と関連する理由によって『ブリュッケ』が挫折したとき、ハーリヒは——今度はルフトなしで——代替プロジェクトとしてレオナルトの『ヴェルトビューネ』に狙いを定めた。一九四六年一月からは、彼はハンス・レオナルトとモード・フォン・オシエツキーとの会談に定期的に参加し、彼を含めた三人をトリオと呼ぶことができたほどだった。知識人や文学者とはあまり付き合いのなかったレオナルトにとって、ハーリヒはその欠けている部分を補ってくれた。彼はレオナルトが一度も耳にしたことのない名前の将来の協力者と連絡をとり、その文化的時代精神を嗅ぎ分ける鋭敏な鼻で、雑誌にとってもっとも重要な知的道案内の役割を担うことができた。ただ問題は、この甘やかされた、ベルリン中心街、ツェーレンドルフ、カールスホルストのどこでももてはやされたサロン知識人が、レオナルトが考えたような道案内の役割で満足できるかどうかだった。

自分のプロジェクトが挫折した後、レオナルトがしつらえた寝床『ヴェルトビューネ』にもぐり込みたいという誘惑は、ハーリヒにとって抵抗できないほど大きかった。そこに彼は『ブリュッケ』に不足していたものすべてを見出したのだ。認可、資金、組織、それどころかレオナルトの言葉を信じれば、オシエツキーのいう独立の道を歩むという意図まであった。そしてハーリヒはレオナルトの言葉を信じた。一九四六年春、KPD・SPD合同が、言い換えればKPDがそのときに果たした役割が彼にきっかけを与えた。このとき、彼はレオナルトに『ヴェルトビューネ』の独立性についての自分の考えを披瀝したのである。ハーリヒが一九四六年四月七日にレオナルトに宛て書いた手紙は、タイプ用紙八枚にわたる独立宣言だった。ハーリヒもまた合同を望んでいたが、それはKPD指導部やSMADが用いたような圧力や、威嚇や、性急な手段によるものではなかった。双方の、つまりKPDとSPDのどちらもが犯した過ちは糾弾しなければならない。(「われわれは両方に向かって何度も鋭い斧を打ち下ろし……また何度も双方の幹部たちを侮蔑しなければならないだろう。」)切り拓くべき第三の道については、「われわれには、ボルシェヴィズムと西欧の市民的、自由主義的民主主義を統合するという課題がある……前提は、プロレタリア大衆運動が民主主義のフェアなルールとラジカルな社会主義との両方に加担することだ。(……)『ヴェルトビューネ』が日和見主義だったことは一度もない。『ヴェルトビューネ』はここベルリンで、四大国の集合地で、さまざまな流れを一つの生きた大河に結合するチャンスを摑まなければならない……その時には英軍の認可も、ベルリン中心部(KPD・SEDの本部を指す=原著

注）の指令受理も決定力をもってはならない。あなたがパンコウに住んでいることも、私がダーレムに住んでいることも、ヴァイネルトがモスクワの亡命帰還者だということも、カルシュがターゲスシュピーゲルの認可所持者だということも、決定的であってはならない。[471]」おそらくこの時点ではハーリヒは、SED党員だったレオナルトが、そのような要請を決して受け入れられないとは思っていなかったのだ。おそらく彼は、どこまでやれるかをテストしようとしていたのだ――カルシュと同じ運命が彼を襲うまで。一九四六年春までは、ハーリヒはレオナルトにとって不可欠の存在だったので、レオナルトが彼を諭したり、彼と手を切るところまでいかなかった。それにまだすべてが拘束力のない計画段階だったので、ハーリヒの意見表明も特に問題を惹き起こすこともなく終わった。

状況は、一九四六年六月に英軍認可がロシア軍認可に変更され、『ヴェルトビューネ』の第一号が刊行されて問題が具体化したときに変化した。二ヵ月前に提示した独立の意思を繰り返すことなく、ハーリヒは常勤の編集人のポストを要求した。「あなたの監督下の、あなたの指示にしたがうポスト」と彼はレオナルトに約束したが、同時に彼はレオナルトを組織・経営面の担当と見なし、自分が編集構想のすべてに関与するとの考えも匂わせた[472]。レオナルトがこれをすげなく拒んだとき（「あなたを編集部に入れることはできない」が、「もちろんあなたをわれわれの協力者の一人に加える用意」はある）[473]、ハーリヒは諦めなかった。それどころか彼は大きく打って出た。とはこの場合、カールスホルストを経由して目標に到達しようとすることだった。おそらくハーリヒはそこに友人や支持者を得ていたのだ。彼をその知性と社交性、そしてツェーレンドルフの知識人（米軍の管理将校も含めて）とのつながりのゆえに、高く評価していたSMAD所属の将校たちである。レオナルトがハーリヒの希望を拒んでから数日後、彼は『ヴェルトビューネ』担当のダヴィデンコ少佐[474]によってSMAD情宣部に呼び出された。そこで何があったかを、彼は数週間後に党内の友人に自分を三人称にして語っている。「ハーリヒ氏は同志レオナルトと同時にダヴィデンコ少佐殿のもとに現れた。ダヴィデンコ少佐殿は、同志レオナルトにSMADの希望、つまり『ヴェルトビューネ』の極めて重要な意味を鑑みて、同誌は精神の高邁なる協力者を多数雇用することに意を尽くされたい。とりわけ、有能と見られるヴォルフガング・ハーリヒの雇用を考慮ねがいたい、と言った。同志レオナルトはそれに答えて、すでに数ヵ月来広範な協力関係があると述べたが、会談のときのダヴィデンコ少佐殿は、より親密な協力関係に価値をおいていたようだ。[475]」ダヴィデンコは、ハーリヒがその考えや希望を意見書にまとめて、レオナルトに提出するよう定めた。それは翌日、モーレン通りの編集室で行われた。ハーリヒはおそらく、そうした覚え書きをすでに用意していたのだ。レオナルトが党への報告に記しているところによると、そのとき、「激しい口論」となった。というのは、明らかなSMADの掩護射撃を得て、ハーリヒは編集部の無制限の指揮権を要求したからだった。彼の意見書では「編集審議委員会」なるものが予定されていた。だが編集者、つまりハーリヒが「編集業務について完全な独立性を保ち」、レオナルトは編集上のことには口出しをする権限がなかった。(「(レオナルト氏は)会社の経営上の問題にのみ携わる……レオナルト氏は編集審議委員会に出席することを除いて、編集上の業務には関与しない[476]。」)

それから一〇年後、DDR駐在ソ連大使プシュキンにウルブリヒト指導部を批判する意見書を手渡したときと同じように、ヴォルフガング・ハーリヒは一九四六年の夏に彼が影響力を行使しようとした相手の実際の力関係を十分に把握していなかった[477]。一九四六年の彼の反乱は直接の逮捕には至らなかったが、それでも一〇年後とよく似た反応を惹き起こした。レオナルトはSED指導部(ヴァイネルトとアツカーマン)を動員した。そして推測しうることだが、指導部はSMADとつながる糸を操作した。もちろんダヴィデンコ少佐よりも高い階に張られた糸である。結果は、レオナルトとハーリヒを召喚した次の会談において、ダヴィデンコはもはやハーリヒの肩をもつのではなく、フリーの協力者の役割で満足するように示唆したのだった。

おそらくこの示唆は外交的な表現に包まれていたか、それともハーリヒが聞く耳をもたなかったのか、ともかく彼はこの点を認識していなかった。でなければ、四週間後にハーリヒが再びレオナルトに迫ったことの説明がつかない。彼はまたもや以前の要求を繰り返したが、今回は粗野な言葉と個人的な誹謗を交えていた。『ヴェルトビューネ』のこれまでの号は「ディレッタントのやっつけ仕事」だといった。「惨めな出来損ない」で、「相当な鈍感と、ひどい内的混乱」の産物にすぎない。レオナルト自身はたしかに「よき出版人であるが……私はあなたが編集の仕事にはまったく無能であると思う。(……)それゆえに、『ヴェルトビューネ』のためにも、あなたが編集主幹を降りて、別の人に譲ることが早急に必要だ。[478]」カールスホルストからの掩護射撃もなく、この一番はいささかドンキホーテ的というか、まじめに相手にすべきでない子供の脅しのようだった。ハーリヒの実際の影響力のなさ、無害さを十分知りつつ、レオナルトは優越的で思いやりのある大人の役割を演じればよかった。つまり、ハーリヒが何を言い出そうと、要求しようと、ただもう無視していればよかった。かくして、ヴォルフガング・ハーリヒの鳴り物入りでドラマチックに始まった『ヴェルトビューネ』をめぐる闘いは、静かに漸降的に終わりを告げた。フリーの文化欄執筆者として、彼はレオナルトの仕事を継続したし、二人はその後もまるで二人の間に軋轢など一度もなかったかのように振る舞っていた。これはつまりルドルフ・ペヒェルのハーリヒ評が証明されたということか？　この「思考のボール遊びをする男」は「昨日の友は今日の敵」の後、たちまち仲直りしてしまったのか？　すべては、〈天才的・知的な神童〉のすぐに忘れ去られる悪戯だったのか？　彼が今日に至るまで、まるで磁石のように拒絶を自らに引き寄せるのは、おそらく真面目な中身と少年のような不真面目な自己演出の彼特有の混ざり合いのせいだろう。反応のレベルは、ケーテ・ドルシュが食らわせた平手打ちから、ヴァルター・ウルブリヒトが命じた懲役刑にまで及んだ。だが、ハーリヒがこれらすべての懲罰をいとも従順に、平然と、いやほとんど満足感さえ漂わせて、あたかもそれが彼の悪戯を評価し、賞賛する証であるかのように、受け入れたところにも、彼の幼児性が現われているのではないだろうか？

『ヴェルトビューネ』はハーリヒの急襲を首尾よく撃退した後、あらゆる予想を上回る飛躍を見せるが、長続きはせず急速に凋落することになる。一九四六年第二半期の純益は、二三万五〇〇〇ライヒスマルクだった。ところが、一九四七年は全年を通しての純益は一九万八〇〇〇マルクだった。一九四八年には第一半期の五万二〇〇〇マルクから、第二半期の一万二〇〇〇マルクへと後退する。[480] 一九四八年の落ち込みは、多くの雑誌にとって終焉を意味した通貨改革によって説明がつく。それに対して一九四七年の後退は、旧『ヴェルトビューネ』誌の多くの読者の失望から説明できるだろう。一九四六年にはオシエツキー誌の復興がありうると考えた読者たちの思いが、予想を越えた高い部数をもたらしたのだ。ところが、今や独立系の執筆者たちが一人また一人と協力を停止し、主張された雑誌の独立性が誰の目にも分かる決まり文句になると、読者層は崩壊した。後はもう予測できるが、急ぎ足で語っておこう。一九四九年には利益が大幅減少して初めて赤字になったとき、再び共産党が――ＳＥＤになっていたが――出資者として登場した。今回は暫定的な貸与者ではなく、レオナルトが後に党の持ち株会社〈ツェントラーク〉への報告書に記録しているところによれば、「出版社は党によって財政的に建て直され、同志レオナルトが一方では信託者として、他方ではまた出版社代表、編集主幹として承認された。出版社はツェントラーク、すなわち印刷・出版局の管轄下におかれた。[481]」

『ヴェルトビューネ』とカール・フォン・オシエツキーの名前との間になお存在した最後のつながり、モード・フォン・オシエツキーも、この財政再建とともに解かれた。発行人でありながら実際にはまったく活動せず、すべてを——ときにはこの運命を嘆きつつも[482]——ハンス・レオナルトに任せていたのだったが、一九五〇年末にはついに彼女の名を掲げる会社から完全に離れた。月額一〇〇〇ライヒスマルクの慰謝料の代わりに、彼女は雑誌とカール・フォン・オシエツキーの文学遺産に関わるすべての権利を放棄し、さらに「彼女によって計画されている回想録は、『ヴェルトビューネ』の政治路線、DDRの政策と合致するものとし、DDRの認可を受けた出版社で出版する」義務を負わされたのだった。[483]

8　カーテンの後

一八四七年一〇月五日から八日まで、ベルリンで第一回ドイツ作家会議が開かれた。二五六名の参加者のうちの大多数がベルリン地区からの参加だった。交通状況の悪さが地元の参加者を有利にしたせいだけではなかった。活動的なドイツの作家の大多数が依然としてベルリンに住んでいたからでもあった。内容的にも組織面でも、会議はベルリンの問題だった。その主催者——ドイツ著作家保護連盟と文化同盟——と物質的な援助をしたSMADはベルリンに本部をおいていた。この会議が想起されるとき——そもそも想起されることがあるとして——東西対決の前線に重ね合わせて、ドイツ知識人の分断を固定化したシンボルとしてである。精神的な統一、独立、融和の宣言として計画されたこの会議は政治的な分断、従属、敵対の宣言の場となったのだった。

ではなぜ本書ではこの会議のことについて書かれないのか？

この会議の歴史、とりわけその前史については、元の計画ではこの章に書かれるはずだった。文化同盟文書庫、および当時はまだ存在していたDDR芸術アカデミー協会の文書庫（すでに存在しなかったDDR作家連盟——これはドイツ著作家保護連盟の後継組織だった——の文書庫を引き継いでいた）の当該の文書に、著者はすでに目を通していた。それから議事録の捜索が始まった。タイプ用紙にして八〇〇枚強、すべての演説、議論を含む、それまで完全な形では出版されたことのない、この伝説的な文書は、作家連盟の遺産の中にあるはずだった。ところが、芸術アカデミーの文書館には見つからなかった。どこにあるのかは、誰もいおうとしなかった、あるいはいうことができなかった。調査は結局旧DDRゲルマニスト、ウルズラ・ラインホルトとディーター・シュレンシュテットに行き着いた。彼らも議事録の在処《ありか》については何も知らなかったが、そのしばらく前にコピーをとっていて、それを補足し、注釈と詳しい解説を加えて本の形で出版する予定とのことだった。それは現在までのところまだ出版されてはいないが、ともかくいつかは本の形で入手可能になる記録であるとすれば、それに競合する記述はあまり意味がないように思われた。

それから一、二年後にルート・レーマンの『異国の夢の途上』(一九九三年)が出版された。一九九〇年の変革から出発して、あの作家会議の経緯を再構成しようとする文学的ルポルタージュである。おそらくあの一種異様な世界を描くためには歴史家ではない書き手レーマンを必要としたのだろう。DDRの解体期にあって、同様に解体の危機に晒された文書庫の中で、のちのDDRを生み出すことになった出来事を調査する者の誰もが、当時若者としてそこに参与した人物たちと対話する研究者の誰もが体験するあの多重刷り込み《パリンプセスト》のような世界である。レーマンの本は、一九四七年と一九九〇年の出来事と人物が独特の時間世界に合流している。それはいわば『市民ケーン』であり、後にDDR知識人と呼ばれることになる知識人にとってばかりか、社会主義の理論を支持する全ドイツの戦後知識人のそれでもあるのだ。

映画への連想はおそらくそれほど恣意的ではあるまい。カーテンの前の世界と比べてカーテンの後の世界はちょうど逆回転していくように思われる。一九九〇年の物質的現実も精神的現実も、一九四五年とはまったく異なっている。どちらのときにも有名な零時刻はなかった。しかし同時代人の体験はことが終わった後《ポスト・フェストゥム》での距離をおいた理性的認識とは異なる働きをする。権力の崩壊はある意味で家屋の崩壊と似ている。瓦礫になっている建物がかつて建てられていた空き地が整地されて、同じ所から新たにスタートすることができる。それほど自然なことはない。

だが、そうはいかないことを、近年の多くの制度機関の再統合——そこから全体として統合が紡ぎ出される——のプロセスが細部において見せている。それでも、この異質な、敵対的な再統合から統一が生まれている。一九九四年に統合された二つのベルリン芸術アカデミーと、一九四五年に消滅したプロイセン芸術アカデミーとの関係は、新たに復元された歴史的建造物の正面玄関《ファサーデ》のイミテーションと戦争で破壊されたオリジナルとの関係に合致する。だが、模倣された正面玄関のもつ現実性の意味、もしくはシンボル的性格をあなどってはならないだろう。

破局と再出発——歴史家にとっては許しがたいが、他の人々にとっては抑えることのできない疑問、すなわち私たちが一九九〇年に一九四五年の出発点に到達したのであれば、この四〇年にのぼる虚しい、苦難に満ちた回り道、この途方もない袋小路、このすべては必要だったのかという疑問が残る。ヴィルフリート・ロートが最近になって古くからある想像を継承しながら描いたように、*もしスターリンが市民的・民主的な統一ドイツを承認し、これが西側連合国によって受け入れられていたとしたら、ドイツの、そしてベルリンの歴史はどのように経過していたであろうか？　そのような疑問は〈逃したチャンス〉という歴史カテゴリーに属する。もう一つの逃した大チャンス、一九四四年の七月二〇日の反乱未遂事件（ヒトラー暗殺計画）のことが、どうしても念頭に浮かんでくる。この事件については、すでに広く見解の一致が見られる。その失敗は「必要」だった、なぜなら全面的崩壊のみが、ヒトラーよりもずっと前からたがの外れた国を再生させることができたからだ。七月二〇日の反乱が成功していれば

――反乱者の倫理的な意図とは無関係に――ドイツの個別の道からの別離と本当の意味での再スタートを阻害したであろうし、マルクスをもじっていえば、過去の忌まわしい遺物がまた幅をきかせだしていただろう。死刑囚房でそうした認識に達したヘルムート・フォン・モルトケ、そしてこの理由からパートナーだったフォン・シュヴァイニヒェンを彼の新聞社から追放したエーリク・レーガーといった男たちにとって、歴史の苦い酒杯は一滴残らず飲み干さねばならなかった。わずかでも残っていれば、後に来るすべてが毒に汚染されてしまったであろうから。結局時代の流れの中で、西欧型の民主化が一九四五年のドイツの破局の〈意味〉だったとすれば、今日の視点からして東西対決と東側の崩壊を経由しての統一への回り道の〈意味〉もまたあるのだろうか？　ベルリンの文化に当てはめていえば、もしヴィルフリート・ロートのいうように、ヨシフ・スターリンの念頭にあったワイマール型の中産階級国家ドイツが成立していたとすれば、ベルリンの文化がどのような展開をしたかを推測しうるような根拠はあるのだろうか？**

いくつかの点で、この文化が広範な分野に区画された〈文化同盟〉文化――これを内的亡命と外的亡命を統合するというベッヒャーのコンセプトと理解すれば――になったであろうと思われる。それは、ゲルハルト・ハウプトマンからマン兄弟をへてベルトルト・ブレヒトにまで及ぶ融和のスペクトルであり、破局を経験した後、再度の分極化よりも調和を望んだ時代の感覚に合致していた――だが、抵抗しつつも結局はみんなが分極化に屈していったのだった。自主的にせよ、やむをえずにせよ、〈政治的に清廉〉ではなかったベン、ユンガー、フェーリングといった人物たちは例外だった。彼らに劣らず頑固だったが、それでも〈文化同盟〉文化の推進に広く貢献したブレヒトの例から分かるように、全ドイツ的な〈文化同盟〉文化であったならば、その調和の戒律にしたがった人たちすべてを吸収し、消化することができたであろう。統一的な中産階級国家ドイツの〈文化同盟〉文化は、一九四八年以降分断して展開した二つのドイツの文化とはさほど違ったものにはならなかっただろうと、想像できる。実際、二つのドイツは——それぞれの半分世界の内部で——その調和の欲求においては似通ってもいた。両陣営で敵のイメージのみが強調されたのだ。

　次に起こったことは、ドイツの平行する二つの文化の地方化の歴史だった。どちらの文化もその初めに行われた分断手術のために体力が衰えていた。二つの文化の与える印象もそれに呼応していた。統一の文化の印象がそうでありえたであろうよりも、見栄えも体裁もよくなかった。しかし歴史の奸計とはまさに、トルソーの文化が、鎖の一番弱い輪の法則にしたがって、統一文化よりもずっと早く時代遅れになる、つまり現代化可能になることだ。統一がDDR末期において〈反ファシズム〉というモラルの要塞になったように、統一という名ゆえにその文化を難攻不落にしたであろう。マン、ハウプトマン、ブレヒト、デーブリーン、フォイヒトヴァンガー、ツヴァイクなどの大作家の統一戦線に対抗して、その文学的業績や倫理的な位置付けに挑戦しうるような刷新的なエネルギーをもつ世代が形成されるまでには、六〇年代の——西ドイツの——世代交代に要した時間よりも、おそらくずっと多くの時間がかかったことだろう。

　この世代交代の芸術的、精神的な道程が記念碑的《モニュメンタル》だったのではない。記念碑的《モニュメンタル》だったのはむしろ、ドイツの誤った歴史の展開に責任のある〈文化《クルトゥーア》〉概念を知識人の脳から摘出し、より人間に優しい〈文明《チヴィリザチオーン》〉で置き換えたという歴史的な業績である。ともかくそのように、旧連邦共和国の知識人は今日その新しい世界理解において状況を把握している。だが今やこのドイツの新しい文明的な心性、市民的心性の限界が現れつつある。それは、思いがけず白日のもとに晒されたタイム・カプセル・一九四五年を処理することができない無能さに見ることができる。夢遊病者の仕草のように、西ドイツの心性はこの考古学的であると同時に未来学的な資料を前に押しやって、触れようともしない。それでも、カプセルから逃れ出た亡霊〈ドイツ総体文化〉が、しだいに——少なくともベルリンにおいて——現実性を帯び始めている。アカデミー統合といったプロセスの中に、それは抵抗を孕みつつ、そして抵抗を抑えつつ起こってきている。かつての西ベルリン国立劇場の閉鎖を急いで決めた市政府の決議に、そしてオラーニエンブルク通りのアルタナティヴ文化センター〈タヘレス〉の半分廃墟と化した姿——それは一九九四年のベルリンに運ばれてきた、一九四五年の一部のような印象を与える——に、それは自然のままのエネルギーをもって現れている。四〇年間の氷河期・冬眠期を終えての歴史の再開がベルリンを、一九四六年にゲルト・H・トイニッセンがその「世界史的状況」と呼んだものへと目覚めさせるとするならば、彼の発言のその次の部分も当たっていなければならない。この状況の大きさは、それと関わり合う精神の大きさをはるかに凌駕している。

＊ Wilfried Loth: Stalins ungeliebtes Kind. Warum Moskau die DDR nicht wollte. Berlin 1994.
＊＊ これによれば、スターリンのドイツ構想は市民的・民主的秩序と中産階級的経済を維持しながら、大産業と大財界の「浄化」を予定していた。

訳者あとがき

本書は、Wolfgang Schivelbusch : Vor dem Vorhang. Das geistige Berlin 1945–1948. Carl Hanser Verlag, 1995 の全訳である。原著のタイトルとサブタイトルをあえて入れ替えたのは、「ベルリン」をどうしてもタイトルに含めたいという訳者の思いのせいである。本書の主人公がベルリンという都市そのものであることを、訳書のタイトルにはっきりと表わしたいと思ったからだ。

ヴォルフガング・シヴェルブシュの著作は法政大学出版局からすでに六冊が訳出されているので、著者についてここであらたに書き加えることはあまりない。ただ、シヴェルブシュの履歴の最初に記されている「一九四一年、ベルリン生まれ」という記述と、本書に通奏する仄暗いパトスが無関係であるとは思われない。読み手としてはどうしてもシヴェルブシュの少年期を想像してしまうのだが、自らの体験を語ることはない。膨大な記録資料を駆使して歴史を蘇らせるのが彼の仕事である。そうして再構成された敗戦直後のベルリンとその分断の歴史の中に、おそらくそれはすでにあますところなく語られているのであろう。

シヴェルブシュの著作には、文化史上のふたつの関心領域、あるいはふたつのいくぶん異なる系列が平行して現れている。ひとつは、物たちが切り拓いた新たな文化と人々の格闘の姿を、資料を駆使して新鮮な角度から再現してみせることだ。彼のデヴュー作『鉄道旅行の歴史』（法政大学出版局刊、加藤二郎訳）をはじめとして、『楽園・味覚・理性――嗜好品の歴史』（同上、拙訳）、『闇をひらく光』『光と影のドラマトゥルギー』（同上、小川さくえ訳）と続く著作がこの系列に属している。

この領域と微妙に重なり合いながらも、もうひとつの傾向の異なる系列の著作がある。そこでは都市が中心をなし、あるいはもっとはっきり言えば主人公となって、その都市の文化のために、あるいはその文化をめぐって闘った知識人の群像が鮮やかに描かれるのである。歴史に登場してきた物たちと同じように、ある種の時代のスティグマを刻印された都市、その都市と知識人の苦闘の記録である。『知識人の黄昏』（同上、初見基訳）は、一九二〇年代の自由都市フランクフルトを舞台に、ナチの台頭の中で踏みにじられていく都市文化人の運命が描かれた。『図書館炎上――二つの世界大戦とルーヴァン大学図書館』（同上、拙訳）では、ふたつの大戦に翻弄されたベルギーの大学都市ルーヴァンが主人公になった。大学図書館を護るために知力を尽くして闘いながらも、大戦の砲火がすべてをむなしく打ち砕いたのだった。そして、ベルリン。ワイマール文化の帝都、黄金の二〇年代のメトロポリス、ダダとアヴァンギャルドとモデルネの大都会。第二次大戦の終結戦、壮絶な市街戦によって息の根をとめられた都市ベルリン。それから三年後には、冷戦の鉄のカーテンに閉ざされたベルリン。この都市が本書の主人公である。

だがこのベルリンは、いわば「四〇年間の氷河期・冬眠期」を経て開かれたタイム・カプセルから立ち現れてきたベルリンである。封印されたのは一九四八年、東西対決がもはや後戻りできないところまで昂じた時期である。そのタイム・カプセルから飛び出してきたのは、「多重刷り《パリンプセスト》」の世界、あるいは消されないままに次々と書き込まれたテクストの「重ね書き」の世界だった。一都市の四国分割統治という歴史上かつてなかった状況が、「重ね書き」の根底をなしていたのはいうまでもない。だが、それだけではなかった。敗戦後のベルリンの文化を、ナチズムの克服という課題を背負いつつ、連合国占領軍の圧力ときわどい駆け引きを演じながら一歩一歩再生させようと苦闘した知識人たち自身が「パリンプセスト」だったのだ。

ドイツ敗戦の五月八日よりも一足早く帰還して、すでに活動を開始していたソ連亡命者たちがいた。国内に潜伏して生き延びていた地下抵抗組織のグループもまたすぐに文化再生に動き出した。西側連合軍に先んじてベルリンに進駐したロシア軍の文化将校たちの多くはネップ時代の生き残りの知識人将校だった。そして二ヵ月遅れでベルリンに進駐した西側連合軍の文化将校たちは、ニューディール時代のリベラル派文化人でもあった。米ソの文化将校たちが、イデオロギーを越えて同質の文化の創造を目指した「夢の国」がこのカプセルに封じ込められていたのだ。

ナチを逃れて英米に亡命したドイツ人たちもまた、西側連合軍の文化将校となって次々とベルリンに帰還してきた。そしてむろん、ナチ時代に文化活動を停止していた国内亡命者たちがいた。「ドイツ零時」を出発点として、まったく新たな文化を創造しようと模索する人たちがいた。そしてまた、ナチスの権力掌握以前の黄金のベルリン時代の文化を再生させたいと夢想する人たちもいた。シヴェルブシュは、容赦なく迫りくる東西対決を前にこれら知識人たちの果敢な闘いとむなしく潰えた夢と悲憤とを多重刷りさながらに克明に描き出していくのである。

一九四五年五月の敗戦から、東西分裂が決定的となった一九四八年六月のベルリン封鎖までの三年間のベルリンをめぐる文化闘争が描かれるのだが、シヴェルブシュの視野はむろんその時期だけにとどまらない。いうまでもなくベルリンは第一次大戦を引き起こしたプロイセン・ドイツの首都だった。その大戦終結からわずか二一年目にして、またもや世界を第二次大戦にひきずり込んだナチ・ドイツの首都だ。束の間の黄金時代を経て、一二年間のヒトラー独裁の時代と一九四五年五月の来るべくして来た壊滅的破局。シヴェルブシュのいうように「零時刻」はなかったのだ。敗戦後の三年間の大空位時代も決して過去と断絶したものではなかった。すべてがつながっている。そのことをシヴェルブシュは四〇年目のタイム・カプセルを開くことで示そうとしたのだ。

ベルリンが、いやドイツが分断されずに統一国家でありつづけたとしたら、どういう国になっていただろうかと、シヴェルブシュは最後の章で問いかけている。統一への四〇年の回り道にはいったいどんな意味があったのか。この問いには、むろん誰も答えを出すことができない。四四年七月二〇日のヒトラー暗殺未遂事件がそうだったように、「歴史の苦い酒杯は一滴残らず飲み干さねばならなかった」のだ。少なくとも旧西ドイツにおいては、良くも悪しくも西側世界との協調の中でドイツ固有の文化という幻想を捨て去ることができたのではないか、とシヴェルブシュは言う。おそらくシヴェルブシュの開いたタイム・カプセルの意味はここにあるのだ。統一されたドイツの人たちは、カプセルに封じ込められた「夢の国」をもはや理解することさえできない。鉄のカーテンの閉じる前に、米ソの文化将校たちがイデオロギーを越えて夢想したあの「夢の国」である。

巻末に添付したベルリンの地図は、一九四六年当時の四国分割占領地区を表している。本書に登場する地区名が多く書き添えてあるので、参照していただければ幸いである。また、巻末の年表には、敗戦直後のベルリンおよびドイツ国内の事柄を中心として、その他の世界の冷戦関連の出来事を載せた。戦後三年間の文化的事件はできるだけ詳しくとりあげ、日付も可能なかぎり確定しようと努めたが、もとより完全なものではない。年表は一九一四年八月一日の第一次大戦勃発から、一九九一年六月二〇日の、首都をベルリンと決定した連邦会議までをあげているが、一九九六年の連邦参議院のベルリン移転決定と一九九九年八月二三日のベルリン首都移転完了をここに付け加えておきたい。

ベルリンは今すさまじいばかりの建設ラッシュである。その一方で、かつての東地区と西地区を隔てる見えない壁はいまなお根強く存在し続けている。あたかも悪夢の二〇世紀を封印するかのように急ピッチで建設を進めるベルリンに、今後どのような文化が生まれてくるのであろうか。

翻訳にあたっては少なからぬ方々から助言を授かった。ブレヒト研究者の丸本隆氏にはいくつかの貴重なご指摘をいただいた。また、ベルリンの事情に詳しい同僚の初見基氏には資料の面で大変お世話になった。だが、なによりも訳者を困惑させたのはドイツ語表記されたロシア人の名前だった。この面で、ロシア文学者の藤井明子氏の助言が得られたことは、訳者にとって願ってもない幸運であった。心からお礼を申し上げたい。

昨年、法政大学出版局を定年退職された稲義人氏からは、仕事の遅い訳者に折りに触れて心暖まる励ましをいただいた。在職中に本書をお見せできなかったことがなんとも心残りである。また、同出版局の秋田公士氏にはいつもながら校正をはじめとして、地図や年表の作成に多大のご苦労をおかけした。感謝にたえません。

二〇〇〇年八月

福本義憲

人名索引

50音順に配列

ア 行

カ　行

サ　行

タ　行

ナ 行

ハ 行

マ　行

ヤ　行

ラ　行

ワ　行

年　表

左頁にベルリンおよびドイツ国内，右頁にその他の世界における事項を配し

末尾に1946年当時のベルリンの地図を添えた

西暦	月.日	ベルリンおよびドイツ国内
1914	8. 1	ドイツ，ロシアに宣戦布告，第一次大戦勃発
	8. 3	ドイツ，フランスに宣戦布告
1916	5. 1	カール・リープクネヒト，反戦活動のため逮捕
1917	11.18	ウニヴェルズム映画社（フーファ）設立
1918	4. 4	ヤーコプゾーン『ヴェルトビューネ』創刊（前身『シャウビューネ』）
	11. 4	キール軍港で水兵の蜂起，革命運動ドイツ全土に拡大
	11. 9	ヴィルヘルムII世退位，共和国宣言
	11.11	コンピエーニュで休戦協定調印，第一次大戦終結
1919	1. 5	ベルリン，スパルタクス団の蜂起
	1.15	リープクネヒトとルクセンブルク殺害される
	6.28	ヴェルサイユ条約締結
	8.11	ワイマール憲法成立
	9.18	ウーファ映画社，映画館ウーファ・アム・ツォー開設
1920	2.24	ナチ党（NSDAP），第一回集会
1923	1.11	フランス・ベルギー軍がルール地方を占領
	8.13	シュトレーゼマン，首相に就任
	11. 8	ミュンヒェンでヒトラー一揆失敗
1924	2.14	映画『ニーベルンゲン』，ウーファ・アム・ツォーで公開
1926	11. 1	ゲッベルス，ベルリン地区ガウ管区長に就任
	11. 3	『ヴェルトビューネ』発行者ヤーコプゾーン死去，後任クルト・トゥホルスキー（1927.10以降，カール・フォン・オシエツキー）
1927	1.10	映画『メトロポリス』，ウーファ・アム・ツォーで公開
1928	3.31	ベルリンでのナチ党禁止令解除

西暦	月.日	その他の世界
1914	6.28	サライェヴォ事件
	7.28	オーストリア＝ハンガリーがセルビアに宣戦布告
	8. 4	イギリス，ドイツに宣戦布告
1917	3.12	ロシア，二月革命
	3.15	ロシア，ニコライII世退位
	11. 7	ロシア，十月革命，レーニンを首班とする人民委員会成立
	12. 5	ソヴィエト，ドイツとの休戦協定調印
1918	10. 7	ポーランド，独立宣言
	10.28	チェコスロヴァキア，独立宣言
	11.16	ハンガリー，共和国宣言
	12. 1	ユーゴスラヴィア成立
1919	3.03	モスクワでコミンテルン創立大会
	9.12	イタリアのダヌンツィオ，フィウメ占領
1921	3. 8	ソヴィエト，ネップ（新経済政策）への移行を決定
1922	4. 3	ソヴィエト，スターリンを書記長に選出
	10.29	イタリア国王，ムッソリーニを首相に任命
	12.30	ソ連邦結成宣言
1924	1.21	レーニン死去
	4. 6	イタリア総選挙でファシスタ党が勝利
	1. 3	ムッソリーリ，議会で独裁を宣言
1925	10.16	ロカルノ条約
1926	4.24	ドイツ・ソ連中立条約調印
	9. 8	ドイツ国際連盟に加入

西暦	月.日	ベルリンおよびドイツ国内
1928	8.31	ブレヒト『三文オペラ』シッフスバウアー劇場で初演
	9.30	ベルリン・ナチ党，ベルリン競技場で第一回大集会
1929	10.	デーブリーン『ベルリン　アレクサンダー広場』（フィッシャー）出版
1930	4. 1	映画『嘆きの天使』ウーファ・アム・ツォーで公開
	9.14	総選挙でナチ党，第二党に進出
1931	1.22	ペルツィヒ設計のベルリン放送局ビル(マズーレン大通り)完成
	3. 5	ドイツ劇場でツックマイヤー『ケーペニックの大尉』初演
1932	6. 1	パーペン（中央党）首相に就任
1933	1.30	ヒトラー首相就任，ナチスの政権掌握
	2.27	帝国議会炎上
	5.10	ナチス，オペラ座広場で「非ドイツ的」書物を焚書
	9.22	帝国文化協会創設
1934	3.31	『フォス新聞』（ウルシュタイン）廃刊
	6.10	ウルシュタイン出版社，ナチスによる強制売却
	6.30	レーム事件，突撃隊（SA）粛清
	11.10	フルトヴェングラー，国立オペラ座解任
1935	9.15	ニュルンベルク法成立
1936	3. 7	ラインラント進駐，ロカルノ条約破棄
	8. 1	ベルリン・第11回オリンピック開幕
	11.23	拘禁中のカール・フォン・オシエツキー，ノーベル平和賞受賞
1937	1.30	シュペーア，ヒトラーにより「帝都ベルリン建築総監督」に任命
1938	3.12	ドイツ軍オーストリア侵攻，オーストリア併合（3.12）
	9.29	ミュンヒェン会談
	11. 9	「帝国水晶の夜」（～11.10），ユダヤ人迫害激化
1939	9. 1	ドイツ軍，ポーランド侵攻

西暦	月.日	その他の世界
1929	3. 4	フーヴァー，米大統領に就任
	10.24	ニューヨーク株価大暴落，世界大恐慌の始まり
1931	9.18	満州事変始まる
1932	1.28	上海事変（第一次）
1933	3. 4	ルーズヴェルト，米大統領に就任，ニューディール政策を推進
1935	10. 3	イタリア，エチオピア侵攻
1936	2.26	日本，二・二六事件
	7.17	スペイン内戦始まる
	11.25	日独防共協定締結
1937	4.26	ドイツ空軍，ゲルニカを無差別爆撃
	7. 7	盧溝橋事件，日中戦争勃発
	11. 6	イタリア，日独防共協定に参加
	12.13	日本軍，南京占領
1938	4. 1	日本，国家総動員法公布
1939	5. 3	日本軍，重慶を無差別爆撃
	8.23	独ソ不可侵条約締結

西暦	月.日	ベルリンおよびドイツ国内
1940	5.10	ドイツ軍，西部戦線開戦
1941	6.22	ドイツ軍，対ソ連開戦
	8.12	英空軍，ベルリン爆撃（～8.13）
1942	1.20	ヴァンゼー会議，「ユダヤ人問題の最終解決」指示
	2. 8	シュペーア，軍需相に就任
	5.30	連合軍，ケルン大空襲（～5.31）
1943	1.17	英空軍，ベルリン大空襲
	2.18	ゲッベルス，ベルリンで「総力戦」演説
1944	7.20	ヒトラー暗殺計画失敗
	9.12	米英ソ三国によるベルリン分割協定（ヨーロッパ諮問委員会）
1945	2.13	連合軍，ドレスデン大空襲（～2.14）
	3. 2	米空軍，ベルリン大空襲
	3. 7	連合軍，ライン河を渡河
	4.16	ソ連軍，ベルリン総攻撃開始
	4.20	ソ連軍，ベルリン完全包囲
	4.24	ベルリン市街戦開始
	4.25	米軍とソ連軍，トルガウ近郊のエルベ川河畔で出会う
	4.30	ヒトラー自殺

西暦	月.日	その他の世界
1939	9. 3	英仏，対ドイツ宣戦布告，第二次大戦勃発
1940	5.15	ドイツ空軍，ロッテルダム爆撃
	6.22	ドイツ軍，パリ占領
	9.27	日独伊三国同盟調印
	10.12	日本，大政翼賛会発足
	11.14	ドイツ空軍，英国都市コヴェントリーを空爆で壊滅
1941	4.13	日ソ中立条約調印
	7.28	日本軍，南部仏印進駐
	10.18	日本，東条英樹内閣成立
	12. 8	日本，真珠湾攻撃，対英米宣戦布告，太平洋戦争勃発
	12.11	ドイツ，対米宣戦布告
1942	2.15	日本軍，シンガポール占領
	6. 4	日本軍，ミッドウェー海戦敗北
	11. 7	連合軍，北アフリカ上陸
1943	1.31	ドイツ第6軍団，スターリングラードで降伏
	9. 8	イタリア降伏，ドイツ軍，ローマ占領
	10. 2	日本，学徒出陣発令
	11.28	テヘラン会談（～12.1）（ルーズヴェルト，チャーチル，スターリン）
1944	6. 4	連合軍，ローマ解放
	6. 6	連合軍，ノルマンディー上陸作戦
	6.15	米軍，サイパン島上陸
	8.25	米軍，パリ解放
	11.24	米軍 B29，東京空襲開始
1945	1.17	ソ連軍，ワルシャワ解放
	2. 4	ヤルタ会談（～2.11）（ルーズヴェルト，チャーチル，スターリン）
	2.13	ソ連軍，ブダペスト解放
	3.10	東京大空襲
	3.17	日本軍，硫黄島守備隊全滅
	4. 1	米軍，沖縄に上陸

西暦	月.日	ベルリンおよびドイツ国内
1945	5. 1	ゲッベルス自殺
	5. 1	ソ連亡命者グループ第一陣（ウルブリヒト・グループ）帰還
	5. 2	ソ連軍ベルリン占領，ベルリン陥落
	5. 8	ドイツ無条件降伏，カールスホルストでソ連軍と調印
	5.13	「ラジオ・ベルリン」放送再開
	5.13	ロシア軍による生活物資カード通達
	5.15	ディルタイ女史，旧帝国文化協会を占拠
	5.15	ソ連軍紙『日刊展望』発行
	5.17	ベルリン市参事会設置（市区司令官ベルサリンとウルブリヒトによる）
	5.21	ソ連軍紙『ベルリン新聞』発行
	5.22	ヘルツベルク，ディルタイに代わり旧帝国文化協会を代表
	5.23	デーニッツ臨時政府解散
	5.26	ベルリン・フィル，シュテーグリッツで演奏会再開
	5.27	ルネッサンス劇場再開『サビーナ人の女たちの略奪』
	6. 5	米英仏ソ四国最高司令官，「ベルリン宣言」署名，四国占領管理確立
	6. 6	芸術協会・芸術家協会（フォーゲル＝シュミット・グループ）設立
	6. 9	ソ連軍政府本部（SMAD），カールスホルストに設置
	6.10	政党活動許可，ベッヒャー，ソ連亡命から帰還
	6.10	『ベルリン新聞』市参事会に移管
	6.11	ウルブリヒトらによるKPD設立宣言（党首ピーク）
	6.15	SPD設立宣言（党首グローテヴォール）
	6.25	文化同盟設立認可（6.26設立準備集会）
	6.26	CDU設立
	6.26	ベルリンドイツ劇場再開，ヴァンゲンハイム，総監督就任
	6.30	ベルリン国立オペラ座公演再開
	7. 4	米英軍ベルリン進駐（ドイツ占領地帯進駐）
	7.30	四国最高司令官占領統治管理会議　仏ベルリン分割統治に参加決定
	8. 2	ポツダム協定

西暦	月.日	その他の世界
1945	4.12	ルーズヴェルト米大統領死去，副大統領トルーマン大統領就任
	4.13	ソ連軍，ウィーン占領
	6. 5	四占領国が最高統治権を獲得，「ベルリン宣言」
	6.23	日本軍，沖縄守備隊全滅
	7.17	ポツダム会談（～8.2）「ポツダム協定」合意，ドイツの四国分割統治
	7.26	対日ポツダム宣言

西暦	月.日	ベルリンおよびドイツ国内
1945	8. 8	ベッヒャー，文化同盟会長に選出
	8. 8	米軍認可紙『アルゲマイネ新聞』発行
	8.	人民教育中央局設立
	8.	文化同盟幹部委員会設置
	8.30	連合国管理委員会（理事会）設置
	9. 4	市立オペラ座『フィデリオ』公演開始
	9.27	米軍認可『ターゲスシュピーゲル』発行
	10. 7	ドイツ劇場『賢者ナータン』公演開始，総監督ヴァンゲンハイム
	10.	ハウプトマン，文化同盟名誉会長就任を受諾
	11.11	『アルゲマイネ新聞』発行停止（ターゲスシュピーゲルに吸収）
	11.13	リンデマン，「フィルム・アクチヴ」のメンバーに
	11.21	米軍放送DIAS設置
	12. 7	『夜間急行』創刊（1953年まで）
1946	1.29	フンボルト大学（旧フリードリヒ・ヴィルヘルム大学）開設
	2. 7	米軍放送局DIAS有線放送開始
	2.26	アメリカ・センター開設
	3.26	ヴァイゼンボルンの『非合法者』，ヘッベル劇場で初演
	3.31	西地区SPD，KPDとの合同を拒否
	4.21	東地区のKPDとSPD合同，SED創設．SPD東西に分裂（～4.22）
	4.23	SED機関紙『ノイエス・ドイチュラント』発行
	4.30	芸術家協会活動停止，ベルリン非ナチ化審査機関へ再編
	5.17	デーファ映画社設立ロシア軍認可
	6.	ヴァンゲンハイム，ドイツ劇場解任
	6.	ターゲスシュピーゲル紙からシュヴァイニヒェン追放
	6. 6	レオナルトの『ヴェルトビューネ』（東）復刊
	7.	ポマー，映画将校として帰国
	8.	英軍ベルリン放送開始
	8.10	CARE救援袋，ベルリン市民へ
	8.21	ヴァンゲンハイム，ドイツ劇場総監督解任

西暦	月.日	その他の世界
1945	8. 6	米軍，ヒロシマ原爆投下
	8. 8	ソ連，対日宣戦布告
	8. 9	米軍長崎に原爆投下．ソ連参戦
	8.15	日本，無条件降伏
	8.17	インドネシア共和国独立宣言
	8.25	ソ連軍，サハリン占領
	8.30	マッカーサー元帥，厚木飛行場に到着
	9. 2	連合国最高司令室総司令部（GHQ）設置
	9. 2	日本，ミズーリ号艦上で降伏文書調印
	9. 2	ベトナム民主共和国独立宣言
	9. 5	ソ連軍，歯舞群島占領
	11.20	ニュルンベルク国際軍事裁判開始（1946.10.1 まで）
1946	2.19	ベトナムとフランスの戦闘激化，インドシナ戦争勃発
	5. 3	東京裁判（極東国際軍事裁判）開始（同年 11.12 まで）
	5.22	第一次吉田内閣成立

西暦	月.日	ベルリンおよびドイツ国内
1946	9. 5	米軍地区ラジオ局DIAS改称,「RIASベルリン」放送開始
	10.20	ベルリン市議会選挙,独立派SPDの勝利.旧市参事会解体
	12.05	シュタウテ監督の映画『殺人者は…』公開
1947	5.	文化同盟幹部評議会選挙
	8.	RIAS,ヴェルナー=バステ解雇
	9.28	RIAS,ベルリン・フィルの公演を戦後初放送
	10. 5	第一回ドイツ作家会議,ベルリン(東地区)で開催(~10.8)
	11. 1	文化同盟米軍地区活動禁止,東地区へ移転
	11.	デーファ映画社,株式会社に転換
	11.31	RIAS,ノルデンとフローマン解任,後任ハイムリヒ(48.2)
1948	3.	リンデマン,デーファ映画社解任
	3.20	ソ連,連合国管理委員会から脱退
	5.	自由文化同盟設立
	6.23	(東) 全ベルリン地区で東マルクへの通貨改革導入
	6.24	(西) ベルリン西地区に西マルク通貨改革を導入
	6.24	(東) ソ連,ベルリン封鎖.第一次ベルリン危機
	6.25	(東) ベルリン空輸大作戦
	9. 1	(西) ボンに西ドイツ議会設置
	9.14	(東) フリーデンスブルク,文化同盟除名
	11.30	ベルリン市議会,東西に分裂
	12. 4	(東) ベルリン自由大学創設,ダーレムにて授業開始
1949	1.11	(東) ブレヒト,ドイツ劇場で『肝っ玉お母』公演
	5.12	ベルリン封鎖解除
	5.23	(西) 西ドイツ基本法公布,ドイツ連邦共和国建国
	9.15	(東) アデナウアー,西ドイツ首相就任
	10. 7	(東) ドイツ民主共和国成立 (DDR) 建国
	10.10	(東) ソ連軍政府本部 (SMAD) 廃止
	10.11	(東) 東独ピーク大統領選出
1950	2. 8	(東) 国家保安省 (シュタージ) 設置
	3.24	(東) 芸術アカデミー創設 (初代会長アルノルト・ツヴァイク)

西暦	月.日	その他の世界
1947	5. 3	日本国憲法施行
1948	6.20	西側占領地帯通貨改革（ベルリンを除く）
1949	4. 4	北大西洋条約機構（NATO）成立
	10. 1	中華人民共和国成立
1950	6.25	朝鮮戦争勃発
1951	7.10	朝鮮休戦会談開始

西暦	月.日	ベルリンおよびドイツ国内
1953	6.17	(東)建設労働者のスト，東ベルリン市民蜂起，ソ連軍出動
1954	1. 7	(東) ベッヒャー，DDR 文部省文部大臣に就任
	3.19	(東) ベルリナー・アンサンブル劇団，シッフバウアーダム劇場に入る
	6. 1	(西)「自由ベルリン」放送開始
1955	5. 5	(西) 西独主権回復，NATO に加盟
1956	1.27	(東) ワルシャワ条約機構軍に参加
	10.24	東西ベルリン市民抗議デモ（ハンガリー動乱に呼応して）
	11.29	(東) 改革派ヴォルフガング・ハーリヒ，逮捕
1957	10. 3	(西) ヴィリー・ブラント，西ベルリン市長に選出
1958	11.27	(東)フルシチョフの最後通牒，西側三軍の撤退要求．第二次ベルリン危機
1961	8.13	(東) ベルリンの壁構築開始
	8.19	(西) 米副大統領ジョンソン，西ベルリン訪問
1963	6.26	(西) 米大統領ジョン・F・ケネディ，西ベルリン訪問
	10.15	(西)アデナウアー，首相辞任．エアハルト，西独首相に就任（10.16）
1964	6.12	(東) ソ連と友好相互協力条約締結

西暦	月.日	その他の世界
1951	9. 4	サンフランシスコ講和条約，日米安保条約調印
1952	4.28	対日講和条約発効，日本主権回復，GHQ 廃止
	11.10	アイゼンハワー（共和党），米大統領に当選
1953	3. 5	スターリン死去
	7.27	朝鮮休戦協定調印
	9.12	フルシチョフ，ソ連共産党第一書記に選出
1954	7.20	インドシナ戦争停戦のジュネーブ協定調印
	12.10	鳩山内閣成立
1955	5.14	ワルシャワ条約機構発足
	10.26	南ベトナムにゴ・ディン・ジェム政権樹立，ベトナム共和国成立
1956	10.24	ハンガリー動乱，ソ連軍第一次介入
	11. 4	ハンガリー動乱，ソ連軍第二次介入
1957	2.25	岸内閣成立
1959	1. 1	キューバ革命，カストロ政権掌握
1960	6.15	日本，日米安保改正阻止闘争，国会デモ
	7.19	池田内閣成立
	11.10	ジョン・F. ケネディ，米大統領に当選
1961	5.16	韓国軍事クーデター，朴軍事政権
	6. 3	フルシチョフとケネディ，ウィーンでベルリン問題で対立
1962	10.22	ケネディ，対キューバ海上封鎖，キューバ危機
	10.28	フルシチョフ，キューバからミサイル撤去を命令
1963	1. 2	南ベトナム解放戦争激化
	11. 1	南ベトナムで軍事クーデター
	11.22	ケネディ大統領暗殺，ジョンソン副大統領後任
1964	8. 2	トンキン湾事件勃発，米駆逐艦と北ベトナム艦艇交戦（～8.4）
	10.15	ソ連，フルシチョフ解任

西暦	月.日	ベルリンおよびドイツ国内
1966	12. 1	（西）西独大連立内閣成立，キージンガー首相
1967	7.13	（東）人民議会，ウルブリヒト国家評議会議長（元首）に選出
1969	10.22	（西）SPD，FDP の連立政権成立，ブラント首相就任
1971	5. 3	（東）ウルブリヒト，第一書記辞任，後任にホーネッカー就任
1972	8.26	（西）ミュンヒェン・オリンピック開催
	12.21	東西ドイツ，基本条約締結，相互に領土と独立を承認
1973	9.18	東西ドイツ，国連に加盟
1974	5. 6	（西）スパイ問題によってブラント首相辞任
	5.16	（西）ヘルムート・シュミット，首相就任
1981	12.11	（西）シュミット首相，東独を訪問，ホーネッカーと会談（～12.13）
1982	10. 1	（西）CDU/CSU，FDP連立政権発足，ヘルムート・コール首相
1987	9. 7	ホーネッカー，西独を正式訪問

西暦	月.日	その他の世界
1964	10.10	東京オリンピック開幕
	11. 9	佐藤内閣成立
1965	2. 7	米軍，北爆開始
	7.28	ジョンソン米大統領，ベトナム戦争本格介入
	11.10	中国で文化革命始まる
1966	6.29	米軍爆撃機，北ベトナムのハノイ近郊を爆撃
1967	10.21	国際反戦デー，世界各地で反戦集会
1968	1.30	南ベトナムでテト攻勢始まる
	5.10	フランスの学生運動，カルチェ・ラタン占拠，大学紛争拡大
	8.20	ワルシャワ機構軍チェコに侵攻（～8.21），「プラハの春」鎮圧
1969	4.28	フランス，ドゴール大統領辞任，
	6.15	仏大統領選，ポンピドゥ当選
1972	2.21	ニクソン大統領，訪中
1973	5.15	日本，東独と国交樹立
	10.16	OPEC，生産削減，石油危機
1974	8. 8	ニクソン米大統領，ウォーターゲート事件で辞任，後任にフォード副大統領
1975	4.30	北ベトナム軍によるサイゴン解放，ベトナム戦争終結
1976	7. 2	ベトナム社会主義共和国成立（南北ベトナム統一）
1979	12.27	ソ連軍，アフガニスタン侵攻
1980	8.14	ポーランドのグダンスクで自主労組「連帯」結成
1981	5.10	フランス，ミッテラン大統領当選
1985	3.10	ソ連，ゴルバチョフ書記長就任
1986	4.26	チェルノブイリ原発事故発生
	6.16	ソ連，党中央委員会総会でペレストロイカ路線
1987	12. 7	ゴルバチョフ書記長，訪米

西暦	月.日	ベルリンおよびドイツ国内
1989	9.22	（東）市民運動グループ「新フォーラム」結成
	10. 7	（東）DDR 建国 40 周年記念式典
	10. 9	（東）ライプツィッヒで市民デモ
	10.18	（東）ホーネッカー，党総書記解任，エゴン・クレンツ就任
	11. 4	（東）東ベルリン市民百万人デモ
	11. 9	「ベルリンの壁」解放／崩壊
	12.17	（東）国家保安省（シュタージ）廃止
1990	2.10	（西）コール・ゴルバチョフ会談，ドイツの自決権を承認
	7. 1	（東）東独で西独マルク流通開始，国有企業の民営化のための信託公社発足
	10. 3	東独，西独に併合，ドイツ統一なる
	12. 2	ベルリン統一選挙，統一ベルリン市議会選出
1991	6.20	ボン連邦議会，ベルリンを首都に決定

西暦	月.日	その他の世界
1988	10. 1	ゴルバチョフ書記長，最高会議幹部会議長を兼任
	12. 7	ゴルバチョフ書記長，国連演説
1989	2.15	ソ連軍，アフガニスタンから完全撤退
	6.12	ゴルバチョフ書記長，西ドイツ訪問，西独ソ連共同声明
	8.24	ハンガリー，東独市民の西への出国を許可
1990	3.	バルト三国共和国，相次いで独立宣言採択（～90.5）
1991	6.12	ロシア共和国で大統領選，エリツィン当選
	12.25	独立国家共同体（CIS）設立協定に調印．連邦最高会議，ソ連邦の消滅宣言（12.26）

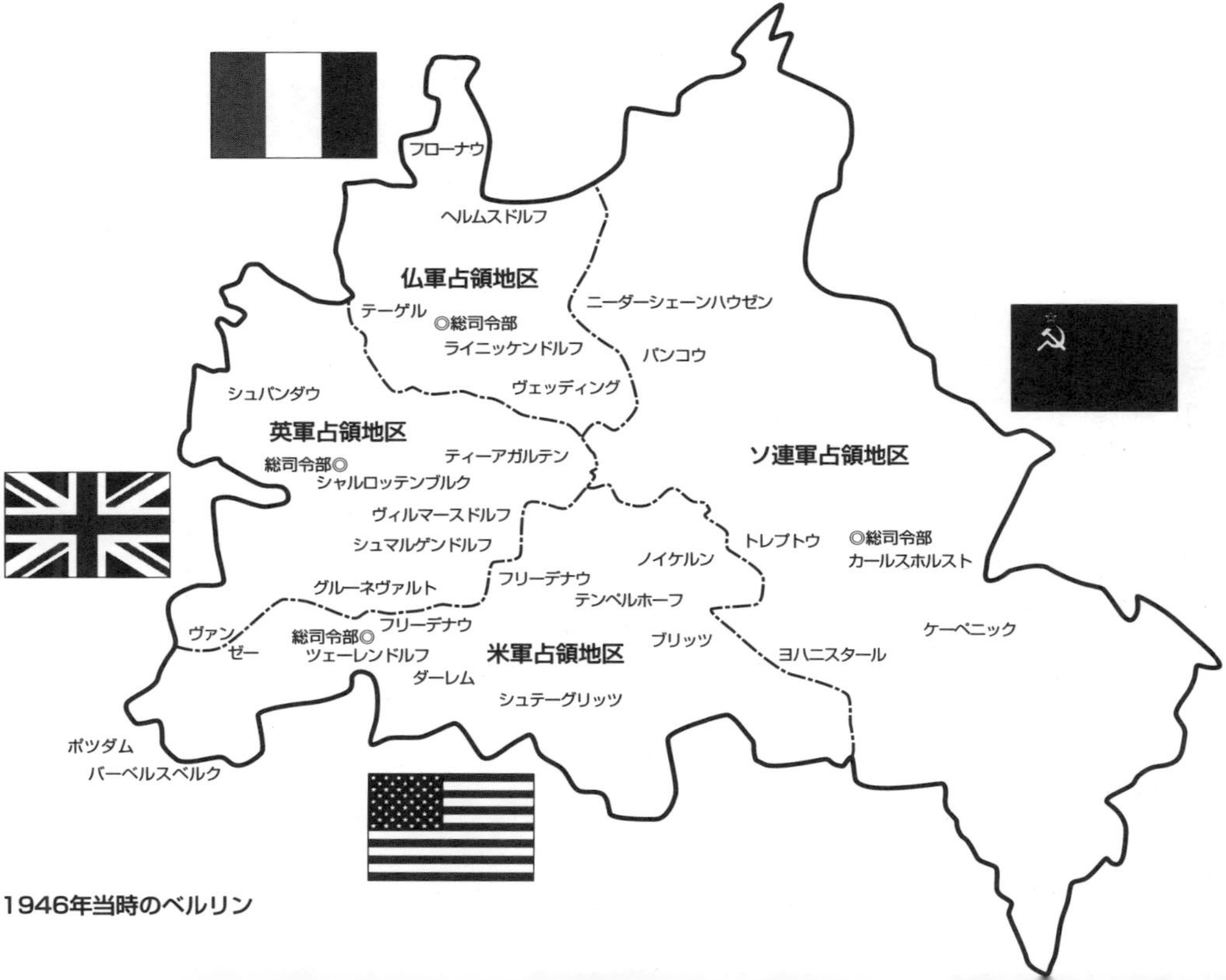
フローナウ
ヘルムスドルフ
仏軍占領地区
テーゲル
◎総司令部
ライニッケンドルフ
ヴェッディング
ニーダーシェーンハウゼン
パンコウ
シュパンダウ
英軍占領地区
総司令部◎
シャルロッテンブルク
ティーアガルテン
ヴィルマースドルフ
シュマルゲンドルフ
グルーネヴァルト
ヴァン
ゼー
総司令部◎
ツェーレンドルフ
フリーデナウ
フリーデナウ
テンペルホーフ
ノイケルン
米軍占領地区
ダーレム
シュテーグリッツ
ブリッツ
ソ連軍占領地区
トレプトウ
◎総司令部
カールスホルスト
ケーペニック
ヨハニスタール
ポツダム
バーベルスベルク

1946年当時のベルリン

原　注

1 Volker Fichtner: Die anthropogen bedingte Umwandlung des Reliefs durch Trümmeraufschüttungen in Berlin (West). Selbstverlag des Geographischen Instituts der Freien Universität Berlin 1977. ここには瓦礫の量に関する統計がある。

2 Johann Friedrich Geist/Klaus Kürvers: Das Berliner Mietshaus 1945—1989. München 1989, S.124より引用。

3 "Horizon" 1946, S.188.

4 Albert Speer: Spandauer Tagebücher. Frankfurt/Berlin/Wien 1975, S. 110.

5 Stephen Spender: European Witness. London 1946, S.235.

6 Albert Speer: Erinnerungen. Berlin 1970, S.69.

7 William Shirer: End of a Berlin Diary. New York 1947, S.131.

8 Isaac Deutscher: Reportagen aus Nachkriegsdeutschland. Hamburg 1980, S.114. ドイッチャーには古典古代の廃墟との比較のヴァリエーションとして，発掘された都市遺跡の形象が見られる。「建物がその見せかけの堅固な外観を失うと，ベルリンは素晴らしくみごとに保存された巨大な古代遺跡——ポンペイとかオスティアなど——の印象を与えた」。

9 Wilhelm Hausenstein: Europäpische Hauptstädte. Zürich/Leipzig 1932, S.372ff.

10 Alfred Döblin: Autobiographische Schriften und letzte Aufzeichnungen. Olten/Freiburg 1980, S.397.

11 Joseph Goebbels: Ein Kampf um Berlin. München 1934, S.27, S.46.

12 Rote Fahne 1923年10月10日付。

13 US Department of State. Historical Office. "Foreign Relations of the United States: The Conferences at Cairo and Teheran, 1943" (Dept. of State Publication 7187). Washington D.C. 1961, S.254.

14 Winston S. Churchill: Triumph and Tragedy (『第二次大戦史』の第6巻). Boston 1953, S.463-65.

15 Robert Murphy: Diplomat Among Warriors. New York 1964, S.229.

16 John Maginnis: Military Government Journal. Boston 1971, S.261.

17 H.D. Schäfer in “Literaturmagazin 7”(1977), S.102.

18 “Die getarnte Reaktion”(1930). In: Herbert Ihering: Der Kampf ums Theater. Berlin/DDR 1974, S.364.

19 前掲書，S.103.

20 1930年頃には精神的・文化的な気候変動とならんでベルリンが創造力の限界に達していたことを示す兆候もあった。著名な芸術家や文化人の何人かはこの都市，そしてこの国を長期にわたって離れるか，あるいは完全に立ち去っていた。他の地によりよい発展の可能性を見出したからだ。アルバート・アインシュタインは1929年以降はベルリンに住まず，1932年夏にプリンストンの高等研究所の招請を受けた。ハリウッドはドイツ映画の第一線の人々を引き寄せた。Murnau, Lubitsch, Marlene Dietrich, Elisabeth Bergner たちである。パリにはベルリン知識人の小さなコロニーが形成された。その著名な名前には，Tucholsky, Benjamin, Rudolf Leonhard がいた。George Grosz は1933年1月にベルリンを去っている。広範な移住の動きではなかったけれど，地震や崩落の前によく見られるような，注目に値する小崩壊ではある。

21 Manuel Gasser: Erinnerungen und Berichte. Zürich 1981, S.113.

22 Ise Gropius 宛の手紙，1947年8月5日付，Reginal R. Isaacs: Walter Gropius. Der Mensch und sein Werk. Bd.2. Berlin(West) 1984, S.953より引用。

23 “Die Neue Zeitung”，1947年4月18日付。

24 Martin Wagner: Wenn ich Baumeister von Deutschland wäre (In: “Aufbau”/Berlin 1946, S.876).

25 In: Das neue Berlin, 1929, S.28-29.

26 In: Das neue Berlin, 1929, S.216.

27 Johann Friedrich Geist/Klaus Kürvers: Das Berliner Mietshaus 1945—1989. München 1989, S.286.

28 Hilde Spiel 宛の手紙，1945年7月15日付（Peter de Mendelssohn 遺稿集. “Briefe und Unterlagen Juli/Sept.- Nov. ’45”のファイル)。

29 “Deutsches Bekenntnis” (“Aufbau”, Heft 1, September 1945, in Johannes R. Becher: Publizistik Bd.2, S.476).

30 Claudine Chonet: Souvenir de Berlin (In: Les Temps modernes. Januar

1948, S.1287). シューレアリスティックな光景のもう一つの素敵な例はCurt Riessによる。彼はグルーネヴァルトでの茶話会について書いている。「私たちは野外にむき出しになっている階段を登って，二階へ向かった。そして私たちは，あたかも破壊されなかった家屋の中にいるような，あたかも戦争などはまったくなかったかのような，ロシア軍の進攻などはなかったかのような，それどころか20世紀さえも存在しなかったかのような部屋に入っていった。素晴らしくきれいな部屋だった。みごとなビーダーマイヤー様式で，椅子の一つひとつ，小卓の一つひとつが貴重品だった。壁はダマスク織りが貼り詰められ，本物の刺繍のタペストリーが掛かっていた。部屋には10人から12人の人たちが座っていた。紳士方，婦人方，数人の米軍将校，一人の英軍大佐，二人のフランス女性だった。ホストの男性を除いて，全員がコートを着ていた。ひどく寒かったからだ。だが，みんながそれに気づかぬふりをしていた。彼らは会話を交わしていた。そして素晴らしく素敵な，古風なティーカップでティーを飲んでいた（Curt Riess: Berlin 1945—1953. Berlin-West. 出版年なし， S.67)。

31 Shirer と Murphy, Brewster S. Chamberlin: Kultur auf Trümmern. Stuttgart 1979, S.9-10から引用。

32 前掲書，S.479.

33 Jüngerとのインタヴュー，Manfred George: “The German Literary Scene”, in “The New Republic”，1946年5月27日付， S.773.

34 Harry Graf Keßler: Tagebücher 1918—1937. Frankfurt/Main 1982, S. 94.

35 前掲書，S.23.

36 前掲書，S.97.

37 Ernst Troeltsch: Spektatorbriefe. 初版（1923）の復刻，1966.

38 Karla Höcker: Beschreibung eines Jahres: Berliner Notizen 1945. Berlin/West 1984, S.82.

39 前掲書，S.478.

40 前掲書，S.69.

41 Klemens von Klemperer: Germany’s New Conservatism. Princeton 1957, S.76.

42 “German Journal: a Midsummer Nightmare. June 1945”（これはJulyのはずだ。Mendelssohnの遺稿集のタイプ原稿）.

43 Richard Brett-Smith: Berlin '45 — The Grey City. London 1966, S.103.
44 "Horizon", 1946, S.192.
45 Fritz Kortner: Aller Tage Abend. München 1959, S.560.
46 1945年11月13日付の手紙（In: Peter Suhrkamp — Zur Biographie eines Verlegers. Frankfurt/Main 1975, S.112)。
47 1946年1月30日付の手紙（"Als der Krieg zu Ende war — Literarisch-politische Publizistik 1945—1950" マールバッハ・ドイツ文学資料館の展覧会カタログ 1973, S.130より引用)。
48 Helmut Grohe宛の1947年2月12日付の手紙（In: Furtwängler: Briefe. Wiesbaden 1965, S.155)。
49 Langgässerの引用は，Elisabeth Langgässer: Briefe（Elisabeth Hoffmann編. Düsseldorf 1990, Bd.1, S.537-38, 519, 581, およびBd.2, S.700）にある。
50 "Partisan Review", 1948年1月，S.62 (Melvin Laskyの記事）より引用。
51 H.Ihering: Nach zwei Jahren. In: Aufbau 1947, Heft 4, S.332.
52 Hesse宛の1946年4月6日付の手紙（In: Hermann Hesse/Peter Suhrkamp: Briefwechsel 1945—59. Frankfurt/Main 1969, S.29)。
53 Sämtliche Werke Bd.5, Stuttgart 1991, S.60-61（"Ptolemäer"）.
54 Aufbau 1946 Heft 3, S.262.
55 Brett-Smith，前掲書，S.146.
56 1947年4月21日付の手紙（H. Iheringの遺稿集，芸術アカデミー文書館/DDR, Rep. 09 II 1a, Nr.214)。
57 前掲書，S.562.
58 「自滅型」などはPiscator宛の1947年3月17日付の手紙（Friedrich Wolf遺稿集，ファイル304，芸術アカデミー文書館/DDR）にある。「大いなる可能性」はWolfgang Langhoff宛の1945年12月27日付の手紙（同上，ファイル303)。
59 Sonntag，1947年12月14日付。
60 ニューヨーク・タイムズ紙のベルリン駐在記者Jack Raymondからの通知，1991年4月11日付。
61 "The Observer"，1946年10月13日付，In: Isaac Deutscher: Reportagen aus Nachkriegsdeutschland. Hamburg 1980, S. 185-86. ベルリン市民が集合的タレーランを演じることができたのは，彼らがドイツの他のどの都

市の市民よりもコスモポリタンだったからである。この点には同時代の観察者や後の歴史家の意見は一致している。連合軍将校たちが南ドイツやオーストリアでしばしば遭遇したような，勝者に対する卑屈な態度はベルリンではずっと少なかった。ベルリンと他の地域の相違がつねに強調された。7月にベルリンに到着した情報管理局長 Robert McClure は次のように日記に書いている。「人々は，他のドイツのどこよりもコスモポリタンで，洗練され，いい身なりをしている」(Tagebuch S.11, McClure 遺稿集, Chico/Karifornien)。 Harold Hurwitz はベルリン戦後政治の叙述の中で「ベルリンのコスモポリタン的性格は失われず，変化しただけだった」と記している (Die politische Kultur der Bevölkerung und der Neubeginn konservativer Politik. Köln 1983, S.94)。その理由として Hurwitz はナチスの平均以下の存在（逃亡による）と非ナチ，反ナチの平均以上の存在をあげた。抵抗運動の首府ベルリンにおいては，反対派，抵抗運動，対決志向といった心性が他のどこよりも大きかったという (S. 47, 53)。Curt Riess はこの雰囲気を髣髴とさせる光景を注33に引用した，半壊のグルーネヴァルトの邸宅での茶話会に続けて語っている。「私たちのホストはヒトラー前の時代の旧外務省の役人だった。ヒトラーの時代もそのままだったが，外相リッベントロップに対して軽蔑以外の何物も抱かない人たちに属した。しばらくの間，リッベントトロップが犯した愚行が話題にのぼった。あたかも世界の果ての他国の外相を話題にしているかのような，根本的にそれとは何の関わりもない人たちのやや眠そうなイロニーが漂っていた。それから Roosevelt が犯した過誤，今は Clay 将軍と Attlee 将軍が犯し，とりわけフランス人が犯した過ちが話題になった。フランス人たちは明らかにまともにことが運べない。少なくとも，この茶話会の参加者の目から見ればそうだった。私は彼らを順に眺めた。彼らは，パリ，ロンドン，あるいはワシントンで出会ったとしても何の不思議もない，いやきっともうどこかで，カイロあるいはホンコンで出会っているかもしれない男たちや女たちだった。この人たちにとっては勝者も敗者もいなかった。私たちのホストが500グラムのバターさえ買えないし，あまつさえニューヨークにもパリにも旅行できない状態だということはその際重要ではなかった。この部屋の人たちは，この状態がいつかは変わること，ただ，政治があまりに深入りしているので，数ヵ月あるいは数年ではすまないだろうということを知っていた」(Riess, 前掲書, S.67)。

62 ソファーのカバー McClure 遺稿集に残された新聞切り抜き，日付とタイトルはない。ゲスト帳 McClure 遺稿集の中にある。
Fritz Kortner は妻宛の手紙の中で，ベルリンでの独特のトロフィー体験を語っている。彼は接収された「ナチのボス」の邸宅で開かれたパーティーのことを話題にしている。「最初に私の目に入ったのは素晴らしい暖炉だったが，これはまったくベルリン風ではなかった。家主のナチがパリのある住居から取り外してもってきたものだと，隠れて戦争を過ごしたユダヤ人で，現在の所有者が私に説明した。その住まいの調度品のほとんどが異国から来たものだった。私はナチが盗んできた椅子に座っていた。あの過去がそのまま現存することにほとんど耐えられなかった」(1948年1月4日付の手紙. Klaus Völker: Fritz Kortner. Berlin/West 1987, S.178より引用)。
63 Hilde Spiel: Welche Welt ist meine Welt? Erinnerungen 1946—1989. München/Leipzig 1990, S.13.
64 Berlin Berlin, S.64.
65 George F. Kennan: Memoirs 1925—1950. Boston/Toronto 1967, S.428-29.
66 論文集 “The Ideological Crisis of Expressionism: The Literary and Artistic German War Colony in Belgium 1914—1918.” Columbia, South Carolina 1990. フラマン＝ベルギーの知識人エリートに向けられた文化プロパガンダ機関紙とはインゼル出版から刊行され，ブリュッセルで Flake と Schröder によって再編集され，ベルギーで印刷され，ベルギーとドイツで販売された雑誌 “Belfried” である。
67 Gilles/Jean-Robert Ragache: Des écrivains et des artistes sous l’Occupation. Paris 1988, S.53.
68 Gerhard Heller: Un Allemand à Paris. Paris 1981, S.165.
69 Manfred Flügge: Paris ist schwer. Berlin 1992, S.183.
70 Dellert Clark: Again the Goose Step. New York/Indianapolis 1949, S. 186.
71 1948年1月31日付の Nelson Algren 宛の手紙。『蝿』のベルリン公演の際にサルトルとベルリンに滞在していたときに書かれた（Nelson Algren 遺稿集，Ohio State University/貴重書庫)。
72 〈ソ連文化センター〉の開設は1947年2月，米国の〈情報センター〉（後の

〈アメリカ・ハウス〉）は5月，英国の〈情報センター〉は1948年4月だった。この一般向けの機関とは異なり，フランスの“Mission Culturell” は公開ではなかった。一般向けの文化センターのフランス版となったのは1947年10月開設の〈フランス文化センター〉だった。

73 Tarbé de Samt-Hardouin 1946年7月11日付（外務省公文書館：文化関係 1945—1959年，下位分類：1945—1947年, 44巻）。

74 Felix Lusset: Die französische Kulturmission in Deutschland—Die Berliner Jahre 1946/48, S.80（Lusset の未亡人 Mme. Claude Lusset 所蔵の未公開原稿，Paris）.

75 Nicholas Pronay in: The Political Re-Education of Germany and her Allies After World II. Totowa/New Jersey 1985, S.8.

76 前掲書，S.10.

77 無条件降伏要求の前史および成立史については，Anne Armstrang: Unconditional Surrender: The Impact of the Casablanca Policy Upon World War II. New Brunswick 1961, S. 12ff. 参照。ルーズヴェルト大統領は慎重さもしくは抵抗を示した懐疑的なチャーチルとスターリンを抑えてこの要求を貫徹するが，その際，アッポマトックでリース将軍に無条件降伏を要求し，これを得たグラント将軍に模範を求めた。だが先例にならうときの特徴的なことだが，これは史実として間違っている。南北戦争ではグラントは一度だけ，1862年にドネルソン要塞で軍の一隊に〈部分的〉無条件降伏を要求した。この降伏はすぐさま北部の世論においてプロパガンダ的な様相を呈し，ほとんど神話的な力を獲得し，もはや元に戻すことができなくなった。歴史においてしばしば起こるように，ルーズヴェルトの決断は史実としては誤った記憶に基づいていた。

78 Carl J. Friedrich: American Experiences in Military Government in World War II. New York 1948, S.290. 情報管理局について：「情報管理局とその下位部局は，帝国文化協会とその7つの部門，報道，文学，ラジオ，映画，演劇，音楽，芸術に難なくとって代わった」(288)。

79 Clay から McClure 宛，1945年12月14日付（McClure 遺稿集）。Clay についての McClure の言葉: メモ 1945年12月26日付（同上）。

80 外相代理 William Benton 宛の書簡（「親展・極秘」）1945年12月27日付 (Robert A.McClure 遺稿集)。

81 タイプ原稿 “German Journey”（Mendelssohn 遺稿集）.

82 Rudolf Reinhardt: Zeitungen und Zeiten. Journalist im Berlin der Nachkriegszeit. Köln 1988, S.72-73.

83 Tulpanov は多くの同時代人の回想や歴史的叙述において「リベラルな」文化将校の中でも最上位の役を演じているが，実際にはそれだけではなかったし，極めて問題の多い人物だった。彼はソ連占領地帯（SBZ）の政治を決定した――もちろん自分の力によってではなく，モスクワの決定の伝達役としてだった。モスクワのどのような人やグループが，どのような人やグループに対抗してこの政治を決めたか，は広範な公文書研究にもかかわらずまだ十分に解明されていない。最近の研究によれば，Tulpanov はやはり SBZ 担当の Wladimir Semjonov よりも権力をもっていた。Semjonov は国家の省庁である外務省に属したが，Tulpanov は党と直結の回路をもっていたからだ。このことから，彼が SMAD 高官に対して異様なほど傲慢な態度をとることができたことが説明できる。この研究によれば，「地位の高い擁護派」を党内にもっていた。彼らが1949年まで他の党内派閥からの無数の攻撃から彼を護っていた（Bernd Bonwelsch/Gennadij Bordjugov: Die Affäre Tjul'panov. Die Propagandaverwaltung der SMAD im Kreuzfeuer der Kritik 1945―1949 [未発表原稿，著者たちの好意によって閲覧する機会が得られた]）。多くの点から見て，Tulpanov は当時競合していたソ連のドイツ政策――スターリン主義化路線（Schdanow, Ulbricht）と自由放任路線，すなわち解体路線（Berija, Malenkow）の中では前者に属していたと思われる。

84 I.S. Tulpanov: Vom schweren Anfang (In: Weimarer Beiträge 1967/5, S.731).

85 例えば，Rüdiger Bernhardt と Gerd Dietrich. Dietrich は SMAD 将校たちについて次のように記している。「彼らはソ連の法律の埒外で，異国の領土の占領者として，目配りのきいた，寛大にして寛容な，民主的な文化政策を展開しようとしていた」(G.Dietrich: Politik und Kultur in der SBZ 1945―49. Bern 1993, S. 14)。

86 Anna Hartmann と Jürgen Eggeling から見れば，Bernhardt/Dietrich のような解釈は，非情な現実を「理想化する」ことになる。「実際にはいつもモスクワの決定，承認，あるいは禁止が先行した。つまり，ドイツでも決定のプロセスはソ連の体制構造と体制強制によって行われた」(In: Text und Kritik Nr.108/Okt.1990, S.28)。

87 Werner G. Hahn: Postwar Soviet Politics: The Fall of Zhdanov and the Defeat of Moderation 1946—1953. Ithaca/London 1982, S. 10, 12.

88 Sheila Fitzpatrick: The Cultural Front: Power and Culture in Revolutionary Russia. Ithaca/London 1992, S. 146（Fitzpatrick の著書についての示唆を私は Karl Schlögel から得た。感謝する）.

89 いずれも Grigori Weiss の未発表の回想録による（Weisspapier はソ連での反ユダヤキャンペーンのせいで，1949年に自分の姓をこのように短縮した）。労働運動史研究所文書庫（EA 1838）。

90「委員会によってある著作家が嫌疑をかけられる度に，資料が持ち出されては計画に大変に不幸な障害をきたすおそれがある」と Frank は1947年10月26日に彼の直接の上司に宛て書いている（OMGUS 5/268-3/9）。

91 B. Frank の McClure 宛のメモ，1947年 4 月20日付（OMGUS 5/270-3/4）。

92 1993年 8 月 3 日のインタヴュー。

93 Theodor Lehmann: Nach dem Fall von Berlin: Bericht eines Schweizers in die Heimat. Zürich 1946, S.7.

94 Wolfgang Leonhard: Die Revolution entläßt ihre Kinder. Köln 1990,S. 432.

95 Alexander Peter Eismann および Wolfgang Harich からの通知。

96 W B. Staudinger から Hans Hinkel 検事の副官だった Dr. Stehr 宛，1933年10月24日付（Berlin Document Center, Bestand RKK［Reichskulturkammer］, Box 0095, File 19）。

97 芸術家協会の最高会議の議事録，1945年 6 月 6 日付（Landesarchiv Berlin/Stadtarchiv Rep. 120, Nr. 1399, Blatt 9）。

98 芸術家の食糧グループへの割り振りの決定，1945年 9 月14日付（Berlin Document Center/RKK）。

99 Bundesarchiv/Zwischenarchiv Dahlwitz-Hoppegarten: ZC I3816, ファイル I および ZC 13945, ファイル10。

100 George C. Clare: Before the Wall: Berlin Days 1946—48. New York 1990, S.141.

101 Wolfgang Leonhard，前掲書，S.417.

102 前掲書，S.414.

103 Major E.M.Lindsay: Monthly Report, 1945年11月30日付（Public

Record Office [以後は PRO], Fo 1012/75)。

104 Brewster S.Chamberlin: Kultur auf Trümmern—Berliner Berichte der amerikanischen Information Control Section Juli-Dezember 1945. Stuttgart 1979, S.52.

105 Wolfgang Harich とのインタヴュー。1991年11月28日。

106 Kai Möller: Paul Wegener. Hamburg 1954, S.144.

107 Chamberlin, S.40より引用。

108「芸術家協会の件」1945年7月6日付（Archiv Sassenbach-Stiftung [旧 FDGB 文書庫], Nr. 201.132)。

109 Landesarchiv Berlin/Stadtarchiv, Rep.120, Nr. 1339.

110「ドイツ舞台人協同組合（GDBA)/舞台・映画・音楽連合の創設の件」1945年5月20日付（Sassenbach-Stiftung/Archiv Nr. 0132)。

111 人民教育部門 Richard Henneberg による芸術家協会についての報告, 1945年10月5日付（Landesarchiv Berlin/Stadtarchiv Rep. 120, Nr.3231, Blatt 29)。

112 FDGB 理事会宛の手紙, 1945年9月25日付（Sassenbach-Stiftung/Archiv Nr. 201.132)。

113 同上。

114 Alexander Peter Eismann および Wolfgang Harich からの通知。

115 Otto Winzer 宛の手紙, 1945年8月6日付（OMGUS/Berlin, Landesarchiv Berlin 4/8-2/1)。

116 Wegener との会談についての Henneberg の報告, 1945年11月9日付（Landesarchiv Berlin/Stadtarchiv Rep. 120, Nr.3231, Bl.25)。

117 1945年10月13日付, OMGUS/Berlin (Landesarchiv Berlin 5/265-1/19).

118 Henry C. Alter の報告, 1945年7月18日付, Chamberlin, S.60-61より引用。

119 1945年8月8日付の報告, Chamberlin, S.92より引用。

120 Winzer の協力者 Richard Henneberg, 1945年9月30日付 (Landesarchiv Berlin /Stadtarchiv Rep. 120, Nr.3131, Bl. 21)。

121 Henneberg, 同上。

122 Maisch から N. Nabokov 宛, 1946年1月16日付（OMGUS/Berlin, Landesarchiv Berlin 4/8-2/1)。

123 Hilde Spiel: Theater als Wirklichkeit. In: Herbert Ihering (Hg.):

Theaterstadt Berlin. Berlin 1948, S.111-12.

124 “Der Kurier”, 1946年5月3日付, Edda Kühlken: Die Klassiker-Inszenierungen von Gustaf Gründgens. Meisenheim am Glan 1972, S. 16より引用。

125 展覧会カタログ “Jürgen Fehling”. Berlin/West 1978, S. 150より引用。

126 K.H. Ruppel, 前掲書, S.173.

127 これは Friedrich Luft の言葉と伝えられる。Hans Daiber: Deutsches Theater seit 1945. Stuttgart 1976, S.15より引用。

128 ゲッベルスは Fehling の政治的志向を心得ており, ゲーリングの持ち馬 Gründgens の対抗馬として彼を使おうとしていた。ナチス政権においてもときには審美的な質が政治的志向に比して重視されたことは, 最初〈民衆舞台〉に招請された党員 Solms 伯の例が示している。Solms では様にならないことが明らかになると, Fehling での解決が模索された。「いずれ Solms を追い出せ！ Fehling と契約を交わす！」とゲッベルスは部下の演劇担当官の報告書の片隅に書き付けている。「今までのところまだ未解明の何らかの事件のために, Fehling との契約には至らなかった」(Jutta Wardetzky: Theaterpolitik im faschistischen Deutschland. Berlin/DDR 1983, S.115-116)。

129 Herbert Ihering: Theaterstadt Berlin. Berlin 1948, S.11.

130 前掲書, S.11-12.

131 G.v.Wangenheim: 活動報告 1945/46 (Archiv der Akademie der Künste/DDR, Wangenheim 遺稿集, Rep.023, Nr.1). このコピーが旧社会主義統一党文書庫/現労働運動史研究所文書庫にある (NL 36/680)。

132 Harich から Herbert Ihering 宛, 1946年7月18日付 (Ihering 遺稿集. Archiv der Akademie der Künste/DDR, Rep.09 11.1b)。

133 Maxim Vallentin: “Einleitende Bemerkungen zur Ausarbeitung von Richtlinien. Besprechung bei Wilhelm Pieck, Moskau 26.9.1944” (労働運動史研究所文書庫/W Pieck 遺稿集/NL36/499, および文化同盟文書庫 Nr. KB 98 Gv (3)).

134 “Das Wort”, 1938年, Heft 3, S.89.

135 Reinhard Müller (Hg.): Die Säuberung. Reinbek 1991, S.560-62.

136 Pieck 宛の手紙および覚え書き, 1945年5月6日付 (労働運動史研究所文書庫. Bestand: Büro Alfred Kurella/IV 2/2026/68)。

137 日付不明のタイプ原稿 “Gespräch mit Gustav von Wangenheim” (Juli 1945). (芸術アカデミー公文書館/DDR, Wangenheim 遺稿集, Mappe 287).

138 Der Tagesspiegel, 1946年1月22日付。Karsch は全シーズンを通しての総評の中で「Reinhardt の華美は引き継いだが, 彼の芸術的厳密さを忘れた。彼がどんな脇役にも彼の精神, そしてその役の精神を付与したことを忘れた」と書いた (Tagesspiegel, 1946年8月11日付)。

139 Der Kurier, 1946年5月31日付。

140 Kurier 1946年7月16日付。

141 Harich から Ihering 宛, 1946年7月18日付 (Ihering 遺稿集. 芸術アカデミー公文書館/DDR, Rep. 09 11.1b)。Ihering が Harich の非難に対しておそらく抗弁した, 残されていない手紙に答えて, Harich は年上の同僚を賛嘆する若者の役割を投げ棄て, 個人的また政治的な色彩を強く滲ませてこう非難した。Ihering はナチス時代にウィーンのブルク劇場での活動によって, また Emil Jannings についての著書によって信用を失墜したが, このことを今度は政治的旗幟の日和見的な変更によって隠蔽しようとしている。「ドイツのもっとも重要な演劇批評家の一人が日和見主義からナチスに土下座し, それによって自らの市民的勇気を腐敗させたあげく, 第三帝国が克服された後には, その同じ男が疑いの余地のない反ファシストの腕の中に大急ぎで逃げ込もうとしている」(Harich から Ihering 宛, 1946年8月3日付, 同上)。

142 Der Tagesspiegel, 1946年8月11日付。

143 1946年8月19日付 (Wangenheim 遺稿集, 芸術アカデミー公文書館/DDR, Rep. 025, Nr. 1)。

144 Bokow 将軍宛の文書, 1946年8月19日付 (労働運動史研究所文書庫, NL 182/1190)。

145 Wangenheim から Bokow 宛, 1946年8月24日付 (Wangenheim 遺稿集, 同上)。

146 中央書記局会議議事録, 1946年8月21日付 (労働運動史研究所文書庫, Bestand: Büro Alfred Kurella/IV2/2026/68)。

147 Wangenheim の子息 Friedel からの私信。

148 Gulyga との会談, ベルリンにて1993年7月14日。

149 Die Neue Zeitung, 1946年6月1日付。

150 Der Kurier，1946年5月31日付。

151 Enno Kind in "Neues Deutschland"，1946年6月2日付。

152 Tägliche Rundschau，1946年6月1日付。

153 Wangenheim, "Bericht über die Spielzeit 1945/46", 同上。

154 同上。

155 "Theater in der Zeitenwende" Berlin/DDR 1972; Bd.2, S.75. 『ハムレット』演出においては，特にHorst CasparがWangenheimの構想に反抗して演じていた。「Horst Casparはその個性の内的な主観性から役を演じようとしていたが，彼は知的で活動的なハムレットの像を前面に出すようにというWangenheimの要求にしたがうことが（できなかった）(……) 強い主観性を感得する俳優の内的な演技は，しばしば演出家の指示とは食い違っていた」(同上)。

156 A. Hurwitz in: Theaterstadt Berlin (Hg. H. Ihering). Berlin 1948.

157 Eberhard Spangenberg: Karriere eines Romans. München 1982, S.111.

158 彼を招聘するための交渉は，Langhoffの古い友人であるFriedrich Wolfが行った。Wolfはすでに1945年12月にデュッセルドルフの市立劇場の責任者だったLanghoffにベルリンに来るよう要請していた（1945年12月27日付の手紙，In: Friedrich Wolf: Briefe. Berlin (DDR)/Weimar 1969, S. 206-207)。当時ケルンのNWDRの総監督で，Langhoffと交流があったMax Burghardtは，Wolfが1946年5月にLanghoffをドイツ劇場に招聘するという「秘密の使命を帯びて」デュッセルドルフにやってきたことを証している（Sinn und Form，1976年, S.986)。とすればWangenheimの後継者探しはすでにその解雇の3ヵ月前から，つまり『嵐の晩年』のプレミア公演の直後から始まっていたことになる。Langhoffはどうやら〈王殺し〉と見られたくなかったようで，ことができるだけ秘密裡に運ばれるように迫っている。「個人的にはGustavの了解が私には重要だ」(Wolf宛の手紙，1946年8月11日付。芸術アカデミー公文書館/DDR, F. Wolf遺稿集303/26)。SMADの側からは演劇担当将校Fradkinが専門家として参加していた。Tulpanovも一枚嚙んでいたと想像される。彼とFriedrich Wolfはスターリン前線の共同の活動時代からの知り合いだった。ベルリンではWolfは，Willi BredelやErich Weinartもそうだったが，Tulpanovが定期的に協議していた亡命知識人たちの一人だった（S. Tulpanov: Erinnerungen an deutsche Freunde und Genossen. Berlin

(DDR)/Weimar 1984, S.132-33)。Langhoffの招聘はロシア軍の進駐軍知識人とドイツ人の党知識人の細心に準備された共同作業の成果だった。この共同作業がWangenheimの解任を決めたロシア軍の決定の後のことだったのか，それともその解任も彼らの共同作業の成果だったのかという疑問が生じてくる。

159 Max Burghardt in "Sinn und Form", 1976年, S.976.

160 Edith Krull: Wolfgang Langhoff. Berlin/DDR 1962, S. 11-12より引用。

161 Langhoffの美学的・演劇政策的な路線は，スタニスラフスキー流の古典派擁護といえる。「古い芝居を新しいソースで調理し直す」というのではなくて，「初演のように新鮮な，古びざる姿そのままに演出し……観衆に提供する」(Langhoffの言葉，Krull, S.15より引用)。Wangenheimとは異なり，過去の時代，市民的，前市民的「遺産」に集中し，古典のマルクス的解釈，時局劇を徹底して放棄した。それによって，Wangenheimのときにあった対立や亀裂が回避された。そして50年代には30年代のGründgensの演劇・芸術・空間の対応物が生じた。

162 James/Suzanne Pool: Who Financed Hitler. New York 1978, S.464; Gerhard Schutz: Aufstieg des Nationalsozialismus. Frankfurt/Berlin/Wien 1975, S.879.

163 Magdalena Heiderは文化同盟についての博士論文（Mannheim 1991）において，この微妙な問題に関して次のようにいうのみである。「この認可が申請の前からすでに用意されていたのか，それとも単に日付の間違いなのかは解明できなかった」(41-42)。

164 "Bemerkungen zu unseren Kulturaufgaben", In: J.R. Becher: Publizistik Bd. 2, Berlin (DDR)/Weimar 1978, S.362-63.

165 "Schaffung eines ⟨Kulturbundes für demokratische Erneuerung⟩", 1945年6月6日付のPieckのメモ（労働運動史研究所公文書館 NL 36/734)。

166「原則」の7項目の綱領とは次のとおり。

1．生活および知識の全領域におけるナチ・イデオロギーの根絶。ナチ犯罪と戦争犯罪の精神的根源に対する闘い。すべての反動的，軍国主義的な観点に対する闘い。公共生活の浄化と清潔の維持。すべての民主的志向をもつ世界観的，宗教的，宗派的運動やグループとの協力。

2．ドイツの精神労働者の人民統一戦線の形成，知識人と国民の堅固な統

一の形成，我が国民の生命力および柔軟性を信頼し，闘争的な民主的世界観の星のもとでのドイツ精神の再生。

3．我が国民の全歴史的発展の再検証，それとともにわれわれの精神生活に影響を及ぼした肯定的，否定的な諸力の認識。

4．我が国民の自由主義的な，人文主義的な，真の国民的伝統の再発見と奨励。

5．ドイツ新構築に際して他国民の歴史的成果の導入。他国民の文化継承者との理解の促進。世界の信頼と尊敬の再獲得。

6．真理の普及。客観的尺度と価値の再獲得。

7．国民の倫理的健全化をめぐる闘い。とりわけ，ドイツ青年および大学生の精神的育護。後裔の強力な育成と基金および授賞による優れた業績の顕彰（In: Zwei Jahre Kulturbund zur demokratischen Erneuerung Deutschlands. Berlin 1947, S.9-10)。

167 David Pike: Deutsche Schriftsteller im sowjetischen Exil 1933—1945. Frankfurt/M. 1981, S.158.

168 M. Heider の博士論文，前掲書，S.45より引用。

169 Bokov 将軍, David Pike: The Politics of Culture in Soviet-Occupied Germany 1945—1949. Stanford 1992, S.84より引用。

170 Gerd Dietrich: Politik und Kultur in der SBZ 1945—1949. Bern 1993, S. 32.

171 Bruno Frei: Der Papiersäbel. Frankfurt/Main 1972, S.175.

172 1948年5月5日付の手紙（Alfred Andersch 遺稿集，ドイツ文学資料館 Marbach)。

173 Berlin 1991 (Carsten Gansel 編).

174 C. Gansel，前掲書，S.30.

175 Heinz Willmann: Steine klopft man mit dem Kopf. Berlin/DDR 1977, S. 276-77.

176 Hans Mayer: Der Turm von Babel. Frankfurt/Main 1991, S.110-11.「悪意の特徴は明白だった。彼はそれを知っていたし，洗練させさえした」(前掲書，S.113)。

177 Theodor Plivier, Harry Wilde: Theodor Plivier: Nullpunkt der Freiheit. München/Wien/Basel 1965, S.392-93より引用。

178 Alfred Kantorowicz: Deutsches Tagebuch Bd.1, S.255, S.643-44. 飲み干

さざるをえない盃（ベッヒャー）という表現は，Kantorowicz によれば Brecht のもの。

179 E.Noelle-Neumann から Becher 宛，1946年12月31日付（芸術アカデミー文書庫/DDR, Becher-Arch. Nr. 544)。

180 J. Boss から Becher 宛（Becher-Arch. Nr. 188)。

181 最初は Dahlem/Zehlendorf に残る計画であったらしい。ヴァムゼー湖畔の邸宅が地区役所からこの目的のために提示されていた（Zehlendorf の民衆教育部門主任 Jost から地区長 Wittgenstein 宛の手紙，1945年 7 月13日付。Franz Wallner-Basté の個人所蔵遺稿集)。

182 Kulturbund-Archiv Nr.10/112.

183 幹部評議会議事録，1947年 9 月17日付（Kulturbund-Archiv 373/715)。

184 Günther Birkenfeld 宛の手紙，1948年 8 月 9 日付（コブレンツ連邦公文書館。E.Friedensburg, NL 114, Bd. 27, Bl.189-90)。

185 物資援助を除く年間の支援金は，20万ライヒスマルクにのぼっていた。州支部 Mecklenburg-Vorpommern から本部宛の文書，1947年 3 月 4 日付を参照（Kulturbund-Archiv 530/776)。

186 Weiskopf 宛，1947年 5 月23日付（Becher-Archiv Nr.1575)。

187 Becher-Arch. Nr.255.

188 Becher-Arch. Nr.377.

189 Kulturbund-Archiv Nr.213.

190 Willi Jasper: Der Bruder. München 1992, S.288より引用。

191 Arnold Zweig から Heinrich Mann 宛，1950年 1 月21日付（H.Mann 遺稿集，Nr.2986, 芸術アカデミー文書館/DDR)。

192 彼は12年前の亡命の初期の頃，KPD が人民戦線方式に移行する前にはまだトーマス・マンを疑問視していた。彼はマンの政治的な反ファシスト的立場への接近を確認はしていて，「彼の頭を叩く」のには反対だったが，「一方で，彼がわれわれのもので，ことのすべては誤解だったというところまではいってはならない」(Ernst Ottwalt 宛の手紙，1933年12月27日付. Rolf Harder: Die Entwicklung bündnispolitischer Vorstellungen Johannes R.Bechers 1923—1945. 博士論文，DDR 学士院/研究領域 社会科学/文学史研究所より引用)。

193 J. R. Becher: Briefe. Berlin 1993, S.279, 283.

194 In: Ludwig Kunz (Hg.): Gerhart Hauptmann und das junge Deutsch-

land. Berlin 1932, S.9.

195 1945年8月5日，原稿 “Kalendernotizen”（G.Hauptmann 遺稿集，国立プロイセン文化財図書館／手稿本部門。Berlin）.

196 Gerhart Pohl: Bin ich noch in meinem Haus? Die letzten Tage Gerhart Hauptmanns. Berlin/West 1953, S.70より引用。

197 それでもベルリンへの移住の計画は練られていた。例えば，Müggelheim の邸宅が彼のために用意されていた（Rudolf Reinhard: Zeitungen und Zeiten. Köln 1988, S.59)。彼の死後，遺稿は Müggelheim のある家屋に保管されていた。その後，市事務所の金庫室に移された。ベルリン市参事会は計画中のハウプトマン記念館の建物として Wiesenstein 荘と外観が似ていた Dahlem の邸宅（ラインバーベン大通り 32-34）を予定していた（〈G.Hauptmann 遺稿〉書類の記録。ベルリン州立公文書館)。

198 F. C. Weiskopf から Friedrich Wolf 宛，1946年1月18日付（芸術アカデミー文書館／DDR, Friedrich-Wolf-Archiv ファイル322a)。

199 1945年10月11日，J. R. Becher: Über Kunst und Literatur. Berlin (DDR)/Weimar 1962, S.862より引用。

200 最初に掲載されたのは “Neues Deutschland” 1962年11月17日付，付録 Nr.46.

201 “Der gespaltene Dichter”, S.11より引用。

202 “Der gespaltene Dichter”, S.207より引用。

203 Leonore Krenzlin: J.R. Bechers Suche nach Bündnismöglichkeiten mit konservativ-humanistischen Autoren nach 1945. In: Simone Barck (Hg.): Zum Verhältnis von Geist und Macht im Werk J. R. Bechers. Berlin/DDR 1983, S.126-30に基づく。

204 Becher 宛の手紙「1945年12月初旬」, Rolf Harder: Zur Entwicklung bündnispolitischer..., S. 188より引用。

205 Becher 宛の手紙，1945年9月2日付。Harder，前掲書，S.192より引用。

206 Gerd Dietrich: Politik und Kultur in der SBZ 1945—49. Bern 1993, S.93より引用。

207 G. Dietrich，前掲書より引用。Bredel はこの批判がだいたい当たっているとBecher に伝えた（前掲書)。

208 そのような左派の批判を浴びたのはベッヒャーと文化同盟だけではなかった。1946年10月には「大地域ベルリン SED 造形芸術家集会」が同じよう

な抗議文書を党指導部，SMAD，人民教育中央局および市参事会に向けて発している（「われわれは芸術政策から見捨てられている」）（Gerd Dietrich，前掲書，S.269-71より引用）。1947年10月には，若手社会主義者作家グループの名で Hermann Werner Kubsch なる人物がドイツ作家会議に参加するために到着したソ連使節団――そこに彼は SMAD から示されたより以上の社会主義的共感を期待した――に向かって抗議した。「ソ連の行政部および司令部の代表者たちは，実際にはほとんど感謝されていないにもかかわらず，理念的にも物質的にも精神労働者の中のあらゆる市民階級的分子を強力に支援している。われわれは市民的知識人の最良の分子をソ連のシンパにすることの重要性を理解し，わきまえている。また，われわれはそれがこうした紳士連中の腹を満してやればもっとも容易に達成できることも十分すぎるほど知っている。だが，そのような支援がわれわれのような政治的信念を抱く若い精神労働者には認められず，市民階級同志や幹部同志に回されることが理解できない。この事態は，政治的にまだ固まっていない若者が次のような見解を抱くに至る危険性を孕んでいる。すなわち，われわれのソ連の友人は著名人ばかりに気を使っていると。そのため，しばしば一種の憤怒の思いでこう考えてもやむをえない。ロシア人に認めてもらうためには，苦労して社会主義的な人間形成に努めるのではなくて，市民階級的な出版社でともかくまず市民的な芸術で名をなすのがいいのだと」（Anna Hartmann/Jürgen Eggeling: Sowjetkultur und literarisches Leben in der DDR. Geschichte und Strukturen eines Spannungsvierhältnisses. 未綴じ未発表のタイプ原稿より引用。著者たちの好意により一読することができた）。こうした攻撃に対するベッヒャーの弁明は「帰還後の私の主要な任務は，動揺している人々，今日明日にも再び敵の手中に落ちるかもしれない人々を，できるだけ早急にわれわれのもとに集め，できる限りわれわれとのつながりを作ることだった。この〈われわれ〉とは，狭い意味での〈われわれ〉ではなく，本当に自由主義的な発展の意味での〈われわれ〉のことである。そのために，君のように確かな信頼を抱ける人たちがいわば最初に番に当たることにならなかった。このことが，私にはよく理解できるが，必然的に憤怒の思いを抱く人を出してしまったのだ」（Hans Lorbeer 宛の手紙，1946年 1 月21日，Harder, 博士論文, S.190-91より引用）。

209 Tagesspiegel，1945年10月 2 日付。

210 幹部評議会議事録，1946年1月9日付（文化同盟文書庫 Nr.10/112）。

211 幹部評議会議事録，1946年12月6日付（芸術アカデミー文書庫／DDR. A. Abusch 遺稿集，ファイル「幹部委員会」）。

212 幹部評議会議事録，1947年2月21日付（文化同盟文書庫 Nr.373/715）。

213 例えば，ベッヒャーは1946年11月17日の Friedensburg 家での打ち解けた夕べの集いに参加している（Friedensburg 遺稿集 Bd.27，コブレンツ連邦公文書館）。

214 Karl-Heinz Schulmeister と Heinz Willmann のインタヴュー，1971年6月10日付（Kulturbund-Archiv Nr.530/774）。

215 Willmann とのインタヴュー，同上。

216 Friedensburg から Deiters 宛，1948年3月10日付（Friedensburg 遺稿集 Bd.27）。

217 ベルリン州立公文書館/市立公文書館 Rep.120 Nr.3252.

218 SMAD 情報局報告書 Nr.79/83，1946年11月5日付（KPdSU, RCChIDNI の旧党文書庫，fond 17, opis 128, delo 151. ドイツ語訳 Ralf Possekel）。Klaus Gysi は同じ聴衆の前で少なからず自己批判的にこう述べている「この一年半の間，われわれは知識人からの共感の獲得に関してあまり大きな成果を得ることができなかった。このような共感を表現するドイツ人知識人の意思を必要なだけ利用することができなかった。このことは多くの問題と関連しているが，なかでも SED に見られる心理的な側面の軽視と関わっている。……知識人に影響を及ぼすには，一般の国民と違うやり方でしなければならない。知識人には不可解なことを説明したり，その固有の立場を尊重したり，自由な議論のチャンスを与えたりすることが必要なのだ」（同上）。

219 von Prittwitz と Gaffrons 宛の手紙，1947年1月1日付（Friedensburg 遺稿集 Bd.27）。SPD と KPD が1945年以降，互いを排除しようとしたのにはワイマール時代の前史があった。SPD はそのときベルリン行政部，労働運動，民衆劇場運動で采配を振るっていたのに対し，KPD は遅れをとっていた。したがって破局後の18ヵ月間の共産党の独占，とりわけ SPD へ向けられた矛先は，かつての SPD 支配層による冷遇に対する復讐——全体で一つの輪を閉じる円環だった。

220 幹部評議会における Friedensburg，1947年2月21日付（文化同盟 Nr.373/715）。

221 文化同盟 Wilmersdorf 作業グループの集会議事録，1947年7月28日付（文化同盟文書庫 Nr. 16/220, S.25-26)。

222 “Der Telegraf”，1947年7月9日付より引用。

223 W Karsch: “Zur demokratischen Erneuerung” (Tagesspiegel，1947年5月25日付).

224「初年度活動報告」(日付なし（1946）文化同盟文書庫 Nr. 530/777)。この報告の奇妙な点は，それが明らかに SED 指導部にあてたものではなく，また文化同盟の共産党員指導部の周知のみを目的としていたのでもなく，おそらく幹部評議会に向けられたものだったことだ。Ackermann と Winzer を「氏」と呼ぶことは党内的なものでないことを証している。ここから，幹部評議会では市民階層の構成員の面前で，この組織の党派性が話題にされたと推測しうるだろうか？

225 幹部評議会議事録，1947年5月31日付（文化同盟 Nr.373/715)。

226「文化同盟第一回連邦会議。1947年5月20―21日」，Berlin 1947 (Aufbau 出版).

227 1947年1月から10月までの間に，米国人による講演16回，英国人によるもの15回，フランス人のもの10回，ロシア人のもの13回があった（「文化同盟のベルリン州支部およびベルリン作業グループが主催した，4占領軍の代表者による講演会。その数と内容」，1947年10月31日作成。文化同盟文書庫 Nr.373/715)。

228 OMGUS ベルリン地区（ベルリン州立公文書館 4/8-3/1)。

229 T. R. M. Creighton から Cecil Sprigg／教育部門宛，1946年12月13日付 (Public Record Office/FO 1012/166)。

230 Friedensburg から Wittgenstein 宛，米軍市街地区司令官 Howley との1947年11月1日の会談についての報告。彼は Howley に自分の政治哲学を披瀝した。間接話法はこれが書簡であるためである（1947年12月3日付。ベルリン州立公文書館。LAZ Nr.9086)。この時期の Friedensburg を理解するには，党の友人 Heinrich Krone 宛の心情告白が参考になる。「私は自覚的なクリスチャンであり，情熱的な個人主義者であり，30年にわたって何度も検証ずみの確信的な民主主義者であり，古典的人文主義の燃えるような信奉者である。これらはすべて，私とボルシェヴィズムの世界とを分断する特性である。しかし私は，このあらゆるマルクス主義的思想を受け入れない内的態度のゆえにこそ，私の多くの社会主義主義者（つまり

社会民主主義者＝原著注）の友人よりも，東側の権力との実際的な関係を結ぶことができると信じる」(Krone 宛の手紙，1949年 9 月30日付。コブレンツ連邦公文書館/Friedensburg 遺稿集 Bd.26)。

231 SED にコントロールされた歴史記述については，Karl-Heinz Schulmeister: Auf dem Wege zu einer neuen Kultur. Der Kulturbund in den Jahren 1945—1949. Berlin/DDR 1977を参照。連邦共和国（BRD，旧西ドイツ）ではDKP寄りの歴史記述がこの記述法を継承した（例えば，Henning Müller: Das Exempel Kulturbund. Analyse eines Verbots. In: Zwischen Krieg und Frieden: Gegenständliche und realistische Tendenzen in der Kunst nach 1945. Kunstverein Frankfurt/Main. Berlin 1980, S.175-82)。

232 公式の承認は「現時点では好ましくない」とベルリンの米軍情報管理局長は文化同盟に通知した。ただし「ベルリンの米軍地区における文化同盟の活動については特に問題はない」(Leonard から文化同盟ベルリン支部 Harry Damrow 宛，1946年 6 月17日付。OMGUS 4/127-2/1, ベルリン州立公文書館)。

233 In: “Neues Deutschland”，1947年10月31日付。

234 Scott のメモ，1947年11月 3 日付（Public Record Office/FO 1012/166)。

235 幹部評議会議事録，1947年10月30日付（文化同盟文書庫 Nr.16/220)。

236 Willmann の会談メモ，ノイケルン支部長 Ihlow との会談について，1947年11月10日付（文化同盟文書庫 Nr.16/220)。

237 1948年 4 月 6 日付のメモ（F.Friedensburg の遺稿集の一部，国立プロイセン枢密院公文書館/Rep.92/72)。

238「プロパガンダ局と地方機関との会議，速記文字原稿」 KPdSU/RCChIDNI の旧党文書庫，Fond 17, Opis 128, Delo 150（ZK VKP［b］ 外交政治部門)．ドイツ語訳 Wolfram v. Schelika.

239「KPdSU（B）中央委員会（ZK）における S.I.Tulpanov の講演，1946年 9 月 6 日，ベルリン」(RCChIDNI, F.17, o.128, d.129)．Bernd Bonwetsch /Gennadij Bordjugov/Norman Neimark (Hg.): Die sowjetische Militäradministration in Deutschland: Die Verwaltung für Propaganda (Information) und S.I. Tulpanov. Moskau 1994（未発表原稿，編著者の好意により閲覧）より引用。同じ講演の中で Tulpanov は Friedensburg の役割を取り上げている。Friedensburg は「才に長けた狡猾な政治家」そして

「枢機卿」として,「CDU内で多少とも容認可能な政治を遂行する」力になってきたが,「彼はやはり独占資本とつながっている。彼をいつまでも使っているわけにはいかない。われわれにとって重要だったのは,ソ連地区においてことがうまく運ぶように,彼を前面に出せたことだ」(前掲書)。

240「SMAD総司令部政治局員V.Semenovによる〈文化同盟〉理事長J.Becherとの1946年11月13日の会談に関する報告」(RCChIDNI, f.17, o.128, d.147, Bonwetsch/Bordjugov/Neimarkより引用)。

241 Bernd BonwelschとGennadij Bordjugowはこの行動と妨害の混沌,競合するグループによるスターリンの注目あるいは決定をめぐる争いを「官僚主義的内部抗争」と呼んでいる。この数年にわたったSMAD内部での,またモスクワからもなされた,Tulpanovを排除しようとする試みを例として,彼らは権力抗争のメカニズムを描写している(注83参照)。

242 ここの,またそれに続くBehneとFriedensburgの発言は,幹部委員会議事録,1947年10月30日付(文化同盟文書庫Nr.16/220)。

243 メモ,1948年4月13日付(Public Record Office/FO 1012/166)。

244 すべての発言は幹部評議会議事録,1948年8月2日付(文化同盟Nr.211)。

245 FriedensburgからBecher宛,1948年9月11日付(文化同盟文書庫Nr.72)。この手紙の除名3日前という日付は,Friedensburgがすでに届いていた最初の非公式の除名通知に言及しているとすれば説明がつく。

246 KrummacherからBecher宛,1948年9月20日付(文化同盟文書庫Nr.72)。

247「別れの手紙」というアンソロジーができそうである。それまでともに仕事をしてきた——そしてその後は戦線の相異なる側に分かれていった——男たちが1948年の別れに際して互いに書いた手紙である。多くの場合,ベッヒャーがそうした手紙の受け手でもあり書き手でもあった。例えば,1948年7月26日に文化同盟会員でDeutsche Rundschauの発行人だったRudolf Pechelは彼に宛て書いている。「今日のベルリンでは精神文化を担う人間たちが,最後の共通性が保証される一つの場に集うということはもはや絶望的だと思います。……あなたにはっきりと申しますが,ヒトラー時代に存在した共同体が破壊されるのは私にとって苦痛ですし,本当にがっかりします。でも変えることは私にはできません。ただ引きさがるほ

かありません。……少なくとも私たち二人だけでも，人間としての結び付きの思いをどんなことがあっても持ち続けていけると期待させてください」(1948年7月26日付の手紙。コブレンツ連邦公文書館/R.Pechel遺稿集，II/Bd.1)。

248 Pike: The Politics of Culture, S.562.

249 前掲書，S.137.

250 Gerd Dietrich: Politik und Kultur in der SBZ 1945—49. Bern 1993.

251 前掲書，S.97.

252 これはGustav v. Wangenheimの子息Friedel v. Wangenheimが，彼の父や他のロシア帰還者と交わした会話を回想する中で行った発言に基づく推測である。

253 Pike (1993), S.562.

254 ベルリン州書記会議議事録，1948年2月2日付（文化同盟文書庫Nr.527/825, 2)。

255 SED執行部書記局宛の手紙，1947年12月8日付。“Der gespaltene Dichter”, S.42より引用。

256 日付不明の手書きのメモ，ファイル「イデオロギー委員会」。A. Abusch遺稿集／Sig.4（芸術アカデミー文書庫/DDR).

257 Gerd Dietrich (Hg): Um die Erneuerung der deutschen Kultur: Dokumente zur Kulturpolitik 1945—49. Berlin/DDR 1983, S.209-11より引用。

258 Bryan Thomas Von Sweringen: Cabaretist of the Cold War Front: Günter Neumann and Political Cabaret in the Programming of Ries. 博士論文。Freie Universität Berlin/複写版原稿 Washington D.C. 1985, S. 94より引用（ベルリン自由大学ジャーナリズム研究所書庫に一部あり)。

259 Sweringen 前掲書，S.96.より引用。この報告によれば「米軍占領地帯の住民はこのソヴィエトのプロパガンダをまともに受け取り，ロシア軍の管理下に入りたいという希望を述べることさえある」(Sweringen, S.95より引用)。

260 Fritz Lothar Büttner: Das Haus des Rundfunks in Berlin. Berlin 1965, S.61ff. ビルはロシア軍少佐Popowの指揮下に占拠され，修復されたが，彼は1931—33年に当時のベルリン放送局で技師として働いていたという(S.63)。ドイツの守備隊は警備隊として配備された30名の親衛隊員のほか

は，国民突撃隊が中心だった。そこには文化関係者が多く含まれた。ラジオ放送人も多かった（S.61)。

261 Wolfgang Leonhard によれば，Ulbricht グループは実は二つの空挺部隊から構成され，一つは KPD 幹部の中心部を含み，もう一つは国民委員会〈自由ドイツ〉から選抜されたメンバーからなっていた（W. Leonhard: Die Revolution entläßt ihre Kinder 1990, S.421-22)。

262 前掲書，S.415. このオープンさが Mahle のベルリン放送局総監督としての短い任期の理由だったのかもしれない。いずれにしてもラジオ関係担当のロシア軍将校 Mulin は1946年初頭の Mahle の解任をこう説明している。Mahle は西側のスパイ・ジャーナリストの浸透に何らの手も打たず，英国人ジャーナリストとの関係があまりに友好的すぎた。「Mahleは彼らにとってありがたい人物になりすぎてしまった」(KPdSU / RCChIDNI 旧党文書庫，Fond 17, Opis 128, Delo 150, Blatt 93-94. ドイツ語訳: W.v. Schelika)。

263 Hans Mahle: So fing es an! In: Erinnerungen sozialistischer Rundfunkpioniere Berlin/DDR 1985, 16ff.

264 D.G. White: Radio-Reorientation: U.S.Military Government in Germany, European Command, Historical Division. 1950（複写タイプ原稿), S.10, 30（ベルリン自由大学ジャーナリズム研究所付属中央研究所 6 のベルリン・プロジェクト資料室にコピー一部あり).

265 C.E. Baumann 176（M.Wolf の手紙，in “Die Troika”). 旧放送局員の扱いについては W.Leonhard（1990), S.459も参照。

266 帝国放送局のアナウンサーの扱いについては，Mahle の助手だった Ullrich Brurein の回想記原稿がある。それによれば，「ナチの放送局で働いていた者のうち，特に有能なアナウンサー，Siegfried Niemann と Horst Preusker」は仕事を続けることができた（日付不明，1967，旧 DDR 放送局資料室/Berlin-Nalepastraße)。

267 White: Radio-Control, S.10.

268 Herold Hurtwitz: Die Stunde Null-(1972), S.301ff. および，同: Die Eintracht der Siegermächte und die Orientierungsnot der Deutschen 1945—46 (“Demokratie und Antikommunismus in Berlin nach 1945”, Bd.3). Köln 1984, S.84ff.

269「ロシア軍はまた……英軍占領地区（セクター）にある放送局（ラジオ・

ベルリン）の共同管理を要求した」と，1945年7月5日の英米ソ進駐軍の第一回会談についての報告にある（White, S.13より引用)。

270 モスクワの党中央局に向かってのラジオ放送管理将校 Mulin の発言。日付不明の手書き原稿，1946年9月。KPdSU/RCChIDNI の旧党文書庫，Fond 17, Opis 128, Delo 150, Blatt 88（ドイツ語訳: W v. Schelika).

271「米英軍は Tegel（マズーレン大通りのこと＝原著注）のスタジオとラジオ局の運営には関与しないことを合意する」と，1945年7月20日付の司令部合意書にある（ベルリン州立公文書館/OMGUS 4/8-2/3)。放送時間の合意については，White, S.14, 16参照。

272 英軍ラジオ放送管理部の覚え書き，1946年4月24日付（Public Record Office/FO 1056/13)。この時点――1946年4月――では，英軍の所轄の部門はこの計画を放棄していた。この覚え書きは1945年夏および秋の頃の米英軍の計画を回顧的に記述している。

273 White, S.78より引用。

274 外務省宛の電報，1946年11月11日付（Public Record Office/FO 1056/13)。

275「地区局の4国共同管理はラジオ部門からは決して好まれなかった。連合軍の占領政策があまりに相違していて，円滑な運営が危ぶまれたからである」(ラジオ放送管理部門の覚え書き，1946年4月24日付。Public Record Office/FO 1056/13)。

276 ベルリン放送局の親 KPD/SED 傾向については1946年春の時点では誰も疑うものはいなかった。1945年秋に KPD が支配する〈人民教育中央局〉の管轄に入ってからは，つながりは明白だった。KPD が放送局を自分の目的のためにいかに早くから徹底して利用していたかを示すのは，〈人教センター〉のラジオ部門の責任者 Wilhelm Girnus がベルリン放送局の Dr.Weigt 宛に出した文書（「極秘」）である。そこには，「私は今日首脳部と〈ターゲスシュピーゲル〉の問題に関して重要な会談を行った。この機関の破壊的活動は断固として徹底的に退けられなければならない。それゆえ，この問題に関して放送局の日々の放送において，考えうるあらゆる形をとって明白な意見表明がなされるよう働きかけていただきたい。われわれはあなたをあらゆる点で掩護する。直ちになされるべき意見表明の方向性は，次のようなものである」。この後，米軍の認可を受けた新聞を「反動的，ファシスト的，存在の資格なし」等とする言葉が続く。そして

手紙は次の文で閉じられる。「われわれは放送局報道部門の編集部に直ちにこの指示を伝え，この問題に関して継続的なキャンペーンを開始するようお願いする」(州立ポツダム公文書館/R2/629)。

277 Charles S.Lewis から McClure 宛，1946年 3 月13日付（OMGUS 5/270-1/14)。

278「設備の貧弱さを考慮して，RIAS はもともと広範な聴取者を獲得しようとしたのではなく，はっきりと知識人に狙いを絞った番組作りをした」(White, S.115)。聴取者数もそれに見合っていた。調査の内容や対象グループに応じて，1945年末の数字はラジオ聴取者，すなわち全住民の 6 から30パーセントの間を揺れていた (H. Hurwitz: Die Eintracht..., S.133)。

279 Margot Derigs, Hans Erich Karsten, Wolfgang Geiselar の証言。

280 “Der Kurier”，1946年 8 月30日付。White, S.41.

281 Ruth Norden 宛の手紙，1946年 1 月 4 日付。

282 Broch 宛，1946年 2 月21日付。マールバッハ・ドイツ文学資料館/Sammlung Ruth Norden.

283 書簡集 Nr.295.

284 Broch から Norden 宛，1946年 7 月21日付。マールバッハ・ドイツ文学資料館/Sammlung Ruth Norden.

285 Broch 宛，1946年 2 月21日付。マールバッハ・ドイツ文学資料館/Sammlung Ruth Norden.

286 Franz Wallner-Basté 遺稿集。Dr. Franz Wallner（Berlin）所蔵。

287 もっとも独立性が保たれたのは有線放送の時期だった。DIAS は米軍によって創設されたが，形はドイツの有限会社（GmbH）であり，その月額25万 RM の運営費は市参事会によって賄われた。有線から無線への切り替えによってこの額では足りなくなり，RIAS は米軍政府に引き継がれた——それは Wallner-Basté が語っているように，超官僚化によって内部運営に壊滅的な結果をもたらした (「コンチネンタル信託会社 mbH の調査報告書」，1947年 6 月28日付。OMGUS 4/12-2/13に基づく)。米軍による接収後の状況についての Ruth Norden の言葉：「経営構造は完全に崩壊してしまった。……そして結果として状況は堪えがたいものになった」(管理本部宛の文書，1946年 6 月12日付。OMGUS 4/135-2/2)。「放送局は破綻した」という言葉で，米軍 RIAS 管理将校 Harry M.Frohman はドイツ人職員や関連業者の間の支配的な見解を要約している（Leonard

宛の覚え書き，1947年3月26日付。OMGUS 4/12-2/13)。

288 「実現しなかった会談」(日付不明の原稿。1947年8月。Wallner-Basté遺稿集)。

289 Wallner-Bastéから Ernst Reuter宛の二通の手紙は彼の SPD党籍を示唆している。1948年6月16日付の手紙では彼は「われわれの女性同志Leber」といっている（これは Annedore Leberを指す＝原著注)，1948年10月20日付の手紙では「われわれの党」とある（Wallner-Basté遺稿集)。

290 メモ，1946年11月6日付。Hurwitz: Die Eintracht..., S.137より引用。

291 H.E. Karstenの覚え書き，1948年6月21日付（OMGUS 4/12-2/13)。

292 White, S.89より引用（1947年11月の文書)。

293 White, S.89-90より引用。

294 このほかにも Wallner-Bastéは，彼から見れば Nordenの政治的傾向を裏付けるようなエピソードを記している。例えば，米国の女性記者が訪れたとき，この記者は米国の独立系革新派の大統領候補ウォレスを支持するチャップリンやキャサリン・ヘップバーンの登用に感激した発言をした。「Miss Nordenはただもう同意。私はこう異論を述べる。この二人の名だけでやるのはいいのだろうか，この二人がどんな政治のためにプロパガンダをしているかを多くの人が知っているのだから，と。Miss Nordenは反論はしなかったが，顔をこわばらせた」(1947年7月20日付の書き込み，Wallner-Basté遺稿集)。

295 E. Schechter少尉「関係者各位」。1949年1月3日付（Wallner-Basté遺稿集)。

296 Wallner-Bastéの「実現しなかった会談」覚え書きへの書き込み，1947年11月20日付（Wallner-Basté遺稿集)。

297 Harry Frohman（旧名 Frommermann）は有名人としての過去をもっていた。1928年に彼はカバレット歌劇団〈Comedian Harmonists〉を創設した。これはやがてベルリン・エンタテイメント業界の確乎たる一角を築いた。彼の妻 Marion Kissによれば，彼は「天性の喜劇役者」であり，「反逆者」だった。ただ，それは政治的な意味においてではなかった。「彼は他の人がやろうとしたことをやったことは一度もないからだ」(Eberhard Fechner: Die Comedian Harmonists. Berlin 1988より引用)。Gustave Mathieuは “Spiegel”（1948年1月10日号）によれば，Günther

Weisenborn, Herbert Sandberg, Alfred Kantorowicz, Wolfgang Harich といった名だたる〈左翼〉たちと親交があり，ベルリン放送局と親密な関係があった。そこから彼は論説員の Eugen Hartmann も RIAS へ引き抜いた。ただしこの話は同記事に含まれる多くの誤った情報からして，注意して読む必要がある。

298 Wallner-Basté から Leven 大佐宛，1948年10月12日付（Wallner-Basté 遺稿集）。

299 White, S.80ff.

300 Hurwitz: Die Eintracht der Siegermächte..., S.137-38. Hurwitz 自身はこの誤った認識を再度1972年に発表した論考 “Die Stunde Null in der deutschen Presse” で示している。そこには Norden と Mathieu についてこう書かれている：「新しい放送局の責任者と政治報道担当の報道将校はどちらも共産主義者だった」(S.310)。

301「私たちが主張したいほどには，占領によって目標を達成しているとは私には思えない。戦争が安易に語られているし，ここベルリンでは 4 国共同作業の関係は一見維持されているように見えるが，一方的な行為，疑わしい動機，信頼の違反などが横行している。私などは共同作業の可能性を信じたい人間なのだが，絶えず向こう側で紳士協定が破られるのを見ている。それでも，同じやり方に固執するのは解決にならないと私には思われる。(……) ここベルリンでは特に反ロシア的感情が頂点に達している。人々はロシア軍を死ぬほど恐れている。(……) 私の仕事は重要性が増した。だが，私もまた危険に晒されているし，無防備になっている。客観的に見て私がいい仕事をしたことは一般に理解されていると思うけれど，今日重要なのはそうした事柄だけではないし，私にはこれからの展開がどうなるか分からない」(1947年 9 月 1 日付，マールバッハ・ドイツ文学資料館/Sammlung Ruth Norden)。

302 Barbara Mettler: Demokratisierung und Kalter Krieg. Berlin 1975参照。英軍地区での展開も似ていた。1946年には NWDR 総監督の Max Seydewitz, 論説員 Karl Eduard von Schnitzler が解雇された。二人はベルリン放送に移り，Seydewitz は Mahle の後任の総監督になった。

303 Tom Wenner から Robert Murphy 宛，1947年 8 月12日付（POLAD 33/61）。

304 Karsten 覚え書き，1948年 6 月21日付（OMGUS 4/12-2/13)。

305 Nordenの辞任が事実上解任だったことはCharles Levenには明白だった。彼は「Miss Nordenの免職」と記している（覚え書き，1948年3月17日付，OMGUS 4/136-2/10）。

306 Barbara Mettler，前掲書，S.119.

307 William Heimlichとのインタヴュー，Brewster ChamberlinとJürgen Wetzelによる。1981年。ベルリン州立公文書館 Rep.37, Acc.3103, Nr.88, S.71.

308 Levenの覚え書き，1948年3月7日付。および報告書，1948年4月29日付（OMGUS 4/136-2/10）。

309 Levenより引用，1948年4月29日付。S.9.

310 FriedensburgからTextar大佐宛の通知，1948年9月11日付（コブレンツ連邦公文書館/Friedensburg遺稿集 NL 114/26）。Ernst Reuterに向かってFriedensburgはShubのことを「自分勝手で，いいかげん」と呼んだ。1949年2月3日付（Friedensburg遺稿集，同上）。

311 A. Auerとのインタヴュー，1991年8月13日，Berlin.

312 Levenの報告書，1948年4月29日付。S.4, 6.

313 Andreas Barst: Rias und die US-amerikanische Kulturpolitik in Deutschland 1945-49. 修士論文。ベルリン自由大学アメリカ学専攻。1990, S.56.; White, S.116.

314 ただしBoris Shubがあげている数字は少々誇張がある。この数字だと聴取者の80パーセントがRIASを，15パーセントがベルリン放送を，残りがNWDR/Berlinを聴いていたことになる（B. Shub. The Choice. New York 1950, S.104）。

315 Van Sweringen-Diss., S.123.

316 Herbert Graf in: "Musikblätter"，1948年7月1日付。

317 Tagesspiegel，1948年4月20日付。記事には署名がないが，Herbert Graf少尉（上記参照）とは共同発行人Walther Karschのこと。

318 Gerhard Walther: Der Rundfunk in der Sowjetischen Besatzungszone Deutschlands. Bonn/Berlin 1961, S.15より引用。

319 注276参照。

320 G. Walther, S.22より引用。実際に1948年6月11日にはベルリン放送局とNWDR-Berlinの共同開催による討論会が実現した。座長Axel Eggebrechtの司会の下に，西側からはPeter von Zahn, Eberhard Schütz,

Willy Fröster, 東側からは Wolfgang Harich, Peter Steiniger, Herbert Gessner, Karl-Eduard von Schnitzler が参加した。

321 Chamberlin, S.62より引用。

322 Johannes Hauser (Der Neuaufbau der westdeutschen Filmwirtschaft 1945-55 und der Einfluß der amerikanischen Filmpolitik. Pfaffenweiler 1989, S.392) は Kollektivfilm 社からの手紙を引用している。Tobis の経営陣は Kollektivfilm に承認を与えたが，それを守ることができなかった。「Tobis の本部と Johannisthal のスタジオにいる責任者たちの間では協力し合うのに大変な困難がある（ように思われる)。赤軍の担当司令官に支援されていた Johannisthal の指導部は本部の指示にしたがおうとせず，いうなれば独立したのだった」。

323 Berlin Document Center, Bestand RKK/Abt. Film, Akte "Allgemeines: T-Z".

324 Stiftung Deutsche Kinemathek: Wolfgang Staudte. Berlin 1977, S.184.

325 Hauser S.385, および Berlin Document Center/RKK/Abt. Film 前出。

326 Albert Wilkening: Betriebsgeschichte der VEB Defa-Studio für Spielfilme/Geschichte der Defa von 1946—1950. 出版地出版年不明（Babelsberg), S.13.

327 Billy Wilder，1945年 8 月21日付。Chamberlin, S.111より引用。

328 Baensch の案，1945年 7 月30日付（Berlin Document Center/RKK/Abt. Film/Akte "Baensch-Filmstelle des Magistrats")。

329 Anton Ackermann とのインタヴュー，1966, Christiane Mückenberger: Zur Geschichte der Defa bis 1949 (In: Filmwissenschaftliche Beiträge. Sonderband 1/1985, S.38).

330 Alfred Lindemann : "Die Entwicklung der Defa"（日付不明のタイプ原稿，1948頃。連邦公文書館／Filmarchiv, Berlin. Sammlung Defa Nr. S.573).

331 Mückenberger S.52.

332 Lindemann，前掲書。

333 ゲシュタポの Lindemann ファイルには『ナチ舞台』と呼ばれた Schiffbauerdamm 劇場の団員たちの証言が収められている。それによれば Lindemann は「完璧にナチ国家を信奉し，……それをまた仕事の中でも表現している。被告が確信をもって証言したように，ナチ劇場を体現する

Schiffbauerdammの民衆劇場こそ，彼がつねに追求した理想であった」(Bundesarchiv/Zwischenarchiv Berlin-Hoppegarten: ZC 13171, Bd.4, B1.788-89, 798)。Curt Riessが書き記した話を裏付ける証拠はない。それは，LindemannがSchiffbauerdamm劇場の営業権所有者であり，1933年以降に営業権を剝奪されたが，ゲッベルス（つまりプロパガンダ省）を起訴し，その裁判に勝った（C. Riess: Das gibts nur einmal. Hamburg 1958, S.37）。

334 Lindemann，前掲書。

335 A. Lindemann: "Die Interna der Defa", 覚え書き 1948年5月7日付，S. 3（連邦公文書館/Filmarchiv Berlin. Sammlung Defa Nr. S 573).

336 同上, S.9-10.

337 無署名の日付不明のタイプ原稿，おそらくLindemannが1948年に記したもの。"Die Entwicklung der Defa in juristischer Beziehung"（連邦公文書館／Filmarchiv, Berlin. Sammlung Defa Nr. S 573).

338 Chamberlin, S.69.

339 計画されていたのは200万RMの資本金のロシア所有の株式会社だった(Kleringの報告書，1945年10月30日付。KarlshorstでのMogilew少佐との会談。連邦公文書館/Potsdam R-2/105)。

340 この二つの国家企業の相互の結合と分岐についてはほとんど何も知られていない。おそらくこれらの国有株式会社はSMADに属したのであろう。またSMAD自体は部門によってそれぞれの専門省庁と結び付いていたのだろう。それでも，Tulpanovの情報・プロパガンダ部門，なかでもとりわけDymschitzの指揮する文化部門がドイツ映画産業に対して経済企業SowexportとSojusintorgとは異なる関係をもち，異なる関心を抱いていたと思われる。

341 例えば，Kurt Maetzig（労働運動史研究所: IV 2/906/206, S.188).

342「Sowexportはその独占的な地位を利用して何度もわれわれの販売価格を抑えようとした」(Lindemann: "Die Entwicklung der Defa", S.5)。

343 連邦公文書館/Filmarchiv Berlin. Sammlung Defa Nr. S397.

344 "Die Entwicklung der Defa", S.8.

345 労働運動史研究所: IV 2/906/206.

346 前注参照。

347 Telegraf，1947年5月3日付。

348 "Die Interna der Defa", 前掲書。

349 Francis Hormon宛, 1945年8月10日付 (OMGUS 5/263-3/19)。Albert Norman: Our German Policy: Propaganda and Culture. New York 1951, S.62参照：ハリウッドは「占領軍政府を説得しようとやっきになっていた。許可されれば，映画の配給だけでなく映画製作と上映館所有の独占にも至ったであろう」。

350 Dr.Jacobの報告，ベルリン市長Schernagelの会議において。書類メモ，1946年3月28日付（連邦公文書館/Filmarchiv Berlin: Sammlung Defa Nr. S 397)。

351 Chamberlin, S.102より引用。

352 映画担当のHeinz Roemheldは1945年9月5日にPreston Sturgesに手紙を書き，自費もしくは彼のスタジオの費用でドイツにきて映画製作の可能性を探るつもりがあるかと問い合わせている。「当地であなたはかならずや貴重な，永続的な価値をもつ題材を見出すことでしょう」(OMGUS 10/17-3/5)。50年代のWilderがそうだったように，Sturgesは40年代のハリウッドの風刺作家だった。

353 Motion Picture Export Association. Annual Report. 1946年3月25日付, S.10（印刷された報告書の一部がニューヨークのコロンビア大学バトラー記念図書館に所蔵されている).

354 映画・演劇・音楽部門の報告書/Information Control, 1945年12月8日付 (Chamberlin, S.231より引用)。

355 Chamberlin, S.232より引用。

356 Heinz RoemheldからErich (Eric) Pommer宛の手紙，1945年9月14日付。Roemheld宛のPommerの承諾，1945年9月29日付（John Pommerの個人所蔵，Camarillo, Kalifornien)。

357 Wolfgang Jacobsen: Erich Pommer—Ein Produzent macht Filmgeschichte. Berlin 1989, S.55.

358 Klaus Kreimeier: Die UFA-Story. München/Wien 1992, S.152.

359 パルファメット協定については: Jacobsen S.76-77, Kreimeier S.153ff.

360 Jacobsen, S.125, 133ff.

361 南カリフォルニア大学（Los Angeles，以後USC）の手稿部門所蔵のErich Pommer遺稿集，およびJohn Pommerの個人所蔵（以後PJP)。ここにはGertrudおよびErich PommerからJohn Pommer宛の詳細な

報告（1947年９月29日付）がある。

362 1945年９月29日付の手紙（前注参照）。

363 Davidson Taylor, Roemheldのベルリン勤務の前任者，1945年10月７日付，ニューヨークからPommer宛。

364「私たちは業界がこの件を頓挫させるために何でもすると確信しています。彼らは絶対反対なのです。……父さんはもしこの仕事に就くとなれば，ハリウッドを協力させるのは至難の技だろうといっています」(Gertrud PommerからJohn Pommer宛，1945年11月８日付，PJP)。

365 Erich PommerからJohn Pommer宛，1945年10月22日付（PJP)。

366 日付不明の書類（PJP)。

367 PommerからGertrudとJohn Pommer宛，1946年８月18日付（PJP)。

368 Die Neue Zeitung，1946年７月15日付。

369 BüngerからBergmann宛，日付なし（到着日 1946年９月７日)。連邦公文書館/Filmarchiv Berlin. Sammlung Defa Nr.S397.

370 PommerからCarl Winston宛，Ursula Hardt: Erich Pommer（Diss. Universiry of Iowa. Dpt. of German. 1988), S.199より引用。

371 Curt Riess: Das gibts nur einmal, S.84-85より引用。Riessは情報源をあげていない。疑問が生じるのは，米国人記者が冷戦下のベルリンでどのようにしてこのような書類を入手することができたかである。その一方で，Riessは40年代後期のベルリン新聞界の最大の情報通だった。考えうるのは，この手紙が逃亡者，もしくは逃亡者を訊問する米国機関をへて彼の手に渡ったことである。

372 Kurt Maetzig: Neuer Zug auf alten Gleisen. In: Das UFA-Buch. Zweitausendeins 1992, S.472.

373 PommerからGertrudとJohn Pommer宛，1946年８月18日付（PJP)。

374 GertrudからErich Pommer宛，1946年12月15日付（PJP)。

375 Süddeutsche Zeitung，1946年８月13日付。

376 John Pommer宛の手紙の中ではErich PommerはStaudteの名さえもあげたことはなく，単に「ロシアの製作」という言葉を使っている。「彼らは例によってあの原始的なやり方でやっている。……彼らはいつでもすべてを一般的水準に還元することに関心があるようだ」(1947年７月19日付/PJP)。

377 Film Daily，1946年９月６日付。

378 Film Daily，1947年1月16日付。

379 Film Daily，1946年12月18日付。

380 Erich Pommer から Gertrud および John Pommer 宛，1947年2月17日付（PJP）。

381 Erich Pommer から Gertrud および John Pommer 宛，1947年2月17日付（PJP）。

382 Vining から Maas 宛の手紙（写し），1947年2月9日付（「極秘」。Erich Pommer 遺稿集/USC/書類 “C”）。

383 MPEA の資料庫は60年代初頭にニューヨークからワシントン D.C.に移され，その後破棄された。Vining の手紙の写しが Pommer の所有に落ちた経緯について，John Pommer は著者に次のような話をしてくれた。「Irving A.Maas はその写しを MPEA/MPAA（Motion Picture Association of America, 米国映画産業連盟。MPEA はその管轄下にあった＝原著注）の会長 Eric A. Johnston に与えた。Johnston は主要会社の国外配給責任者に回した。Joseph Seidelman（Universal の国外配給責任者）が4月末に報道機関に〈リーク〉した。父はワシントンに呼ばれた。1947年6月に父は国防長官代理 Petersen からそれを渡された」。

384 Film Daily，1947年5月29日付。さらに Pommer の説明の中では「Mr. Vining と私の間で行われた会談を反映するものはなにひとつない」とされている。

385 著者への手紙，1991年6月17日付。別の手紙（1991年4月26日付）には「父が書いたと思わせるような文はまったくない」と記されていた。

386 John Pommer から著者宛，1991年4月6日付。

387 Nils C.Nilson の覚え書き，1947年5月22日付（「極秘」，Pommer 遺稿集/USC/“C”）。

388 New York Times，1947年4月9日付より引用。

389 Washington Evening Standard，1947年5月6日付，および Hollywood Reporter，1947年5月12日付。

390 Pommer から Gertrud および John Pommer，1947年5月4日付（PJP）。

391 OMGUS の広報部の記者会見（USC/“C”）。

392 Hurwitz 1972, S.81.

393 Hilde Spiel: Die hellen und die finsteren Zeiten. München 1989, S.64ff.

394 Mendelssohn から Hilde Spiel 宛，1945年7月29日付（P. de Mendels-

sohn 遺稿集。Anita　Naef［München］のもとで閲覧。この遺稿集をWien へ移す計画がある。本書の出版時にはおそらく移されているだろう）。

395 1945年7月17日付（同上）。

396 Habe はその前の軍新聞の創刊の場合とは異なり，ベルリンではプロジェクトの監督のみを行っていたようだ。やはり亡命者でベルリン生まれのWellenberg は1933年以前には “Vossische Zeitung” の編集部で働いていた（Hutwirz: Die Stunde Null. Köln 1972. および Gesine Frohner: Die Allgemeine Zeitung. 修士論文，ベルリン自由大学ジャーナリズム研究所。Berlin 1966)。

397 H. Spiel 宛，1945年8月12日付。

398 Peter de Mendelssohn: Zeitungsstadt Berlin. Frankfurt/Berlin 1985, S. 533.

399 Mendelssohn の後の叙述によれば，情報管理局には知識人向けの高級な新聞を作ることには反対する人たちがかなりいて……マスメディア的な影響力のある大衆紙を擁護していた」(Zeitungsstadt Berlin, S.533)。Mendelssohn は述べていないが，考えうるのは情報管理局のこの人たちが依然としてロシアとの共同発行の4国新聞を追求していて，そもそも米軍認可による新聞の創刊に反対だったということだ。

400 Ullstein についての Mendelssohn の言葉。日付不明の報告書「極秘」(Mendelssohn 遺稿集: ファイル「ドイツの本（Tagesspiegel)」)。

401 没収は「償還」という名のもとで行われた。つまり強制的売却だった。

402 Mendelssohn: Zeitungsstadt Berlin. Ausgabe 1959, S.465.

403 Mendelssohn の報告書「極秘」(注400参照)。やはり会談に招待されたが丁寧に断った Margaret Boveri が似たような評価を下している。「昔の人たちが何らの理念ももたないでルーチンワークと日和見主義で作る新聞になるだろう」(M. Boveri: Tage des Überlebens. München 1968, S.296)。

404 Mendelssohn（「極秘」).

405 Erhard Schütz: Romane der Weimarer Republik. München 1986, S.146.

406 Klaus Jans: Die Anfänge des Tagesspiegels. 修士論文。ベルリン自由大学コミュニケーション学科，Berlin 1986, S.71.

407 Erik Reger 遺稿集。芸術アカデミー文書庫，Berlin/West. ファイル333.

408「von　Schweinichen 氏に関する情報」，1945年8月25日付，Mendelssohn

(OMGUS 5/240-2/9). ベルリンOSSのコメントの付いたSchweinichenの調査票も参照:「von Schweinichenと協力してきたGeorge Woodは……根本的な事実関係を認めている。Woodと私は彼を十分に信頼できる人物であると考える」(同上)。

409 Mendelssohnは彼の本の中でSchweinichenがRegerの原稿を携えて直接彼の部屋に現れたとしている（1982, S.542)。「Tagesspiegelの創刊と認可」という覚え書きの中で彼はSchweinichenに注意を促した人物としてOMGUSの同僚Fred Bleisteinの名をあげている（Mendelssohn遺稿集，ファイル「ドイツの本/Tagesspiegel」)。

410 唯一の完全稿はHoover Institution（Stanford）資料館Louis-Lochner Collection（Box 2）に保存されている。Reger遺稿集には断片しかない。『ヒトラー後のドイツにおける新聞事業の構築についての基本的考察』というタイトルはMendessohnによる。文書の署名者はRegerとKurt Zentnerである。Zentnerは1945年までドイツ出版のジャーナリストだった。Schweinichenと彼は明らかに友人関係だった。二人は「君（du)」で話し合っていたという（Susanne Drechsler，1946年4月19日付。Drechsler部分遺稿集，未整理，無番号。1990年当時のDDR国立放送局文書庫Berlin/Nalepastraßeにて閲覧)。とすればZentnerはRegerに対抗する実業家Schweinichenのジャーナリズム面での代理人だったのかもしれない。後に彼はTagesspiegelの業務主任に就くが，1946年初頭に旧ナチ党籍のために解雇された。彼はどこにも正式に前面に現れなかったところをみると，共著の一人というのは形式にすぎなかったと思われる。

411 Mendelssohn (1982), S.542. Mendelssohnの原稿「覚え書き……」の中では「覚え書きは私が創刊を意図していた新聞の目標を完璧に要約していた」(前掲書)。

412「Der Tagesspiegel紙についての報告」，1946年4月19日付（Susanne Drechsler部分遺稿集)。DrechslerはTagesspiegel紙内部でKPD/SEDのスパイを働いていたようだ。編集部の内部と発行人に関する彼女の報告は1945年秋に始まり，彼女の編集部（地方版）辞職まで続いた。報告の相手が誰だったのかは彼女の遺稿集の複写からは分からない。Wilhelm Pieckだったのかもしれない。というのも1974年の回想記に彼女は「Wilhelm Pieckとの協議の後，Tagesspiegel紙で働いた」と記しているからだ（1974年11月13日付の原稿，Drechsler遺稿集，同上)。

413 〈ラジオ放送〉の章を参照。

414 1931年のドイツ作家連盟ベルリン・グループ（〈ベルリン〉の章を参照）の争いでは，Reger は左翼リベラル派の多数派に対抗して反共的執行部を支援したわずかなリベラル派作家の一人だった（Der Schriftsteller. Zeitschrift der Schutzgemeinschaft Deutscher Schriftsteller. 19 (1931), S.9-12)。

415 1945年12月30日付（E.Redslob 遺稿集 I, C, 10, ゲルマン博物館 Nürnberg)。

416 E.Reger 遺稿集，ファイル334.

417 McClure 宛の覚え書き，1946年1月24日付（OMGUS 5/240-3/12)。

418 Belfrage の任務を示す唯一の痕跡は旧 SED 党資料庫の Wilhelm Pieck 遺稿集にある（1945年8月24日の会談の手書きメモ)。もっともそこでは Belfrage と彼の随伴者 Adler (Ernst W. かそれとも Eric かはメモからは分からない）は情報管理局将校ではなく，「米国人記者」とされている。これは Pieck の勘違いか，あるいは二人が公式の任務ではなく，策謀的な任務を帯びてやってきたことを示唆しているのかもしれない。OMGUS の書類にはこれを示すものがないという事実は，むしろ後者の推測を支持する。ほかに考えうるのは，Belfrage と Adler が情報管理局内の4国共同新聞の理念を信奉するグループを支援していたということだ。メモには「創刊する新聞はフランクフルト展望紙のような新聞になるべきだ」とはっきりと記されている。Reger 以外の他の発行人候補者は，Walther Karsch, Stefan Heymann (KPD), Siegfried Nestriepke (SPD), Otto Nuschke (CDU), Georg Handke (KPD)だった。

1945年夏に米軍認可の〈左翼〉日刊紙の創刊が計画されていたことを示すもう一つの証拠は，Herbert Sandberg の回想録にある。Sandberg はブーヘンヴァルト強制収容所で後にフランクフルト展望紙の共同発行人となる共産主義者 Carlebach と知り合っている。1945年夏に Carlebach は二人の米軍将校をともなって彼を訪問している。そして将校たちは彼に「Tagesspiegel 紙の文化欄編集の認可」を提出したという（Spiegel eines Lebens. Berlin/DDR 1988, S.59)。編集者ポストは認可されなかったので，これは Sandberg の記憶違いであろう。Carlebach は彼にフランクフルト展望紙の文化欄の編集者ポストを提示したのだったか，あるいは1945年夏に彼を訪ねた二人の米国人は Belfrage と Adler であり，二人はベルリ

ン・プロジェクトのために彼を獲得しようとしたかであろう。

419 Jans, S.99より引用。社の雇用契約書の前文におかれたキリスト教信仰の緒言もSchweinichenの手になるものだった。そこには，署名する者は「すべての再生の初めには秩序づける言葉があるという信仰に導かれ，そしてわれわれの上にある理解を越えた聖なる存在への無条件の内的義務に基づいて」契約を結ぶと記されている。さらに「兄弟愛の関係」と「恭順と信仰に担われつつ仕事への献身」とが謳われている（「雇用契約書前文」，日付なし。Nelly von Schweinichenの好意によって著者の利用に供された）。

420 Nelly von Schweinichenからの通知。

421 Schweinichenの書類メモ，1948年10月14日付（National Archives/Suitland: Reg.260.7/53/18/5 Box 215）。

422 H. Hurwitz: Demokratie und Antikommunismus. Köln 1990, Bd.4, Teil 2, S.896-97.

423 Die Neue Zeitung，1947年11月22日付。この遅い日付（Schweinichenの認可取り消しの8ヵ月後）は，この経緯が一般に知られたのはこの数日前に出たTägliche Rundschau紙によるもので，それまでは内部の出来事として秘密にされたと考えれば説明がつく。

424 Reger遺稿集，ファイル274（日付なし）。

425 1946年6月18日付（つまりSchweinichenの認可取り消しの6日前に通知された）（OMGUS 4/11-2/1）。

426 Nelly von Schweinichenからの通知。

427 Reger遺稿集，ファイル250b. 長い社説「即興の抵抗」（Tagesspiegel, 1946年12月22日付）の中で彼はこのテーゼを詳述している。このテーゼはまた，彼の論説の多くにも通奏している。

428 この引用は先に言及した，Schweinichen事件に関するTägliche Rundschauに掲載された論説にある。その限りでは，もちろんこの引用の純正さは疑わしい。それでも，この論説には証明しうる純正な材料が含まれているので，これをSchweinichen事件のわずかに残された原資料の一つと見なすことができる。Tagesspiegelおよび公式の米軍紙Neue Zeitungの意見表明では，この決定的な文言は否定されていない。米国人はSchweinichen自身がTägliche Rundschauの情報源だったと考えたが，関係のない者には近づけない情報であることを考えれば，ありうることだ。

Schweinichen は自らの頑強な反共主義を指摘してそれを否定している。

429 Georg Zivier から Peter de Mendelssohn 宛，1969年10月20日付。1945年の回想に関する問い合わせへの返信（Mendelssohn 遺稿集）。

430 Klaus Poche, Nacht-Expreß の元編集者で Kurtz の友人。Jan-Thomas Goetze: Zur Rekonstruktion der Geschichte des Nacht-Expreß 1945—1953. 修士論文。ベルリン自由大学コミュニケーション学科/ジャーナリズム研究所 1991, S.130.

431 P.Wiegler 遺稿集。芸術アカデミー文書庫/DDR Nr.396/2, 1. ファイル。

432 Goetze, S.126-27より引用。

433 Hurwitz: Die Eintracht der Siegermächte, S.98.

434 50年代のよく調査された SPD 出版物（SOPADE 1954年）の叙述では，おそらく西側へ逃亡した共同発行人（Kilver）の証言に基づいていると思われるが，次のようになっている。「1945年11月にソ連軍少佐 Feldmann は元ウルシュタイン映画雑誌記者 Rudolf Kurtz と Tägliche Rundschau の編集者 Herbert Kilver および他の二人のドイツ人に，Feldmann が設立した〈Express 出版有限会社〉の共同出資者にしたと伝えた。認可所有者に定められていた Kurtz と Kilver はそれぞれ 4,800 RM（24パーセント）と 10,400 RM（52パーセント）の出資分を受け，他の二人のドイツ人にはそれぞれ 2,400 RM（合わせて24パーセント）が譲渡された。実際には共同出資者の誰一人として，この Nacht-Express が刊行される出版有限会社に一文たりとも出費したものはいなかった。4人は公証人のもとに赴き，Feldmann がすでにカーボンコピーで用意していた契約書に署名し，ベルリン中央地区の区裁判所で商法上の登記を完了させるように指示された」(Barbara Baerns: Deutsch-Deutsche Gedächtnislücken: Zur Medienforschung über die Besatzungszeit. In: Publizistik und Journalismus in der DDR. Hg. v. Rolf Geserick u. Arnulf Kutsch. München 1988, S.65)。他の二人のドイツ人とは1945年11月28日付の定款書によれば Ursula Lampe と Karl Grünberg だった（ベルリン州立公文書館）。

435 モスクワでのインタヴュー，1993年7月21日。Jan Foitzik は Feldmann を「最初は新聞の検閲官」としたが，「だがそれと同時に，本来はその新聞の編集主幹だったようだ」(SBZ-Handbuch, München 1990, S.37)。

436 新聞報道およびその推測の概要を A. Hartmann/J. Eggeling が与えている。前掲書。

437 Goetze, S.129.

438 Rolf Suhrmann: Die Münzenberg-Legende. Köln 1983, S.190.

439 旧 KPdSU 文書庫（Moskau）. RCChIDNI fond 17, opis, 128, delo 150, Blatt 89. これとの関連で偽装の逆転，もしくは二重偽装を指摘しておこう。1950年以降，西側で偽造され，反共プロパガンダを掲載した Nacht-Expreß の号が東地区に密輸された。

440 Kurtz は Klaus Poche によれば共産主義者の友人，弁護士 Walter Kaut に向かってこう発言したということだ（Goetze, S.128）。

441 どのようにしてこの結び付きが生じたかについては推測するほかない。おそらく Paul Wiegler が Johannes R. Becher と接触し，そして Becher がロシア軍とのわたりをつけたのだろう。誰が先導したか―― Kurtz か，あるいは SMAD か――は不明である。

442 Karsch が自分から離党したのか，それとも党が彼を除名したのかは不明である。Weltbühne（1947年, Jg.2, Heft 122）宛の手紙で SED 地区班 Zehlendorf は次のように伝えている。「Karsch 氏が Tagesspiegel 紙の認可を受けたあと，彼はただ中立の態度をとったのではなかった。彼は〈当然のことながら〉KPD に留まるつもりだが，Zehlendorf の組織にこのまま属するのは得策ではない。KPD の党籍を示唆する書類はすべて Zehlendorf から除去し，自分をベルリン州連合に直接所属させるべきだ。彼は米駐留軍と問題を起こさないように安全策を講じる，といった。Tagesspiegel 紙の政治路線がますます反動的方向に向かっていったとき，われわれはある日のこと彼に会談を申し込み，彼自身がこの政治路線と一体であるのかどうか質問した。彼は肯定した。それで当然当時の KPD 内には Karsch の留まる場はなくなった。彼は即刻除名された」。このヴァージョンを支持するのは，Frankfurter Rundschau の共同発行人だった Arno Rudert のよく似たケースである。彼の共同発行人だった Gerst と Carlebach の認可取り消し後に新聞の路線変更を押し進めたとき，党が彼を除名した（Hurwitz: Die Stunde Null, S.321）。旧 SED の党中央公文書庫には Karsch に言及する資料はまったくない。

443「カメレオン・カルシュ」 Hans Leonard による（Die Weltbühne 1946年, 1.Jg. Nr.7, S.204）。

444 Jans, S.73の記述による。

445 J. R. Becher 宛の手紙（Manfred Harder 編）Berlin 1993, S.167-69.

446 Aufbau, Jg.1, Heft 3, S.223.

447 Ursula Madrasch-Groschopp: Die Weltbühne-Porträt einer Zeitschrift. Königstein/Taunus 1983の記述による。およびMadrasch-Groschoppからの私信。Maud v.Ossietzkyの回想（“Maud von Ossietzky erzählt”. Berlin/DDR 1988）の利用は注意を要する。Maud v. Ossietzkyに関する伝記的メモ，in: Bibliographische Kalenderblätter der Berliner Stadtbibliothek. 1975年5月，S.7.

448 Maud v. OssietzkykからHans Leonard宛，1945年8月15日付：「あなたはWellenberg氏のところに行きましたか？　私は共同の仕事のことで彼の意向と展望を期待しています」（Archiv Weltbühne/Madrasch, ベルリン州立公文書館 Rep. 200, Acc. 4288，ファイル59）。

449 1947年10月29日付の履歴書（Archiv Weltbühne/Madrasch）。

450 Madrasch-Groschopp: Die Weltbühne, および彼女からの口頭の連絡に基づく。

451 “Carl von Ossietzkys Weltbühne”とのタイトルでの認可の交付は，Madrasch-Groschopp（前掲書）によれば1945年11月21日に行われた。取り消しは1946年2月15日だった（Madrasch-Groschopp 前掲書，およびArchiv Weltbühne Groschopp，ファイル55）。

452 亡命中のWeltbühneの資金史については，Budzislawskiの縁者であるThomas A. Eckertが，不偏不党ではないにしても彼のみが知りうる多くの原資料を用いて，すでにいくつか発表している：“Die Neue Weltbühne unter der Leitung von Hermann Budzislawski->Im Fahrwasser der KPD<?”（in: Michael Grunewald/Frithjof Trapp: Autour du Front Populaire Allemand Einheitsfront—Volksfront. Bern 1990.）同: Vorwort zum Reprint der Neuen Weltbühne. München-New York-Paris 1992, Bd.1. 1990年以降のスキャンダル史については“Transatlantik”誌（1990, Heft 12）および“Manager Magazin”誌（1993, Heft 3）に掲載されたAndreas Juhnkeの論評がいちばん詳しい。

453 このタイトル頁はMadrasch-Groschopp（前掲書）に復刻されている。

454 すべての契約および協定 Archiv Weltbühne/Madrasch，ファイル58.

455 LeonardのKPD側の交渉相手は〈アジテーションとプロパガンダ〉部門の主任Fred Oelsnerだった（Archiv Weltbühne/Madrasch，ファイル55）。

456 その際Leonardは Wolfgang Harichの知らせに根拠をおいていた。だが Harich自身が個人的にWeltbühneに野心を抱いていたことを，Leonardにとっては不運なことながら，後になって知らされることになる。Harichは英軍新聞将校Stewardとの会談について報告し，Leonardはそれについて書類メモを作成している。そこにはこう記されている。「英軍もしくは米軍の内部でWeltbühneをOssietzky出版社を入れずに発行するという意図があったかに関して，Harichは何らかの情報をもっているか」という問いに「Harichはたしかにある種の情報をもっている，TagesspiegelのWalther Karschをよく知っている，実際に米軍は場合によってはかつてのWeltbühneの協力者だったKarschと組んでそのような雑誌を発行する意図をもっていると答えた」(「Wolfgang Harich氏の証言」，1946年6月7日付。Archiv Weltbühne/Madrasch，ファイル67/H)。

457 LeonardからMaud v. Ossietzky宛，1946年6月5日付（Archiv Weltbühne/Madrasch ファイル59)。

458 Axel Eggebrecht宛，1946年3月25日付（I.Eggebrecht遺稿集，ハンブルク大学・国立図書館手稿部門。未整理の書簡ファイル)。

459 Leonardの覚え書き，1946年6月7日付（Archiv Weltbühne/Madrasch，ファイル67/H)。

460 “Sie”，1947年5月4日付。

461 オリジナル文書のフォトコピー，Archiv Weltbühne/Madrasch ファイル73.

462 LeonardからHiller宛，1947年1月29日付（Archiv Weltbühne/Madrasch，ファイル67/H)。

463 HillerからLeonard宛，1947年2月27日付（同上)。

464 Alexander Abusch: Mit offenem Visier. Berlin/DDR 1986, S. 172. Weltbühne担当のロシア軍将校Dawidowitschとの会談についてAbuschは次のように書いている。「Dawidowitschはもし私が雑誌の政治路線を指導するなら検閲はしないと申し出た。……同志Dawidowitschは私の仕事に口を挟むことは一度もなかった。それによって暗黙のうちに，雑誌（=Weltbühne 原著注）はわれわれの党の責任領域に委ねられた」。

465 Deutsche Rundschau，1946年9月，S.176.

466 Ernst Niekisch: Erinnerungen eines deutschen Revolutionärs: Gegen

den Strom. Köln 1974, S.266-67.

467 Hans　Leonard宛の手紙，1946年7月23日付（Archiv　Weltbühne/Madrasch，ファイル67/H)。

468 1993年8月に行われた会談で語ったHarichの言葉によれば，この雑誌は当時進行していた「いくつかのプロジェクトの一つで，左翼的，超地域的で，独立系志向だった」という。

469 Public Record Officeにはこのプロジェクトの存在を示す証拠はない。このことは必ずしもHarichの記憶が違っていることを意味しない。というのは英軍行政領域に間違いなく存在した計画や出来事についてもPublic Record Officeにはその跡形もないからだ。

470 1945年10月25日の記者会見の出席者名簿（Sassenbach財団資料室　Nr. 201.132)。

471 Archiv Weltbühne/Madrasch，ファイル67/H.

472 Leonard宛の手紙，1946年6月4日付（同上)。

473 LeonardからHarich宛，1946年6月14日付（同上)。

474 Abuschによれば（上記参照）: Dawidowitsch.

475 報告書「Wolfgang　Harichの件」，1946年7月9日付（Arch.　Weltbühne, 同上)。

476 日付不明のタイプ原稿 "Die Weltbühne. Exposé und Programm"（Archiv Weltbühne/Madrasch, 同上).

477 1956年のHarichの行動についての彼自身の叙述は彼の本 "Keine Schwierigkeiten mit der Wahrheit". Berlin 1993, S.42-43にある。

478 HarichからLeonard宛，1946年7月23日付（同上)。

479 Rudolf Pechelの遺稿集の中にHarichの発したとされる発言を含む文書がある。純正の問題は別として——ここの関連で注目しておきたい。それはWilly　Huhnという人物の手になるものである。彼はPechelをHarichの若い頃の友人と考えていた。Pechel宛の手紙（1946年11月2日付）でHuhnはPechelの評論 "Von Himmler zu Harich" に言及したとき，Harichが1944年に自分について書いた文章を「あなたの個人的な情報のために」彼に教えた。そこには次のようなくだりがある。

「哲学者よりおしゃべり女の方が私の内部に深く根を張っている！　おしゃべりとつねに新しい材料を提供する堕落した社会がなければ，私は生きていく気がしない。あらゆることがおそろしく愉快だ。愉快なおしゃべ

りに没頭していると，自分自身が愉快だという感覚が途方もなく高揚するというのは，心理学的に注目すべきことだ」。

「私ははっきりいってペテン師気質とヒステリーが私の存在の危険な部分だということをよくわきまえている。私のようないつも明朗に微笑む神の寵児にも，鬱病の状態に見舞われることがあり，そのような私を自ら見抜くとき，ペテン師根性とヒステリーが立ち現れてくるのだ」。

「ペテン師気質に関していえば，これなくしては私は大使館に入り込めなかったろうし，N 提督の秘密顧問にも，M.T.の愛人にもなれなかっただろう。私はまだこんなに若いので，〈まともな所〉に入り込むためにも，またそこに入り込んだら，大使館であれ愛人としてであれ，哲学ゼミの担当者としてであれ，私の最良の能力を示すためにも，ペテン師気質を必要としている。その他は，私はトーマス・マンの『ペテン師フェリックス・クルルの告白——少年期の書』を読むことを君に薦めたい」(コブレンツ連邦公文書館, R. Pechel 遺稿集 III, Bd.42)。

480 Archiv Weltbühne/Madrasch，ファイル58/4.

481 Leonard の報告書『出版社記録の添付書類』，1966年7月7日付（Archiv der Zentrag, Berlin)。

482「彼らは私が事務所に来るのを好みません」と彼女は Leonard に訴える手紙の一つに書いている。「彼らはまるで余所者のように私を扱います。……彼らはどんなことにも私に口を挟ませません。知り合いはいないし，いる場所もない。私は展示用看板みたいなもので，時折入るのを許されるだけです。」(1947年5月29日付，Archiv Weltbühne/Madrasch，ファイル59) Leonard にとって Ossietzky の未亡人との付き合いは楽ではなく，彼女がアルコールに溺れるにつれて困難になっていった。Maud が自分の割り当てを越えて社の金を要求するようになったとき，衝突が起こった。結局，平和共存の方法が見出されたが，それは禁治産の宣告に近いものだった。出版社は彼女の物質的生活全般（住居，電話，石炭，アルコール，タバコ，バルト海岸での休暇滞在）の面倒を見ることになり，彼女は編集事項へのすべての干渉を放棄した。

483 契約書第7項，1950年12月22日（Archiv Weltbühne/Madrasch，ファイル58/3)。

付　録

本書の形で成果を発表する研究プロジェクトは，Volkswagen 基金の援助を受けた。プロジェクトの推進については，特に Reinhard Rürup 氏に感謝を捧げたい。こうしたプロジェクトの事務処理に付き物の雑多な仕事をこなしていただいたばかりではない。プロジェクトの進行の際の氏の忍耐力，率直な意見，好意厚情に感謝したい。以下にあげる公文書館員の諸氏には，そのご支援に対して，この場を借りて個人的にもう一度御礼を申し上げる。

Brigitte Fischer（文化同盟文書館），Dagmar Wünsche, Rolf Harder（ベルリン芸術アカデミー文書館），Jürgen Wetzel（ベルリン州立公文書館）。

以下に，本書の原稿作成の終了時点における1945—1948年ベルリン文化研究の研究状況について，いくつかの注釈を加えておきたい。

注からも読み取れるように，ソ連軍占領地帯（SBZ）——ベルリンを取り巻く地帯およびベルリン市の東半分が属した——の時代については，従来から文化史記述において注目されてきた。もっとも最近の叙述（Gerd Dietrich: Politik und Kultur in der SBZ 1945—1949. Berlin 1993）は DDR 時代に書かれた教授資格論文の改訂増補版であり，歴史的なドキュメントである。あの時代の歴史を，理想的な〈オープン〉な初動状況からのスターリン主義による偏向として叙述し，悔恨する Dietrich とは異なり，David Pike（The Politics of Culture in Soviet-Occupied Germany 1945—1949. Stanford 1992）はこの経緯を古典的リベラル・反共的視点から，悪の帝国の建設に伴う明白なプロセスと見なす。本書の印刷時点でまだ出版されていなかったのは，Anna Hartmann と Jürgen Eggeling の研究 Sowjetkultur und literarisches Leben in der SBZ/DDR である。これは1990年以降に利用可能になったロシア側の公文書資料を調査している。ただし，まだ解禁されていない SMAD の資料は含まれない。この書は1945—1949年の SBZ における文化に与えたソ連の影響についての，おそらく今までのもっとも包括的な研究であろう。

文化同盟については，DDR 公文書を基礎資料とする博士論文が1991年に出ている（Magdalena Heider: Politik-Kultur-Kulturbund: Zur Gründungs-und Frühgeschichte des Kulturbundes zur demokratischen Erneuerung Deutschland 1945—1954 in der SBZ. Universität Mannheim 1991）。この研究は初期

のイデオロギー的・政治的に偏ったGerd Friedrichs（Köln 1952）およびKarl-Heinz Schulmeister（Berlin/DDR 1977）の研究に取って代わるものである。ただし，Heiderにはベルリンの文化同盟の経緯についての資料がごくわずかしか含まれていない。

ベルリンの文化界については，膨大な回想録（そのうちのいくつかをあげれば：Abusch, Andreas-Friedrich, Borgelt, Boveri, Höcker, Kindler, Leonhard, R. Reinhardt, H. Spiel, Willmann）を除いて，意外なことに，個々の分野に限定しない包括的な記述の試みはない。通俗科学的な書“Kultur, Pajoks und Care-Pakete: Eine Berliner Chronik 1945—1949”（Jüllig/Ranke/Reiche/Vorsteher編著. Berlin-W. 1990）は短い注釈付きのデータ，事件，人物に限定されている。Brewster S. Chamberlinによって編まれたOMGUSの映画・演劇・音楽部門の報告集（Kultur auf Trümmern. Stuttgart 1979）は，雰囲気，情報，正確さに関しては依然として最良の入門書であり，当時のベルリン文化界に関する書物にはたえず引用されているのも当然である。ただ，1945年の後半期に限定されていること，資料集であって叙述ではないことがその利用価値を減じている。その他，体系的でなく，資料的にもあまり信頼できない叙述のうち，ベルリン＝シェーネベルク地区の文化局の出版物“Die Kunstmetropole wird geteilt”（1987）を代表としてあげておこう。

文化界に欠けているものを，Harold Hurwitzは戦後の政治社会学についてその記念碑的ともいうべき数巻にわたる著作“Demokratie und Antikommunismus in Berlin”（Köln 1983—1990）において成し遂げた。そこには1945年から48年までの政治的危機や背景に関する資料がたっぷりと含まれていて，ことのついでにベルリンの知的状況までも鮮やかに浮彫りにされている。Pikeと同様にHurwitzは彼の対象を，とりわけ東西対決の向こう側を厳格に冷戦時代の西側の視点から見ている。このことがときには誤判断を生じさせている。例えば，米軍のニューディール・リベラル派を共産主義者と見なすなどである。

ベルリン文化界の特定の領域についての個別研究では，この数年特にメディア（ラジオと新聞）の分野でいくつか見るべきものがある。とりわけ，ベルリン自由大学のコミュニケーション学科の博士論文，修士論文がそうである。例えば，Bryan T. Van Sweringen（Cabaretist of the Cold War Front. 1985）はRIASの創設期に関して詳細に書かれた章を含んでいる。出版されたドイツ語版の本（1989年）ではこの章は短縮されている。RIASの初期に関する修

士論文（Andreas Borst: Rias und die amerikanische Kulturpolitik in Deutschland 1945—49. F.U. Berlin 1990）は，研究を進めるものではないが，情報性の高い概観を与えている。西側の第二のベルリン放送局の政治的な状況についても博士論文がある（Erik Heinrich: Vom NWDR zum SFB. Rundfunkpolitik in Berlin 1946—54. F.U. Berlin 1987）。

新聞史については，当の証人たちや同僚たちによって書かれた叙述が依然として唯一存在するものである。まず第一に，Peter de Mendelssohnの“Zeitungsstadt Berlin”（1959），次にHarold Hurwitzのベルリンに関わる部分“Die Stunde Null der deutschen Presse”（1972）をあげよう。四巻の記念論文集“100 Jahre Ullstein 1877—1977”（1977, Joachim Freytag / Hans Wallenberg編）にはいくつかあまり知られていない情報を含み，今日ではむしろ冷戦の同時代ドキュメントの印象が強いJoachim G. Leithäuserのもの（Journalisten zwischen zwei Welten: Die Nachkriegsjahre der Berliner Presse. 1960）やArno Scholz/Walther Oschilewskiのもの（Marginalien zur Berliner Zeitungsgeschichte）より利用価値がある。本書で取り上げた二紙についてはベルリン自由大学で，できはずいぶん違うが二つの修士論文が書かれている。Tagesspiegelについての非常に徹底した，資料に基づく研究（Klaus Jans: Die Anfänge des Tagesspiegels. 1986）と，Nachtexpressについての杜撰で信頼性に欠ける研究である（Thomas Goetze: Zur Rekonstruktion des Nacht-Express 1945—1953. 1991. これで使えるのは同時代人のアンケート調査の転記だけである）。

ベルリンの戦後演劇については二つの仕事があるが，70年代の思想的ジャルゴンのためにその有用性には限界がある。毛沢東主義（あるいは当時はK-といった）の視点からのJürgen Baumgarten（Volksfrontpolitik auf dem Theater. Zur kulturpolitischen Strategie in der antifaschistisch-demokratischen Ordnung in Berlin 1945—49. 1975）と，教条的DKP/SEDの視点からのHenning Müller（Theater im Zeichen des Kalten Krieges. 1976. およびTheater der Restauration. 1981）である。

I．公文書館・資料館

ドイツ

a）ベルリン

1）ベルリン州立公文書館（旧ベルリン市公文書館／DDR を含む）
2）旧 DDR 諸党・大衆組織資料館（労働運動史研究所旧文書庫，文化同盟旧文書庫，旧自由ドイツ労働組合（FDGB）文書庫／ザッセンバッハ財団を含む）
3）旧学術アカデミー（DDR）文書庫
4）旧芸術アカデミー（DDR）文書庫
5）旧芸術アカデミー（西ベルリン）文書庫
6）連邦公文書館／映画資料館
7）連邦公文書館／臨時文書館（ホッペガルテン）
8）連邦公文書館／ベルリン・ドキュメント・センター
9）国立プロイセン枢密院公文書館
10）国立プロイセン文化財図書館（写本手稿部門）
11）ベルリン自由大学資料館
12）フンボルト大学資料館
13）ドイツ劇場資料館
14）コーミッシェ・オーパー資料館
15）ベルリン自由大学コミュニケーション学科ベルリンプロジェクト資料庫
16）個人書庫／Franz Wallner-Basté 遺稿文庫
17）個人書庫／Fritz Erpenbeck 遺稿文庫（John E. Erpenbeck）
18）個人書庫 Maximilian Scheer

b）ポツダム

連邦公文書館（旧 DDR 国立公文書館）

c）コブレンツ

連邦公文書館

d）マールバッハ

ドイツ文学資料館

e) ミュンヒェン

1) 市立図書館／Monacensia コレクション

2) 個人書庫／Peter de Mendelssohn 遺稿文庫（Anita Naef）

f) ハンブルク

国立兼大学図書館写本手稿部門

g) ニュルンベルク

ゲルマン博物館／写本手稿部門

h) カールスルーエ

バーデン州立図書館／写本手稿部門

フランス

a) 外務省公文書館（パリ）

b) ドイツ・オーストリア占領資料館（コルマール）

英　国

Public Record Office（ロンドン）

ロシア

a) 現代史公文書保存センター／KPdSU 旧党資料庫（モスクワ）

b) 国立中央公文書館（モスクワ）

c) 外務省公文書館（モスクワ）

米　国

a) 国立公文書館（Washington D. C.および Suitland）

b) 国会図書館／写本手稿部門（Washington）

c) 南カリフォルニア大学／写本手稿部門（Los Angeles）

d) ハーヴァード大学／ホートン図書館／建築&デザイン院

e) 個人書庫 Eric／John Pommer, Camarillo（California）

f) 個人書庫／Robert A. McClure 遺稿文庫（Chico, Cal.）

II. インタヴュー

Henry C. Alter (Dobbs Ferry, N.Y)
Annemarie Auer (Berlin)
Boleslaw Barlog (Berlin)
Günther Cwojdrak (Berlin)
Phillip Davison (Princeton)
Margot Derigs (Berlin)
Stefan Doernberg (Berlin)
Alexander Peter Eismann (Waldachtel/Tübingen)
Wolfgang Geiselar (Berlin)
Arseni Gulyga (Berlin/Moskau)
Klaus Gysi (Berlin)
Wolfgang Harich
William Heimlich (Maryland, 電話)
Kurt Hirsch (Los Angeles, 電話)
Walter Janka (Klein-Machnow)
Eugenia Kazewa (Moskau)
Konrad Kellen (Pacific Palisades)
Hans-Ulrich Karsten (Berlin)
Fritz Klein (Berlin)
Bernt von Kügelgen (Berlin)
Melvin Lasky (Berlin)
Ursula Madrasch-Groschopp (Klein-Machnow)
Kurt Maetzig (Wildkohl/Röbel, 手紙および電話)
Hans Mahle (Berlin)
Eric Pleskow (New York, 電話)
Klaus Poche (Köln, 電話)
John Pommer (Camarillo)
Jeck Raymond (New York)
Rudolf Reinhardt (Frankfurt/Main, 電話)

Christa Rotzoll (Berlin, 電話)
Karl-Heinz Schulmeister (Berlin)
Nelly von Schweinichen (Künzell/Fulda)
Inge von Wangenheim (Weimar)
Peter Wyden (New York)

《叢書・ウニベルシタス　695》
ベルリン文化戦争
——1945-1948／鉄のカーテンが閉じるまで

2000年11月11日　初版第1刷発行

ヴォルフガング・シヴェルブシュ
福本義憲 訳
発行所　財団法人　法政大学出版局
〒102-0073 東京都千代田区九段北3-2-7
電話03(5214)5540 振替00160-6-95814
製版，印刷　平 文 社／鈴木製本所

Printed in Japan

ISBN4-588-00695-9

著　者

ヴォルフガング・シヴェルブシュ
(Wolfgang Schivelbusch)

1942年，ベルリンに生まれる．フランクフルトとベルリンの大学で文芸学・哲学・社会学を修める．1973年以降，ニューヨークとベルリンで多彩な著述活動を展開．著書に『ブレヒト以後の社会主義演劇』(1974)，『鉄道旅行の歴史』(1977＊，〈ドイツ啓蒙科学書出版賞〉受賞)，『楽園・味覚・理性』(1980＊)，『知識人の黄昏』(1982＊)，『闇をひらく光』(1983＊)，『ヴィルヘルム二世期のオペラ』(1985)，『図書館炎上』(1988＊)，『光と影のドラマトゥルギー』(1992＊) がある (＊は法政大学出版局刊)．

訳　者

福本義憲 (ふくもと よしのり)

1947年，兵庫県に生まれる．東京大学大学院修了．現在，東京都立大学教授．専攻，ドイツ語学・言語学．著書に『はじめてのドイツ語』(講談社)，『ドイツ語会話110番』(旺文社)，『クラウン独和辞典』(共著，三省堂)，訳書に，シヴェルブシュ『楽園・味覚・理性——嗜好品の歴史』，『図書館炎上——二つの世界大戦とルーヴァン大学図書館』，ヴァルンケ『政治的風景——自然の美術史』(以上，法政大学出版局刊)，フォックス『ドイツ語の構造』(三省堂)，ザックス『自動車への愛——20世紀の願望の歴史』(共訳，藤原書店)，その他がある．

				(頁)
1	芸術はなぜ心要か	E.フィッシャー／河野徹訳	品切	302
2	空と夢〈運動の想像力にかんする試論〉	G.バシュラール／宇佐見英治訳		442
3	グロテスクなもの	W.カイザー／竹内豊治訳		312
4	塹壕の思想	T.E.ヒューム／長谷川鉱平訳		316
5	言葉の秘密	E.ユンガー／菅谷規矩雄訳		176
6	論理哲学論考	L.ヴィトゲンシュタイン／藤本,坂井訳		350
7	アナキズムの哲学	H.リード／大沢正道訳		318
8	ソクラテスの死	R.グアルディーニ／山村直資訳		366
9	詩学の根本概念	E.シュタイガー／高橋英夫訳		334
10	科学の科学〈科学技術時代の社会〉	M.ゴールドスミス,A.マカイ編／是永純弘訳		346
11	科学の射程	C.F.ヴァイツゼカー／野田,金子訳		274
12	ガリレオをめぐって	オルテガ・イ・ガセット／マタイス,佐々木訳		290
13	幻影と現実〈詩の源泉の研究〉	C.コードウェル／長谷川鉱平訳		410
14	聖と俗〈宗教的なるものの本質について〉	M.エリアーデ／風間敏夫訳		286
15	美と弁証法	G.ルカッチ／良知,池田,小箕訳		372
16	モラルと犯罪	K.クラウス／小松太郎訳		218
17	ハーバート・リード自伝	北條文緒訳		468
18	マルクスとヘーゲル	J.イッポリット／宇津木,田口訳	品切	258
19	プリズム〈文化批判と社会〉	Th.W.アドルノ／竹内,山村,板倉訳		246
20	メランコリア	R.カスナー／塚越敏訳		388
21	キリスト教の苦悶	M.de ウナムーノ／神吉,佐々木訳		202
22	アインシュタイン ゾンマーフェルト往復書簡	A.ヘルマン編／小林,坂口訳	品切	194
23 24	群衆と権力（上・下）	E.カネッティ／岩田行一訳		440 356
25	問いと反問〈芸術論集〉	W.ヴォリンガー／土肥美夫訳		272
26	感覚の分析	E.マッハ／須藤,廣松訳		386
27 28	批判的モデル集（I・II）	Th.W.アドルノ／大久保健治訳	〈品切 品切〉	I 232 II 272
29	欲望の現象学	R.ジラール／古田幸男訳		370
30	芸術の内面への旅	E.ヘラー／河原,杉浦,渡辺訳	品切	284
31	言語起源論	ヘルダー／大阪大学ドイツ近代文学研究会訳		270
32	宗教の自然史	D.ヒューム／福鎌,斎藤訳		144
33	プロメテウス〈ギリシア人の解した人間存在〉	K.ケレーニイ／辻村誠三訳	品切	268
34	人格とアナーキー	E.ムーニエ／山崎,佐藤訳		292
35	哲学の根本問題	E.ブロッホ／竹内豊治訳		194
36	自然と美学〈形体・美・芸術〉	R.カイヨワ／山口三夫訳		112
37 38	歴史論（I・II）	G.マン／加藤,宮野訳	I・品切 II・品切	274 202
39	マルクスの自然概念	A.シュミット／元浜清海訳		316
40	書物の本〈西欧の書物と文化の歴史.書物の美学〉	H.プレッサー／轡田収訳		448
41 42	現代への序説（上・下）	H.ルフェーヴル／宗,古田監訳		220 296
43	約束の地を見つめて	E.フォール／古田幸男訳		320
44	スペクタクルと社会	J.デュビニョー／渡辺淳訳	品切	188
45	芸術と神話	E.グラッシ／榎本久彦訳		266
46	古きものと新しきもの	M.ロベール／城山,島,円子訳		318
47	国家の起源	R.H.ローウィ／古賀英三郎訳		204
48	人間と死	E.モラン／古田幸男訳		448
49	プルーストとシーニュ（増補版）	G.ドゥルーズ／宇波彰訳		252
50	文明の滴定〈科学技術と中国の社会〉	J.ニーダム／橋本敬造訳	品切	452
51	プスタの民	I.ジュラ／加藤二郎訳		382

				(頁)
52 53	社会学的思考の流れ（I・II）	R.アロン／北川，平野，他訳		350 392
54	ベルクソンの哲学	G.ドゥルーズ／宇波彰訳		142
55	第三帝国の言語LTI〈ある言語学者のノート〉	V.クレムペラー／羽田，藤平，赤井，中村訳	品切	442
56	古代の芸術と祭祀	J.E.ハリスン／星野徹訳		222
57	ブルジョワ精神の起源	B.グレトゥイゼン／野沢協訳		394
58	カントと物自体	E.アディッケス／赤松常弘訳		300
59	哲学的素描	S.K.ランガー／塚本，星野訳		250
60	レーモン・ルーセル	M.フーコー／豊崎光一訳		268
61	宗教とエロス	W.シューバルト／石川，平田，山本訳	品切	398
62	ドイツ悲劇の根源	W.ベンヤミン／川村，三城訳		316
63	鍛えられた心〈強制収容所における心理と行動〉	B.ベテルハイム／丸山修吉訳		340
64	失われた範列〈人間の自然性〉	E.モラン／古田幸男訳		308
65	キリスト教の起源	K.カウツキー／栗原佑訳		534
66	ブーバーとの対話	W.クラフト／板倉敏之訳		206
67	プロデメの変貌〈フランスのコミューン〉	E.モラン／宇波彰訳		450
68	モンテスキューとルソー	E.デュルケーム／小関，川喜多訳	品切	312
69	芸術と文明	K.クラーク／河野徹訳		680
70	自然宗教に関する対話	D.ヒューム／福鎌，斎藤訳		196
71 72	キリスト教の中の無神論（上・下）	E.ブロッホ／竹内，高尾訳		234 304
73	ルカーチとハイデガー	L.ゴルドマン／川俣晃自訳		308
74	断　想　1942—1948	E.カネッティ／岩田行一訳		286
75 76	文明化の過程（上・下）	N.エリアス／吉田，中村，波田，他訳		466 504
77	ロマンスとリアリズム	C.コードウェル／玉井，深井，山本訳		238
78	歴史と構造	A.シュミット／花崎皋平訳		192
79 80	エクリチュールと差異（上・下）	J.デリダ／若桑，野村，阪上，三好，他訳		378 296
81	時間と空間	E.マッハ／野家啓一編訳		258
82	マルクス主義と人格の理論	L.セーヴ／大津真作訳		708
83	ジャン＝ジャック・ルソー	B.グレトゥイゼン／小池健男訳		394
84	ヨーロッパ精神の危機	P.アザール／野沢協訳		772
85	カフカ〈マイナー文学のために〉	G.ドゥルーズ，F.ガタリ／宇波，岩田訳		210
86	群衆の心理	H.ブロッホ／入野田，小崎，小岸訳	品切	580
87	ミニマ・モラリア	Th.W.アドルノ／三光長治訳		430
88 89	夢と人間社会（上・下）	R.カイヨワ，他／三好郁郎，他訳		374 340
90	自由の構造	C.ベイ／横越英一訳		744
91	1848年〈二月革命の精神史〉	J.カスー／野沢協，他訳		326
92	自然の統一	C.F.ヴァイツゼカー／斎藤，河井訳	品切	560
93	現代戯曲の理論	P.ションディ／市村，丸山訳	品切	250
94	百科全書の起源	F.ヴェントゥーリ／大津真作訳	品切	324
95	推測と反駁〈科学的知識の発展〉	K.R.ポパー／藤本，石垣，森訳		816
96	中世の共産主義	K.カウツキー／栗原佑訳		400
97	批評の解剖	N.フライ／海老根，中村，出淵，山内訳		580
98	あるユダヤ人の肖像	A.メンミ／菊地，白井訳		396
99	分類の未開形態	E.デュルケーム／小関藤一郎訳	品切	232
100	永遠に女性的なるもの	H.ド・リュバック／山崎庸一郎訳		360
101	ギリシア神話の本質	G.S.カーク／吉田，辻村，松田訳	品切	390
102	精神分析における象徴界	G.ロゾラート／佐々木孝次訳		508
103	物の体系〈記号の消費〉	J.ボードリヤール／宇波彰訳		280

				(頁)
104	言語芸術作品〔第2版〕	W.カイザー／柴田斎訳	品切	688
105	同時代人の肖像	F.ブライ／池内紀訳		212
106	レオナルド・ダ・ヴィンチ〔第2版〕	K.クラーク／丸山，大河内訳		344
107	宮廷社会	N.エリアス／波田，中埜，吉田訳		480
108	生産の鏡	J.ボードリヤール／宇波，今村訳		184
109	祭祀からロマンスへ	J.L.ウェストン／丸小哲雄訳		290
110	マルクスの欲求理論	A.ヘラー／良知，小箕訳		198
111	大革命前夜のフランス	A.ソブール／山崎耕一訳	品切	422
112	知覚の現象学	メルロ＝ポンティ／中島盛夫訳		904
113	旅路の果てに〈アルペイオスの流れ〉	R.カイヨワ／金井裕訳		222
114	孤独の迷宮〈メキシコの文化と歴史〉	O.パス／高山，熊谷訳		320
115	暴力と聖なるもの	R.ジラール／古田幸男訳		618
116	歴史をどう書くか	P.ヴェーヌ／大津真作訳		604
117	記号の経済学批判	J.ボードリヤール／今村，宇波，桜井訳	品切	304
118	フランス紀行〈1787,1788&1789〉	A.ヤング／宮崎洋訳		432
119	供　犠	M.モース，H.ユベール／小関藤一郎訳		296
120	差異の目録〈歴史を変えるフーコー〉	P.ヴェーヌ／大津真作訳	品切	198
121	宗教とは何か	G.メンシング／田中，下宮訳		442
122	ドストエフスキー	R.ジラール／鈴木晶訳		200
123	さまざまな場所〈死の影の都市をめぐる〉	J.アメリー／池内紀訳		210
124	生　成〈概念をこえる試み〉	M.セール／及川馥訳		272
125	アルバン・ベルク	Th.W.アドルノ／平野嘉彦訳		320
126	映画　あるいは想像上の人間	E.モラン／渡辺淳訳		320
127	人間論〈時間・責任・価値〉	R.インガルデン／武井，赤松訳		294
128	カント〈その生涯と思想〉	A.グリガ／西牟田，浜田訳		464
129	同一性の寓話〈詩的神話学の研究〉	N.フライ／駒沢大学フライ研究会訳		496
130	空間の心理学	A.モル，E.ロメル／渡辺淳訳		326
131	飼いならされた人間と野性的人間	S.モスコヴィッシ／古田幸男訳		336
132	方　法　1．自然の自然	E.モラン／大津真作訳	品切	658
133	石器時代の経済学	M.サーリンズ／山内昶訳		464
134	世の初めから隠されていること	R.ジラール／小池健男訳		760
135	群衆の時代	S.モスコヴィッシ／古田幸男訳	品切	664
136	シミュラークルとシミュレーション	J.ボードリヤール／竹原あき子訳		234
137	恐怖の権力〈アブジェクシオン〉試論	J.クリステヴァ／枝川昌雄訳		420
138	ボードレールとフロイト	L.ベルサーニ／山縣直子訳		240
139	悪しき造物主	E.M.シオラン／金井裕訳		228
140	終末論と弁証法〈マルクスの社会・政治思想〉	S.アヴィネリ／中村恒矩訳	品切	392
141	経済人類学の現在	F.プイヨン編／山内昶訳		236
142	視覚の瞬間	K.クラーク／北條文緒訳		304
143	罪と罰の彼岸	J.アメリー／池内紀訳		210
144	時間・空間・物質	B.K.ライドレー／中島龍三訳	品切	226
145	離脱の試み〈日常生活への抵抗〉	S.コーエン，N.テイラー／石黒毅訳		321
146	人間怪物論〈人間脱走の哲学の素描〉	U.ホルストマン／加藤二郎訳		206
147	カントの批判哲学	G.ドゥルーズ／中島盛夫訳		160
148	自然と社会のエコロジー	S.モスコヴィッシ／久米，原訳		440
149	壮大への渇仰	L.クローネンバーガー／岸，倉田訳		368
150	奇蹟論・迷信論・自殺論	D.ヒューム／福鎌，斎藤訳		200
151	クルティウスージッド往復書簡	ディークマン編／円子千代訳		376
152	離脱の寓話	M.セール／及川馥訳		178

				(頁)
153	エクスタシーの人類学	I.M.ルイス／平沼孝之訳		352
154	ヘンリー・ムア	J.ラッセル／福田真一訳		340
155	誘惑の戦略	J.ボードリヤール／宇波彰訳		260
156	ユダヤ神秘主義	G.ショーレム／山下, 石丸, 他訳		644
157	蜂の寓話〈私悪すなわち公益〉	B.マンデヴィル／泉谷治訳		412
158	アーリア神話	L.ポリアコフ／アーリア主義研究会訳		544
159	ロベスピエールの影	P.ガスカール／佐藤和生訳		440
160	元型の空間	E.ゾラ／丸小哲雄訳		336
161	神秘主義の探究〈方法論的考察〉	E.スタール／宮元啓一, 他訳		362
162	放浪のユダヤ人〈ロート・エッセイ集〉	J.ロート／平田, 吉田訳		344
163	ルフー, あるいは取壊し	J.アメリー／神崎巌訳		250
164	大世界劇場〈宮廷祝宴の時代〉	R.アレヴィン, K.ゼルツレ／円子修平訳	品切	200
165	情念の政治経済学	A.ハーシュマン／佐々木, 旦訳		192
166	メモワール〈1940-44〉	レミ／築島謙三訳		520
167	ギリシア人は神話を信じたか	P.ヴェーヌ／大津真作訳	品切	340
168	ミメーシスの文学と人類学	R.ジラール／浅野敏夫訳		410
169	カバラとその象徴的表現	G.ショーレム／岡部, 小岸訳		340
170	身代りの山羊	R.ジラール／織田, 富永訳	品切	384
171	人間〈その本性および世界における位置〉	A.ゲーレン／平野具男訳	品切	608
172	コミュニケーション〈ヘルメスⅠ〉	M.セール／豊田, 青木訳		358
173	道　化〈つまずきの現象学〉	G.v.バルレーヴェン／片岡啓治訳	品切	260
174	いま, ここで〈アウシュヴィッツとヒロシマ以後の哲学的考察〉	G.ピヒト／斎藤, 浅野, 大野, 河井訳		600
175 176 177	真理と方法〔全三冊〕	H.-G.ガダマー／轡田, 麻生, 三島, 他訳	Ⅰ・350 Ⅱ・ Ⅲ・	
178	時間と他者	E.レヴィナス／原田佳彦訳		140
179	構成の詩学	B.ウスペンスキイ／川崎, 大石訳	品切	282
180	サン=シモン主義の歴史	S.シャルレティ／沢崎, 小杉訳		528
181	歴史と文芸批評	G.デルフォ, A.ロッシュ／川中子弘訳		472
182	ミケランジェロ	H.ヒバード／中山, 小野訳	品切	578
183	観念と物質〈思考・経済・社会〉	M.ゴドリエ／山内昶訳		340
184	四つ裂きの刑	E.M.シオラン／金井裕訳		234
185	キッチュの心理学	A.モル／万沢正美訳		344
186	領野の漂流	J.ヴィヤール／山下俊一訳		226
187	イデオロギーと想像力	G.C.カバト／小箕俊介訳		300
188	国家の起源と伝承〈古代インド社会史論〉	R.=ターパル／山崎, 成澤訳		322
189	ベルナール師匠の秘密	P.ガスカール／佐藤和生訳		374
190	神の存在論的証明	D.ヘンリッヒ／本間, 須田, 座小田, 他訳		456
191	アンチ・エコノミクス	J.アタリ, M.ギヨーム／斎藤, 安孫子訳		322
192	クローチェ政治哲学論集	B.クローチェ／上村忠男編訳		188
193	フィヒテの根源的洞察	D.ヘンリッヒ／座小田, 小松訳		184
194	哲学の起源	オルテガ・イ・ガセット／佐々木孝訳	品切	224
195	ニュートン力学の形成	ベー・エム・ゲッセン／秋間実, 他訳		312
196	遊びの遊び	J.デュビニョー／渡辺淳訳	品切	160
197	技術時代の魂の危機	A.ゲーレン／平野具男訳	品切	222
198	儀礼としての相互行為	E.ゴッフマン／広瀬, 安江訳	品切	376
199	他者の記号学〈アメリカ大陸の征服〉	T.トドロフ／及川, 大谷, 菊地訳		370
200	カント政治哲学の講義	H.アーレント著, R.ベイナー編／浜田監訳		302
201	人類学と文化記号論	M.サーリンズ／山内昶訳		354
202	ロンドン散策	F.トリスタン／小杉, 浜本訳		484

				(頁)
203	秩序と無秩序	J.-P.デュピュイ／古田幸男訳		324
204	象徴の理論	T.トドロフ／及川馥, 他訳		536
205	資本とその分身	M.ギヨーム／斉藤日出治訳		240
206	干　渉〈ヘルメスII〉	M.セール／豊田彰訳		276
207	自らに手をくだし〈自死について〉	J.アメリー／大河内了義訳		222
208	フランス人とイギリス人	R.フェイバー／北條, 大島訳	品切	304
209	カーニバル〈その歴史的・文化的考察〉	J.カロ・バロッハ／佐々木孝訳	品切	622
210	フッサール現象学	A.F.アグィーレ／川島, 工藤, 林訳		232
211	文明の試練	J.M.カディヒィ／塚本, 秋山, 寺西, 島訳		538
212	内なる光景	J.ポミエ／角山, 池部訳		526
213	人間の原型と現代の文化	A.ゲーレン／池井望訳		422
214	ギリシアの光と神々	K.ケレーニイ／円子修平訳		178
215	初めに愛があった〈精神分析と信仰〉	J.クリステヴァ／枝川昌雄訳		146
216	バロックとロココ	W.v.ニーベルシュッツ／竹内章訳		164
217	誰がモーセを殺したか	S.A.ハンデルマン／山形和美訳		514
218	メランコリーと社会	W.レペニース／岩田, 小竹訳		380
219	意味の論理学	G.ドゥルーズ／岡田, 宇波訳		460
220	新しい文化のために	P.ニザン／木内孝訳		352
221	現代心理論集	P.ブールジェ／平岡, 伊藤訳		362
222	パラジット〈寄食者の論理〉	M.セール／及川, 米山訳		466
223	虐殺された鳩〈暴力と国家〉	H.ラボリ／川中子弘訳		240
224	具象空間の認識論〈反・解釈学〉	F.ダゴニェ／金森修訳		300
225	正常と病理	G.カンギレム／滝沢武久訳		320
226	フランス革命論	J.G.フィヒテ／桝田啓三郎訳		396
227	クロード・レヴィ=ストロース	O.パス／鼓, 木村訳		160
228	バロックの生活	P.ラーンシュタイン／波田節夫訳		520
229	うわさ〈もっとも古いメディア〉増補版	J.-N.カプフェレ／古田幸男訳		394
230	後期資本制社会システム	C.オッフェ／寿福真美編訳		358
231	ガリレオ研究	A.コイレ／菅谷曉訳	品切	482
232	アメリカ	J.ボードリヤール／田中正人訳		220
233	意識ある科学	E.モラン／村上光彦訳		400
234	分子革命〈欲望社会のミクロ分析〉	F.ガタリ／杉村昌昭訳		340
235	火，そして霧の中の信号―ゾラ	M.セール／寺田光徳訳		568
236	煉獄の誕生	J.ル・ゴッフ／渡辺, 内田訳		698
237	サハラの夏	E.フロマンタン／川端康夫訳		336
238	パリの悪魔	P.ガスカール／佐藤和夫訳		256
239 240	自然の人間的歴史（上・下）	S.モスコヴィッシ／大津真作訳		上・494 下・390
241	ドン・キホーテ頌	P.アザール／円子千代訳	品切	348
242	ユートピアへの勇気	G.ピヒト／河井徳治訳		202
243	現代社会とストレス〔原書改訂版〕	H.セリエ／杉, 田多井, 藤井, 竹宮訳		482
244	知識人の終焉	J.-F.リオタール／原田佳彦, 他訳		140
245	オマージュの試み	E.M.シオラン／金井裕訳		154
246	科学の時代における理性	H.-G.ガダマー／本間, 座小田訳		158
247	イタリア人の太古の知恵	G.ヴィーコ／上村忠男訳		190
248	ヨーロッパを考える	E.モラン／林　勝一訳		238
249	労働の現象学	J.-L.プチ／今村, 松島訳		388
250	ポール・ニザン	Y.イシャグプール／川俣晃自訳		356
251	政治的判断力	R.ベイナー／浜田義文監訳		310
252	知覚の本性〈初期論文集〉	メルロ=ポンティ／加賀野井秀一訳		158

				(頁)
253	言語の牢獄	F.ジェームソン／川口喬一訳		292
254	失望と参画の現象学	A.O.ハーシュマン／佐々木,杉田訳		204
255	はかない幸福—ルソー	T.トドロフ／及川馥訳		162
256	大学制度の社会史	H.W.プラール／山本尤訳		408
257 258	ドイツ文学の社会史（上・下）	J.ベルク,他／山本,三島,保坂,鈴木訳		上・766 下・648
259	アランとルソー〈教育哲学試論〉	A.カルネック／安斎,並木訳		304
260	都市・階級・権力	M.カステル／石川淳志監訳		296
261	古代ギリシア人	M.I.フィンレー／山形和美訳	品切	296
262	象徴表現と解釈	T.トドロフ／小林,及川訳		244
263	声の回復〈回想の試み〉	L.マラン／梶野吉郎訳		246
264	反射概念の形成	G.カンギレム／金森修訳		304
265	芸術の手相	G.ピコン／末永照和訳		294
266	エチュード〈初期認識論集〉	G.バシュラール／及川馥訳		166
267	邪な人々の昔の道	R.ジラール／小池健男訳		270
268	〈誠実〉と〈ほんもの〉	L.トリリング／野島秀勝訳		264
269	文の抗争	J.-F.リオタール／陸井四郎,他訳		410
270	フランス革命と芸術	J.スタロバンスキー／井上尭裕訳		286
271	野生人とコンピューター	J.-M.ドムナック／古田幸男訳		228
272	人間と自然界	K.トマス／山内昶,他訳		618
273	資本論をどう読むか	J.ビデ／今村仁司,他訳		450
274	中世の旅	N.オーラー／藤代幸一訳		488
275	変化の言語〈治療コミュニケーションの原理〉	P.ワツラウィック／築島謙三訳		212
276	精神の売春としての政治	T.クンナス／木戸,佐々木訳		258
277	スウィフト政治・宗教論集	J.スウィフト／中野,海保訳		490
278	現実とその分身	C.ロセ／金井裕訳		168
279	中世の高利貸	J.ル・ゴッフ／渡辺香根夫訳		170
280	カルデロンの芸術	M.コメレル／岡部仁訳		270
281	他者の言語〈デリダの日本講演〉	J.デリダ／高橋允昭編訳		406
282	ショーペンハウアー	R.ザフランスキー／山本尤訳		646
283	フロイトと人間の魂	B.ベテルハイム／藤瀬恭子訳		174
284	熱　狂〈カントの歴史批判〉	J.-F.リオタール／中島盛夫訳		210
285	カール・カウツキー 1854-1938	G.P.スティーンソン／時永,河野訳		496
286	形而上学と神の思想	W.パネンベルク／座小田,諸岡訳		186
287	ドイツ零年	E.モラン／古田幸男訳		364
288	物の地獄〈ルネ・ジラールと経済の論理〉	デュムシェル，デュピュイ／織田,富永訳		320
289	ヴィーコ自叙伝	G.ヴィーコ／福鎌忠恕訳	品切	448
290	写真論〈その社会的効用〉	P.ブルデュー／山縣熙,山縣直子訳		438
291	戦争と平和	S.ボク／大沢正道訳		224
292	意味と意味の発展	R.A.ウォルドロン／築島謙三訳		294
293	生態平和とアナーキー	U.リンゼ／内田,杉村訳		270
294	小説の精神	M.クンデラ／金井,浅野訳		208
295	フィヒテ-シェリング往復書簡	W.シュルツ解説／座小田,後藤訳		220
296	出来事と危機の社会学	E.モラン／浜名,福井訳		622
297	宮廷風恋愛の技術	A.カペルラヌス／野島秀勝訳		334
298	野蛮〈科学主義の独裁と文化の危機〉	M.アンリ／山形,望月訳		292
299	宿命の戦略	J.ボードリヤール／竹原あき子訳		260
300	ヨーロッパの日記	G.R.ホッケ／石丸,柴田,信岡訳		1330
301	記号と夢想〈演劇と祝祭についての考察〉	A.シモン／岩瀬孝監修．佐藤,伊藤,他訳		388
302	手と精神	J.ブラン／中村文郎訳		284

				(頁)
303	平等原理と社会主義	L.シュタイン／石川, 石塚, 柴田訳		676
304	死にゆく者の孤独	N.エリアス／中居実訳		150
305	知識人の黄昏	W.シヴェルブシュ／初見基訳		240
306	トマス・ペイン〈社会思想家の生涯〉	A.J.エイヤー／大熊昭信訳		378
307	われらのヨーロッパ	F.ヘール／杉浦健之訳		614
308	機械状無意識〈スキゾ-分析〉	F.ガタリ／高岡幸一訳		426
309	聖なる真理の破壊	H.ブルーム／山形和美訳		400
310	諸科学の機能と人間の意義	E.パーチ／上村忠男監訳		552
311	翻　訳〈ヘルメスIII〉	M.セール／豊田, 輪田訳		404
312	分　布〈ヘルメスIV〉	M.セール／豊田彰訳		440
313	外国人	J.クリステヴァ／池田和子訳		284
314	マルクス	M.アンリ／杉山, 水野訳	品切	612
315	過去からの警告	E.シャルガフ／山本, 内藤訳		308
316	面・表面・界面〈一般表層論〉	F.ダゴニェ／金森, 今野訳		338
317	アメリカのサムライ	F.G.ノートヘルファー／飛鳥井雅道訳		512
318	社会主義か野蛮か	C.カストリアディス／江口幹訳		490
319	遍　歴〈法, 形式, 出来事〉	J.-F.リオタール／小野康男訳		200
320	世界としての夢	D.ウスラー／谷　徹訳		566
321	スピノザと表現の問題	G.ドゥルーズ／工藤, 小柴, 小谷訳		460
322	裸体とはじらいの文化史	H.P.デュル／藤代, 三谷訳		572
323	五　感〈混合体の哲学〉	M.セール／米山親能訳		582
324	惑星軌道論	G.W.F.ヘーゲル／村上恭一訳		250
325	ナチズムと私の生活〈仙台からの告発〉	K.レーヴィット／秋間実訳		334
326	ベンヤミン-ショーレム往復書簡	G.ショーレム編／山本尤訳		440
327	イマヌエル・カント	O.ヘッフェ／薮木栄夫訳		374
328	北西航路〈ヘルメスV〉	M.セール／青木研二訳		260
329	聖杯と剣	R.アイスラー／野島秀勝訳		486
330	ユダヤ人国家	Th.ヘルツル／佐藤康彦訳		206
331	十七世紀イギリスの宗教と政治	C.ヒル／小野功生訳		586
332	方　法　2．生命の生命	E.モラン／大津真作訳		838
333	ヴォルテール	A.J.エイヤー／中川, 吉岡訳		268
334	哲学の自食症候群	J.ブーヴレス／大平具彦訳		266
335	人間学批判	レペニース, ノルテ／小竹澄栄訳		214
336	自伝のかたち	W.C.スペンジマン／船倉正憲訳		384
337	ポストモダニズムの政治学	L.ハッチオン／川口喬一訳		332
338	アインシュタインと科学革命	L.S.フォイヤー／村上, 成定, 大谷訳		474
339	ニーチェ	G.ピヒト／青木隆嘉訳		562
340	科学史・科学哲学研究	G.カンギレム／金森修監訳		674
341	貨幣の暴力	アグリエッタ, オルレアン／井上, 斉藤訳		506
342	象徴としての円	M.ルルカー／竹内章訳		186
343	ベルリンからエルサレムへ	G.ショーレム／岡部仁訳		226
344	批評の批評	T.トドロフ／及川, 小林訳		298
345	ソシュール講義録注解	F.de　ソシュール／前田英樹・訳注		204
346	歴史とデカダンス	P.ショーニュー／大谷尚文訳		552
347	続・いま, ここで	G.ピヒト／斎藤, 大野, 福島, 浅野訳		580
348	バフチン以後	D.ロッジ／伊藤誓訳		410
349	再生の女神セドナ	H.P.デュル／原研二訳		622
350	宗教と魔術の衰退	K.トマス／荒木正純訳		1412
351	神の思想と人間の自由	W.パネンベルク／座小田, 諸岡訳		186

				(頁)
352	倫理・政治的ディスクール	O.ヘッフェ／青木隆嘉訳		312
353	モーツァルト	N.エリアス／青木隆嘉訳		198
354	参加と距離化	N.エリアス／波田，道籏訳		276
355	二十世紀からの脱出	E.モラン／秋枝茂夫訳		384
356	無限の二重化	W.メニングハウス／伊藤秀一訳		350
357	フッサール現象学の直観理論	E.レヴィナス／佐藤，桑野訳		506
358	始まりの現象	E.W.サイード／山形，小林訳		684
359	サテュリコン	H.P.デュル／原研二訳		258
360	芸術と疎外	H.リード／増渕正史訳	品切	262
361	科学的理性批判	K.ヒュプナー／神野，中才，熊谷訳		476
362	科学と懐疑論	J.ワトキンス／中才敏郎訳		354
363	生きものの迷路	A.モール，E.ロメル／古田幸男訳		240
364	意味と力	G.バランディエ／小関藤一郎訳		406
365	十八世紀の文人科学者たち	W.レペニース／小川さくえ訳		182
366	結晶と煙のあいだ	H.アトラン／阪上脩訳		376
367	生への闘争〈闘争本能・性・意識〉	W.J.オング／高柳，橋爪訳		326
368	レンブラントとイタリア・ルネサンス	K.クラーク／尾崎，芳野訳		334
369	権力の批判	A.ホネット／河上倫逸監訳		476
370	失われた美学〈マルクスとアヴァンギャルド〉	M.A.ローズ／長田，池田，長野，長田訳		332
371	ディオニュソス	M.ドゥティエンヌ／及川，吉岡訳		164
372	メディアの理論	F.イングリス／伊藤，磯山訳		380
373	生き残ること	B.ベテルハイム／高尾利数訳		646
374	バイオエシックス	F.ダゴニェ／金森，松浦訳		316
375 376	エディプスの謎（上・下）	N.ビショッフ／藤代，井本，他訳		上・450 下・464
377	重大な疑問〈懐疑的省察録〉	E.シャルガフ／山形，小野，他訳		404
378	中世の食生活〈断食と宴〉	B.A.ヘニッシュ／藤原保明訳	品切	538
379	ポストモダン・シーン	A.クローカー，D.クック／大熊昭信訳		534
380	夢の時〈野生と文明の境界〉	H.P.デュル／岡部，原，須永，荻野訳		674
381	理性よ，さらば	P.ファイヤアーベント／植木哲也訳	品切	454
382	極限に面して	T.トドロフ／宇京頼三訳		376
383	自然の社会化	K.エーダー／寿福真美監訳		474
384	ある反時代的考察	K.レーヴィット／中村啓，永沼更始郎訳		526
385	図書館炎上	W.シヴェルブシュ／福本義憲訳		274
386	騎士の時代	F.v.ラウマー／柳井尚子訳		506
387	モンテスキュー〈その生涯と思想〉	J.スタロバンスキー／古賀英三郎，高橋誠訳		312
388	理解の鋳型〈東西の思想経験〉	J.ニーダム／井上英明訳		510
389	風景画家レンブラント	E.ラルセン／大谷，尾崎訳		208
390	精神分析の系譜	M.アンリ／山形頼洋，他訳		546
391	金《かね》と魔術	H.C.ビンスヴァンガー／清水健次訳		218
392	自然誌の終焉	W.レペニース／山村直資訳		346
393	批判的解釈学	J.B.トンプソン／山本，小川訳		376
394	人間にはいくつの真理が必要か	R.ザフランスキー／山本，藤井訳		232
395	現代芸術の出発	Y.イシャグプール／川俣晃自訳		170
396	青春　ジュール・ヴェルヌ論	M.セール／豊田彰訳		398
397	偉大な世紀のモラル	P.ベニシュー／朝倉，羽賀訳		428
398	諸国民の時に	E.レヴィナス／合田正人訳		348
399 400	バベルの後に（上・下）	G.スタイナー／亀山健吉訳		上・482 下・
401	チュービンゲン哲学入門	E.ブロッホ／花田監修・菅谷，今井，三国訳		422

				(頁)
402	歴史のモラル	T.トドロフ／大谷尚文訳		386
403	不可解な秘密	E.シャルガフ／山本,内藤訳		260
404	ルソーの世界〈あるいは近代の誕生〉	J.-L.ルセルクル／小林浩訳	品切	378
405	死者の贈り物	D.サルナーヴ／菊地,白井訳		186
406	神もなく韻律もなく	H.P.デュル／青木隆嘉訳		292
407	外部の消失	A.コドレスク／利沢行夫訳		276
408	狂気の社会史〈狂人たちの物語〉	R.ポーター／目羅公和訳		428
409	続・蜂の寓話	B.マンデヴィル／泉谷治訳		436
410	悪口を習う〈近代初期の文化論集〉	S.グリーンブラット／磯山甚一訳		354
411	危険を冒して書く〈異色作家たちのパリ・インタヴュー〉	J.ワイス／浅野敏夫訳		300
412	理論を讃えて	H.-G.ガダマー／本間,須田訳		194
413	歴史の島々	M.サーリンズ／山本真鳥訳		306
414	ディルタイ〈精神科学の哲学者〉	R.A.マックリール／大野,田中,他訳		578
415	われわれのあいだで	E.レヴィナス／合田,谷口訳		368
416	ヨーロッパ人とアメリカ人	S.ミラー／池田栄一訳		358
417	シンボルとしての樹木	M.ルルカー／林 捷 訳		276
418	秘めごとの文化史	H.P.デュル／藤代,津山訳		662
419	眼の中の死〈古代ギリシアにおける他者の像〉	J.-P.ヴェルナン／及川,吉岡訳		144
420	旅の思想史	E.リード／伊藤誓訳		490
421	病のうちなる治療薬	J.スタロバンスキー／小池,川那部訳		356
422	祖国地球	E.モラン／菊地昌実訳		234
423	寓意と表象・再現	S.J.グリーンブラット編／船倉正憲訳		384
424	イギリスの大学	V.H.H.グリーン／安原,成定訳		516
425	未来批判 あるいは世界史に対する嫌悪	E.シャルガフ／山本,伊藤訳		276
426	見えるものと見えざるもの	メルロ=ポンティ／中島盛夫監訳		618
427	女性と戦争	J.B.エルシュテイン／小林,廣川訳		486
428	カント入門講義	H.バウムガルトナー／有福孝岳監訳		204
429	ソクラテス裁判	I.F.ストーン／永田康昭訳		470
430	忘我の告白	M.ブーバー／田口義弘訳		348
431 432	時代おくれの人間（上・下）	G.アンダース／青木隆嘉訳		上・432 下・546
433	現象学と形而上学	J.-L.マリオン他編／三上,重永,檜垣訳		388
434	祝福から暴力へ	M.ブロック／田辺,秋津訳		426
435	精神分析と横断性	F.ガタリ／杉村,毬藻訳		462
436	競争社会をこえて	A.コーン／山本,真水訳		530
437	ダイアローグの思想	M.ホルクウィスト／伊藤誓訳		370
438	社会学とは何か	N.エリアス／徳安彰訳		250
439	E.T.A.ホフマン	R.ザフランスキー／識名章喜訳		636
440	所有の歴史	J.アタリ／山内昶訳		580
441	男性同盟と母権制神話	N.ゾンバルト／田村和彦訳		516
442	ヘーゲル以後の歴史哲学	H.シュネーデルバッハ／古東哲明訳		282
443	同時代人ベンヤミン	H.マイヤー／岡部仁訳		140
444	アステカ帝国滅亡記	G.ボド,T.トドロフ編／大谷,菊地訳		662
445	迷宮の岐路	C.カストリアディス／宇京頼三訳		404
446	意識と自然	K.K.チョウ／志水,山本監訳		422
447	政治的正義	O.ヘッフェ／北尾,平石,望月訳		598
448	象徴と社会	K.バーク著,ガスフィールド編／森常治訳		580
449	神・死・時間	E.レヴィナス／合田正人訳		360
450	ローマの祭	G.デュメジル／大橋寿美子訳		446

				(頁)
451	エコロジーの新秩序	L.フェリ／加藤宏幸訳		274
452	想念が社会を創る	C.カストリアディス／江口幹訳		392
453	ウィトゲンシュタイン評伝	B.マクギネス／藤本,今井,宇都宮,髙橋訳		612
454	読みの快楽	R.オールター／山形,中田,田中訳		346
455	理性・真理・歴史〈内在的実在論の展開〉	H.パトナム／野本和幸,他訳		360
456	自然の諸時期	ビュフォン／菅谷暁訳		440
457	クロポトキン伝	ピルーモヴァ／左近毅訳		384
458	征服の修辞学	P.ヒューム／岩尾,正木,本橋訳		492
459	初期ギリシア科学	G.E.R.ロイド／山野,山口訳		246
460	政治と精神分析	G.ドゥルーズ,F.ガタリ／杉村昌昭訳		124
461	自然契約	M.セール／及川,米山訳		230
462	細分化された世界〈迷宮の岐路III〉	C.カストリアディス／宇京頼三訳		332
463	ユートピア的なもの	L.マラン／梶野吉郎訳		420
464	恋愛礼讃	M.ヴァレンシー／沓掛,川端訳		496
465	転換期〈ドイツ人とドイツ〉	H.マイヤー／宇京早苗訳		466
466	テクストのぶどう畑で	I.イリイチ／岡部佳世訳		258
467	フロイトを読む	P.ゲイ／坂口,大島訳		304
468	神々を作る機械	S.モスコヴィッシ／古田幸男訳		750
469	ロマン主義と表現主義	A.K.ウィードマン／大森淳史訳		378
470	宗教論	N.ルーマン／土方昭,土方透訳		138
471	人格の成層論	E.ロータッカー／北村監訳・大久保,他訳		278
472	神　罰	C.v.リンネ／小川さくえ訳		432
473	エデンの園の言語	M.オランデール／浜﨑設夫訳		338
474	フランスの自伝〈自伝文学の主題と構造〉	P.ルジュンヌ／小倉孝誠訳		342
475	ハイデガーとヘブライの遺産	M.ザラデル／合田正人訳		390
476	真の存在	G.スタイナー／工藤政司訳		266
477	言語芸術・言語記号・言語の時間	R.ヤコブソン／浅川順子訳		388
478	エクリール	C.ルフォール／宇京頼三訳		420
479	シェイクスピアにおける交渉	S.J.グリーンブラット／酒井正志訳		334
480	世界・テキスト・批評家	E.W.サイード／山形和美訳		584
481	絵画を見るディドロ	J.スタロバンスキー／小西嘉幸訳		148
482	ギボン〈歴史を創る〉	R.ポーター／中野,海保,松原訳		272
483	欺瞞の書	E.M.シオラン／金井裕訳		252
484	マルティン・ハイデガー	H.エーベリング／青木隆嘉訳		252
485	カフカとカバラ	K.E.グレーツィンガー／清水健次訳		390
486	近代哲学の精神	H.ハイムゼート／座小田豊,他訳		448
487	ベアトリーチェの身体	R.P.ハリスン／船倉正憲訳		304
488	技術〈クリティカル・セオリー〉	A.フィーンバーグ／藤本正文訳		510
489	認識論のメタクリティーク	Th.W.アドルノ／古賀,細見訳		370
490	地獄の歴史	A.K.ターナー／野﨑嘉信訳		456
491	昔話と伝説〈物語文学の二つの基本形式〉	M.リューティ／高木昌史,万里子訳	品切	362
492	スポーツと文明化〈興奮の探究〉	N.エリアス,E.ダニング／大平章訳		490
493 494	地獄のマキアヴェッリ（I・II）	S.de.グラツィア／田中治男訳		I・352 II・306
495	古代ローマの恋愛詩	P.ヴェーヌ／鎌田博夫訳		352
496	証人〈言葉と科学についての省察〉	E.シャルガフ／山本,内藤訳		252
497	自由とはなにか	P.ショーニュ／西川,小田桐訳		472
498	現代世界を読む	M.マフェゾリ／菊地昌実訳		186
499	時間を読む	M.ピカール／寺田光徳訳		266
500	大いなる体系	N.フライ／伊藤誓訳		478

			(頁)
501	音楽のはじめ	C.シュトゥンプ／結城錦一訳	208
502	反ニーチェ	L.フェリー他／遠藤文彦訳	348
503	マルクスの哲学	E.バリバール／杉山吉弘訳	222
504	サルトル，最後の哲学者	A.ルノー／水野浩二訳	296
505	新不平等起源論	A.テスタール／山内昶訳	298
506	敗者の祈禱書	シオラン／金井裕訳	184
507	エリアス・カネッティ	Y.イシャグプール／川俣晃自訳	318
508	第三帝国下の科学	J.オルフ＝ナータン／宇京賴三訳	424
509	正も否も縦横に	H.アトラン／寺田光徳訳	644
510	ユダヤ人とドイツ	E.トラヴェルソ／宇京賴三訳	322
511	政治的風景	M.ヴァルンケ／福本義憲訳	202
512	聖句の彼方	E.レヴィナス／合田正人訳	350
513	古代憧憬と機械信仰	H.ブレーデカンプ／藤代，津山訳	230
514	旅のはじめに	D.トリリング／野島秀勝訳	602
515	ドゥルーズの哲学	M.ハート／田代，井上，浅野，暮沢訳	294
516	民族主義・植民地主義と文学	T.イーグルトン他／増渕，安藤，大友訳	198
517	個人について	P.ヴェーヌ他／大谷尚文訳	194
518	大衆の装飾	S.クラカウアー／船戸，野村訳	350
519 520	シベリアと流刑制度（I・II）	G.ケナン／左近毅訳	I・632 II・642
521	中国とキリスト教	J.ジェルネ／鎌田博夫訳	396
522	実存の発見	E.レヴィナス／佐藤真理人，他訳	480
523	哲学的認識のために	G.-G.グランジェ／植木哲也訳	342
524	ゲーテ時代の生活と日常	P.ラーンシュタイン／上西川原章訳	832
525	ノッツ nOts	M.C.テイラー／浅野敏夫訳	480
526	法の現象学	A.コジェーヴ／今村，堅田訳	768
527	始まりの喪失	B.シュトラウス／青木隆嘉訳	196
528	重　合	ベーネ，ドゥルーズ／江口修訳	170
529	イングランド18世紀の社会	R.ポーター／目羅公和訳	630
530	他者のような自己自身	P.リクール／久米博訳	558
531	鷲と蛇〈シンボルとしての動物〉	M.ルルカー／林捷訳	270
532	マルクス主義と人類学	M.ブロック／山内昶，山内彰訳	256
533	両性具有	M.セール／及川馥訳	218
534	ハイデガー〈ドイツの生んだ巨匠とその時代〉	R.ザフランスキー／山本尤訳	696
535	啓蒙思想の背任	J.-C.ギユボー／菊地，白井訳	218
536	解明　M.セールの世界	M.セール／梶野，竹中訳	334
537	語りは罠	L.マラン／鎌田博夫訳	176
538	歴史のエクリチュール	M.セルトー／佐藤和生訳	542
539	大学とは何か	J.ペリカン／田口孝夫訳	374
540	ローマ　定礎の書	M.セール／高尾謙史訳	472
541	啓示とは何か〈あらゆる啓示批判の試み〉	J.G.フィヒテ／北岡武司訳	252
542	力の場〈思想史と文化批判のあいだ〉	M.ジェイ／今井道夫，他訳	382
543	イメージの哲学	F.ダゴニェ／水野浩二訳	410
544	精神と記号	F.ガタリ／杉村昌昭訳	180
545	時間について	N.エリアス／井本，青木訳	238
546	ルクレティウスのテキストにおける物理学の誕生	M.セール／豊田彰訳	320
547	異端カタリ派の哲学	R.ネッリ／柴田和雄訳	290
548	ドイツ人論	N.エリアス／青木隆嘉訳	576
549	俳　優	J.デュヴィニョー／渡辺淳訳	346

			(頁)
550	ハイデガーと実践哲学	O.ペゲラー他,編／竹市,下村監訳	584
551	彫　像	M.セール／米山親能訳	366
552	人間的なるものの庭	C.F.v.ヴァイツゼカー／山辺建訳	
553	思考の図像学	A.フレッチャー／伊藤誓訳	472
554	反動のレトリック	A.O.ハーシュマン／岩崎稔訳	250
555	暴力と差異	A.J.マッケナ／夏目博明訳	354
556	ルイス・キャロル	J.ガッテニョ／鈴木晶訳	462
557	タオスのロレンゾー〈D.H.ロレンス回想〉	M.D.ルーハン／野島秀勝訳	490
558	エル・シッド〈中世スペインの英雄〉	R.フレッチャー／林邦夫訳	414
559	ロゴスとことば	S.プリケット／小野功生訳	486
560 561	盗まれた稲妻〈呪術の社会学〉(上・下)	D.L.オキーフ／谷林眞理子,他訳	上・490 下・656
562	リビドー経済	J.-F.リオタール／杉山,吉谷訳	458
563	ポスト・モダニティの社会学	S.ラッシュ／田中義久監訳	462
564	狂暴なる霊長類	J.A.リヴィングストン／大平章訳	310
565	世紀末社会主義	M.ジェイ／今村,大谷訳	334
566	両性平等論	F.P.de ラ・バール／佐藤和夫,他訳	330
567	暴虐と忘却	R.ボイヤーズ／田部井孝次・世志子訳	524
568	異端の思想	G.アンダース／青木隆嘉訳	518
569	秘密と公開	S.ボク／大沢正道訳	470
570 571	大航海時代の東南アジア（I・II）	A.リード／平野，田中訳	I・430 II・
572	批判理論の系譜学	N.ボルツ／山本,大貫訳	332
573	メルヘンへの誘い	M.リューティ／高木昌史訳	200
574	性と暴力の文化史	H.P.デュル／藤代,津山訳	768
575	歴史の不測	E.レヴィナス／合田,谷口訳	316
576	理論の意味作用	T.イーグルトン／山形和美訳	196
577	小集団の時代〈大衆社会における個人主義の衰退〉	M.マフェゾリ／古田幸男訳	334
578 579	愛の文化史(上・下)	S.カーン／青木,斎藤訳	上・334 下・384
580	文化の擁護〈1935年パリ国際作家大会〉	ジッド他／相磯,五十嵐,石黒,高橋編訳	752
581	生きられる哲学〈生活世界の現象学と批判理論の思考形式〉	F.フェルマン／堀栄造訳	282
582	十七世紀イギリスの急進主義と文学	C.ヒル／小野，圓月訳	444
583	このようなことが起こり始めたら…	R.ジラール／小池,住谷訳	226
584	記号学の基礎理論	J.ディーリー／大熊昭信訳	286
585	真理と美	S.チャンドラセカール／豊田彰訳	328
586	シオラン対談集	E.M.シオラン／金井裕訳	336
587	時間と社会理論	B.アダム／伊藤,磯山訳	338
588	懐疑的省察 ABC〈続・重大な疑問〉	E.シャルガフ／山本,伊藤訳	244
589	第三の知恵	M.セール／及川馥訳	250
590 591	絵画における真理(上・下)	J.デリダ／高橋,阿部訳	上・322 下・390
592	ウィトゲンシュタインと宗教	N.マルカム／黒崎宏訳	256
593	シオラン〈あるいは最後の人間〉	S.ジョドー／金井裕訳	212
594	フランスの悲劇	T.トドロフ／大谷尚文訳	304
595	人間の生の遺産	E.シャルガフ／清水健次,他訳	392
596	聖なる快楽〈性，神話，身体の政治〉	R.アイスラー／浅野敏夫訳	876
597	原子と爆弾とエスキモーキス	C.G.セグレー／野島秀勝訳	408
598	海からの花嫁〈ギリシア神話研究の手引き〉	J.シャーウッドスミス／吉田,佐藤訳	234
599	神に代わる人間	L.フェリー／菊地,白井訳	220
600	パンと競技場〈ギリシア・ローマ時代の政治と都市の社会学的歴史〉	P.ヴェーヌ／鎌田博夫訳	1032

			(頁)
601	ギリシア文学概説	J.ド・ロミイ／細井, 秋山訳	486
602	パロールの奪取	M.セルトー／佐藤和生訳	200
603	68年の思想	L.フェリー他／小野潮訳	348
604	ロマン主義のレトリック	P.ド・マン／山形, 岩坪訳	470
605	探偵小説あるいはモデルニテ	J.デュボア／鈴木智之訳	380
606 607 608	近代の正統性〔全三冊〕	H.ブルーメンベルク／斎藤, 忽那 佐藤, 村井訳	I・328 II・ III・
609	危険社会〈新しい近代への道〉	U.ベック／東, 伊藤訳	502
610	エコロジーの道	E.ゴールドスミス／大熊昭信訳	654
611	人間の領域〈迷宮の岐路II〉	C.カストリアディス／米山親能訳	626
612	戸外で朝食を	H.P.デュル／藤代幸一訳	190
613	世界なき人間	G.アンダース／青木隆嘉訳	366
614	唯物論シェイクスピア	F.ジェイムソン／川口喬一訳	402
615	核時代のヘーゲル哲学	H.クロンバッハ／植木哲也訳	380
616	詩におけるルネ・シャール	P.ヴェーヌ／西永良成訳	832
617	近世の形而上学	H.ハイムゼート／北岡武司訳	506
618	フロベールのエジプト	G.フロベール／斎藤昌三訳	344
619	シンボル・技術・言語	E.カッシーラー／篠木, 高野訳	352
620	十七世紀イギリスの民衆と思想	C.ヒル／小野, 圓月, 箭川訳	520
621	ドイツ政治哲学史	H.リュッベ／今井道夫訳	312
622	最終解決〈民族移動とヨーロッパのユダヤ人殺害〉	G.アリー／山本, 三島訳	470
623	中世の人間	J.ル・ゴフ他／鎌田博夫訳	478
624	食べられる言葉	L.マラン／梶野吉郎訳	284
625	ヘーゲル伝〈哲学の英雄時代〉	H.アルトハウス／山本尤訳	690
626	E.モラン自伝	E.モラン／菊地, 高砂訳	368
627	見えないものを見る	M.アンリ／青木研二訳	248
628	マーラー〈音楽観相学〉	Th.W.アドルノ／龍村あや子訳	286
629	共同生活	T.トドロフ／大谷尚文訳	236
630	エロイーズとアベラール	M.F.B.ブロッチェリ／白崎容子訳	
631	意味を見失った時代〈迷宮の岐路IV〉	C.カストリアディス／江口幹訳	338
632	火と文明化	J.ハウツブロム／大平章訳	356
633	ダーウィン, マルクス, ヴァーグナー	J.バーザン／野島秀勝訳	526
634	地位と羞恥	S.ネッケル／岡原正幸訳	434
635	無垢の誘惑	P.ブリュックネール／小倉, 下澤訳	350
636	ラカンの思想	M.ボルク=ヤコブセン／池田清訳	500
637	羨望の炎〈シェイクスピアと欲望の劇場〉	R.ジラール／小林, 田口訳	698
638	暁のフクロウ〈続・精神の現象学〉	A.カトロッフェロ／寿福真美訳	354
639	アーレント＝マッカーシー往復書簡	C.ブライトマン編／佐藤佐智子訳	710
640	崇高とは何か	M.ドゥギー他／梅木達郎訳	416
641	世界という実験〈問い, 取り出しの諸カテゴリー, 実践〉	E.ブロッホ／小田智敏訳	400
642	悪　あるいは自由のドラマ	R.ザフランスキー／山本尤訳	322
643	世俗の聖典〈ロマンスの構造〉	N.フライ／中村, 真野訳	252
644	歴史と記憶	J.ル・ゴフ／立川孝一訳	400
645	自我の記号論	N.ワイリー／船倉正憲訳	468
646	ニュー・ミメーシス〈シェイクスピアと現実描写〉	A.D.ナトール／山形, 山下訳	430
647	歴史家の歩み〈アリエス　1943-1983〉	Ph.アリエス／成瀬, 伊藤訳	428
648	啓蒙の民主制理論〈カントとのつながりで〉	I.マウス／浜田, 牧野監訳	400
649	仮象小史〈古代からコンピューター時代まで〉	N.ボルツ／山本尤訳	200